André Luiz Ruiz

Os Rochedos são de Areia

pelo Espírito Lucius

MOMENTOS HISTÓRICOS
DO EGITO ANTIGO NO SÉCULO XIV a.C.

INSTITUTO DE DIFUSÃO ESPÍRITA
Av. Otto Barreto, 1067 - Caixa Postal 110
CEP 13602-970 - Araras - SP - Brasil
Fone (19) 541-0077 - Fax (19) 541-0966
C.G.C. (MF) 44.220.101/0001-43
Inscrição Estadual 182.010.405.118

IDE EDITORA É APENAS UM NOME FANTASIA UTILIZADO
PELO INSTITUTO DE DIFUSÃO ESPÍRITA,
O QUAL DETÉM OS DIREITOS AUTORAIS DESTA OBRA.

www.ide.org.br
e-mail: info@ide.org.br

Capa:
DANIEL ARCHANGELO

1ª edição – 10.000 exemplares – setembro/2002

Ficha Catalográfica

(Preparada na Editora)

Ruiz, André Luiz de Andrade, 1962-

R884r Os Rochedos são de Areia / André Luiz de Andrade Ruiz / Lucius (Espírito). Araras, SP, 1ª edição, IDE, 2002.

384 p.

ISBN 85-7341-294-1

1. Romance 2. Espiritismo 3. Psicografia I. Título.

CDD-869.935
-932
-133.9
-133.91

Índices para catálogo sistemático:

1. Romances: Século 21: Literatura brasileira 869.935
2. Egito antigo 932
3. Espiritismo 133.9
4. Psicografia: Espiritismo 133.91

Índice

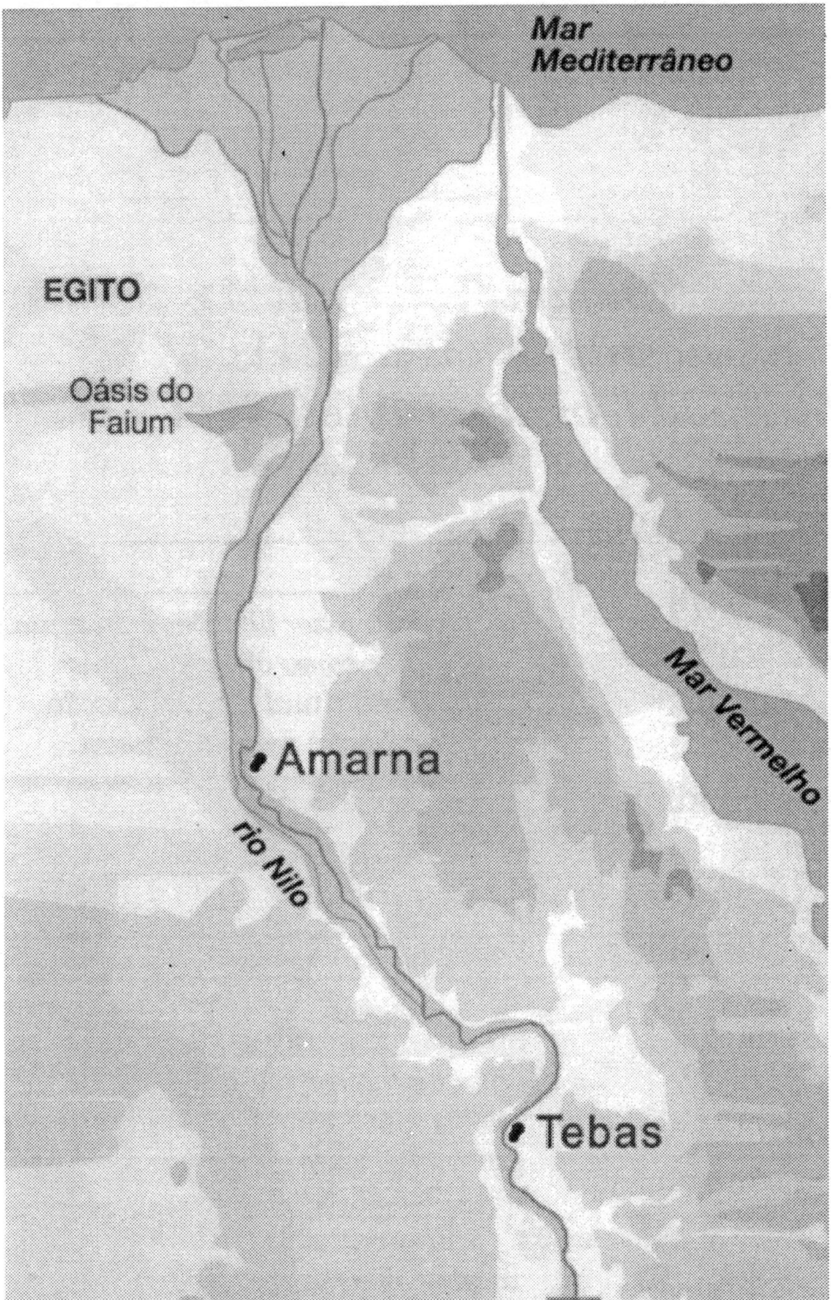
Mar
Mediterrâneo
EGITO
Oásis do
Faium
Amarna
rio Nilo
Mar Vermelho
Tebas

1

O Egito de Akhenaton

Quando o Sol se punha, um verdadeiro espetáculo de cores levava a imaginação a reverenciar o Altíssimo, eis que a planície do deserto se transformava em um tapete de reflexos rubros, encimados pelo astro-rei que se despedia de sua jornada diurna, para retornar ao reino das sombras.

Era nesse cenário que, em Tebas, enquanto o povo se preparava para o recolhimento, depois de um dia de estafantes serviços na busca da sobrevivência material, mais se agitava o interior dos templos religiosos reverenciando a majestade do deus Rá, representado pelo disco solar que se despedia do céu, também conhecido pelo nome de Aton.

Os sacerdotes se empenhavam nos rituais sagrados da religião egípcia a ele consagrada e, desde a sua elevação à categoria do deus absoluto da nação, por força da vontade do novo faraó Akhenaton, o seu culto passara a ganhar maior importância sobre todos os demais, até a ponto de ser o único aceito como existente.

Havia sido uma verdadeira ousadia do novo rei, impor-se à tradição tão ancestral quanto as próprias águas do Nilo, e passar a prestar reverência tão somente a um único deus uma vez que os habitantes de então, acostumados ao modo antigo de crer, viam-se privados dos antigos rituais, notadamente os do antigo deus Amon-Rá.

Em realidade, o Egito recebido pelo novo faraó era um amontoado de deuses e templos, sacerdotes e rituais que se rivalizavam buscando a hegemonia ou o realce nas influências sobre os destinos nacionais.

Por causa disso, a venalidade, o misticismo e a corrupção passaram a agir como os principais deuses, impondo-se aos sacerdotes que, perdidos no cipoal dos interesses rasteiros, afrontavam até mesmo a autoridade do rei, forçado que se via em se desdobrar para agradar a todos, sem desagradar a nenhum dos templos principais do antigo sistema politeísta que vigia na sociedade egípcia.

Akhenaton recebera o reino num estado caótico, oriundo de inúmeras guerras frente a povos invasores, o que adulterara todo o sentido religioso que outrora mantivera o sentido de transcendência do povo cuja civilização era a mais florescente até então.

Durante o período que o antecedera e, por causa dos conflitos e das necessidades dele surgidas, a religião egípcia sofreu profunda deterioração, levada a tal caos pelos sacerdotes por terem se transformado em vendedores de feitiços mágicos através dos quais, segundo se acreditava, conseguiriam evitar que o morto fosse denunciado no reino dos mortos pelo caráter verdadeiro de seu coração.

Como era a crença ancestral que o coração do morto seria examinado no outro reino para se saber de seu real estado interior e dos seus méritos ou deméritos, tais feitiços prometiam aos seus detentores a possibilidade de passarem incólumes por tal exame, ainda que tivessem sido criaturas indignas sobre a Terra.

Os sacerdotes, em função da guerra que antecedera o reinado do novo faraó, se haviam imposto ao povo como os que detinham o poder de absolvição e, impondo um reinado de terror e medo, intimidação e misticismo, cada templo buscava tirar maiores proveitos econômicos do medo que impunham e das idéias falsas que fomentavam acerca seus próprios poderes.

Vendiam a preços altíssimos, inscrições miraculosas ditas infalíveis para que fossem colocadas em papiros ou gravadas dentro das tumbas dos seus possuidores, o que os livraria dos males e lhes facilitaria o ingresso no reino dos céus. A retidão de conduta e os valores da alma não eram mais os requisitos importantes para a absolvição.

Tal confusão de princípios e exigências contribuía para a derrocada moral do reino, já que os religiosos se estavam devorando uns aos outros sem qualquer pudor ou preocupação moralizante.

O novo rei, buscando acabar com o sistema religioso de magia fraudulenta que encontrara, inicialmente tentou reprimir os principais abusos, mas vendo-se numa situação de absoluta impotência, resolveu proibir de vez todas as manifestações religiosas e impor o culto à antiga divindade solar, com exclusão de qualquer outra, passando a chamá-la, como já mencionado anteriormente, pelo nome de Aton, designação pela qual era conhecido o Sol físico, o disco solar que percorria o céu.

Até mesmo o seu nome o novo rei alterou, passando de Amenófis IV , nome que homenageava ao deus Amon herdado de seus pais, para Akhenaton, em exaltação ao novo deus do Egito.

Seria uma maneira de materializar a divindade, colocando-a sobre a cabeça de todos, brilhante, luminosa, visível e real.

Naturalmente, se tal sistema pôde atenuar os malefícios causados pelas práticas anteriores, do mesmo modo gerou nas castas sacerdotais que se viram alijadas das vantagens fáceis que auferiam, um sentimento surdo de revolta e de insatisfação, o que as colocou na base do movimento de retomada das velhas tradições corruptas e impuras.

Como velhos vendedores de indulgências e facilidades mentirosas, não desejavam perder as vantagens com as quais se enriqueciam num verdadeiro negócio espúrio absolutamente inadequado ao sentido religioso que diziam representar.

Com a finalidade de moralização, o novo faraó baniu dos monumentos os nomes dos antigos deuses tradicionais e ordenou que se adorasse o novo deus, Aton. Além disso, ordenou a construção de uma nova cidade para onde se transferiria com toda a corte administrativa do Egito, deixando Tebas a fim de poder estabelecer o novo culto religioso em terras virgens, até então jamais corrompidas pelas crenças ancestrais.

Beirando as margens do abençoado curso d'água que mantivera o império desde longa data, nascera a nova capital egípcia, naturalmente envolvida pelas perspectivas da nova ordem que governava a vida de todos, mesclada à antiga forma de ser e viver e que, como se verá mais tarde, cobraria o preço pelos vícios que havia instalado no coração e na mente dos homens, sempre mais propensos à continuidade dos velhos hábitos mentirosos do que às transformações essenciais que envolvam a abdicação dos comportamentos irracionais e ritualísticos, à custa dos quais, pensam poderem comprar o paraíso.

Já àquela época, as pessoas procuravam um meio de fraudar o julgamento de seu próprio interior, pagando qualquer preço ou fazendo qualquer coisa que lhes permitisse passar incólumes perante o julgamento no outro mundo.

Pagar seria mais fácil do que mudar...

Nesse cenário iremos encontrar nossos personagens, envolvidos nas tramas da vida humana, no esforço divino de favorecer a ascensão dos filhos adormecidos ao verdadeiro sentido da felicidade espiritual através da modificação da maneira de ver e sentir as realidades da alma, desvinculando-as de toda e qualquer ligação com o que seja interesse mundano ou material.

Como se verá, tal dedicação celeste não data de agora, ou mesmo do período moderno em que as revelações do espírito vieram dos quatro cantos da Terra, na forma da voz dos mortos que se ergueram para demonstrar a inexistência da morte.

A continuidade da vida depois da vida sempre se fez perceber, eis que se trata de aspecto inerente à condição de ser humano que melhor poderia ser definido não apenas como um animal racional, mas, também, um ser dotado de espírito imortal.

2

Hatsekenká, o sacerdote.

Em Tebas, com a ruína das antigas tradições decretada pela ação do faraó, os antigos sacerdotes de outras divindades haviam sido destituídos de suas funções e se achavam literalmente sem emprego, já que não lhes era dado outra atividade do que a de se ocuparem das coisas religiosas.

Perdendo os antigos favores divinos, que lhes garantiam influência e poder, passaram a se constituir em uma das forças mais perniciosas que buscavam solapar a ação do faraó na manutenção da nova ordem, ou seja, a do Deus Único.

Dentre os sacerdotes que se achavam privados da possibilidade de seguir as antigas tradições populares da crença nos deuses antigos, os que reverenciavam Amon-Rá eram particularmente hostilizados pela política do novo faraó que desejava substituir a divindade ancestral Amon pelo conceito moderno e imaterial de uma força soberana, sem forma humana, representada pela força luminosa e única que descia do céu todos os dias, na forma de luz e calor, mantendo a vida.

Dentre tais sacerdotes privados de seus títulos e privilégios, havia um, entretanto, de notória evolução e conhecimento oculto que, apesar de estar vinculado ao culto do antigo deus egípcio Amon-Rá, sabia que todas as representações físicas dos deuses tinham por objetivo levar à mente despreparada do povo uma noção mais elevada de imaterialidade.

Hatsekenká era esse sacerdote diferente dos demais. Dotado de um conhecimento acumulado ao longo de uma vida de estudos e observações e, por se tratar de um espírito amadurecido nas experiências evolutivas, mantinha uma forte ligação com as forças da natureza, reveladoras das leis sublimes do Criador, que só os sacerdotes mais capazes podiam compreender e que, por sua vez, ensinavam aos mais jovens, iniciados que eram gradualmente nas revelações mais profundas.

Hatsekenká possuía um caráter sóbrio, corajoso, sereno e sério, sabendo dosar em tudo o que fazia o equilíbrio e a docilidade para que sua conduta, mais do que suas palavras, representasse a demonstração viva da filosofia divina que guiava os seus passos.

Tornara-se, por isso, dos mais procurados pelas pessoas a fim de poderem encontrar solução para os problemas que carregavam, sejam decorrentes das circunstâncias que envolviam questões materiais, sejam ligados aos problemas de saúde ou religiosos, eis que o povo se acostumara a envolver-se em sortilégios buscando sempre causar dano a outros que invejavam.

Por seus conhecimentos e experiências nas relações com o invisível, Hatsekenká possuía recursos para elucidar problemas, entender os meandros das desgraças pessoais, atingir as causas mais remotas dos processos da dor e do sofrimento, podendo, inclusive, entrever no passado ancestral, nas vidas anteriores de cada um, o porquê daquela situação vivenciada no presente.

Era reverenciado por muitos, temido por outros, respeitado por alguns, invejado pelos demais sacerdotes de Amon-Rá que não conseguiam igual popularidade nem respeito das pessoas comuns.

Graças às suas qualidades pessoais, Hatsekenká sabia que a posição do novo faraó, ainda que absurda para a maioria das pessoas acostumadas às antigas fórmulas ritualísticas e à dependência de um comércio mesquinho e interesseiro com as coisas divinas, era uma mudança positiva e que levaria a uma reflexão saudável de todas as pessoas mais esclarecidas sobre um conceito mais adequado de força cósmica imaterial. Daí, não se filiara à corrente dos que combatiam as posições de Akhenaton, apesar de se ver, igualmente, prejudicado nas benesses que anteriormente lhe eram franqueadas devido à sua condição de sacerdote tebano de Amon.

Apesar de tais privilégios, Hatsekenká deles não fazia uso, senão para distribuí-los aos mais necessitados, que viam nele um generoso pai que atendia os mais desvalidos com as facilidades que lhe eram colocadas à disposição. Reservara para si uma dieta frugal e simples, oferecendo tudo o mais à fome dos desesperados que buscavam a porta dos palácios e dos templos em condições precárias de saúde, na maioria das vezes, produzida por uma desnutrição crônica.

Dentro dessa aura de homem simples e impenetrável, existia um espírito preparado para compreender os mistérios das forças naturais e, até certo limite, agir sobre elas, manipulando energias cósmicas para o benefício dos que lhe buscavam o auxílio.

Essa característica de sua capacidade pessoal era a menos conhecida e a mais importante já que, através dela, os mais abatidos encontravam forças que lhes restituíssem a saúde, inúmeras enfermidades eram debeladas pela ação misteriosa de sua vontade e de suas orações, feitas sempre sem quaisquer exigências de pagamento ou retribuição.

Conhecedor dos princípios cósmicos e da ação dos fluidos sobre a matéria, o sacerdote sabia como manipulá-los e aplicá-los para beneficiar os que dele careciam, agindo com prudência e discernimento para não gerar descontentamentos entre os demais sacerdotes, a maioria impossibilitada de atingir o mesmo sucesso por não desejar submeter-se às rígidas disciplinas pessoais, no tocante à conduta moral interior, aos pensamentos e à própria alimentação.

A facilidade e o poder que desfrutavam haviam corrompido a vontade de grande parte dos sacerdotes de todos os templos, acostumados a comportarem-se como meros cumpridores de rituais que eram destinados a aplacar a sede religiosa de um povo ignorante das verdadeiras leis divinas.

Outrora, como hoje, alguns daqueles que deveriam guiar o povo para as alturas da compreensão divina, deixavam-se guiar pelos interesses mais baixos e aproveitavam-se da ignorância popular para dela tirar proveitos e vantagens imediatas.

Com isso, não viam mais por que manter as disciplinas necessárias à própria sublimação, à melhoria de suas percepções e à ampliação de sua capacidade de ligação com o invisível.

Observando essa defraudação do dever elevado de agir na condução das pessoas rumo à melhoria íntima, Hatsekenká não se deixou afundar na vala comum do menor esforço e seguiu adiante com o ideal de ser o melhor que poderia ser, mesmo que isso lhe custasse uma renúncia pouco entendida pelos próprios colegas de sacerdócio. Daí, ter conseguido atingir culminâncias espirituais que os seus jamais vislumbrariam.

Delas, contudo, jamais fez arma ou apresentou sinais de convencimento para intimidar a quem quer que fosse. Ao contrário, exercitava-as, em geral, no anonimato de seus aposentos pessoais ou, quando isso não fosse adequado ao caso, não se fazia difícil encontrá-lo junto à moradia do necessitado, fora das paredes do templo, levando-lhe o consolo de sua crença e a força de seu magnetismo, misturado ao magnetismo superior.

Agora que as coisas haviam mudado, os outros sacerdotes, mais ligados às coisas da matéria do que às da alma, viam-se às portas do desespero. Ele, contudo, seguia seu curso sem maiores abalos, já que sabia o que era seu dever diante das leis universais, sábias e justas, não se abatendo, não se revoltando nem mesmo criticando a postura do novo governante.

Essa independência levantaria suspeitas no seio da própria comunidade a que pertencia, que passaria a vê-lo como um adversário dentro das próprias fileiras, um elemento perigoso e com o qual não se poderia contar nem confiar.

Entretanto, sua conduta austera e respeitosa, firme e imparcial, construiu uma atmosfera de reverência à sua volta que lhe funcionava como um primeiro escudo protetor contra toda a alheia idéia de causar-lhe algum mal. Era protegido pela própria maneira de agir, correta, generosa e discreta.

Não possuía família que pudesse ser atingida pela fúria acovardada de seus falsos amigos e que representasse ponto fraco ou vulnerável na armadura interior desse homem voltado para as coisas transcendentes. Daí, ver-se livre de preocupações imediatas com a manutenção de prole ou de família que demandasse dele qualquer conduta pessoal mais comprometida com interesses materiais.

Dependia de si mesmo. Se tinha comida, se alimentava. Se não a possuía, extraía da natureza recursos de força para enfrentar aquela fase de escassez, até que lhe fosse concedido algum alimento novamente.

Comia para viver. Não vivia para comer.

Diferente dos outros sacerdotes de Amon-Rá, mantinha um intercâmbio constante com as personalidades invisíveis de antigos sábios egípcios que vinham até ele para auxiliá-lo nas dificuldades espirituais, no aconselhamento, na condução das tarefas que lhe eram afetas, mesmo depois de não mais poder agir como detentor de títulos sacerdotais.

Com naturalidade, conversava com a figura de velhos faraós dos tempos gloriosos do antigo Egito, que o buscavam para dele fazerem ponte entre o reino dos mortos e o dos vivos.

Através desse contato, podia entender melhor o significado alegórico das passagens do livro dos mortos e da maneira como os que morriam eram recebidos no outro lado do rio sagrado, até os detalhes do famoso julgamento onde se pesava o coração do falecido.

Tais conhecimentos pessoais permitiam que possuísse rara noção das coisas e uma visão muito mais ampla e profunda para examinar os fatos, o que o levava a considerar acertado o arrojo do faraó inovador, ainda que soubesse que as forças da ignorância o combateriam até fazê-lo sucumbir diante das fórmulas tradicionais e que garantiam aos antigos abutres humanos o direito à carniça das convenções apodrecidas, mas rentosas.

Depois de ter sido privado de suas instalações sacerdotais, buscou recolher-se junto à pessoas amigas que lhe abriram a morada para que ali se instalasse da melhor maneira possível, no seio de família querida que lhe era muito devedora em face dos benefícios conseguidos através de seus conselhos e atendimentos.

Tratava-se de família de pessoas influentes que haviam sido elevadas à casta social da nobreza tebana, mas que, agora, via-se na contingência de adotar a nova crença ou de, em não a adotando, ver-se reduzida à situação antiga, destituída dos favores e graças de que gozavam, única e exclusivamente, por serem colocadas na estirpe privilegiada da sociedade.

Ali, o sábio sacerdote estaria para auxiliar a todos os componentes do grupo familiar, nas lutas próprias do crescimento pessoal diante das escolhas necessárias à elevação do espírito.

3

As dúvidas de Nekhefre

A estadia do sacerdote junto à família do príncipe Nekhefre, como se viu, estava marcada pelas dificuldades próprias dos processos evolutivos a que todos os seres são convocados, através das opções e escolhas necessárias ao crescimento.

Nekhefre possuía uma vida estabilizada graças à sua condição de nobre, conquistada ao longo dos anos anteriores, quando seus ancestrais se envolveram muito com as questões governamentais, notadamente por ocasião das lutas dos príncipes tebanos contra o povo invasor Hicso que havia tomado a liberdade dos egípcios.

Nekhefre herdara, deste modo, um status conferido aos que haviam lutado bravamente para que o seu país retomasse a condução de seu próprio destino.

Mantinha sua família, constituída de sua esposa Kimnut e de duas filhas, Marnahan e Hatsena, a primeira acercando-se dos 19 anos e a outra em plena puberdade, além de um séquito de escravos e serviçais que orbitavam-lhe a casa ampla e faustosa para as condições gerais do povo, sempre em estado precário e desamparado.

Nekhefre, como costuma acontecer aos homens do mundo, prendia-se muito às coisas da Terra e dava muito valor às conveniências ou convencionalismos sociais. Havia crescido fisicamente sob a idéia falsa de que o que importava na vida era manter as posições materiais conquistadas ou ampliar-lhes o horizonte. Que o homem era medido pelos bens que possuía e que a melhor maneira de se conhecer o seu valor pessoal era observar o seu estilo de vida.

Havia conseguido manter-se na situação herdada de seus ancestrais aproveitando-se de negócios que mantinha com poucos escrúpulos, mas que lhe rendiam consideráveis recursos, eis que possuía acentuada tendência para comercializar e sabia aproveitar as oportunidades que desfrutava por estar próximo dos governantes, sempre poderosos e desejosos de se estabilizarem no poder graças a favores que concediam.

Mantinha devoção religiosa aos deuses de seus ancestrais, notadamente a Amon-Rá, do qual julgava ter recebido todas as benesses e favores da sorte, obrigando-se constantemente a realizar oferendas materiais para seguir nas boas graças da divindade.

Por causa de tal devotamento, acabou conhecendo o sacerdote Hatsekenká do qual se tornara gradualmente mais e mais próximo, eis que pretendia sempre valer-se de suas orientações, que julgava serem mais precisas do que as dos demais sacerdotes do mesmo templo.

Além disso, pelo seu caráter desprendido, o sacerdote referido nada lhe cobrava, o que, à toda evidência, lhe proporcionava agradável sensação de ganho, eis que de nada precisava dispor para obter o de que necessitava.

Isso não ocorria com os demais sacerdotes, sempre prontos a estabelecer exigências materiais a serem entregues pelo interessado aos deuses para que, depois, se dispusessem a apresentar as respostas.

Com o passar dos anos, todavia, Nekhefre se viu envolvido por uma admiração cada vez mais intensa pelo carisma daquele sacerdote desapegado, passando a devotar-lhe grande estima, no que foi correspondido por Hatsekenká que, igualmente, via em Nekhefre um filho iludido pelo brilho do mundo, a quem lhe competia ajudar no processo de amadurecimento.

Ambos eram, aproximadamente, da mesma idade, mas não havia dúvida de que em Hatsekenká havia a maturidade que em Nekhefre muito tardaria a chegar.

– Não sei o que fazer, Hatsek, – falava Nekhefre ao seu sábio conselheiro, chamando-o pela abreviação de seu nome oficial. – A pressão do faraó sobre todos os que lhe devem obediência está cada vez maior e aqueles que não aceitarem converter-se ao culto de Aton estão fadados à perseguição e à perda de todas as suas regalias. No entanto, não me sinto inclinado a deixar as velhas crenças, as mesmas que me garantiram o sucesso material e a proteção até aqui para me aventurar nesse empreendimento de um verdadeiro louco, desejando impor a todos nós o rompimento com nosso passado e com a reverência para com os deuses que nos ampararam até aqui.

Ouvindo-lhe os conceitos ainda muito pouco desenvolvidos, Hatsek – como passaremos a chamá-lo – meditava sobre as dificuldades do homem em libertar-se das mesquinharias da vida para poder galgar uma maior independência das coisas transitórias.

Nekhefre era um homem corajoso para se embrenhar nas negociatas intrincadas da vida a fim de obter ganhos e mais ganhos, de viajar no deserto em busca de suas caravanas e seus entrepostos comerciais, sem medo de ladrões ou animais traiçoeiros. No entanto, via-se apequenado e sem noção do que fazer quando se tratava de adotar uma posição que pudesse colocar em risco todas as vantagens conseguidas. Não desejava colocar em cheque o relacionamento estável com os deuses que, segundo ele, lhe haviam garantido prosperidade até aquele momento, trocando-os por uma nova forma de ver as coisas, ainda que mais elevada e sábia. Não queria correr os riscos de converter-se e ofender os deuses que iriam, segundo suas crenças, retirar toda a proteção que lhe davam até ali.

Por outro lado, se não aceitasse converter-se, ver-se-ia alijado de suas posses e suas posições pela perseguição do sistema político implantado pelo novo faraó.

– Não se deixe levar pelas impressões do que é transitório, Nekhefre – respondeu-lhe Hatsek. – Em nós existem possibilidades que precisam ser desenvolvidas e que, para isso, muitas vezes, precisam ser despertadas à força de desafios dolorosos.

– Mas, para mim, esses desafios não deixam opção. Ou perco a proteção dos deuses e , por isso, me vejo ao desamparo, ou perco a posição que consegui ao longo da vida e, por isso, me vejo ao desamparo igualmente.

– Todavia, você não acha que não podemos nos relacionar com os deuses apenas na base das vantagens imediatas ou do interesse de se manter dentro do nosso palácio, isolados do resto do mundo? – respondeu-lhe o sacerdote.

– Até hoje, Hatsek, isto sempre foi normal e sempre deu certo. Nós oferecemos as dádivas materiais e eles nos oferecem aquilo de que necessitamos, mantendo-nos dentro dos padrões que cada um merece ou precisa. Não é por isso que existem muitos deuses? Cada um deles cuidará de uma coisa e terá os seus seguidores.

– Não sei, Nekhefre, mas penso que se Rá se recusasse a nascer todos os dias da boca da deusa Nut, todos os casebres e todos os palácios permaneceriam envoltos pelo manto negro, como se a morte nos condenasse a todos igualmente a permanecermos na escuridão. Você não imagina que todos os deuses que nós criamos, em realidade, só existem na forma que têm porque nós os idealizamos assim, com as nossas fraquezas e defeitos? Em realidade, longe de nossas concepções mesquinhas, os erros humanos não devem contaminar a força suprema que nos dirige e que se espalha sobre todas as pessoas.

– Inclusive sobre os escravos? – perguntou Nekhefre, raiando à indignação.

– Por que não, meu amigo? O Sol se recusa a aquecê-los todos os dias? A chuva não os molha, sem qualquer discriminação? Sejam estrangeiros, núbios, libertos ou ainda cativos, não recebem o mesmo que qualquer outro nobre ou poderoso senhor?

– Mas você está querendo dizer... – continuou Nekhefre, no que foi interrompido pelo sacerdote amigo, complementando o pensamento.

– Que não pode haver deuses mesquinhos e egoístas, que ajudam uns e atrapalham outros. Deuses que garantem para uns o benefício e deixam que outros sofram para manterem essa garantia. Não acredito em deuses de pessoas ou de classes. Eles não podem existir para protegerem apenas essas pessoas e essas classes, pois se são assim não podem ser nem poderosos nem sábios. Não se vanglorie tanto de estar sendo protegido por mãos poderosas somente porque têm lhe garantido as vantagens materiais que lhe são tão importantes até aqui. Esteja certo de que, mesmo quando você as perder, isso não será por culpa dos deuses, nem por terem-no abandonado. Isso será para o seu crescimento, do mesmo modo que a cheia do Nilo produz vários desastres, mas ninguém as abomina, pois sabem que trarão terras mais férteis que sustentarão a próxima colheita.

Nekhefre ficou em silêncio, pensando nos conceitos inusitados para a sua capacidade de pensar, mas procurou logo mudar o foco de suas idéias para outra coisa a fim de não se ver enrolado em uma confusão ainda maior, que o obrigaria a pensar nas tolices que havia cometido até aquele dia, acreditando-se protegido por deuses poderosos e partidários de suas idéias e atos.

O certo, todavia, era que o conflito interior se mantinha e ele teria, em verdade, de escolher entre adotar novos caminhos, abandonando os antigos ou manter-se fiel aos antigos deuses e abandonar as facilidades conquistadas e que se impunham ao seu caráter, fraco para tais renúncias.

Vendo-o algo aturdido, Hatsekenká se afastou para deixá-lo entregue às próprias cogitações, dando-lhe tempo para processar todas as novas idéias e conceitos. Dentro de si mesmo, entretanto, o sacerdote sabia que os dias do futuro guardariam espinhos profundos na alma das criaturas que haviam escolhido nascer naquele período de transformações e mudanças tão importantes.

4

Mudinar e a convocação de Nekhefre

Em Amarna, a nova capital do reinado de Akhenaton, as medidas para a implantação da nova ordem religiosa seguiam ativas e inflexíveis. Por ordem do faraó e de sua esposa, Nefertite, igualmente devota ao credo e vigilante de sua aplicação em todas as áreas do governo, a construção dos santuários para a devoção ao novo e único Deus seguia frenética, aproveitando-se da posição geográfica favorável.

Isso porque o local era cercado por uma grande cadeia de montanhas que forneciam a imagem idêntica à daquela que se usava para representar Aton entre os devotos da nova crença.

O disco solar, em determinada época do ano, nascia por entre dois patamares existentes nas montanhas separados por uma depressão entre si, representação exata da imagem egípcia para o deus solar, o que levou o faraó a escolher o lugar da nova capital.

Organizavam-se equipes de trabalhadores que eram obrigados a trabalhar além do próprio limite a fim de que não ocorresse atraso na edificação da nova cidade. Ao mesmo tempo, organizavam-se todos os serviços administrativos dentro dos novos padrões religiosos.

Banidos todos os deuses e todos os demais sacerdotes, na nova religião, apenas o faraó seria o intermediário entre o novo deus e os homens. Ainda que se cercasse de auxiliares e de antigos conselheiros, era a ele e à sua esposa influente que cabia dirigir-se diretamente à nova divindade.

Fizera isso, naturalmente, por se considerar, como a tradição apontava desde a antigüidade egípcia, o representante vivo dos deuses, agora convertidos em deus único. Todavia, também o fizera para banir de sua volta todo aquele comércio espúrio que surgia sempre que se permitia a pessoas inescrupulosas algum tipo de privilégio, entre os quais se encontrava o de ter acesso pessoal e direto aos deuses. Toda a perversão religiosa que encontrou instalada nos seus domínios era extremamente nociva para os destinos da nação e, por isso também, tal postura do faraó impediria os excessos de sacerdotes venais, interesseiros, desonestos.

Do mesmo modo, Akhenaton vira-se forçado a romper as antigas tradições, inicialmente estimulando a conversão religiosa, mas com o tempo, obrigando-a, sob pena de se cair em desgraça caso se se recusasse a adotar o novo sistema.

Para os funcionários de sua confiança, não havia nenhuma concessão. Para os que dirigiriam os negócios do Estado e as demais atividades, principalmente as ligadas ao povo, era imperativo pertencerem igualmente à crença imposta, o que gerava uma grande quantidade de situações trágicas para os homens que se apegavam ao poder dos deuses mas se prendiam igualmente ao poder mundano.

O problema de Nekhefre era igualmente o de muitos. Em Nekhefre, porém, havia algo mais sério, eis que se tratava de uma família pertencente à nobreza egípcia, de passado voltado ao combate dos invasores, à custa do que granjeara a simpatia dos dirigentes tebanos que a elevara na condição social entregando-lhe, além do título, inúmeros bens e riquezas confiscados de outras pessoas, não apenas como forma de retribuição à dedicação de seus ancestrais, mas, mais ainda, como maneira de se criar ao redor do poder central representado pelo Faraó, uma corte de sustentação, composta por pessoas e famílias influentes e que garantiriam a manutenção do apoio e a colaboração com o governo, dando respaldo às suas iniciativas.

Tudo funcionava bem enquanto os faraós estavam agindo como a tradição mandava. Mas agora, com um inovador inesperado, arrojado ao ponto de iniciar algo absolutamente diverso de tudo o que existira até então, a posição de Nekhefre se tornava muito pior.

Nos planos de Akhenaton estavam vários príncipes e nobres tebanos, comensais da coroa egípcia até aquele momento e que seriam convocados a provar a sua lealdade à nova ordem e assumir funções no sistema governamental, dentro dos novos padrões.

Dentre os mais empolgados seguidores do faraó, servil e sem escrúpulos para manter-se na órbita de influências do poder, Mudinar surgia como o temido chefe da guarda do faraó e o autor intelectual de inúmeras sugestões adotadas por Akhenaton como idéias pessoais suas, através das quais se buscava exercitar uma espécie de seleção entre os confiáveis servidores leais e os aproveitadores das vantagens do Estado sem serem dignos de confiança.

Por influência desse homem sem apego a nenhum princípio elevado, Nekhefre fora convocado a Amarna para uma entrevista pessoal com o faraó.

Sabia que seria ali o momento mais crucial de sua vida, até então despreocupada e sem maiores problemas que não os de realizar negócios e administrar os ganhos de sua casa farta e aquinhoada pela sorte.

– Hatsek, preciso de você junto de mim para ir até ao faraó! – disse, quase ordenando, ao sacerdote amigo que acolhia em sua casa.

– Meu caro amigo, minha presença junto a você, ainda que represente para mim um prazer acompanhá-lo, pode parecer uma ofensa ao nosso rei, já que a convocação foi-lhe endereçada, pessoalmente.

– Eu sei disso, Hatsek, mas seu equilíbrio me auxiliará a não me deixar abater diante desse testemunho que precisarei dar aos deuses, sobre a fidelidade que tenho de manter a eles e a esse maldito louco que está dirigindo nossos destinos e que pode produzir minha ruína.

– Lembre-se, Nekhefre, todos nós estamos em processo de crescimento e, perante os deuses, somos crianças que precisam trocar os brinquedos da infância pelas lições que nos ensinarão a sermos homens. Minha presença em nada poderá ajudar se você, a si mesmo não se empenhar em entender quais os princípios que precisarão ser defendidos.

– Mas eu sei quais são tais princípios, Hatsek. Sei que são a continuidade de nossa linhagem e de nossas vantagens materiais, em troca da antiga crença. Por isso, tenho o desejo de manter as duas coisas. Tenho pensado em assumir uma posição que me permita defender tanto a minha situação de tranqüilidade nos negócios quanto a minha antiga fé nos deuses de meus antepassados. Eu me submeterei aos caprichos do rei para atender às minhas conveniências, mas no íntimo e na prática familiar seguiremos adorando os antigos protetores de nossa sorte.

– Creio que isso será algo muito perigoso para todos, Nekhefre, – respondeu o sacerdote, sempre observando à frente, no exercício de seu poder de síntese e de visão à distância. Todas as nossas atitudes, quando distanciadas da realidade interior, mais cedo ou mais tarde denunciam a nossa fraude e a nossa infidelidade, diante dos caminhos tortuosos que acabamos criando para nós mesmos. Acho, sinceramente, que essa solução conciliatória, sempre bem-vinda em muitos setores de nossos problemas, levará a todos a um abismo mais fundo do que qualquer outra escolha.

– Mas eu não tenho outra saída, Hatsek. Não posso recusar a convocação do faraó e, ao mesmo tempo, não posso voltar minhas costas para a tradição familiar, graças à qual sou o que sou hoje. Você bem deve perceber que este é um problema sem solução e que minha única saída será essa – terminou de falar o príncipe Nekhefre, entre aflito e angustiado.

Vendo-lhe o estado emocional, Hatsek concordou em acompanhá-lo até o palácio real em Amarna, com a condição de que se não fosse permitida a sua entrada, esperaria à distância para não produzir maiores problemas para seu amigo.

Ao retirar-se do ambiente onde a conversação se dera, o sacerdote passou pelos corredores da grande residência e encontrou a esposa de seu amigo abatida e chorosa, recostada em uma peça do mobiliário da época, assemelhada a uma poltrona larga, aos pés da qual as duas filhas se posicionavam, igualmente aturdidas pela reação materna que demonstrava desequilíbrio e angústia.

Kimnut se mostrava muito abalada pelas novas ordens entregues a seu marido e, de maneira egoísta e infantil, manifestava às suas filhas o desespero de que se via possuída, sem levar em conta que Marnahan e Hatsena não estavam suficientemente amadurecidas para compreender todo o problema.

Mas a mãe era, realmente, alma imatura, despreparada para enfrentar as dificuldades da vida, mesmo aquelas que ainda não se tinham apresentado efetivamente, mas que, a mais leve possibilidade de se tornarem reais permitisse uma perda de seus privilégios materiais.

Kimnut não percebera a chegada do sacerdote que se aproximou silencioso a fim de contemplar a cena familiar e dela extrair as informações preliminares para poder ajudar aqueles entes queridos.

Marnahan, algo mais velha do que a criança Hatsena, percebendo-lhe a presença, rapidamente ergueu-se do chão e, curvando a cabeça, reverente, saudou o hóspede, com respeito e consideração:

– Nobre sacerdote de Amon-Rá, muito nos honra a vossa presença neste momento difícil de nossas vidas. Somente a sabedoria dos deuses que tanto nos amam e protegem nos poderia ter reservado o privilégio de termos, em nossa casa, tão elevado representante de seu poder. Acolhei nossa mãe sob os vossos conselhos que acalmam e iluminam uma vez que nós, eu e minha querida irmã, nada podemos fazer a não ser dividir com ela as nossas lágrimas.

Observando o seu porte de nobreza e a maneira de expressão fácil e serena, Hatsek deixou-se envolver por uma onda agradável que o levava a sentir que já conhecera aquela jovem em algum ponto de seu caminho de espírito imortal.

Ainda que jovem, recém-saída da fase adolescente, Marnahan possuía uma segurança e encantamento próprios de mulheres mais maduras, uma vez que seu espírito era dotado de uma vasta experiência anterior, voltando à Terra em nova jornada evolutiva, para ampliar as suas conquistas e auxiliar os entes amados.

Admirado de tal situação e, deixando passar a impressão forte que lhe havia envolvido o ser, o sacerdote aceitou a reverência, correspondendo-lhe à cortesia e falando, afável:

– Agradeço tão elevada consideração, jovem Marnahan, mas creio que a nobre Kimnut estará melhor acompanhada pelas duas jovens e belas deusas protetoras do que por este taciturno hóspede que vos saúda.

– Seja bem-vindo Hatsek! – exclamou a senhora enxugando as lágrimas com um pedaço de linho.

– Salve, nobre Kimnut, esposa tão querida do nobre Nekhefre. Vejo em vossos olhos o véu da angústia que torna a vossa beleza refém de forças indignas de existirem em vosso ser.

– Antes fosse assim, sábio sacerdote. A angústia que me aflige é bem própria dos humanos mortais que se vêem defrontados pelas modificações brutais e injustas em seu modo de viver, como se a desgraça resolvesse se abater sobre nossas cabeças, por ira dos deuses, até então nossos amigos.

– Mas os deuses nos ajudam sempre para que tenhamos forças para sabermos ser seus dignos seguidores nas horas da dificuldade. Imagine, nobre Kimnut, se não existissem os dissabores da vida, o que seria dos deuses? Nós que estamos acostumados a procurar-lhes a ajuda, se não tivéssemos problemas para enfrentar os condenaríamos a uma vida sem trabalhos e sem nenhuma graça, já que, se não tivéssemos obstáculos, não procuraríamos a sua proteção. Estaríamos acomodados em nossas cascas como um escaravelho que se oculta na areia do deserto e, ali, passa a sua vida.

Ouvindo-lhe a palavra serena e sem críticas diretas, as três mulheres permaneciam silenciosas.

Aproveitando-se do momento favorável, Hatsek continuou:

– Nossa conduta para com o sublime tem sido de uma irresponsabilidade à toda prova. Procuramos a sua proteção para os problemas que nos perturbam, mas não nos damos conta do quanto perturbamos os outros com os nossos atos. Não me refiro a vós, Kimnut. Falo de maneira geral, analisando nossa posição perante os nossos conceitos religiosos. Veja entre os próprios sacerdotes, criaturas cultas e preparadas para as ligações com o sublime. Tão logo se viram banidos de seus templos de pedra, dentro dos quais boa parte deles se valia de suas prerrogativas pessoais para explorar a credulidade alheia, passaram a conspirar contra o rei a quem devem honrar com o seu respeito. Perdemos os privilégios materiais e, por isso, a maioria dos ditos sacerdotes perdeu, igualmente, a razão, como se nunca tivessem tido acesso às leis mais profundas e sábias da vida. Tais perdas se encontram no caminho de todos os homens a fazê-los conhecerem-se melhor e, ao mesmo tempo, identificar onde estão as fraquezas humanas que precisam ser extirpadas. E, para isso, ainda não nos vemos dispensados, seja do fogo purificador, seja da dor que faz pensar melhor.

Kimnut ouvia tais conselhos sem conseguir atinar para a profundidade que encerravam, escutando-os apenas como opinião de alguém que estava fora do problema e que, por isso, não poderia aquilatar de sua dor pessoal, diante da possibilidade de perder os privilégios que garantiam a sua comodidade e, por isso, a sua imaturidade.

Hatsena, adolescente viva e atenta, ouvia-lhe os conceitos entre curiosa e interessada, sem poder, por ora, deles extrair toda a conotação mais oculta e sábia por faltar-lhe a necessária maturação mental e emocional.

Marnahan, entretanto, era flor desabrochada, apta a captar com maiores recursos mentais e espirituais as colorações mais brilhantes dos conceitos manifestados por Hatsek, naquela breve avaliação sobre os problemas humanos e, diante disso, não pôde deixar de atribuir razão ao sacerdote pela forma clara e lógica em que se exprimira e que, desde há muito tempo, ela também partilhava em suas meditações, sem nunca ter tido a oportunidade de exprimir suas idéias mais secretas.

Não se permitiam às mulheres vôos filosóficos mais adequados aos homens e, de preferência, aos sacerdotes dos diversos templos. Por isso, Marnahan seguia pensativa e silenciosa, vendo-se surpreendida pelos conceitos de Hatsek, em tudo coincidentes com os seus pensamentos.

Isso criou nela uma imediata simpatia para com aquele homem que lhe parecia um estranho dentro de sua casa, onde passara a viver há poucos meses, mas que, a partir de agora, pelo seus modos serenos e sábios, passaria a ser um ponto de convergência nas avaliações que fazia do mundo ao seu redor e que não podia expor a mais ninguém.

– Nunca pensastes, Kimnut – prosseguiu o sacerdote – que tudo aquilo que nós conseguimos para o nosso conforto, foi retirado da natureza ou de alguém? Seja através de um negócio do qual nós nos saímos melhor do que pensávamos, seja através da força de nossos exércitos, tudo o que acumulamos pertencia a outra pessoa. E essa pessoa, não teria, porventura, sua fé nos seus deuses familiares, cultuados igualmente desde tempos remotos? Não lhes solicitaria auxílio e proteção para obter, igualmente, sucesso e vantagens como conforto e estabilidade? Será então que as lutas mesquinhas dos homens são seguidas por uma luta igualmente mesquinha entre os deuses a tentarem salvar os seus protegidos e favorecer-lhes nas suas lides materiais em prejuízo, uns dos outros? Seria correto acharmos que tanto quanto os homens, os deuses se perdem em disputas de poder para favorecer mais a este do que àquele de seus protegidos?

O raciocínio de Hatsek seguia seguro e inusitado para aquelas mentes perturbadas e inexperientes.

– Sem conceitos mais profundos, passaremos a viver dentro de um mundo sem solução e sem paz, mesmo entre os deuses a quem pedimos solução e paz para os nossos problemas. Daí, nobres mulheres de Nekhefre, precisarmos olhar para os problemas pessoais não como esquecimento por parte dos deuses ou, mesmo, indiferença deles para com nossos destinos, apenas pelo fato de termos perdido ou corrermos o risco de perdermos esta ou aquela vantagem. Posso afirmar, sem medo de errar muito, que quanto mais penso nas coisas sublimes da vida, mais me aproximo dos conceitos que têm sido defendidos por nosso faraó, ainda que isso possa representar para mim, até mesmo risco de vida, já que, mesmo como sacerdote do deus Amon-Rá, jamais considerei possível vê-lo iluminar apenas algumas casas escolhidas entre os seus privilegiados, deixando as dos demais na escuridão. Rá é para todos e quando falta, falta para todos igualmente.

– Mas Nekhefre foi chamado à presença de Akhenaton e será pressionado a adotar uma conduta que não corresponde à nossa crença, sob pena de perdermos tudo. E se adotar essa crença, os deuses nos abandonarão para sempre e, por isso, ver-nos-emos entregues ao destino mais cruel... – falou Kimnut, entre soluços e lágrimas.

– Calma, Kimnut, o que existe, até agora, é apenas uma convocação do faraó. Deixai que os dias tragam os seus problemas até nós, quando, então, os enfrentaremos. Todavia, se isso for verdade, nos compete entendermos as escolhas que devemos fazer para não ficarmos perdidos e em pior situação exatamente por não termos tido coragem para escolher. Se vos fosse colocada a situação de escolher entre salvar a vossa vida ou a de qualquer de vossas duas filhas, o que escolheríeis?

– Ora, Hatsek, pereceria eu para que elas vivessem! – exclamou segura Kimnut.

– Tenho certeza disso, senhora. Todavia, e se a situação fosse a de escolher qual dentre as duas filhas salvar? Se escolhêsseis uma, não vos doeria a consciência e o coração pela morte da outra? Preferiríeis, por isso, condenar as duas a morrerem ao invés de tentardes salvar uma delas?

A pergunta direta pegara de surpresa a nobre senhora que, confusa, preferiu calar-se para que não se visse mais aturdida.

Dessa maneira, Hatsek ia agindo sobre aqueles espíritos em crescimento, levando-os a pensar sobre os problemas que se apresentavam para serem resolvidos, de maneira a antecipar-lhes algumas indagações de cunho filosófico e espiritual, a fim de preparar-lhes a alma para os embates futuros.

Marnahan, contudo, mais se maravilhava com a simplicidade do sacerdote sincero e amigo, igualmente identificando-se com ele de forma a surpreender-se com tal fato e acreditar-se tratar de algum encantamento desses tão comuns naquela terra de tantos mistérios, principalmente quando ligados às coisas da alma.

5

A mediunidade em todos os tempos

Ao retirar-se para seus aposentos, Hatsek deixara as jovens junto de sua mãe, mas levara consigo, lá no íntimo, a preocupação diante dos fatos que se desenhavam no horizonte.

Lá estava Nekhefre, desejando colocar-se diante do faraó com uma postura que não corresponderia à verdadeira, para, no íntimo de sua casa, seguir com o comportamento antigo, numa afronta às novas regras.

Ali se achavam as filhas e a esposa do amigo que se inquietavam diante dos fatos, sem maior estrutura para encarar as dificuldades que poderiam decorrer de tais escolhas.

Por outro lado, Nekhefre, inseguro, pedira que o acompanhasse até o palácio em Amarna, o que prometera fazer, mas que, sabia Hatsek, seria expor-se pessoalmente a riscos sérios, principalmente pela sua condição de antigo sacerdote de um deus perseguido pelo novo faraó.

Dizer que concordava com a nova crença seria levantar a suspeita muito clara de que assim se comportava em função de agir de acordo com o que lhe fosse mais conveniente e que, por isso, seria de pouco crédito, ainda que tal postura revelasse sinceridade interior.

Não tinha medo de dizer que concordava com a nova filosofia proposta por Akhenaton. Todavia, por se encontrar entre os que estavam sendo perseguidos pela nova estrutura religiosa, tal declaração soaria como um estratagema que poderia piorar ainda mais a situação de Nekhefre, o amigo que o acolhia.

Diante de tantas indagações, recolheu-se Hatsek ao seu quarto para entregar-se à meditação e ao contato com os invisíveis orientadores que sempre o auxiliavam nas dúvidas e incertezas.

Por se tratar de um sacerdote acostumado aos longos processos de preparação interior, afeito às disciplinas próprias de suas funções de intermediário entre os outrora consulentes e o deus que representava, havia se familiarizado com a presença dos que se manifestavam à sua sensibilidade para orientá-lo no encaminhamento dos homens.

Desde sempre a Bondade Divina serviu-se dos canais mediúnicos de que todas as pessoas são portadoras para falar ao coração e à mente e propiciar-lhes uma orientação mais sábia e em consonância com as normas universais.

Pelos veículos da intuição, as noções espirituais são trazidas ao íntimo do indivíduo para que ele se sinta mais preparado para agir, sem se sentir forçado a fazê-lo por causa de uma força titânica que o obrigaria, desrespeitando-lhe a vontade.

Pela intuição, Deus lança na direção da criatura a Sua palavra sem ruído, que surge como pensamento do próprio indivíduo para que o analise e possa extrair de sua meditação, as conseqüências benéficas para sua conduta futura.

Tal capacidade intuitiva pertence a todas as pessoas. Não existe uma sequer que não guarde dentro de si esse poder.

Por falta de observação, de exercício, de cultivo dessa faculdade pela meditação habitual, pelo silêncio interior e, também, pelos pensamentos desconexos e indisciplinados, cada ser deixa de manter o ambiente íntimo adequado para melhorar a percepção desse discurso sem palavras que poderia escutar, oriundo diretamente da Fonte Suprema.

Daí, em que pesem as muitas pessoas sérias, honradas e dedicadas, possuidoras de recursos psíquicos mais desenvolvidos e que se oferecem gratuitamente e com amor ao trabalho do bem em centros espíritas sérios ou locais respeitáveis, muitos indivíduos descuidados procuram recorrer a pessoas que, dizendo-se dotadas de recursos especiais ou determinados dons e privilégios, colocam-se como intermediárias, como intérpretes profissionais de tais verdades, sem esconderem os seus interesses materiais para exercer esses misteres, trocando o que é sublime por aquilo que apodrece.

Ligam-se, tais médiuns equivocados, ao mundo invisível em troca de coisas putrescíveis.

E nisso, muitas vezes, enganam os crédulos, outorgam esperanças mentirosas ou revelam verdades pela metade, a fim de não perderem o interesse daquele que, para elas, é fonte fácil de recursos.

Era essa a postura da maioria dos sacerdotes daquela época, acostumados a ludibriar o povo, a trocar informações por coisas, conselhos por riquezas, vaticínios e previsões por vantagens imediatas.

Todavia, como já se explicou, era nisso também que Hatsek se afastava da conduta comum dos demais.

E, por isso, em Hatsek não ocorria apenas o desenvolvimento do ambiente interior favorável para a percepção intuitiva. Pela sua nobreza de alma, pelos seus sentimentos elevados, pela sua conduta voltada para o bem e a seriedade, abrira os canais mais profundos da percepção sensorial, que lhe permitiam ter acesso direto aos seres que se ocultam sob o véu da invisibilidade, com os quais mantinha diálogos e trocava impressões, e aos quais submetia suas dúvidas e questionamentos, a fim de melhor avaliar a conduta a ser adotada, o conselho a ser oferecido e, no mais das vezes, como proceder para auxiliar direta ou indiretamente os que se encontrassem à sua volta.

Tratava-se do desenvolvimento daquilo que se conhece atualmente por faculdade mediúnica e que, até os dias atuais, encontra nesse perfil a conduta mais adequada para facilitar a sua eclosão, quando ela esteja na programação individual para a presente encarnação ou quando seja determinado pelo Criador que ela possa ocorrer na vida de uma pessoa, sempre visando levar auxílio aos que sofrem, sem interesses menores envolvendo tal prática ou exercício.

Como deveriam fazer todos os que são dotados de tais recursos mais intensos e que, ao longo dos séculos, seriam desenvolvidos por todas as pessoas igualmente, Hatsek se mantinha vigilante diante de todos os desafios que costumavam surgir perante ele para testá-lo na determinação, no desinteresse, na seriedade, na abnegação necessárias para ser canal límpido entre a terra e o céu.

Isso porque não há médium que possa ser considerado instrumento seguro se não for colocado em teste diante dos obstáculos que tenha de suportar, muitas vezes com estoicismo e absoluta renúncia.

Fora colocado de lado pelos seus companheiros de sacerdócio, hostilizado por sua postura isenta, fora odiado por inspirar um número maior de interessados que o buscavam por confiarem mais nele do que nos outros, fora invejado por ser religioso dotado de princípios sólidos e fiel aos seus postulados.

Fora cortejado por mulheres belas que ofereciam seus favores físicos aos deuses, desejando fazê-lo por seu intermédio pessoal, como forma de seduzi-lo e conquistar-lhe o afeto, já que se tratava de homem belo e viril, dotado de uma segurança interior que impressionava e fascinava o imaginário feminino.

Fora tentado com oferendas valiosas, riquezas que lhe eram ofertadas como sendo sinal de gratidão pelas boas intervenções que fizera diante do deus Amon-Rá em favor de alguns consulentes mais abastados que, agradecidos, queriam assalariá-lo para mantê-lo sob a sua dependência material e, no futuro, continuarem a contar com a sua intervenção.

Fora visitado pela enfermidade que buscou tratar através do contato com as forças superiores da natureza, sem reclamar dela a ninguém, sem apresentar a menor queixa por sua ocorrência e pela dor que produzia em seu corpo físico.

Tinha a sua sensibilidade voltada para o que era superior e que o mantinha em contato com as forças nobres que dirigem os destinos de todos os homens.

Por isso, recorria a elas no momento em que a dificuldade e a dúvida se avizinhavam dele, buscando fazê-lo no silêncio de seus aposentos, longe da curiosidade vazia das demais pessoas, em geral sempre despreparadas para entender a profundidade desse intercâmbio.

– Aqui estou, querido filho, para ouvir-te o coração apreensivo – falou-lhe a voz costumeira de seu tutor invisível que, à sua sensibilidade visual e auditiva se apresentava tão claramente como se possuísse um corpo como o dele.

– Nobre Khufu, luminosa vida ao teu ser – respondeu-lhe, respeitoso, o sacerdote reverente.

– A luz é patrimônio supremo que pertence a todos os que são criaturas filhas da luz por excelência, Hatsek. Estou aqui para servir-te, se possível, naquilo de que tenhas necessidade.

– Sim, querido amigo, tenho necessidade de teus conselhos. Como sabes, estamos em tempos novos, com o esforço de nosso rei na implantação de um sistema totalmente diferente de tudo aquilo que já dirigiu as terras do Egito. Isto está causando muita apreensão e as pessoas estão se perdendo entre o temor ao faraó e o temor aos deuses antigos que devem abandonar.

– São os momentos de escolha na vida de todos os homens, Hatsek, como bem esclareceste a todos os teus amigos desta família.

– É verdade, dura de aceitar, mas é a verdade. Todavia, Nekhefre, ao ser convocado pelo nosso rei a palácio, pretende que o acompanhe e já lhe dei a garantia de minha companhia. No entanto, sei que tal convocação nos trará muito sofrimento e terríveis conseqüências a todos os componentes deste drama.

– Mais uma vez, querido filho, tuas percepções estão de acordo com os caminhos que todos terão de trilhar para o crescimento pessoal. Acostumados a uma vida faustosa e sem dificuldades, os homens não crescem o quanto deveriam ou poderiam, impondo-se, assim, que uma força os retire do acomodamento em que se encontram, a fim de fazê-los avançar. Nekhefre, apesar de ser pessoa sem extremos de maldade, é homem mundano, sem elevação interior, sem aprofundamento de suas sensações. Gosta de trabalhar e contar dinheiro. Orgulha-se de manter o padrão material com a desculpa de dar o melhor à sua família, esquecendo-se de que o melhor para todos é o crescimento de valores da alma, pois é a única que segue para a frente, nos juízos do mundo dos mortos. Como sabes, deixei sobre as areias a maior construção de pedra de que se tem notícia até hoje, na forma piramidal que prevalece em nossa antiga crença sobre a morada da alma neste mundo. No entanto, Hatsek, tive de responder diante do Juiz Soberano por cada alma que sofreu as terríveis disciplinas impostas por meus capatazes que cumpriam minhas ordens inflexíveis. Tive de responder por cada carregador que foi esmagado ou que teve um membro amputado nos inúmeros acidentes que ocorreram durante a sua construção.

Fui chamado à realidade da responsabilidade que temos todos, uns sobre os outros, não importando quem seja o faraó ou quem é o escravo. Muito sofri diante das verdades que encontrei na continuidade da vida e, por isso, não pude fugir ao acerto de contas quando regressei ao corpo físico que a todos nos aguarda.

Hatsek via-se surpreendido por aquelas revelações vindas daquela alma sábia e generosa que sempre se apresentara diante dele desprovida de quaisquer esplendores faraônicos, a confessar-se endividada pela dor decorrente da materialização da crença antiga na edificação do templo funerário.

Sem dar-lhe oportunidade de manifestar tal estado íntimo, Khufu prosseguiu:

– Assim, filho querido, todos os homens precisam aproveitar a oportunidade que já têm, enquanto estão presos às areias da vida, para que não se vejam surpreendidos quando tiverem de chegar ao reino dos mortos tão vivos quanto estamos nós dois, mas, então, sem a oportunidade imediata de refazer as coisas erradas que fizeram. Que aproveitem a estadia o máximo e que dela retirem tudo o que se puder extrair a seu próprio benefício. O que irá suceder será algo importante para todos e nós estaremos atentos para ajudá-los na superação de tais dificuldades, desde que estejam todos em sintonia conosco. Aqueles que se afastam da crença superior e dos conselhos que ela oferece, se entregam ao abismo da dúvida e da fragilidade, que os levará ao escuro vale da negação e do desespero, à procura de outro deus mais poderoso que os possa retirar dali, quando, em verdade, dali terá que sair com suas próprias forças.

Nosso faraó está certo, ainda que não tenha chegado o momento do amadurecimento de todos para compreenderem as suas idéias. Mesmo ele não tem idéia clara sobre tudo o que significa tal modificação. Podemos dizer que está fazendo o primeiro esforço de mudança, semeando as primeiras sementes que se perderão no solo hostil e duro das almas despreparadas e acomodadas. No entanto, tal esforço trará boas colheitas no futuro. Akhenaton não saberá como proceder com a autoridade que está arvorando sobre si mesmo e confundirá coisas do governo com coisas de Aton, o novo deus. Isso produzirá uma terrível conseqüência para ele mesmo, já que se verá iludido pelo fanatismo de suas visões pessoais, afastando-se, ao final, dos objetivos originais da própria reforma. Não conseguirá manter sobre os seus ombros a coroa do Egito e o peso de Aton, pois são poderes que exigem condutas conflitantes e antagônicas.

No futuro, com a evolução da compreensão dos homens, poder-se-ão criar condições mais adequadas para o início de tal experiência que se instalará , por fim, no coração das pessoas em primeiro lugar, para depois migrar naturalmente para tudo aquilo que lhes diga respeito, inclusive o próprio governo nacional.

Até lá, Hatsek, muito sangue e muitas dores precisarão ser sentidas para o despertamento das sensibilidades.

Calara-se o espírito de Khufu, mantendo um sorriso sereno na face e envolvendo o seu protegido numa atmosfera de energias nobres e luminosas que lhe permitiria sair do corpo durante o repouso da noite para que continuassem a conversar sobre tais mistérios indevassáveis aos homens despreparados para conhecê-los.

Busto do Faraó Akhenaton

6

Mudinar, astuto, dirigindo Nekhefre, imaturo

Em Amarna, o ambiente era de confusão e novidade, depois que Akhenaton passou a exercer todos os poderes administrativos e religiosos. O culto a Aton, único aceito e imposto a todo o Egito era tão absorvente que todo o reino passou a orbitar ao redor das novas práticas e a submeter-se às interpretações religiosas que somente poderiam ser feitas pelo faraó.

Para poder impor tal mudança drástica de costumes ao povo afeiçoado a uma grande variedade de deuses antigos, Akhenaton se valia de um poderio intimidador que se concentrava, entre outros, nas mãos de Mudinar, serviçal antigo e que se comportava com tal servilismo e submissão que era tido pelo rei como pessoa totalmente confiável e, por isso, constantemente colocado como seu braço direito nas questões de velar pela nova ordem religiosa.

Sabendo de sua influência e estando junto ao poder que o seduzia, mais e mais Mudinar se tornava fiel e astuto nas artes de trazer ao seu rei os frutos de sua canina submissão.

Inúmeras tinham sido, até então, as personagens do reino que se viram obrigadas a modificar seus costumes, inclusive os próprios nomes pessoais, para se apresentarem diante do faraó demonstrando a aceitação da nova crença, sob pena de serem submetidos a todos os tipos de pressão pessoal, material ou até mesmo física para que fossem claros nas suas posturas.

Muitos que serviam nos diversos setores da vida administrativa, haviam recebido de seus pais nomes que homenageavam antigas divindades egípcias, da devoção dos genitores que, assim, pretendiam obter para os filhos a proteção especial de tais deuses.

Todas essas pessoas, agora, ao se apresentarem diante do faraó, não poderiam mais possuir as antigas denominações, principalmente pelo fato de o próprio rei, como já se falou, ter mudado o seu nome pessoal de Amenófis, nome que homenageava o deus antigo Amon, para Akhenaton, referente à sua devoção a Aton.

Assim, cabia a Mudinar estabelecer tais averiguações e impor a vontade do faraó e, muitas vezes, a própria vontade como se fosse a do rei para que os demais egípcios que desejassem acercar-se do faraó pudessem ser aceitos.

Estabeleceu, assim, um processo de intimidação através do qual pretendia obter apoio e conhecer os que se encontravam a favor ou contra a nova ordem no reino.

Vendo que a sua astúcia era convincente e que inúmeros príncipes ou abastados cortesãos sobre os quais montava a sua rede de apoio se convertiam à sua fé inovadora, Akhenaton mais e mais se permitia entregar ao comandante de sua guarda a condução de tal processo, até mesmo porque não possuía ele tempo disponível para se dedicar a todas as obrigações de Estado e ao culto religioso.

Como já se pôde informar anteriormente, havia um cuidado muito grande em não se permitir vantagens reais a pessoas que se recusassem a seguir os novos caminhos e, em especial, a todos os que se haviam envolvido no culto da antiga forma religiosa que mais conflitava com a nova maneira de ver o mundo.

Os templos de Amon-Rá estavam sob vigilância, perseguidos ou banidos os sacerdotes, excluído o nome Amon dos monumentos de pedra, como forma de se romper definitivamente com as antigas estruturas.

Na ingenuidade de sua visão, o faraó acreditava que a crença alheia poderia adulterar-se adulterando-lhe os objetos de culto. Não percebia que, quanto mais se impunha à força, mais renitente ficava dentro das pessoas o desejo de continuarem apegadas à antiga ordem, ainda que na clandestinidade.

Com o passar do tempo, Mudinar percebeu esse fato, pois seus espiões não se cansavam de trazer-lhe a denúncia de que muitos dos que se curvavam diante do faraó e aceitavam novos nomes, faziam-se chamar, tão logo se afastavam de sua presença, pelas suas antigas denominações. Inúmeras vezes, os espiões presenciaram a realização de cultos aos antigos deuses, celebrados pelos antigos sacerdotes banidos de seus templos específicos, que congregavam os seguidores em ambientes afastados para seguirem realizando as práticas religiosas ancestrais.

Sempre que possível, Mudinar valia-se da guarda real para coibir tais práticas e prender os rebeldes, acusando-os de traidores e mantendo-os sob tortura até que revissem seus comportamentos.

Toda a rede de informações estava a serviço de tais policiamentos, de forma a permitir que fora dos limites do palácio os decretos reais não fossem convertidos em letra morta.

Ao perceber a conduta duvidosa de algum cortesão mais achegado ao faraó, Mudinar sugeria discretamente ao rei que ordenasse que o mesmo tomasse alguma esposa do círculo de convivência real, como maneira de forçá-lo a se estabelecer sob as vistas dos seus asseclas.

Inúmeros eram os estratagemas empregados por Mudinar para manter todas as pessoas que lhe interessavam sob a vigilância de seus longos olhos à procura de deslizes que seriam usados como instrumentos de perseguição ou de barganha, ou simplesmente como forma de se vingar ou obter para si as vantagens que os que ocupam postos de realce facilmente obtêm.

Homem solteiro, não possuía compromissos familiares que lhe impedissem as práticas mais nefandas de intimidação, obtendo para si todas as mulheres que desejasse para, logo a seguir, descartá-las como objetos sem valor, ao mesmo tempo em que era constantemente cortejado por moças que sonhavam em se aproximar das estruturas do poder e das vantagens douradas que se poderiam obter de tal consórcio.

Quando desejava livrar-se de alguma amante que se tornara indesejável, geralmente pelo aparecimento de alguma outra mais formosa, Mudinar providenciava o seu casamento com algum soldado ou serviçal do palácio real, libertando-se de uma incômoda relação que já não lhe agradava mais, para colocar outra em seu lugar.

Tudo isso era feito, naturalmente, com a discrição necessária e sem o conhecimento do próprio rei, a fim de que Mudinar não tivesse manchada a sua imagem de assessor confiável e conselheiro real.

Agora, dentro de seu caráter tortuoso, chegara, para sua satisfação, a oportunidade de testar a fidelidade de mais um dos comensais do tesouro real, representado por Nekhefre, a quem convocara para que viesse até o palácio prestar homenagem não apenas ao rei, como também ao sistema por ele implantado.

Sabia, no entanto, da íntima ligação de Nekhefre com as práticas antigas, além de conhecer-lhe o envolvimento com os sacerdotes do odiado deus Amon-Rá.

Mudinar conhecia todos os detalhes da vida das pessoas que iria submeter ao torniquete de sua maldade, eis que uma rede de informantes se posicionava ao redor da futura vítima para recolher-lhe todos os informes e detalhes de seus costumes, seu padrão de vida, suas ligações sociais, seus hábitos familiares e pessoais, suas condutas ilícitas ou clandestinas, que permitiam maior poder de fogo no processo de intimidação.

Por isso, com Nekhefre não fora diferente. Conhecia todos os seus comportamentos e sabia que se tratava de uma pessoa fraca, que se ocultava sob a proteção dos sacerdotes antigos e que não tinha outro interesse a não ser o de manter o padrão de vida dentro das estruturas confortáveis que herdara de seus ancestrais, por favores obtidos dos faraós anteriores.

Como já foi exposto, os seus ancestrais haviam participado das campanhas de libertação do território, apoiando os príncipes tebanos e deles receberam os beneplácitos em forma de riqueza e de títulos de nobreza que foram sendo transferidos de uma para outra geração.

Nekhefre, por si mesmo, pouco fizera a não ser manter e ampliar as vantagens materiais através da exploração das riquezas que já possuía e da utilização da astúcia comercial na realização de negócios em que, se possível, explorava os mais fracos, valendo-se de sua condição de nobreza.

As práticas comerciais, desde aquela época até os dias de hoje, viam na esperteza uma qualidade, um valor que deveria ser estimulado em busca da obtenção de maiores recursos. Desde aquele tempo, os homens se admiravam e se invejavam pela capacidade de obter bens e riquezas, não importando qual o tipo de conduta adotada para isso.

Se fosse uma conduta desonesta, praticada sem deixar pistas ou suspeitas, tão logo alguns meses transcorressem, ninguém mais recordaria que aquela pessoa se comportara inadequadamente.

No entanto, todos seguiriam admirando e invejando o conforto e a prosperidade daquele que se deixou levar pelos interesse escusos, sem preocupação com os que perderam os seus bens ou foram lesados em suas riquezas.

Isso era levado à conta de coisa dos negócios. Há os que ganham e os que perdem.

Mudinar sabia que Nekhefre era essa pessoa, tão religiosa por um lado quanto mundana por outro, desde que estivesse em jogo a sua posição material perante os demais.

Se ele se aproximava de Amon-Rá era para seguir obtendo proteção para manter-se no velho estilo do "tomar o que é do outro" , ainda que o fosse para dividir com o templo religioso parte das vantagens conseguidas. Essa conduta de Nekhefre conseguira ser amenizada pela influência de Hatsek que, com seus conselhos e sua sabedoria, ia modelando aos poucos a imaturidade de seu amigo para que adotasse uma postura diferente. Todavia, Mudinar não podia saber de tal influência, pois ela ocorria no íntimo de Nekhefre, sem que dela os outros pudessem suspeitar, já que o seu comportamento persistia em continuar muito semelhante em todos os sentidos.

Era verdade. Por mais que Nekhefre escutasse e concordasse com Hatsek, seus hábitos e seu apego ao velho estilo de viver o mantinham em condutas que pouco ou nada espelhavam a sua modificação. Seguia avarento contador de moedas, exigente cobrador de juros, explorador de empregados, aproveitador de oportunidades, criador de fatos que o favorecessem. Ainda que, depois, se arrependesse, no momento em que fazia tudo isso sentia prazer em seguir ganhando e ajuntando mais e mais.

Tripudiava sobre a miséria dos outros sempre com a desculpa de manter o conforto da mulher e das filhas a quem muito amava. Com essa desculpa aparentemente nobre e justa, permitia-se atirar na desdita a família alheia, sem consideração pela fome de inúmeras mulheres e crianças que passavam a pão e água por causa de suas práticas comerciais.

A diferença que a influência de Hatsek produzia em seu interior era a de que, agora, algum arrependimento aflorava no seu ser depois que todas as coisas já tinham sido feitas. Ao chegar em sua casa, muitas vezes se via angustiado por ter sido duro e frio diante das lágrimas de desespero de algum pobre coitado que lhe vinha solicitar complacência ou tolerância. Procurava algum meio de esquecer a cena, mas não conseguia deixar de sentir uma dose maior de arrependimento, ainda que tentasse livrar-se dele, pensando que fizera tudo aquilo com a desculpa da própria família, visando deixá-la em melhor situação.

Nekhefre era um hábil comerciante, mas um homem despreparado para viver dentro das leis do universo.

Diante da sua forma de ser, Mudinar sabia como manejar as cordas certas para conduzi-lo ao lugar que desejava.

Por ser extremamente previsível em suas maneiras, o chefe da guarda real tinha condições de dirigir-lhe os passos monitorando-lhe as atividades como se faz com uma marionete, conduzida por um hábil manejador.

Ao mesmo tempo, Mudinar sabia da permanência de Hatsek junto de Nekhefre e, por isso, desejava aproveitar o intento para obter duas vítimas ao mesmo tempo, pois estava seguro de que Nekhefre não teria coragem de ir até Amarna desacompanhado de seu ombro amigo, conselheiro que o acompanhava em todas as situações.

Preparava-se, assim, o ambiente necessário ao despertamento de todas aquelas almas e que, através da dureza de todos os corações, poderia favorecer o amolecimento das fibras interiores, a benefício deles mesmos.

Khufu, antigo rei de esplendoroso período ancestral, agora Espírito luminoso, seguia os passos de todos, responsável que era, igualmente, por Akhenaton na proteção e inspiração do faraó diante dos passos que estava dando na condução do reino egípcio em direção a um futuro de glórias que se estenderia além das fronteiras da terra abençoada pelo Nilo.

7

A viagem e os planos de Mudinar

Chegara, enfim, o dia da viagem até a sede do governo real, estando os dois homens preparados para o deslocamento, levando pequena bagagem e provisões, além de uma escolta pessoal para se evitarem as surpresas desagradáveis durante o trajeto.

A viagem duraria alguns dias e, por isso, levavam provisões e recursos para que pudessem se ver garantidos em qualquer eventualidade, ainda que se fizesse o trajeto pelo rio Nilo.

Antes de deixarem Tebas, Nekhefre apresentou oferendas aos antigos deuses, principalmente a Amon-Rá, através das quais solicitava os seus favores para que nada de desagradável ocorresse durante a viagem ou no encontro com os representantes do governo egípcio e que, sãos e salvos, pudessem regressar ao lar.

Hatsek o acompanhou nas celebrações, buscando harmonizar-se com a vontade superior que o preparava para as passagens mais difíceis na vida de toda aquela comunidade familiar, incluindo ele próprio.

As despedidas de Kimnut, Marnahan e Hatsena não foram menos emocionantes, já que, naquela época, qualquer viagem de tal magnitude era uma verdadeira aventura sem nenhuma previsão de final. Em geral, tais deslocamentos eram muito comuns somente em períodos de guerras, quando se ia enfrentar o inimigo invasor.

Deixando a família aos cuidados de administradores confiáveis que se incumbiriam de preservar-lhe a tranqüilidade e suprir suas necessidades, partiram os dois homens para o seu destino, juntamente com o pequeno grupo que lhes servia, ao mesmo tempo, de guarda e transporte da bagagem e suprimentos.

A viagem rio abaixo foi serena e sem incidentes dignos de menção, eis que nada ocorreu que viesse a abalar a suave trajetória da embarcação.

No entanto, no íntimo daqueles dois homens, um sentimento de apreensão lhes oprimia o peito, antevendo as dificuldades que teriam de enfrentar.

Nekhefre, como já foi falado, por medo de perder os privilégios.

Hatsek, por possuir bem mais conhecimentos do que o amigo, mas não poder evitar nada do que iria suceder. Isso porque sabia que os desígnios maiores ocorrem sempre, a despeito de todo o esforço que se busque para evitá-lo. Por isso é que, para a maioria das pessoas, ficam velados pelo véu que os oculta. Há algumas pessoas, entretanto, conhecedoras de alguns dos mecanismos da Justiça Suprema e das Leis Maiores, que têm a possibilidade de entrever algo dos eventos futuros, como era o caso do sacerdote, mas que sabem não poderem agir deliberadamente para evitar que tudo aconteça como deve ocorrer. Quando muito, se colocam vigilantes para que tais fatos não sejam agravados ou prejudicados por um comportamento rebelde, voluntarioso, arrebatado, que tornem mais dolorosas aquelas conseqüências.

A chegada em Amarna permitiu que ambos retomassem a terra firme depois de vários dias sobre o rio, com breves paradas em suas margens, refazendo-se do desconforto de tão longo percurso.

Buscaram por alguma localidade onde pudessem se abrigar por algumas horas a fim de que se preparassem para o encontro com Mudinar e com Akhenaton, hospedando-se em confortável vivenda destinada a albergar viajantes ou pessoas que buscassem a aproximação com os representantes reais, já que Amarna se tornara o centro administrativo do país.

O afluxo de pessoas, de víveres, de comércio, era bem maior do que nos demais portos, eis que para ali acorriam todas as atenções. Por isso, a cidade ia sendo dotada de uma rede de ruas, templos, lojas, residências, oficinas, estúdios de escultores, etc.

Tão logo chegaram, Nekhefre enviou um de seus guardas até o palácio real com uma mensagem a Mudinar a fim de informá-lo de que ele havia chegado, atendendo ao desejo do faraó no sentido de tê-lo em sua presença e que, apontando o endereço onde se encontrava, ali permaneceria até que a audiência fosse marcada em seus detalhes e ele, Nekhefre, fosse informado do dia e horário em que deveria apresentar-se perante o faraó.

Tão logo recebeu a mensagem, Mudinar sentiu um prazer especial em sua alma, já que pretendia transformar aquele encontro em uma singular reunião.

Devolveu a mensagem através do mesmo portador, informando em expressões formais e diplomáticas que tão logo se apresentassem as condições necessárias e adequadas para a audiência de tão importante personalidade seria ele, Nekhefre, informado e se providenciaria o seu transporte até o palácio.

Ao mesmo tempo, Mudinar ordenou que um grupo de espiões a seu serviço estabelecessem uma vigilância muito atenta sobre aquele local onde se encontravam os dois "convidados", de maneira a acompanhar qualquer atitude evasiva ou suspeita por parte deles.

Depois de certificar-se de que suas suspeitas eram verídicas, ou seja, de que Nekhefre não viera sozinho, mas cercara-se da companhia do sacerdote Hatsek, o chefe da guarda real dirigiu-se aos aposentos de Akhenaton para informá-lo de todos os detalhes e apresentar-lhe as suas avaliações.

Diante do grande rei, prostrou-se, subserviente, com as exortações próprias da reverência a uma verdadeira divindade encarnada, tão do agrado do próprio faraó e de sua esposa, comportamento esse que garantia ao importante súdito a manutenção do próprio cargo e a continuidade de seu plano.

– Salve, Ó Grande Deus, provedor da vida. Vosso servo e fiel devoto se prostra diante de vossa real autoridade a fim de servir-vos.

– Salve, nobre e fiel Mudinar, que pelos úteis serviços tem se demonstrado digno da minha confiança. Levanta teu corpo para que tua dedicação seja favorecida com a visão do Deus que te preserva e te sustenta.

– Obrigado, Grande Alma, por tamanho privilégio e se não fosse sem motivo, aqui não estaria a afastar-vos dos importantes afazeres na condução de nossas vidas.

– Relata, pois, o que te trouxe até aqui.

Colocando-se diante de Akhenaton que já se demonstrava mais amistoso, depois de toda a troca de reverências e expressões adulatórias, Mudinar passou a relatar os fatos que eram de seu conhecimento, procurando apresentar a Akhenaton todos os informes oficiais e extra-oficiais obtidos pelos processos já mencionados.

– O vosso súdito, o nobre Nekhefre, de Tebas, chegou recentemente à vossa cidade, aguardando em lugar conhecido a convocação de vossa divina vontade para apresentar-se em palácio , como tem sido feito com todos aqueles que se têm valido das vantagens do vosso tesouro real, a fim de que demonstrem a sua aceitação da nova fé que há de perenizar-se em todo o reino.

– Pois muito bem, já não é sem tempo que esse príncipe, herdeiro dos favores de seus antepassados, se prostre diante do novo deus único de todos os egípcios. Podes marcar a sua vinda até o palácio para o dia dos cultos públicos de Aton, pois desejo, como nos outros casos, que o seu testemunho seja dado diante de todos os presentes, a fim de torná-lo conhecido de todos e demonstrar aos demais o quanto Aton tem sido aceito, em prejuízo de todos os velhos deuses, confusos e fracos diante da força que ele possui.

– Sábias palavras, nobre Rei. Assim o será. Devo, contudo, levar ao vosso conhecimento que Nekhefre não se encontra em Amarna sozinho. Trouxe consigo um antigo sacerdote do templo de Amon-Rá que foi fechado em Tebas por ordem de Vossa Divina Vontade, de nome Hatsekenká.

O olhar de Akhenaton tornou-se mais preocupado e suas sobrancelhas acusaram modificação de seu estado íntimo.

– Mas qual seria o motivo de tal ousadia? – perguntou irritado o faraó.

– Ainda não sabemos, grande rei, mas posso dizer que esse homem era muito conceituado entre os sacerdotes solares em Tebas, dizendo alguns que possuía poderes maiores do que todos os outros sacerdotes juntos e que não os utilizava senão para o bem de todos. Em minhas investigações não me chegou nenhuma informação de que tal homem fosse perigoso para qualquer insurreição contra a nova ordem religiosa, como se tem observado em alguns outros lugares.

– Pode ser, mas não quero que se deixe esse sacerdote sem ser observado. Além disso, pelo que estás me dizendo, gostaria de conhecê-lo pessoalmente, a fim de investigar por mim mesmo, até onde vão tais poderes e o que ele tem a dizer sobre Aton. Traga-o junto com Nekhefre à minha presença, no dia da audiência.

– Sim, Grande Sol, aqui estará conforme vossa vontade onipotente determina e este servo obedece. Ocorre que, como posso informar-vos, me cumpre o dever de dizer que Nekhefre continuava prestando culto aos antigos deuses em Tebas. Mesmo antes de sair da cidade para vir à vossa divina presença, prestou culto a Amon-Rá, invocando-lhe a proteção e as dádivas e, por isso, creio que a simples promessa do nobre príncipe diante de vossa autoridade não o fará modificar o íntimo de suas disposições. Creio mais que, tão logo volte ao barco para o regresso, já se sentirá livre para continuar com as mesmas práticas, aproveitando-se da distância para conspirar contra a instauração plena do único e verdadeiro deus do Egito. Sobretudo, quando tem em sua própria casa, um sacerdote pessoal que o mantém envolvido nas antigas cerimônias, ainda que seja homem de respeito ou consideração de muitos. Além dele, possui duas filhas jovens que, com certeza, estão sendo modeladas na antiga crença e que, tão logo lhes seja possível, passarão a seguir as antigas formas religiosas, tão nocivas e perversas para todos os súditos.

O faraó ouvia atentamente as informações do chefe de sua guarda que era seus olhos e ouvidos em todo o reino, pelo que lhe dava plenos poderes para estabelecer tal rede de observadores e informantes, colhendo todas as notícias para que ficasse sempre preparado para adotar as atitudes necessárias.

Tal ponderação de Mudinar tinha um sentido muito grave, eis que já haviam ocorrido casos semelhantes entre os antigos súditos importantes que, acreditando-se livres da vigilância real, tão logo davam sua demonstração pública de aceitação às novas estruturas religiosas, apressavam a realizar cerimônias aos deuses antigos, como a se desculparem com estes pela falta cometida por força da imposição faraônica.

Esses indivíduos, tão logo fossem conhecidas as suas posturas dúbias, eram imediatamente convocados por Mudinar, destituídos de suas riquezas, colocados como serviçais no palácio do faraó ou como quase escravos a serviço de outros súditos importantes que aceitassem a nova crença no deus único Aton.

Com tais informações, Mudinar começava a instigar no coração do rei as prevenções de que se valeria para atingir a sua meta, no que se referia a Nekhefre.

– Seria necessário reter o príncipe junto de nós por mais tempo para acompanhar-lhe a postura pessoal e nos certificarmos de que a sua foi uma conversão sincera. Se isso ocorrer, estará livre para retornar a Tebas e seguir nos apoiando na grande cidade. Se isso não ocorrer, daremos a ele tudo aquilo que se dá aos falsos amigos do Egito – falou o faraó encerrando as deliberações daquele dia.

– Sábias palavras, Grande Rei de todos nós. Assim o faremos de maneira a deixarmos o príncipe junto à vossa presença por algum tempo, informando-o de que será requisitado a prestar certos serviços pessoais ao faraó – respondeu Mudinar, dando a Akhenaton a demonstração clara de que já possuía tudo pronto em sua mente astuta e desejosa de atingir objetivos escusos.

Prostrando-se novamente, o chefe da guarda beijou-lhe os pés e assim, dobrado rente ao solo da sala de audiências, deixou o recinto em respeito ao Grande Aton, encarnado na pessoa do faraó.

Contudo, no seu íntimo, Mudinar tinha a convicção de que, com tais procedimentos, era ele que, em algumas situações, governava o próprio governo, já que sabia semear as idéias na mente do seu rei e, por conhecer-lhe as tendências pessoais, sabia manejar suas emoções para delas extrair o que era de seu interesse.

Além disso, junto dele congregavam-se inúmeras entidades sombrias que, imantadas ao seu cérebro, movimentavam todos os departamentos intuitivos para instigar os processos de perseguição, de manutenção de privilégios e de obtenção de vantagens.

Apesar de ser fiel ao nobre rei, Mudinar tinha sido, anteriormente, adepto dos diversos cultos supersticiosos que proliferavam naquela época, através dos quais se obtinham fórmulas secretas, filtros amorosos, amuletos, poções miraculosas, e até mesmo venenos indetectáveis pelos meios antigos de avaliação.

Aliado a tais vibrações, Mudinar, no silêncio de seus aposentos privados, protegido de todos os olhares estranhos e comprometedores, no isolamento absoluto, punha-se em relação com as forças chamadas de ocultas, como já era costume seu desde longa data, o que representava uma infração gravíssima à nova ordem religiosa do próprio faraó a quem servia de maneira cega. No entanto, tomava todas as cautelas necessárias para que tal prática pessoal não fosse de conhecimento de ninguém além dele próprio. Mesmo os produtos utilizados para que se realizassem tais cerimônias ocultas eram cuidadosamente guardados em local secreto, sob denominações de medicamentos conhecidos ou em recipientes usados para o culto de Aton que trazia em seus aposentos e que, em momento algum levantariam suspeitas sobre sua pessoa.

Como se pode ver, Mudinar desejava perseguir os demais pelas mesmas coisas que ele próprio realizava, em condições muito mais comprometedoras e com finalidade muito mais danosa do que a prática da religião antiga.

Acreditava, assim, que poderia dominar em todas as áreas possíveis, fosse na do poder mundano e perecível, fosse perante as forças invisíveis que ele pretendia controlar à sua maneira, aliando-se a inteligências invisíveis que, desde longa data lhe prestavam assessoria para os mais baixos desejos e objetivos, e que mantinham, assim, um conúbio, uma sociedade de interesses mesquinhos, através da qual se serviam mutuamente.

Não é nova, assim, caro leitor, a prática do intercâmbio vulgar e rasteiro entre os interesses materiais dos homens e o mundo invisível, valendo lembrar, entretanto, que cada um se sintoniza na faixa vibratória com a qual se relaciona e que ninguém sai incólume de tais relacionamentos.

O Ocultismo, assim considerado desde os primórdios da cultura egípcia, conquanto seja porta para uma realidade insofismável que é a da existência do Mundo dos Espíritos, representa perigosa passagem para uma região sombria e aflitiva, quando o interessado se vale dela para seus interesses pessoais, para a consecução de seus desejos mais indignos, para a realização de torpezas contra seus semelhantes, para a obtenção de vantagens, para a conquista de amores, para a sedução de pessoas ou destruição de lares. Entidades trevosas e de teor vibratório muito deletério acorrerão aos chamamentos e se imantarão aos invigilantes encarnados, permanecendo junto deles e sobre eles depositando toda a carga de suas vibrações nocivas.

Todos eles desconhecem que a Vontade do Criador é sempre Soberana e incapaz de ser adulterada por quaisquer práticas ocultas com finalidade inferior, maldosa ou destrutiva. Aparentes sucessos nessa área, não são mais do que permanentes compromissos assumidos pelo consulente pagante com a dor e com a desilusão, que reconduzirão todas as coisas aos seus devidos lugares e obrigarão o ser que se vale dessas estruturas a sofrer, mais cedo ou mais tarde, todas as conseqüências de ter se aliciado com a sombra.

No entanto, nada como a própria experiência para ensinar aos tolos, o quanto a tolice faz sofrer os que dela se valem para se iludir achando que são capazes de se imporem à vontade do Criador.

8

Explicando

No plano espiritual, as estruturas vibratórias denunciavam o estado interior de cada personagem pelo nível de emissões luminosas e de formas-pensamento que se cristalizavam ao redor de cada um deles e que, pela persistência e duração, ganhavam vida própria.

Além disso, aos padrões vibratórios de cada emissor, se associam, por atração, os Espíritos que com eles também se afinizam, numa estrutura de sintonia perfeita, passando, ambos os lados da vida – visível e invisível – a viver em regime de simbiose, chegando a confundir-se nos desejos, inclinações e atitudes.

Notadamente quando se fala de vibrações inferiores, o tipo de entidade espiritual que a elas se vincula e por elas é atraída propicia ao encarnado uma quase sufocação psíquica, eis que, por serem espíritos muito ignorantes e sem princípios elevados de vida, se valem dos recursos mais torpes de domínio, acreditando estar em vigor os mesmos tipos de conduta e os mesmos métodos com os quais dominavam os que lhes rodeavam, durante a sua vida física.

Os Espíritos que se aproximam dos encarnados que, invigilantes, se mantêm na órbita dos interesses mesquinhos e imediatistas, sobre eles vão estabelecendo uma teia de influências, aproveitando-se das tendências próprias do companheiro preso à carne, utilizando-se de suas faculdades sensíveis e produzindo vasta rede de perturbações que, começando sutilmente, com o decorrer do tempo vai jugulando a criatura, impondo-se a ela pela pressão magnética que só pode ser rompida ao preço de uma radical modificação dos padrões mentais e comportamentais do encarnado.

Já os Espíritos que buscam os encarnados por se compatibilizar com as vibrações elevadas e harmoniosas que estes possam ser capazes de emitir, pelo bem já acumulado em seu íntimo e pelo desprendimento com que vivem a vida material, ao contrário daqueles acima referidos, são Espíritos suaves e generosos que, longe de se imporem ou de se fazerem sentir por uma pressão tirânica, valem-se das intuições sutis, leves recordações que fazem surgir na mente do encarnado, brandas sugestões lançadas ao interior de seus pensamentos para que ele próprio as possa assimilar, meditar-lhes o conteúdo e, por si mesmo, aderir ao chamamento que lhe é feito através da amorosa solicitude invisível que o ampara.

Nestes casos, o encarnado não se vê preso de nenhuma violência, mal-estar ou inquietação, mas sim identifica a presença do amigo invisível através de um impulso generoso, de uma idéia que o estimula, de uma inclinação forte para realizar algo de bom, tomar tal atitude, evitar tal procedimento, não chegar a limites perigosos, evitar certas companhias, tomar cuidado com os lugares que freqüenta, agir com cautela, tudo isto na forma de sugestão ou alerta silencioso, que brota no íntimo do ser.

Tais percepções não dependem de se possuir esta ou aquela qualidade pessoal exclusiva, de ser privilegiado pelo Criador ou ser dotado de especial dom que lhe favorece essa ligação.

Todos os seres são máquinas produtoras de fluidos mentais e, por isso, são igualmente dotados de receptores de tais fluidos, emitidos por si mesmo e pelos outros e, assim, todos são igualmente dotados de estruturas íntimas para que possam se colocar em sintonias e percebê-las, sejam as boas, sejam as não tão favoráveis.

Em geral o que ocorre é que o encarnado deseja obter a chave desse mistério sem pagar o preço necessário para consegui-lo. Todos os seres podem identificar as intuições que lhe são endereçadas, mas para que isso se dê, precisam amadurecer interiormente, buscar o autoconhecimento, identificar as próprias tendências, sentir onde estão as próprias falhas e as fraquezas pessoais a fim de saberem se as intuições que lhes chegam não são, na verdade, manifestações de sua própria personalidade.

Sem um padrão de conhecimento crítico e sincero de si mesmo, o encarnado não possui referencial seguro para não se deixar levar pelas impressões.

Além do mais, deverá conhecer as virtudes que possui, mesmo que em desenvolvimento, as boas tendências que habitam o seu íntimo, para trabalhar e ampliar-lhes o espectro. Investindo em si próprio, melhora a qualidade e a amplitude da antena receptiva que poderá captar melhor os sinais elevados que passam a ser identificados pelo interior do encarnado que se aperfeiçoa.

Há sempre à nossa volta, boas vibrações oriundas dos planos superiores e vibrações desajustadas e conflitivas provenientes das nossas redondezas e das concentrações mentais desajustadas que circundam o globo físico.

Para estarmos sintonizados com umas ou com outras é necessário que nosso instrumental interno esteja calibrado pelas nossas observações e, assim, poderá ser usado num sentido ou em outro.

Eis aí o grande problema. O ser humano passa longo período de sua vida dissimulando as próprias tendências, enganando-se a si mesmo, fugindo de sua interiorização, deixando a auto-análise para mais tarde. Costuma chamar a avareza de previdência, o egoísmo de cautela, o desejo sexual de amor. Poucos se admitem ciumentos e poucos ciumentos se aceitam errados. Muitos que não se deixam levar por essas crises doentias do afeto são tidos por pessoas indiferentes. Para outros que não conseguem despertar ciúmes no parceiro isso é encarado como falta de amor deste para com ele.

O capricho desmesurado de se gastar comprando coisas desnecessárias e, muitas vezes inúteis, é batizado com o pomposo nome de moda, sob cuja desculpa se promovem todos os tipos de disparates e ofensas, não só ao bom senso como à miséria que impera ao derredor daquele que tudo faz para andar vestido com os modelos em voga.

O indivíduo astuto que se vale das oportunidades para aumentar seus ganhos em detrimento da perda e da disseminação de prejuízos aos demais é tido como empresário talentoso, homem de visão, invejado até pelos seus pares.

O indivíduo que se contenta com poucas necessidades e não se apresenta brilhante e vistoso diante dos seus é tido como um perdedor ou derrotado e, muitas vezes, pressionado a mudar de atitudes, se vê envolto num mar de contradições e dúvidas.

O ser humano chama de fé ao ato formal de ir a templos dentro dos quais se comporta como um indiferente que tem de esperar os ponteiros do relógio terminarem sua jornada para que dali possa retirar-se com a sensação de que, .. ufa!... cumpriu o seu dever...

Denomina Caridade o ato de dar o que não presta mais e se sente feliz de o ter praticado transformando o seu lixo em algo valioso.

Deseja ser escutado e recusa-se a ouvir os outros. Diante de sua mesa farta e de seu prato fumegante e perfumado, censura os governantes que considera insensíveis à dificuldade do povo, mas desconta do salário mínimo que paga à serviçal doméstica os seus minutos de atraso com a desculpa de discipliná-la. Isso quando não desconta dela também o prato de comida que lhe forneceu na hora do almoço.

Consome quantias astronômicas com paramentos e adereços para os veículos, luzes que piscam, aparelhos de som de última geração, carenagens sofisticadas, que paga sem titubear ou sentir o peso, mas nunca tem mais do que "uns trocados" para entregar na forma de contribuição espontânea ao sofrimento que encontra pelo caminho.

Engana-se tanto o ser humano que não percebe que cresceu, que já é adulto, mas que está tendo comportamentos que atestam a sua infantilidade espiritual.

Se são criticados, ofendem-se, sem sequer se darem ao trabalho de analisar se a crítica é compatível ou procedente, quando deveriam mais agradecer do que maldizer quem lhe está fazendo o favor de abrir os olhos. Sabem que os vícios são perniciosos, mas não abdicam nunca do destilado ou do maço de alcatrão e nicotina.

Quando se vêem fustigados pelas dificuldades da vida ou pelas doenças, voltam-se contra o Criador a quem atribuem a maldade de os estar fazendo sofrer.

Desconhecendo-se desta maneira, os seres humanos são presas fáceis de si mesmos, abertos a todo o tipo de deslizes e de comportamentos que produzem vibrações desajustadas, plasmando formas-pensamento que lhes denunciam as próprias emanações energéticas e, via de conseqüência, abrem as portas mentais para todo o tipo de espíritos igualmente necessitados e ignorantes que se achegam, não como invasores, mas sim como convidados.

Conhecimento interior, pensamento elevado, fé em Deus, oração sincera, atitudes generosas, leituras sadias e inspiradoras, ideais pelos quais se luta sem esmorecer – todos eles são recursos indispensáveis para que a antena sensível do encarnado esteja voltada para outra faixa de captações e, dela saberá extrair as divinas mensagens internas, os estados de alma elevados, a visão mais longa sobre as contingências adversas que o visitam para adestrá-lo.

Basicamente, estas eram as diferenças entre Mudinar, Akhenaton, Nekhefre, Kimnut – todos eles envoltos no manto confuso da insensatez – e Hatsekenká e Marnahan, já mais sintonizados com as faixas positivas da vida, conquanto todas estas personagens ainda estivessem enfrentando os caminhos evolutivos próprios que lhes cobrariam sacrifício e modificação profunda de si mesmos.

O que os diferenciaria, no entanto, seria, justamente, a maneira de enfrentar os desafios da vida e o padrão de sintonia que escolheriam para si.

Sobre todos eles pairava a proteção de Khufu e de uma vasta equipe de Espíritos amigos que buscava encaminhá-los diante do roteiro das decisões. Todos poderiam senti-los se o desejassem. No entanto, somente alguns deles estavam dispostos a aprofundarem-se o suficiente para entender as grandes riquezas que se acham guardadas no íntimo de nosso próprio ser, no intercâmbio com a harmonia do Universo representada pelos tutores invisíveis de todos nós.

Aquele que mantém os olhos fechados por medo da escuridão, não vê a vela acesa à sua frente, que já o está livrando da noite. Bastar-lhe-ia abri-los...

Assim é a maioria dos homens... cegos por opção!

9

A caminho do palácio

Chegara, enfim, o dia tão esperado pelos viajantes, no qual se daria o encontro entre Nekhefre e Akhenaton.

Já se havia decorrido mais de duas semanas entre a chegada a Amarna e o momento de serem levados à presença do rei, o que propiciara a Mudinar o tempo mais do que necessário para tomar todas as providências a fim de melhor envolver os visitantes na sua teia sórdida, enquanto a espera mais aumentava a ansiedade de Nekhefre que, acostumado a ter todos os seus desejos e caprichos atendidos na hora, tinha de aprender a se manter no aguardo do capricho dos outros, mais poderosos do que ele.

Hatsek seguia sereno, ainda que prevenido pelos Espíritos amigos de que iniciariam uma fase de dificuldades, para a qual seriam necessários muito equilíbrio, tolerância, calma e confiança na Soberana Força Criadora.

Notificados por um enviado do palácio, prepararam-se os dois homens para a cerimônia que iria ocorrer no dia seguinte, em pleno meio-dia, horário que Akhenaton considerava o mais adequado para que todos se relacionassem com Aton por seu intermédio, já que o disco solar se achava à vista, bem no centro do céu, demonstrando todo o seu poderio e esplendor.

Logo pela manhã, uma comitiva real veio até o local onde se encontrava Nekhefre e, rodeando-o de todos os privilégios principescos convidaram-no a dirigir-se ao palácio e ao templo solar, onde se realizaria a audiência pública com o faraó.

Ao apresentar-lhe o edito real, documento oficial do governo que assim deliberava sobre a vida dos cidadãos, o chefe da comitiva pronunciara o nome de Hatsekenká, igualmente incluído no papiro oficial e que, assim, não poderia escusar-se de comparecer, como havia pretendido fazer, quando fora solicitada a sua companhia, exatamente para não comprometer o amigo Nekhefre, por ser considerado um intruso à vista do rei.

Agora, graças à astúcia de Mudinar, Hatsek se achava oficialmente autorizado a seguir ao lado do companheiro de viagem até as instalações suntuosas e impressionantes do faraó monoteísta.

Aquela pompa impressionara agradavelmente a Nekhefre, acostumado sempre às posturas bajulatórias que tão bem-vindas eram ao seu espírito, que se acreditava melhor do que os outros. Seria muito honroso receber do faraó estas demonstrações de consideração e de importância, pelo que dirigiu-se a Hatsek, iniciando o rápido diálogo que antecedeu a sua partida rumo ao seu destino:

– Você viu, meu nobre amigo Hatsek, como fomos bem recebidos por aqui? Parece que o faraó sabe que pertenço a uma estirpe diferente da dos demais e que, por tudo que meus ancestrais e eu representamos no destino do Egito, fizemos por merecer uma tal recepção. Não pensava em encontrar melhor acolhida. Aliás, tinha me preparado para outra coisa, muito pior do que tudo isto. Veja, guardas palacianos, trajados nobremente, bigas de transporte, cortejo oficial... , grandes progressos, não acha você?

– E isto tudo me causa mais apreensão, meu jovem príncipe – respondeu-lhe o sacerdote, com o olhar preocupado.

– Lá vem você, Hatsek, parecendo uma ave agourenta, vendo desgraça por todos os lados, imaginando sempre o pior – respondeu Nekhefre, querendo imprimir uma direção mais alegre à conversa.

– Antes fosse só isso, meu amigo. Já se esqueceu do por quê fora convocado até aqui? Esqueceu-se de que lhe competirá renegar todo o seu passado de crença e de devoção diante de nosso rei?

– Claro que não, Hatsek, mas antes pensava que teria de fazer isso quase que sob as lanças dos soldados do faraó, premido pelo medo, mas vejo que agora tudo será mais fácil, afinal somos convidados especiais do rei. E depois, vou levar adiante o meu plano de tudo renegar por fora para nada mudar por dentro.

– Ocorre, Nekhefre, que agora o faraó o está conduzindo ostensivamente, à vista de toda a população da cidade, testemunha das honras que ele lhe concede, honras públicas e que o comprometem diante do faraó como um grande aliado. Além disso, se não estou enganado, pelo horário de nosso encontro, estaremos em uma cerimônia religiosa em homenagem a Aton, na qual uma grande massa humana de todos os lugares do reino participa e presencia. Será ali que se dará a sua abjuração da antiga fé.

Ao falar assim, o Nekhefre tolo e iludido pelas honrarias do mundo começava a cair de seu pedestal para dar lugar ao Nekhefre confuso, que abria os olhos para o momento muito mais grave do que imaginara. Através dos alertas de Hatsek, as coisas passavam a ganhar outro sentido para seu espírito, que voltara a se preocupar com as conseqüências de tudo isso.

Ante o silêncio tumular do amigo, o sacerdote continuou:

– Se me permite lhe dar algum conselho, ainda que não me tenha solicitado, quero pedir-lhe que não se rebele contra nenhuma determinação de nosso faraó ou de seus funcionários, já que toda esta pompa, com certeza, não foi planejada por ele, em pessoa, mas deve ser organizada por alguém muito próximo ao rei e que está incumbido de levar a cabo toda esta cerimônia. Por pior que possa parecer a situação, mantenha-se calmo e sem demonstrar qualquer contrariedade, a mais leve que seja, uma vez que, se você se trair, as coisas vão ficar cada vez piores para seu futuro. Provavelmente, sejamos separados temporariamente, já que a astúcia dos que dirigem nosso governo em nome do grande rei não pretenderá ver você ladeado por um sacerdote adversário da nova fé, ao mesmo tempo em que desejarão saber qual é a minha idéia sobre toda esta nova criação religiosa oficial. Lembre-se: de seus lábios pode sair a sua absolvição ou a sua desdita.

O cortejo dava sinais de que estava pronto para seguir ao palácio. A manhã já ia alta e, de acordo com as ordens secretas de Mudinar, os dois deveriam ser conduzidos até o palácio sob uma grande algazarra festiva, a fim de chamar a atenção de todos os moradores da cidade sagrada que, obviamente, acorreriam até o local da cerimônia, atraídos pela curiosidade decorrente daquela tão calorosa recepção.

Com isso, mais e mais pessoas se aglomerariam para assistirem aos rituais de Aton, preenchendo toda a estrutura externa do Templo Solar e causando maior impacto ao ato de Nekhefre.

Por isso, o condutor do cortejo tinha ordens secretas de esperar para iniciá-lo em um horário da manhã no qual os moradores já estivessem mais despertos, mais prontos a sair à rua e que, para maior curiosidade criar, o cortejo deveria serpentear toda a cidade a fim de que não chegassem ao palácio senão depois de todas as ruas principais de Amarna terem sido visitadas pela grande procissão oficial, cheia de tambores, flâmulas, cavalos e carros reluzentes, cobertos pelo ouro do Egito Faraônico.

Isso tomou muito tempo, mas antes que o Sol se localizasse a pino no céu, todos estavam já dentro do palácio.

No entanto, as determinações de Mudinar tinham-se resultado muito efetivas, já que quanto mais transitava pelas ruas de Amarna, mais gente curiosa se acercava e passava a acompanhar o cortejo que, sabiam, terminaria dentro do palácio para as tradicionais cerimônias daquela hora.

Mais do que qualquer outra em semanas ou meses anteriores, aquela estava especialmente atraente aos olhos atentos, em face da importância dos convidados, que tudo faziam para esconderem a preocupação atrás de uma máscara de sorriso discreto.

Para Nekhefre, apesar de todos os avisos de Hatsek, aquilo ainda lhe soava agradavelmente ao espírito vaidoso e cheio de fraquezas, e tão longa fora a passeata cheia de homenagens que, ao chegarem ao seu destino, Nekhefre já tinha se esquecido de todos os conselhos de seu amigo e estava tomado de uma euforia e entusiasmo jamais sentida.

Hatsek seguia observando tudo e percebia a armadilha que se estava armando para apanhar as vítimas ali conduzidas garbosamente. Parecia que estavam dando o melhor queijo por causa da importância dos ratos que iriam ser caçados, a fim de que acabassem presos nas grades douradas que os manteriam enjaulados por muito tempo.

Ao presenciar todas aquelas cerimônias de que eram objeto, Hatsek começou a entrever por detrás de tudo aquilo, com seus olhos argutos e a experiência madura de seu espírito, a presença de algum personagem muito astuto e que, por certo, não se limitaria a produzir uma pomposa acolhida. Tudo aqüilo estava feito para levá-los a algum outro ponto, mais doloroso e cruel para todos.

Pensando nisso, Hatsek procurou isolar-se do burburinho da aclamação festiva e, inspirando-se nas orações com que se elevava a patamares mais altos no contato com a Soberana Força do Universo, buscou, com o seu pensamento, o espírito de Khufu a quem recorria sempre que algum problema mais grave se apresentava.

Presentes sempre ao lado de seus tutelados, os amigos espirituais de todos os encarnados estão a postos nas horas cruciais e difíceis dos destinos daqueles que tomaram como seus discípulos para ajudá-los a enfrentarem as adversidades, cumprindo com as tarefas a que se comprometeram antes de reencarnar.

Isso porque não existe nenhum ser humano que venha à vida física, depois de experiências anteriores nas quais acabou fracassando, que não tenha se preparado para enfrentar os mesmos obstáculos e vencê-los definitivamente. Todo regresso ao mundo físico é precedido de uma preparação profunda e meticulosa que respeita, em primeiro lugar, a Misericórdia do Criador, que não dá fardo mais pesado do que as forças de quem o transportará.

Em segundo lugar, tal preparação leva em conta as necessidades do reencarnante, que precisará enfrentar determinados e específicos problemas para lapidar seu espírito fraco ou adormecido em determinadas áreas da experiência. Em terceiro lugar, a preparação indispensável visa fortificar a alma renascente através de cursos, lições, tratamentos magnéticos, etc, para que ela possa estar qualificada para superar todas as dificuldades, antes de nascer.

Tal avaliação ocorre sempre, mesmo para os casos em que a reencarnação seja imposta ao indivíduo como único recurso para a sua melhoria.

Nos casos em que se trate de Espírito com algum mérito evolutivo, ele é conduzido a participar do processo de modelagem da nova experiência física que deverá enfrentar, com a escolha de corpos mais ou menos resistentes, experiências mais ou menos dolorosas ou laboriosas, organismos mais ou menos saudáveis, famílias mais ou menos difíceis, etc.

No entanto, quando o Espírito não tem discernimento para escolher de acordo com as próprias necessidades, os Espíritos superiores por ele determinam qual o melhor estilo de vida a ser desenhado em sua jornada e, franqueando todos os tipos de ajuda ao Espírito renascente, encaminham-no para que possa passar pelas provas necessárias à sua modelagem pessoal.

De qualquer maneira, todos renascem com condições de superar as quedas, elevar-se sobre os degraus, saltar sobre os buracos, atravessar as correntezas que forem surgindo em sua trajetória.

E quando tudo possa estar nebuloso, confuso, de difícil compreensão ao encarnado, Deus lhe permite ter acesso pessoal aos que lhe estão auxiliando através da intuição, aos amigos que, no invisível, nos mantêm com os pensamentos voltados para o poder de vencer a si mesmo que cada um possui.

Por meio da oração sincera e do recolhimento íntimo, cada encarnado pode entrar em sintonia com esses amigos vigilantes e presentes em nossas vidas e que, longe de resolverem por nós os problemas que nos cabem solucionar, buscam infundir-nos boas idéias, pensamentos mais claros e estado de ânimo propício ao caminhar correto, dentro das necessidades evolutivas de cada um.

Todas as pessoas, sem dependerem de nenhum intermediário, nem de qualquer sensitivo especialmente dotado, podem ser seus próprios oráculos, através da elevação interior, da confiança na bondade de Deus, na oração simples e sincera, que dispensa todas as fórmulas ritualísticas ou artificiosas, para transformar-se, tão somente, na conversa franca entre filho confuso e Pai compreensivo e sábio.

Por isso, fazendo o silêncio interior, o ser reencarnado está abrindo condições para escutar as vibrações sutis que lhe tocam a alma e que, em forma de intuições lhe aconselham sempre o melhor caminho, dentro da harmonia das leis do Universo.

Quando ligados ao mal, quando habituados a praticar o que não é adequado, nossa sintonia sofre a interferência de inteligências igualmente votadas a desestruturar nossos passos, confundir nossas mentes, alvoroçar nossos sentimentos. A grande gama de Espíritos sem lucidez ou sabedoria busca a manutenção de seus interesse mesquinhos e suas sensações inferiores, aproximando-se dos encarnados que lhes permitam a companhia por terem as mesmas sensações ou tendências e, nestes casos, a intuição será sempre negativa.

Todavia, basta ao encarnado ligar-se a Deus, repudiando o mal, contrito e humildemente, arrependido e autêntico, para que novas ligações magnéticas se estabeleçam com planos mais elevados e com Espíritos mais nobres que saberão propiciar-lhe as intuições necessárias para superar a si mesmo e encontrar um caminho.

Era isso que Hatsek estava fazendo.

– Aqui estou, filho amado – disse Khufu, projetando-se na acústica mais clara de seu pupilo espiritual – atendendo ao teu chamado e fortalecendo tua força interior. Não temos muito tempo nem condições para maiores esclarecimentos. Posso te dizer, contudo, que tuas percepções estão corretas. Há uma concentração de forças nocivas em um dos mais próximos serviçais do rei que, por estar cheio de compromissos administrativos, nele deposita integral confiança e confere poderes muito amplos. É irmão enfermo que não se deu conta do mal que pode estar ajuntando para sua própria colheita. Longe de temê-lo, apiada-te dele, eis que ninguém é mais poderoso que Aquele que nos criou. Lembra-te, Hatsek, do simbolismo de nossa crença: o mesmo Sol que ilumina e nos beneficia todos os dias, queima aqueles que ficam expostos aos seus raios sem saberem se proteger adequadamente.

Aquela resposta silenciosa, em sua acústica interior, aliviou-lhe as apreensões e, agradecido, o sacerdote pôde deixar-se conduzir ao interior do palácio, a fim de aguardar o momento mais solene daquele dia, na apresentação de ambos diante das autoridades mais elevadas do Egito.

Como já se falou, o povo ali se concentrava mais do que nos dias anteriores, preparando-se para o grande espetáculo que envolveria o faraó, os convidados e todas as forças do destino que se orquestravam para que, naquele momento, os projetos realizados no mundo espiritual, antes do renascimento, pudessem ter o seu curso na direção da construção de almas mais nobres, condenadas a durar muito mais do que as antigas construções suntuosas de pedra com as quais os antigos dignitários egípcios pretendiam tornar-se imortais e indestrutíveis.

Perceberiam que, na suavidade e na nobreza de suas almas, os homens são mais duráveis do que a mais dura das pedras e que, com o passar dos milênios, ao invés de se degradarem, mais se embelezam e crescem em esplendor desde que entendam que, nas questões exteriores da vida humana, as mais sólidas posições, as mais firmes propriedades, as mais resistentes castas sociais, todas as coisas estão condenadas a ruir, transformando-se em areia.

10

A recepção de Nekhefre

Diante do rei, desfilavam delegações de diversos lugares, tanto do interior do país quanto de países vizinhos, interessados em manter boas relações com o poderoso estado egípcio.

Ao mesmo tempo, entre as diversas cerimônias nas quais o faraó se colocava em evidência, sempre ao lado de sua esposa, reverenciada tanto por sua condição de mulher do rei quanto pela de sua beleza especial e diferente, havia uma destinada a entrevistas públicas que se realizava na sala do trono e que era presenciada por todos os mais elevados funcionários e autoridades do reino.

Salão de vastas proporções, repleto de maciças colunas esculpidas e encimadas por capitéis arredondados que sustentavam os grandes blocos de granito que modelavam o teto, o trono era uma peça singular de riqueza e bom gosto, combinando madeira, ouro e pedras numa elegia à grandeza do seu ocupante.

Ao chegarem às dependências do palácio real, Nekhefre foi separado de Hatsek e encaminhado para dependências reservadas onde poderia trocar suas vestes e aliviar o calor que, àquela altura, já lhe causava acentuado incômodo.

Hatsek fora igualmente conduzido para outros aposentos específicos, algo mais distanciados dos de Nekhefre e sem a mesma suntuosidade, mas, ainda assim, dotados de conforto para que o seu ocupante fosse beneficiado com um confortável momento de relaxamento.

Mudinar preparava-se para as ocorrências daquele dia.

Akhenaton encontrava-se em seus aposentos reais, preparando-se para continuar a encenar aquele papel tão importante na crença religiosa por ele imposta e que exigia dele a condição de intermediário entre Deus e os homens .

Ao chegar o momento específico do início das celebrações, marcado pela posição solar definida por uma sombra produzida por estrutura de pedra construída especificamente para assim determinar a posição do meio-dia, o faraó e sua esposa surgem em uma ampla varanda na qual se acham esculpidas as marcas representativas do deus Aton, a saber, o disco solar e os seus raios que chegam até as cabeças do rei e da rainha e terminam por pequeninas mãos como a entregar a eles as dádivas do Alto a fim de que fossem repassadas aos demais mortais cujos destinos dirigiam.

A euforia popular demonstrou o quanto havia de ansiedade no íntimo de cada um dos que ali se achavam, eis que as manifestações bulhentas e a algazarra denunciavam o alvoroço interior de todos, na expectativa de revelações miraculosas ou de espetáculos intensos que, tão oportunamente, poderiam tirá-los da monotonia que se instalava no culto de um só e único deus.

Do alto de sua varanda, o faraó conduzia todo o ritual, acompanhado de auxiliares e de inúmeros funcionários que se incumbiam de indicar a todos os que assistiam quais eram as fases do culto e o que o rei iria fazer, em cada um desses momentos.

Através de sinais sonoros produzidos por instrumentos típicos, todos eram convocados a escutar, a aplaudir, a silenciar, a reverenciar, a aproximar-se do alpendre e, o momento mais esperado, a passar sob a varanda de onde o rei e sua esposa atiravam presentes, moedas, dádivas, jóias, sempre muito disputadas por todos os que para ali se dirigiam.

Naquele dia, no entanto, Mudinar estabelecera pequena alteração no ritual.

Antes de fazer com que o faraó se apresentasse ao povo, o chefe da guarda fez correr aos ouvidos dos presentes, através de seus diversos agentes misturados ao público, a notícia de que um príncipe viera de longe para trazer ao faraó a sua confirmação e o seu apoio incondicional à nova crença nacional.

Informou tratar-se de Nekhefre de Tebas e que , em determinada altura do ritual, todos agentes infiltrados deveriam incentivar o público a gritar-lhe o nome perante o próprio faraó, no momento adequado às homenagens públicas.

Colocado em um local estratégico que permitiria fácil acesso tanto ao interior do palácio quanto à varanda real, Nekhefre assistia aos preparativos suntuosos algo preocupado e inseguro diante da ausência de seu amigo Hatsek.

Uma vez chegada a sombra produzida pela pedra ao ponto adequado que indicava o início da cerimônia, todo o cortejo foi conduzido pelos funcionários até o local especialmente preparado.

Colocado o faraó em sua posição apropriada para as celebrações, o povo dirigia toda a sua atenção aos seus gestos e às suas palavras. A varanda, pela própria estrutura e planejamento com que fora edificada, causava um forte impacto em todos os que, naquele momento, pudessem observar o faraó.

Isso, porque o disco solar esculpido em baixo relevo na parede dos fundos da varanda era revestido de grossa camada de ouro polido e, no horário do início das celebrações, em face de sua peculiar posição, recebia a luz direta do sol e parecia converter-se em um sol a brilhar dentro da pedra onde estava esculpido.

Ao mesmo tempo, recebendo a luz solar intensa do meio-dia, os raios refletidos no disco de ouro eram direcionados para a cabeça de Akhenaton, situado mais abaixo e trazendo em sua cabeça as insígnias reais e as coroas do Egito, igualmente douradas, a reluzir e criar ao redor de sua figura um halo da cor do ouro vivo, impressionando a todos os que, de qualquer ângulo da praça podiam visualizar a sua pessoa. À medida em que o Sol caminhava no céu, Akhenaton ia igualmente caminhando alguns passos para a frente para que continuasse pelo maior tempo possível debaixo dos raios luminosos refletidos no disco solar.

Era o momento supremo do intercâmbio divino e público entre o faraó e o único deus do Egito e de todos os países por ele controlados.

Nessa hora, tocado pela fantástica atmosfera, o faraó se permitia envolver pela inspiração e se punha a fazer certas revelações divinatórias que, segundo a sua interpretação, representavam a vontade de Aton.

Passado esse momento de êxtase, o rei e a rainha se punham a escutar a nomeação das diversas caravanas e representações oficiais que até ali vinham prostrar-se em homenagem ao faraó e a seu deus.

Depois de terem sido apresentados, todos os dignitários eram conduzidos ao salão real, no qual estariam mais próximos do próprio faraó.

O povo assistia a tudo isso, entre o enlevo e o encantamento, sempre impressionável pelos rituais suntuosos e cheios de mistérios, notadamente pelos efeitos de luminosidade que Akhenaton conseguia obter nos momentos do reflexo do Sol sobre o disco dourado na parede.

Tais efeitos faziam o povo acreditar, sinceramente, que o rei era ungido pelo deus que reverenciava com exclusividade e que de suas mãos viriam as bênçãos que todos precisavam ou esperavam receber. Depois da apresentação das delegações visitantes, o rei se dirigia à beirada da varanda, onde se debruçava e por onde passavam alguns dos súditos escolhidos pelas autoridades mais próximas para receberem homenagens especiais e que tinham seus nomes gritados ao povo por uma espécie de arauto real, sendo imediatamente saudados pela massa embevecida.

Na ante-sala, Nekhefre se via maravilhado e impressionado com tal esplendor que não presenciara jamais em nenhum outro culto religioso ou cerimônia a que fora admitido nos diversos templos onde fora buscar solução para seus problemas.

A cada pessoa cujo nome era declinado pelo arauto, uma ovação se seguia e uma chuva de pequenos pedaços de tecido coloridos era atirada do alto dos muros que circundavam aquela região do templo.

Quando tudo estava se encaminhando para o final e uma vez que não havia mais nenhum nome a ser declinado pelo arauto, os agentes infiltrados de Mudinar, sorrateiramente espalhados pela multidão, começaram a gritar o nome de Nekhefre. Imediatamente imitados pelos que estavam ao redor, logo o nome começou a ser ouvido com maior intensidade, ampliando-se a referência à sua pessoa para, momentos depois, todo o amplo local da cerimônia entoar a mesma menção em um uníssono de impressionar e fazer tremer o íntimo do mais experimentado homem público.

Certamente, Nekhefre não estava entendendo nada daquilo. No entanto, era o seu nome que todos estavam gritando. Jamais se achara tão popular e conhecido em região tão distante de sua própria casa. Aquela demonstração de popularidade passou a incomodá-lo a ponto de não saber como agir e desejar sair dali correndo por qualquer porta que lhe permitisse fugir.

Diante de tal ovação pública, o faraó, que se preparava para se dirigir novamente ao local anterior, mais para o interior da varanda, deteve o gesto e regressou ao parapeito como a esperar que o povo silenciasse.

E todos continuavam a gritar:

– Príncipe Nekhefre..., príncipe Nekhefre..., príncipe Nekhefre...

Nesse momento, Mudinar surgiu ao seu lado, para segredar-lhe algo, já que o próprio faraó não sabia que aquilo se tratava de mais uma parte do astucioso plano de seu Chefe de Guarda.

– Grande Rei, Luz do Mundo, as determinações de vossa sabedoria produziram este efeito intenso no povo que, desde a manhã de hoje, pôde presenciar a nobre caravana conduzindo o príncipe Nekhefre a este palácio. Por isso, acredito, todos desejam vê-lo perante o símbolo do Sol radioso, coisa que, aliás, será muito positiva para os planos de mantê-lo compromissado com nossa causa.

– É verdade, Mudinar. Todavia, não desejo ter Nekhefre aqui ao meu lado. Providencie para que passe diante da varanda real, sobre uma biga de guerra para que possa ser visto por todos os que aqui lhe indicam o nome, mas que esteja sob a figura do representante de Aton.

– Sábias determinações, ó Grande Rei. Assim o será.

Dirigindo-se para os compartimentos próximos, onde Nekhefre se achava aturdido diante de tal surpresa, ordenou aos seus soldados que acompanhassem o visitante convidado até a biga que se achava colocada nas proximidades e que conduzissem os cavalos, lentamente, por debaixo da varanda real, deixando que a mesma parasse alguns instantes sob o faraó a fim de que Nekhefre pudesse reverenciar o único representante de Aton.

Algo distinguido em sua personalidade vaidosa, Nekhefre se deixou conduzir como alguém que não tem como escolher coisa diferente e, sem perceber como, em breves instantes estava acomodado dentro de uma biga dourada, conduzida por um escravo forte e que contrastava com a tez clara do visitante.

Sob os aplausos do público que, agora, não mais precisava de qualquer indução dos agentes de Mudinar, Nekhefre desfilou no meio da massa e, logo depois, foi conduzido sob a varanda de Akhenaton que se postava altivo em seu estilo próprio e esguio, permitindo assim que o príncipe visitante pudesse vê-lo com clareza e proximidade, para que soubesse que estava sendo diretamente observado pelo rei da nação.

Despreparado para situações desse tipo, Nekhefre não sabia como se comportar e, ao ser conduzido sob a presença de Akhenaton, viu-se avassalado pela grandeza daquele momento e, outra coisa não fez senão curvar-se solenemente diante do rei, num gesto público que fora interpretado como incondicional apoio e aceitação pública de suas idéias .

Ali começava a morder todas as iscas que Mudinar tinha colocado em seu caminho. Fora conduzido a uma situação extrema, na qual não poderia ter opções outras que não as de agir como os outros determinassem a sua conduta. Sua mente confusa já há muito tinha perdido o senso da avaliação das coisas, diante da empolgação causada pela cerimônia em si, e mais ainda, agora, quando era elevado a tão efusiva consideração.

Não poderia ferir a generosidade daquele que o recebia e permitia tais manifestações públicas de consideração.

Nem sequer pensara em suas antigas crenças e que, com aquele gesto, as estaria repudiando diante de todos ou, pelo menos, assim seria ele interpretado.

Pensava, apenas que, dentro de mais alguns dias voltaria a Tebas, para a companhia dos seus e para as antigas práticas religiosas.

Então, que mal haveria em aproveitar esses presentes inesperados e sempre tão bem-vindos a um espírito cheio de fraquezas e de quedas perante as coisas que brilham e que causam a ilusão de grandezas?

Sim, aproveitaria ao máximo esses favores reais e se embriagaria com as honrarias que conquistaria pelo preço singelo de uma mentira bem disfarçada. Valia a pena receber tanto por um pagamento tão insignificante. Algumas reverências e palavras de fidelidade, em troca de sossego, homenagens, grandezas e privilégios tão a seu gosto.

Terminada a cerimônia pública com a entrega dos diversos presentes e riquezas por parte do rei e da rainha aos que se encontrassem mais próximos daquele lugar cerimonial, foram eles conduzidos ao interior do palácio/templo, para a continuidade das atividades daquele dia de audiências públicas.

Lá já estavam todos os dignitários que haviam sido vistos na primeira parte dos procedimentos religiosos e, em lugar especial, o próprio Nekhefre, ainda não refeito das emoções embriagadoras para a sua fraqueza e invigilância.

Postado à distância, Hatsek observava as ocorrências algo preocupado, esperando que o seu amigo se lembrasse dos conselhos que lhe havia dado por ocasião da chegada a Amarna, quando esperavam ser recebidos pelo faraó.

Tudo aquilo estava armado bem demais para ser apenas um momento de homenagens, pensava o sacerdote, acostumado às pompas que se prestavam aos antigos deuses, mas igualmente impressionado com a riqueza e os detalhes do cerimonial presente que, longe de romperem com as antigas tradições dos velhos deuses, ampliavam-na com maior requinte, apenas privilegiando apenas à divindade exclusiva de Aton.

O que era diferente, no entanto, era o fato de ser, o faraó, o maior e único sacerdote admitido no culto, o que representava uma inovação significativa e que, de uma certa forma, beneficiava a pureza do ato, sem admitir maiores intermediários que, por sua vez, poderiam valer-se disso para deturpar o ministério sagrado, permitindo que interesses subalternos se imiscuíssem nas coisas religiosas.

Com isso, conseguia-se fugir da venalidade antiga, fonte de corrupção e de impureza que contaminava as fontes da divina verdade. Todavia, corria-se o risco de se cair num outro extremo, a saber, o de ser o rei manipulado facilmente por alguém muito astuto e que, de acordo com as observações de Hatsek, ali não deveria faltar.

O sacerdote de Amon-Rá fora igualmente trazido ao recinto, sem que, contudo, fosse colocado junto ao amigo que, pelos planos de Mudinar, precisaria ficar muito afastado para não ser por ele influenciado.

A sessão do reino iria ter início e todos os convidados curvaram-se reverentes, prostrando-se diante da passagem do representante da divindade na Terra.

Ali todos poderiam observar a figura esguia, diferente e algo misteriosa que aquele rei representava, para certificarem-se de que, se nada de novo tivesse realizado nas terras egípcias, a sua figura física, por si só, já seria uma novidade digna de admiração nos quatro cantos do reino.

11

A cerimônia na sala do trono

Enfileirados em extensa área da sala do trono, todos os representantes estrangeiros se postavam no aguardo da sua vez para se apresentarem diante do faraó para a apresentação das homenagens habituais e dos presentes com os quais pretendiam agradar e atrair a boa vontade do rei egípcio.

Para cada delegação havia um espaço próprio e um encarregado do reino, funcionário do faraó, que se responsabilizava pela sua condução até a presença da autoridade maior que trocava algumas frases de agradecimento e demonstrava o beneplácito de sua aceitação diante das ofertas recebidas.

Ali, na fila, em ponto estratégico e entre duas grandes delegações importantes, fora colocado Nekhefre que, lentamente, ia caminhando deslumbrado até a presença daquele que seria o exclusivo representante de Aton.

O ambiente era revestido de uma tensão natural, uma vez que a cerimônia pomposa impunha essa atmosfera e propiciava em todos uma ansiedade angustiante, quase intimidatória, avassalando os mais corajosos diante do luxo, do poderio e da representação da divindade, igualmente esculpida na forma do disco solar com os braços terminando em pequenas mãos, espalhada por todas as paredes.

Muitos dos delegados, quando se apresentavam diante do faraó, não conseguiam sequer articular uma palavra, embasbacados diante do nervoso e da situação de adoração que se apresentava naquele clímax, ocasião em que o mesmo funcionário do reino tinha de traduzir as pretensões e as homenagens daquele grupo, à falta de outro representante que o fizesse e para que se evitasse a constrangedora situação de deixar o rei esperando pela apresentação que não vinha.

Mudinar, atento a tudo, se colocava à direita do faraó, um passo atrás do trono real, tendo ao seu redor um número suficiente de funcionários que poderiam ser acionados para solucionar quaisquer problemas imediatos, escribas para registro das ordens ou decretos ali proferidos pelo rei, carregadores que se incumbiam de recolher as riquezas apresentadas e levá-las ao tesouro real, contadores reais que registravam todos os presentes e seus valores aproximados, fazendo longos relatórios.

Sempre que alguma dúvida se apresentava ao soberano, era a Mudinar que ele se dirigia e, rapidamente, dele obtinha as informações ou esclarecimentos necessários para entender melhor a questão sob sua observação.

Lentamente, Nekhefre se ia aproximando do trono do rei e, enquanto isso, sua pressão sangüínea ia se alterando, a pulsação aumentava, o suor começava a brotar de sua pele pouco acostumada a cerimônias de tal envergadura . O que ocorreria quando estivesse diante de Akhenaton? – era o seu pensamento. O que iria dizer? Como dirigir-se ao faraó? Como responder-lhe? Nada havia trazido para oferecer como tributo de sua homenagem. Teria isso sido um erro de sua parte? Afinal, era um convidado, não era um visitante...

Sua mente esfervilhava entre todas as hipóteses quando, repentinamente, ouviu uma voz firme e grave que, em altos brados, pronunciava:

– O nobre príncipe Nekhefre Segenenre, da cidade de Tebas.

O silêncio forte tomou conta do recinto, já que todas as demais delegações já se haviam admirado da presença solitária daquele jovem, desacompanhado de séquito, de oferendas e de quaisquer atavios, mas que era ali colocado como uma autoridade muito elevada, a ponto de ter sido distinguido com a exibição pública no carro militar momentos antes, por solicitação do próprio povo que assistia à cerimônia pública.

Não sabiam que Nekhefre era apenas um abastado comensal da coroa egípcia, que nada fizera para ostentar o título que, incansavelmente, repetiam os seus anfitriões e que faziam dele um príncipe sem principado, apenas por ter sucedido a linhagem de seus antecessores, estes sim, valentes lutadores pela libertação do reino da invasão estrangeira.

Por isso, Nekhefre se via obrigado a assumir uma postura de quem devia demonstrar intimidade com tais cerimônias para não cair no ridículo de se apresentar tremendo ou gaguejando diante de tão vasta platéia, o que ainda mais piorava a sua condição emocional.

Aproximando-se do faraó, como de hábito em todas as ocasiões em que se via diante do próprio soberano divino, prostrou-se respeitosamente, aguardando que alguma referência fosse feita e que o autorizasse a deixar a postura de submissão e reverência.

– Ergue-te, nobre príncipe, pois Aton te deseja entre aqueles que lhe são fiéis e que se encontram de pé, eretos, na defesa de suas tradições de único deus dos egípcios – falou Akhenaton, quebrando o silêncio tumular e deixando sua voz ecoar por todas as paredes.

Fora essa a primeira vez que o rei falara mais do que alguns monossílabos durante toda aquela reunião.

Nekhefre, surpreso por tais referências, deveria dirigir-se ao soberano para colocar-se diante dele na condição esperada de fiel defensor da nova ordem religiosa.

Titubeante e desacostumado a uma rapidez de raciocínio que o momento exigia, buscava as palavras corretas para se fazer claro e agradável ao mesmo tempo.

– Nobre divindade – finalmente respondeu o convidado – somente a magnanimidade de vossa alma poderia ser capaz de ver neste súdito a importância que não possuo e oferecer-me tão honrosa oportunidade de estar em vossa presença. Aqui estou pronto para obedecer, acima de minha própria vontade ou escolha.

A resposta, dificilmente elaborada por seu raciocínio confundido por tudo aquilo que tinha visto até então, bem como pelo tratamento que vinha recebendo, visava enaltecer a grandeza do rei e, ao mesmo tempo, não se manifestar efetivamente sobre a questão religiosa que já havia sido mencionada pelo faraó, dando-se por desentendido.

– Conheço a longa tradição de obediência que teus ancestrais tão nobremente colocaram a serviço do reino nas horas difíceis do passado. Por isso, príncipe, não tenho dúvidas acerca dessa virtude que, com certeza, deve estar contida na tua alma tanto quanto na deles. Aqui, no entanto, estamos diante de um momento de escolhas livres e, sem que ocorram quaisquer imposições, teu rei necessita saber da tua fidelidade ante a única verdade que se apresenta aos olhos dos homens. Mais do que tua obediência, Nekhefre, aqui estás para informar-me de tuas opções pessoais, já que todos os que me são próximos, assim o estão sendo consultados em face da importância que lhes atribuo em meu reinado.

Um nó mais agudo em sua garganta, fez Nekhefre ter saudade de Hatsek que, em algum lugar por perto, escutava as referências de Akhenaton e orava em silêncio buscando auxiliar o amigo imaturo diante das armadilhas do destino.

Novamente o silêncio se apresentara e todos os rostos se voltavam, agora, para o príncipe que se via diretamente convocado a manifestar-se sem rodeios.

– Nobre faraó, quando falo em obediência, não me refiro a uma conduta mecânica de uma criatura sem vontade. Sigo os passos do meu rei e tenho aceitado a nova crença sem reservas nem traições, desde a sua implantação em todo o reino, obedecendo as ordens e os desejos que brotam de vossa divina orientação. Aqui estou para dar testemunho público de que Aton segue sendo a única verdade e que dele não me afastarei nem deixarei de defender com as forças da própria vida.

Com essas expressões entusiásticas, pretendia o príncipe deixar claro a sua mentirosa aceitação e livrar-se, o mais depressa possível, daquela entrevista que já estava lhe comprometendo o equilíbrio nervoso.

– Tuas palavras são claras e teus sentimentos de fidelidade igualmente são aceitos. Contudo, nobre príncipe, diante de tão importante momento para o reino do Egito e para que na mente de todos os súditos não existam dúvidas, espero não existir qualquer constrangimento de tua parte em proferir juramento público neste recinto e diante do trono, que será anotado oficialmente pelo escriba real para torná-lo documento importante do arquivo.

Aquilo não era um convite, era quase uma execução pública que colocava Nekhefre entre uma opção de dizer sim e a outra, de aceitar.

Colocado, desse modo cerimonioso, diante do rei e repetindo as palavras do juramento, através do qual renegava as velhas divindades, especialmente Amon-Rá, Nekhefre se ia violentando em todos os seus antigos sentimentos, proferindo em voz alta e procurando parecer natural e confiante a cada palavra da fórmula, cujo sentido era, exatamente, dar demonstração pública de que o juramentista abdicava de tudo o que consistia sua antiga fé e abraçava a nova divindade como quem se liga para o resto da vida a uma nova força, a quem oferece tudo o que tem e o que era para defendê-la.

Era um texto muito bem preparado para não deixar qualquer margem à dúvida e cuja repetição incluía a ciência e a aceitação de que, se ocorresse qualquer desvirtuamento por parte do referido súdito que lhe indicasse o retorno ao culto dos antigos deuses, tal defecção seria interpretada como crime de lesa-pátria, de alta traição, e permitiria todo e qualquer tipo de punição, inclusive a execução, sem direito de defesa, a critério do representante de Aton.

No momento do juramento, Nekhefre passou a tremer ainda mais e as palavras que proferia exigiam um tal esforço que ele pensou que perderia o equilíbrio ou seria vítima de uma vertigem.

Jamais havia pensado que se lhe cobrariam uma tal demonstração de aceitação.

Não sabia ele, entretanto, que o pior ainda não tinha acontecido.

Proferindo juramento solene diante de todos os presentes que foram tomados como testemunhas e que, ao seu término, emitiram uma grande salva de palmas, silvos, gestos congratulatórios, o escriba real apresentou o documento em papiro para que o nobre príncipe nele apusesse seu assentimento oficial, à guisa de assinatura, dando oficialidade à sua existência.

Retomada a ordem no recinto, Nekhefre se preparava para deixar a frente do faraó, quando Mudinar se aproximou do rei e lhe segredou algo em seu ouvido, no que foi imediatamente seguido pela retomada da conversação.

– Nobre príncipe Nekhefre, o reino do Egito é muito grato por esse gesto de pública demonstração de fidelidade da parte de tão importante representante de nossas tradições. E se tal gesto corresponde à verdade de tua alma, doravante, quaisquer testemunhos de obediência contarão com a tua aceitação interior... – prosseguia o faraó para desespero de Nekhefre.

– Sim, divino Aton, não existe quaisquer testemunhos que meu juramento se recuse a cumprir com o assentimento de meu espírito. Em regressando a Tebas, a vossa magnanimidade poderá encontrar neste servo o fiel e obediente súdito que tudo fará para estar à altura da grande consideração com que foi distinguido no dia de hoje.

Nekhefre começava a se trair com as próprias palavras. Envolto pela pressão psicológica daquele momento, que desejava encerrar o mais rápido possível, já fazia menção de seu regresso à sua terra, como quem deseja, o mais rápido possível, deixar aquele local e voltar ao seu antigo modo de viver, distante das vistas dos que, agora, passavam a ser os quase proprietários de sua alma e de seu corpo.

Esquecia-se, assim, das advertências de Hatsek, que em boa hora o havia preparado para que não se deixasse trair com revelações ou demonstrações que lhe apontassem o desejo íntimo para que isso não fosse usado contra ele mesmo.

Observando a referência indireta à sua volta para Tebas, Akhenaton percebeu que Mudinar estava certo ao adverti-lo de que seria importante manter o príncipe por perto para que não se visse liberado com muita facilidade do juramento proferido tão solenemente naquele local.

Por isso, tinha em Mudinar o servo confiável e experiente que tudo sabia prever e prover, pelo que voltou-se para o funcionário e o consultou sobre o assunto em tom de sussurro que Nekhefre não pôde escutar claramente.

Depois de se ter entendido com o chefe da guarda real, fez-se soar um instrumento que indicava que o rei iria dar a conhecer ao público do salão do trono um novo decreto que passaria a valer dali para diante como lei entre todos.

Novamente, cessou o ruído natural das conversas ao pé do ouvido entre os convidados e a voz de Mudinar elevou-se no ambiente:

– Por vontade divina de Aton e atendendo às demonstrações públicas de fidelidade e respeito às mais nobres tradições deste reino oferecidas espontaneamente pelo príncipe e distinguido súdito, decreta o grande Akhenaton – rei de todo o Egito e do estrangeiro – que, a partir desta data, fica ele, Nekhefre Segenenre, investido no cargo de fiscal do tesouro real. Para conhecimento de todos e observância da generosidade de Aton diante dos que se apresentam sinceros e devotados, testemunhem todos os egípcios a generosidade do deus único em favor dos que lhe seguem os ditames.

Nekhefre, surpreso com tal "honraria", não sabia o que dizer nem o que fazer. Todos lhe dirigiam um olhar de inveja e admiração, mas, lá dentro, sentia que só teria do que se arrepender por aquele momento que se lhe apresentava como um enaltecimento, mas que, em verdade, era mais um dos componentes da armadilha.

Na mente de Nekhefre, isso não era favorecimento de Aton. Já era punição dos velhos deuses pelo abandono e público repúdio de sua velha fé. A desgraça começava a rondar-lhe os passos, bem antes do que imaginava.

– Diante de tal honraria, – interrompeu Mudinar o silêncio do ambiente – o nobre príncipe passará a ocupar os aposentos do palácio destinados aos funcionários graduados e aqui permanecerá até a próxima cheia do Nilo.

Aquilo soara em sua alma como uma punhalada fria e agoniante.

Estava preso na ratoeira. Afinal, a próxima cheia do Nilo iria demorar quase seis meses para acontecer e isso o deixaria ali, retido, por muito mais tempo do que já pudera imaginar. Desejou protestar e recusar tal dádiva real. Todavia, fazê-lo seria uma grande ingratidão e uma verdadeira ofensa à "generosidade de Aton", o que agravaria ainda mais a sua delicada situação.

Procurando controlar-se e manter as aparências, Nekhefre curvou-se reverente, demonstrando estar submisso a tal decreto, numa primeira experiência do juramento que fizera e da renúncia que necessitaria demonstrar diante da vontade de seu rei que, segundo ele mesmo dissera minutos antes, seria sempre a sua própria vontade.

Mudinar , perspicaz e sádico, sorria por dentro diante da situação difícil e inesperada por que passava aquele que fora levado até ali por sua astúcia e se via envolto na trama do destino para a qual o chefe da guarda surgia como um hábil costureiro.

Nekhefre queria chorar, mas não podia. Tinha de sorrir agradecidamente.

Ah! Se pudesse voltar no tempo e desdizer o que havia falado... – "sigo os passos do meu rei e aceito sem reservas ..."

Não sabia ele que o seu drama ainda não lhe cobrara o pior preço.

12

Opções difíceis

O salão real estava dominado por uma vibração de absoluto silêncio e o tempo que era destinado à entrevista de Nekhefre era indicativo da importância de que se revestia aquela audiência.

Essa situação causava em todos, com exceção do rei e de Mudinar, um estado de ansiedade muito forte, capaz de atingir o equilíbrio até mesmo do corpo físico dos que ali se colocavam esperando a sua oportunidade de ser recebidos pelo faraó dos egípcios.

Pelo contrário, o chefe da guarda e Akhenaton desfrutavam até com certa satisfação desse estado quase desesperado ou desconcertado da maioria dos que ali se postavam, entre o respeito absoluto e a submissão mais inconsciente e, nas pessoas, tal conduta era motivo para a sua própria desconsideração, uma vez que indicava, de certa maneira, a postura servil e despersonalizada daquele que ali, mais do que reverenciar o seu rei, se perdia de si mesmo, entre a tentativa de agradar o poder e obter certos favores desse mesmo poder.

Nekhefre se achava sob a observação dos dois que, experientes, sabiam descortinar nele o estado de íntimo desespero, já que o mesmo não sabia esconder com muita eficiência na máscara facial os sentimentos profundos que lhe iam na alma.

Dando tempo para que todos os ditames da sua nomeação pudessem ser ultimados e para que o novo fiscal do tesouro real se investisse da sua nova função, Akhenaton seguia com os seus olhares todos os que se colocavam à espera da entrevista, observando-lhes a monótona postura reverente e a enfadonha ritualística que os aguardava.

Foi aí que seu olhar divisou, à distância, o semblante de um homem que o impressionara, não tanto pelo porte físico, mas sobretudo pela postura de serena nobreza com que se postava no local para onde fora encaminhado quando do início da cerimônia na sala do trono.

Sua cabeça mantinha-se ereta, olhando para todos os detalhes do ambiente com uma percuciência não observada nos demais visitantes, amedrontados pelas sombras das colunas, pelos entalhes nas pedras, pelo maravilhoso e místico daquele encontro.

Seu olhar não fugia dos demais olhares dos funcionários do palácio e, conquanto não os desafiasse, sabia ser brilhante e tranqüilo, guardando esboço de sorriso discreto para todos os que a ele se dirigissem. Pouco falava, pouco se movia. Apenas observava e, muitas vezes, mantinha-se de olhos cerrados, como que em meditação profunda.

Suas vestes eram singelas, conquanto estivessem indicando se tratar de uma pessoa diferenciada das demais que compunham o povo ou os representantes das delegações que ali estavam, sempre ataviados de suas melhores vestes, com suas melhores jóias, tudo para impressionar favoravelmente naquele que seria o mais importante evento de suas vidas.

Não passou desapercebido de Akhenaton aqueles modos diferentes dos demais e isso foi o suficiente para intrigar-lhe o pensamento causando-lhe, ao mesmo tempo, admiração e temor, uma vez que os servis não representavam qualquer ameaça à sua forma de pensar e governar o país. Todavia, qualquer dissidência seria fatalmente nociva à causa e a atitude não servil de qualquer pessoa representava uma força interior, uma opinião pessoal, uma personalidade não domesticável que causava no rei uma apreensão.

Isso, entretanto, não impedia que o faraó se impressionasse pelos modos daquele homem.

A um gesto seu, o fiel funcionário do reino acercou-se do trono e ouviu o rei perguntar:

– Mudinar, vejo próximo do local destinado aos convidados, a figura de um homem solitário que está trajado diferentemente de todos os outros... – afirmou Akhenaton, como quem deseja perguntar de quem se trata.

– Sim, nobre divindade, sei a quem se refere. Trata-se do acompanhante de Nekhefre, de quem já lhe falei anteriormente. É o sacerdote de Amon-Rá, de nome Hatsekenká.

– Sim, recordo-me agora. Pretendo que ele seja trazido para a frente do trono, pois desejo inteirar-me desse personagem e, assim, dar destino aos dois, igualmente.

Tudo isso era dito em tom de voz que ninguém, além de ambos os interlocutores, seria capaz de entender, ainda que lhes ouvisse o sussurrar das palavras.

Mudinar não se fez esperar. Tratou de ordenar aos seus subalternos que buscassem no local onde se encontrava e trouxessem Hatsek à presença do rei.

Lá, onde se achava, o sacerdote buscava interpretar todas as intuições que vinha recebendo desde algum tempo e, desde que ingressara naquele recinto, presenciando os acontecimentos que envolviam o seu amigo, o sacerdote entendera que Mudinar era aquele ser que representava todos os perigos de que houvera sido alertado pelo espírito de Khufu. Divisava a sua vibração escura, seus pensamentos ágeis, assessorado por uma divisão de entidades trevosas que se ligavam a ele por uma rede de fios magnéticos adequadamente atados à sua estrutura cerebral e emocional que lhe causavam um estado de quase simbiose.

Tal envolvimento ocorria em função de suas tendências para o mal, fruto de muitas mágoas íntimas, de ódios acumulados, de desejos de impor-se sobre os demais, de uma ambição sem limites, de fraqueza de caráter, de apego à matéria, enfim, de todos os sentimentos ainda tão comuns na maioria dos seres humanos.

Importante aqui que o leitor possa entender que, aproveitando-se das fraquezas das pessoas, os irmãos invisíveis se aproximam daqueles que comunguem com suas tendências e com os quais possam estabelecer uma "sociedade" através da qual compartilham as antigas paixões e os desejos de se manterem no mesmo padrão negativo.

Tal identidade entre encarnado e desencarnado se dá através da sintonia natural entre o que emite os sinais vibratórios que lhe são característicos e os que, no invisível, recebem essa mensagem e observam se ela se apresenta favorável aos seus interesses.

Daí, tal senha energética possibilitar, da mesma maneira, a aproximação de entidades enobrecidas que se conectam com o pensamento elevado, com o sentimento de bondade sincera para, através dos canais intuitivos, encaminhar a pessoa para caminhos que lhe possam solucionar determinados problemas que a afligem, sem violentarem a sua vontade pessoal.

São amigos invisíveis que, informados de nossos estados interiores abalados, mas que, ao mesmo tempo, identificando em nós a fé em Deus, a confiança no bem, o desejo de lutar e de vencer pelo caminho da resignação e da paciência, usam de tais portas positivas de nossa personalidade para plantar em nossos pensamentos, reflexões e idéias sutis que o ser humano capta como se fosse uma brilhante idéia sua, pessoal, para que, em desdobrando-a dentro de sua capacidade de assimilação, possa dar-lhe contornos pessoais e, assim, passar a ser o agente de seu próprio resgate e da solução de suas dúvidas.

No entanto, com Mudinar, pelo padrão de seus próprios pensamentos e sentimentos, o sinal ou a senha energética que emitia era o convite para que uma grande malta de Espíritos imperfeitos se transformasse nos seus conselheiros e produzissem em sua mente, por si só bem desenvolvida e astuciosa, maior vigor para criar situações delicadas e atingir seus intentos com maior objetividade e rapidez.

Hatsek identificara nele, mesmo à distância, pelo teor das energias que emitia e que eram perfeitamente claras à sua vista adestrada nas coisas da alma, tratar-se da pessoa que, sob o manto do servilismo buscava ser aquele que mandava por detrás dos bastidores, na influência que impunha sobre o rei, igualmente ligado ao seu cérebro por tênues fios de energia escura.

Sim, Akhenaton se achava igualmente envolvido no processo de interferência espiritual que, através de Mudinar, buscava atingir os destinos dos mandatários do reino, sempre visados na função importante de guiar e de escolher caminhos.

Por isso, além das ligações fluídicas que existiam entre Akhenaton e um grupo de entidades que atuavam sobre o chefe de sua guarda, entre ambos havia ligações vibratórias que faziam com que as relações entre os dois fosse a mais próxima e sintonizada possível.

Akhenaton, todavia, por estar envolvido em um culto religioso de teor elevado, ainda que na tentativa errônea de impô-lo pela força à mente dos outros, trazia nessa conduta mental positiva, um reservatório de energias que lhe permitiriam, com muito mais facilidade, interromper tais perniciosas imantações. Além disso, pelo esforço na edificação de uma crença mais avançada para os padrões de sua época, o faraó estava igualmente assistido por emissários do bem que se postavam ao seu lado como quem aguardava oportunidade adequada para interferir positivamente sobre suas idéias, o que ocorria poucas vezes em face do constante assédio das forças negativas e da presença nociva de Mudinar.

* * *

Levado à presença do faraó, Hatsek sabia que, a partir dali precisaria de maior concentração para que não fizesse nem falasse nada que viesse a ser interpretado como algo que ferisse Nekhefre ou o comprometesse, já que era de seu conhecimento que os sacerdotes de Amon-Rá eram os mais perseguidos pela nova crença oficial.

Uma vez postado diante do trono real, bem ao lado do príncipe que, ali, já estava dando sinais de muita fadiga emocional pelas inúmeras lutas interiores que tinha de travar e dos interesses contrariados que se via obrigado a suportar, Hatsek procurou compartilhar com este as vibrações de coragem e de equilíbrio que estavam escasseando dentro de seu amigo.

Não poderia tomar-lhe o lugar físico, mas de maneira generosa e fraterna, buscava envolvê-lo com as forças vitalizantes de seu coração, que até ali chegara pelo fato de dedicar a Nekhefre a amorosa solicitude que um irmão mais velho tem pelo outro, ainda que ambos possuíssem pouca diferença de idade.

Diante do faraó, figura que pela primeira vez tinha a oportunidade de defrontar, observando-lhe os traços diferentes de qualquer outro egípcio comum, mesmo da estirpe da nobreza, Hatsek se punha reverente e respeitoso, sem qualquer laivo de subalternidade vil que lhe denunciasse fraqueza de caráter.

Sua reverência tinha, ao mesmo tempo, respeito e independência, coragem e humildade, a tal ponto que o rei deu-se por satisfeito com seu gesto diante de sua pessoa.

Silencioso, esperava que lhe fosse dirigida a palavra primeiramente.

Envolvendo-o em um halo de energias luminosas, Khufu lhe sustentava o raciocínio procurando intuir-lhe as respostas para que nada ficasse a prejudicar o jovem Nekhefre.

– O nobre Hatsekenká – sacerdote tebano do templo de Amon-Rá – falou a voz tonitruante que se incumbia de apresentar as delegações ao soberano.

Tal apresentação era um sério indicador dos problemas que teriam pela frente. Isso porque esperavam ambos que, na condição de mero acompanhante, sua situação específica de sacerdote do culto banido não fosse de conhecimento de mais ninguém, além de seu amigo.

Todavia, pelo que seu pensamento rápido pôde divisar, acelerado pelo pensamento luminoso de Khufu, de nada adiantaria negar a sua condição diante daquela assembléia, ainda que o fizesse para proteger Nekhefre, uma vez que, para saberem de sua posição, já deveriam ter funcionado os espiões do rei espalhados por todo o reino, especialmente localizados na velha capital Tebas, de onde se retirara a corte quando da instalação da nova crença.

Tudo isso correu célere pelo seu pensamento. Ao mesmo tempo, Nekhefre se via surpreendido do mesmo modo, observando que a condição de seu acompanhante, que ali estava atendendo a um pedido seu, pessoal, poderia desaguar em sérios problemas.

Olhando-o indagadoramente, Akhenaton acenou com a cabeça indicando que estava a par da sua condição.

– Vejo, nobre sacerdote, que não te causara receio acercar-se do trono de Aton. Tal conduta se deve à tua sabedoria ou à tua arrogância? – falou ríspido Mudinar, dando início à conversa com a qual pretendia intimidar Hatsek.

– Igualmente, nobre servidor de Aton, aqui me aproximo nem por sabedoria nem por altivez. Aqui venho como convidado que, em função da elevação de quem o convida, arrogante seria se não atendesse à convocação que, reconheço, imerecida.

Naquela resposta, estava o desenho de sua personalidade. Começara por tratar com respeito aquele homem vil que lhe dirigira a palavra para, logo a seguir, designá-lo como "servidor de Aton", numa referência pouco enaltecedora para quem não gostava de ser lembrado de sua condição inferior ou submissa. Logo a seguir, sem aceitar as duas alternativas que, ambas, denunciar-lhe-iam a arrogância de se considerar ou sábio ou temerariamente arrojado, aponta como causa de sua presença a de estar atendendo a um convite.

Houvera, sim, sido convidado por Nekhefre e, depois, incluído pelo próprio faraó no documento de boas-vindas e que os convidava ao palácio. Da mesma maneira fora convidado para acercar-se do trono, de tal forma que sua resposta, em nenhum momento, fugiu da verdade dos fatos.

Sem esperar por esse controle, Mudinar, enrubescido, voltou-se para o faraó como a lhe dizer que o sacerdote ali estava como lhe fora determinado pela ordem velada partida do rei.

Akhenaton não deixara de perceber os modos seguros de Hatsek e, para deixá-lo um pouco fora dos focos da atenção daquele momento, voltou-se para Nekhefre e perguntou:

– Agora, nobre funcionário do meu reino, príncipe Nekhefre, que já se encontra compromissado diante da renúncia a qualquer sentimento incompatível com o culto a Aton, muito me lastima dizer-te que teu passado denuncia ao meu conhecimento que, mesmo depois de todas as mudanças a que te dizes fiel, ainda te fazes íntimo de Amon-Rá.

Se tivesse sido fulminado por um relâmpago, o susto não teria sido maior.

Diante de todo o reino em uma cerimônia pública na qual já não lhe bastava ter repudiado toda a sua crença anterior, firmado juramento, agora era acusado de possuir ligações com o antigo deus Amon.

Sabendo que não poderia negar tal afirmação que lhe era imputada pelo próprio faraó, encarnando na figura de Aton, Nekhefre baixou a cabeça, sem saber o que significava aquela expressão genérica que dizia de sua intimidade com a antiga crença, mantendo os olhos voltados para o chão.

– Teu silêncio é uma resposta afirmativa e é um indicativo sincero, ainda que envergonhado de tua conversão, nobre príncipe – respondeu-lhe o rei. – Todavia, incompatível contigo, daqui por diante, qualquer ligação com o passado que poderá te levar até mesmo à morte. Impõe-se, pois, que renegues todos os laços que te prendiam ao mundo que abjuraste.

– Não entendo, ó Grande Senhor dos egípcios. Que devo eu fazer que ainda não tenha feito por amor e aceitação da vossa vontade?

Aquela era uma pergunta dolorida e angustiada, que Nekhefre

precisava fazer como que a pedir clemência ao soberano para que não lhe exigisse maior cota de sacrifícios.

– Se pertences mesmo a Aton, este sacerdote não mais é digno de permanecer em contato contigo – respondeu Akhenaton.

Nekhefre, então, percebeu a que intimidade com Amon-Rá se referia o soberano, o que lhe representou um alívio, pois não fizera nenhuma referência aos cultos clandestinos a que ele continuava observando.

Hatsek, por sua vez, sabia aonde pretendiam chegar aqueles dois homens, instrumentos da escura influenciação espiritual invisível. Permanecia em silêncio e sofria pelo sofrimento de seu amigo, imaturo e despreparado para suportar as difíceis escolhas que a vida impõe e para pagar o preço por elas.

Nekhefre tremia por fora e por dentro.

Sim. Era o castigo dos deuses abandonados pela sua conduta irrefletida, através da qual pretendia manter-se bem com todas as coisas – pensava o príncipe consigo mesmo.

Já estava sendo punido com sucessivas desgraças desde o momento nefasto em que aceitou, sem convicção e por mera conveniência material, ajuntar-se ao poder terreno, esquecendo a sinceridade de suas tradições.

Para dificultar-lhe ainda mais a decisão e para testar-lhe a profundidade da fidelidade declarada momentos antes, Mudinar providenciou para que o príncipe fosse colocado de frente para o sacerdote que, serenamente, olhava em seus olhos como o amigo sábio que sabe aceitar as fraquezas do companheiro.

Nekhefre estava em ponto de desmaiar, quase sem estrutura emocional que lhe pudesse preservar o raciocínio, agora tomado pelo medo de se denunciar como um impostor perante o próprio rei e a corte que nele estava vendo o príncipe importante que o soberano distinguira com toda a deferência e com um cargo no próprio tesouro do país.

Akhenaton levantara-se do trono e se posicionara entre os dois homens, esperando que o seu agora protegido se manifestasse dentro dos padrões que esperava, os únicos que aceitaria e que permitiriam a Nekhefre seguir vivo e livre, já que outra opção significaria o imediato encarceramento e o confisco de todos os seus bens, a prisão de suas filhas, a destituição de todos os títulos recebidos de seus ancestrais.

Havia entrado no palácio como um herói reconhecido pelo rei e distinguido com todas as reverências públicas.

Sairia dali como um prisioneiro, pobre, rebaixado ao nada perante a sociedade de seu tempo?

Era essa a opção que teria que fazer naquele momento.

13

O primeiro encontro de Hatsek e Nekhefre

Na cidade de Tebas desenrolaram-se muitos fatos importantes na vida das personagens desta história.

Tebas, como já se pôde dizer, havia sido o centro do poder egípcio até o advento das novas idéias religiosas implementadas por Akhenaton e, por causa disso, estava perdendo o esplendor que detivera durante o tempo em que fora o núcleo administrativo. Deixavam de buscar-lhe a atmosfera um sem número de homens e mulheres, sempre atraídos pelas seduções do poder e desejosos de encontrar as vantagens materiais imediatas que a riqueza favorece.

Com isso, Tebas deixava de ser o centro do mundo faraônico para transformar-se, apenas, em mais uma cidade grande às margens do Nilo.

Sem os atrativos anteriores, tornara-se sem o brilho e a euforia dos antigos tempos e o comércio deixara de ser agitado e próspero como antes. Além disso, todos os que trabalhavam em função das necessidades reais viram-se obrigados a transferirem-se para Amarna, o que tirou da antiga capital muitos artistas, artesãos, escribas, contadores, escultores, todos eles seguindo as pegadas do rei de onde, em última análise, retiravam o sustento para suas vidas.

Essa situação atirou os habitantes de Tebas em um sentimento de frustração e de rebaixamento social que produzia um sem número de problemas. A começar pela diminuição da atividade comercial e da circulação dos valores que, ao tempo do faraó eram em fluxo intenso, mas que, agora, ficara reduzida a níveis muito modestos, impondo um clima de medo, de recessão ou encolhimento em todas as atividades.

Do mesmo modo, os moradores se viam compelidos a seguir os ditames de Aton, como o único deus imposto pelo rei à crença popular. Tal imposição representava outro atentado à segurança íntima das pessoas, já que estas se viram privadas dos cultos de seus deuses antigos, nos quais depositavam confiança e encontravam respostas para suas angústias, ainda que, do ponto de vista da realidade espiritual, o sistema experimentado por Akhenaton representasse significativo avanço em se considerando a balbúrdia religiosa daqueles tempos.

Todavia, isso só poderia ser avaliado a longo prazo. Naquele momento, tal imposição unilateral que pretendia transformar a tradição e a fé por decretos produzia um efeito devastador nos habitantes. Os templos fechados, os sacerdotes destituídos de suas prerrogativas espirituais, muitos dos quais se sentiam forçados, para manter os antigos privilégios, a tornarem-se celebrantes clandestinos, ocultos dos olhares suspeitos dos espiões de Mudinar, tudo isto alterava muito o estado emocional e o equilíbrio social dos moradores daquela cidade que perdera o rumo seguro.

Durante os períodos do antigo reinado que antecedera Akhenaton, os tebanos gozavam de regalias e o estilo de vida permeado de inúmeras motivações religiosas e rituais que impressionavam, enchiam o imaginário popular que, agora, via-se destituído de apoio. Nesse período, a família de Nekhefre viu-se rodeada de muito favores e pôde aproveitar-se muito bem de todas as regalias que sua tradição e os seus bens lhe permitiam. Assim, seja como jovem sem maiores compromissos ou como posterior chefe de família, Nekhefre não conhecera dificuldades e acreditava que isso representava dádiva divina por sua condição especial de ser da estirpe de príncipes que defenderam o território do país.

Olhando o mundo à sua volta pelo padrão distorcido de privilégios de casta, ele e sua família foram modelados por uma visão estrábica da realidade, estando sempre esperando usurpar mais riquezas sob a desculpa de que pertenciam aos escolhidos e protegidos do deus Amon. Desde essa época, dedicara-se ao culto da divindade sob cuja proteção se acreditava favorecido, o que o levou, desde os tempos de juventude invigilante a aproximar-se do santuário de Amon-Rá, acompanhando seus ancestrais nas inúmeras vezes em que se dedicavam ao culto, às oferendas, às consultas e aconselhamento.

Desse contato direto, aprendera a depender dos deuses ao mesmo tempo em que parecia que os deuses também dele dependiam, por causa das oferendas materiais que deveria entregar, quase como que pagando por tudo o que eles lhe ofereciam. Naturalmente, quanto mais doasse, mais se sentia no direito de esperar receber.

Não se tratava, entretanto, de exigência clara feita pelos sacerdotes do templo que elegera como o de sua devoção pessoal. As exigências vinham veladas, como menções indiretas acerca das dificuldades econômicas que o templo enfrentava, da necessidade de os devotos se compenetrarem de que os que mais agradavam aos seus deuses prediletos deles receberiam maior atenção, de que para pedidos maiores haveria mais dificuldade em se conseguir o que se desejava, de que os que pretendiam ser atendidos pelos sacerdotes de maior realce deveriam disputar as poucas oportunidades que eram disponíveis, o que faziam a peso de ouro, etc.

Eram modos ocultos, mas claros, de informar aos seus freqüentadores de que as riquezas tinham a sua importância no tráfico dos recursos dos deuses na direção dos homens. Na realidade, isso era uma degeneração da maneira de acreditar dos egípcios antigos que não embasavam sua fé no comércio. Entretanto, com o crescimento das crendices e dos interesse materiais em prejuízo do bom senso e da fé sincera, as práticas místicas foram sendo introduzidas lentamente e, com elas, todas as mazelas que decorrem da ignorância das leis do universo, como, aliás, ocorre atualmente na avalanche de videntes, ledores de sorte, realizadores de proezas, fazedores e desfazedores de trabalhos de magia, sempre regados pelo interesse vil e mercantilista, deturpando as coisas elevadas em nome de sua conta bancária ou pela necessidade de sua barriga roncante.

Tal estado na alma das pessoas se tornara comum e era natural imaginar-se que para maiores bênçãos seriam necessários maiores presentes. Não se davam ao trabalho de refletir sobre a impossibilidade de existir sabedoria que levasse em conta apenas o tamanho das riquezas do interessado, o que interditaria todo o amparo aos que, destituídos de bens, não poderiam ter acesso à bondade dos deuses.

Isso ocorria por causa da grande quantidade de cultos particulares, ao lado dos cultos aos deuses mais importantes. Todos acabavam se dirigindo a este ou àquele deus no qual depositavam suas esperanças e que, por isso, propiciava a idéia de que havia deuses mais fortes ou poderosos do que outros. Sempre que se obtinha alguma resposta favorável que apontasse a concessão feita pelo deus que se buscava, a ele se atribuía uma força especial em detrimento dos outros dos quais nenhuma resposta positiva se obtivera.

Era também nesse sentido que a nova crença no único deus que Akhenaton impusera se apresentava superior às anteriores, uma vez que interditava a disputa entre as castas religiosas que pretendiam ver os deuses que representavam elevados à categoria de mais fortes ou poderosos e, por isso, mais rentáveis e influentes no culto popular.

Todavia, na prática, a determinação revolucionária do faraó criou maiores problemas na alma das pessoas e só pôde garantir algum sucesso por questões de apoio militar e do medo que as pessoas tinham dos espiões esparramados pelo reino e que poderiam, para desgraça daquele que fosse flagrado, surpreender qualquer cidadão em atitude suspeita.

A amizade entre Nekhefre e Hatsek datava de antes da modificação dos padrões da crença, quando se aproximaram em função do culto de Amon-Rá, a quem Hatsek se dedicava com afinco e profundidade, procurando extrair todos os ensinamentos, desenvolvendo todas as potencialidades de sua alma.

Por ocasião do nascimento de Hatsena a vida da família de Nekhefre sofreu um forte abalo.

Kimnut se achava grávida da segunda filha e, não se sabe por que motivo, a gravidez era agitada e suas reações emocionais se alternavam entre a euforia e o abatimento. Estranhos sonhos lhe invadiam as preocupações, tornando os momentos de descanso verdadeiras disputas entre a paz que desejava e a angústia que ia sentindo.

Sem uma explicação clara que justificasse tal procedimento, Kimnut se viu tomada de uma aversão inexplicável a seu marido, o qual evitava a todo o custo e a quem só se submetia depois de tudo ter feito para evitar-lhe a companhia. Alegava sempre o seu estado de cansaço físico, de enjôo constante e, mais de uma vez, diante da insistência do marido em encontrar-se com ela para vislumbrar o seu estado físico no período adiantado da gravidez, valia-se de quaisquer objetos que atirava em direção a ele como a lhe informar que não era lá muito bem-vindo.

Tal conduta era inusitada e sem precedentes, já que na gravidez anterior de Marnahan isso não acontecera, bem ao contrário. Kimnut se portara como valorosa mulher, sem reclamar, sem recusar os carinhos que o marido lhe dedicava, sem alterar o seu estado de espírito, sonhando com a pequenina criança que, em seu ventre poderia ser o sucessor da casa principesca e próspera.

Mesmo com o nascimento de Marnahan, a esposa e, agora, mãe, seguiu sendo dócil e serena, sem modificações dignas de nota.

Todavia, durante o período gestatório daquela que viria a ser Hatsena, transformara-se a mulher em uma fera, atacando o marido sempre que lhe fosse possível.

Nekhefre, no início, atribuía essas reações ao estado alterado de seu organismo e, procurando compreendê-la, não estabelecia para ela qualquer tipo de castigo que lhe seria permitido empregar no âmbito daqueles que tinha sob sua dependência.

No entanto, todo esse período estava sendo muito complicado em sua vida, já que desejava aproximar-se daquela que poderia trazer-lhe a ventura de um filho homem, a continuar-lhe as glórias familiares, mas não podia desfrutar dessa expectativa.

Chegara mesmo a pensar em tirar a vida de Kimnut, por todos os desaforos e humilhações a que o submetera, inclusive na frente dos empregados mais íntimos que, constrangidos, eram obrigados a abaixar os olhos ou virar as costas para os amos, a fim de não serem testemunhas da sua vergonha ou escárnio. Aquilo estava perdendo o controle e, sem maiores conhecimentos do assunto, começava a acreditar que Kimnut o estivesse desprezando por motivos pessoais, por não lhe guardar mais o respeito de que se sentia credor.

Certo dia, viu-se procurando informar-se onde poderia adquirir um veneno que viesse a causar morte indolor.

Sobre ele estavam fazendo efeito certas tendências de sua alma que o passado trazia à superfície por causa do contato com as vibrações daquele Espírito que viria ao mundo por intermédio de Kimnut. No entanto, nem ele nem sua mulher tinham conhecimento dessas coisas. Ela nutria uma aversão pelo marido e este, por causa da conduta humilhante de que era vítima, passara a imaginar um meio de livrar-se dela sem, sequer, pensar no fruto que era carregado em seu ventre.

Quando se viu nesse estado de ânimo desequilibrado, achou por bem ir até o santuário de Amon-Rá solicitar ajuda de alguém mais capacitado para lhe solucionar o caso e, quem sabe, dependendo do pagamento, até mesmo conseguir ali um remédio que fizesse o efeito desejado. Tudo dependeria sempre de quanto dinheiro estaria disposto a oferecer ao templo ou ao sacerdote.

Quando chegou ao local procurando o mais graduado dos mestres de Amon, foi informado de que o mesmo não se encontrava disponível, mas que um outro lhe seria indicado para que pudesse apresentar suas necessidades.

Fora esse o primeiro contato que tivera com Hatsekenká, jovem na aparência física, mas já dotado de uma visão transcendente muito justa que lhe permitia conhecer em profundidade todas as coisas não reveladas ou desconhecidas dos demais.

À primeira vista, Nekhefre não valorizou-lhe a capacidade, eis que pretendia falar com homem mais experiente e detentor de certos segredos no conhecimento de algumas fórmulas que pudessem, em último caso, favorecer a morte da mulher, caso ele não mais suportasse sua conduta.

Diante da figura serena e firme daquele jovem, não se deixou intimidar nos seus intentos mais secretos, coisa que talvez ocorresse diante da venerável figura de um sacerdote mais ancião, cuja presença por si só lhe poderia causar um súbito arrependimento.

Mas diante daquele sacerdotezinho, cuja juventude seria um atestado de despreparo interior, nenhum sentimento de respeito ou veneração lhe causara a contenção íntima.

Daí, sem preâmbulos, foi logo contando o que desejava e o que viera fazer ali.

– Quero um remédio para matar minha mulher – disse ele sem rebuços – e pago qualquer preço para obtê-lo, isentando quem me fornecer de qualquer responsabilidade – completou arrogantemente.

Surpreendido pela postura afoita daquele homem à beira do

desequilíbrio, o jovem sacerdote viu-se diante de uma situação muito difícil. Não poderia censurá-lo para não fechar as portas do entendimento que surgiria ali na forma de desabafo.

No entanto, também não lhe poderia fornecer qualquer indicador favorável à petição que fazia, mesmo com a possibilidade de pagamento.

Diante de seu silêncio, Nekhefre continuou:

– Eu sei que vocês são conhecedores de inúmeros remédios que poderão me vender para que eu possa me livrar do desespero que me corrói, já que sou vítima de escárnio dentro de minha própria casa. Os escravos riem de mim e, nas conversas ao pé do ouvido, noticiam que sou um frouxo sem qualquer valor viril, eis que vêem minha mulher se portar de forma indigna para comigo e não observam em mim a reação que seria de se esperar de qualquer varão de nossa época. Por isso, vítima de minha mulher, vítima dos comentários jocosos dos próprios serviçais e para que não acabe sendo conhecido por toda a Tebas como o príncipe poltrão, pretendo pôr um basta nessa situação e desejo obter aqui o veículo que propiciará a morte indolor daquela ingrata que passou a hostilizar-me não se importando que eu seja, sequer, o pai do filho que ela carrega no ventre.

Ainda mais surpreso ficou o sacerdote diante do desdobramento daquela história pessoal, trágica e indicadora do temperamento frágil daquele jovem abastado, desacostumado a ser contrariado.

Agora, Hatsek sabia que, além de se tratar de um envenenamento da própria esposa, o rapaz pretendia matar também o ser que ela trazia no ventre, já que, no íntimo, Nekhefre começara a desconfiar de que aquela gravidez seria fruto de uma conduta infiel de sua esposa, o que bem justificaria sua mudança de proceder.

Esses eram, efetivamente, os pensamentos mais secretos do jovem príncipe. À beira do desespero e sem ter a quem recorrer, não aceitaria a idéia de ter que presenciar sua mulher trazer à luz um filho de outro dentro de sua própria casa. Isso porque o pensamento desavisado e invigilante do marido passara a atribuir a mudança do comportamento da mulher a uma mudança de sentimentos pessoais, por opções afetivas renovadas ao contato com algum outro homem mais interessante do que ele.

Na sua ignorância das coisas do mundo e das realidades do ser humano, somente essa explicação fazia sentido aos seus olhos. Por isso, mesmo sabendo que mataria um ser inocente, o estado de desequilíbrio que se foi apossando de seu sentimento levava-o a pensar em acabar com ambos, como sendo agente e fruto da traição.

Graças à explosão de seus sentimentos que não foram contidos sequer pela vergonha de se expor assim, Nekhefre foi tomado de uma avalanche de lágrimas amargas e desesperadas ali mesmo diante de

Hatsek que, compassivamente, procurava compreender-lhe o desequilíbrio como uma enfermidade grave no coração de um bom homem, ainda que imaturo e despreparado para as surpresas da vida.

O sacerdote conduziu-o a um local onde poderiam ter uma conversação esclarecedora, mais isolado e adequado aos processos de desabafo, sem que ouvidos estranhos se imiscuíssem nos assuntos que não lhes interessassem.

Por sorte de todos e pela ação direta de Khufu, o jovem príncipe não encontrara naquele dia o antigo sacerdote que, por força do hábito de aceitar pagamentos por favores espirituais ou outros não tão elevados, com certeza ter-lhe-ia entregue o remédio depois de ter recebido o preço combinado. Já era a sabedoria espiritual que permitia que na vida daquele jovem inconstante e temperamental, o bem estivesse esperando por ele sempre antes do mal, mal este que era o fruto das escolhas irrefletidas que buscava fazer para resolver o seu problema de uma hora para outra.

Khufu colocara Hatsek em seu caminho para ser-lhe o guardião da imaturidade e, de uma forma mais direta, o protetor dos seus passos, a fim de que não enveredasse pelos espinheirais da própria insensatez.

Inspirado pela presença amiga daquele Espírito elevado e conhecedor das fraquezas de seus irmãos de humanidade, Hatsek se dispôs a ser o amigo e confidente daquele que não tinha noções do mal que estaria desencadeando sobre si mesmo, caso levasse até o final as disposições homicidas e infanticidas que vinha demonstrando com as suas próprias palavras.

Depois de colocá-lo mais à vontade, mandou servir-lhe pequena caneca de vinho adocicado, usado pelos sacerdotes para atenuar o estado de nervosismo interior e que produzia na pessoa leve arrefecimento dos ânimos violentos, relaxando as tensões acumuladas e permitindo que a pessoa se visse mais desarmada nos desejos de destruição, fosse de si mesma, fosse dos demais.

Vendo o estado do jovem ir se acalmando, o sacerdote sentou-se à sua frente demonstrando calma e compreensão de seu estado, sem pretender ferir-lhe os sentimentos, já por si só tão feridos, com qualquer postura de crítica ou julgamento.

Pelas suas crenças pessoais, Hatsek sabia que Rá seguia iluminando a todos, sem qualquer laivo de censura. Deitava seus raios sobre os justos e sobre os desalmados e testemunhava, com a sua luz, tanto os atos de nobreza do bem quanto os nefandos crimes que a maldade cometia. Paciente, o astro rei dava a todos os que viviam sob seu império, uma nova chance a cada dia, ao ressurgir no horizonte e voltar a iluminá-los. – Não seria isso o mais seguro indicador de que a Soberana Sabedoria dava redobradas oportunidades para que os justos seguissem fazendo a justiça e para que os maldosos corrigissem seus erros?

– pensava o sacerdote em suas meditações diárias. A luz se espalha e sabe esperar. Presencia o sucesso dos bons e a queda dos maus nos buracos que eles mesmos construíram.

Era assim que o sacerdote encaminhava-se na vida, diante dos sofrimentos de seus semelhantes. Olhava-os como seres iguais, fracos pensando-se fortes, crianças imaginando-se adultos, escravos acreditando-se senhores. Procurava iluminá-los sem censura, deixando-os livres para escolherem subir as montanhas ou projetarem-se nos abismos que eles mesmos escavassem. Mesmo assim, se necessário, desceria ao fundo do abismo para ajudá-los a voltar ao topo.

– Pois bem, nobre príncipe, vamos conversar diante do olhar generoso de Amon-Rá – falou-lhe Hatsek que, a partir daquele dia, entraria na vida de toda aquela família como uma bênção de Deus à ignorância dos homens.

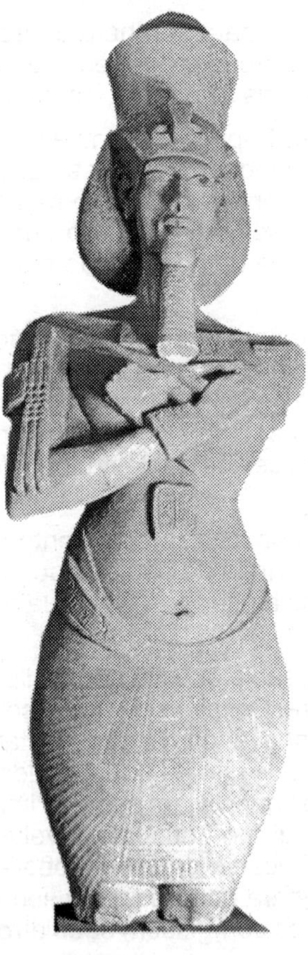

Estátua de Akhenaton na qual são notadas suas estranhas formas físicas, pouco usuais para os egípcios de sua época.

14

Os problemas na gravidez

Observado com atenção pelo jovem príncipe, Hatsek iniciou a conversa através da qual pretendia esclarecer a mente perturbada de um homem sem maiores recursos para compreender a atitude da esposa e que, em face de tal comportamento inusitado, julgava-se traído e pretendia levar sua vingança às últimas conseqüências.

– Toda a nossa realidade, Nekhefre, se baseia nas coisas que somos capazes de ver e que nos permitem avaliar a verdade. No entanto, nem sempre a verdade pode ser vista com os olhos físicos e, por isso, muitas vezes somos iludidos pelas aparências da verdade ou por falsas interpretações que nos levam a atitudes descabidas e incompatíveis com o nosso nível de civilidade.

Quando observamos os comportamentos das pessoas em geral, podemos perceber que elas são, muitas vezes, sujeitas a oscilações no comportamento e nas reações. Há pessoas que, sendo normalmente alegres por natureza, em determinado momento se vêem tomadas de uma melancolia sem explicação e vice-versa. Outros se deixam levar por ondas de ira, de ódio incontido, para mais adiante arrependerem-se de tudo o que fizeram. Muitos são tomados por condutas incompatíveis com o conceito que se tem deles a ponto de se permitirem enveredar por vícios que os levam ao desajuste emocional mais profundo.

Se é realidade que há motivos exteriores que possam levar alguém a tal estado de desequilíbrio por ausência de autocontrole ou de freios outros que o impeçam, não é menos verdadeiro que todos têm à sua disposição canais de ligação com as forças superiores que lhes permitiram acessar esses recursos na própria defesa.

A maioria dessas pessoas têm suas crenças pessoais, fazem oferendas, procuram nossos templos e os de outros deuses para se defenderem dessas oscilações.

Ouvindo as explicações do sacerdote, Nekhefre não tinha idéia de onde ele iria chegar. Por isso, permitiu-se ficar em silêncio para não perder o fio da meada e tentar compreender o sentido dos ensinamentos.

– Posso lhe garantir – continuou Hatsek – que grande parte das pessoas que nos procuram neste santuário, estão sofrendo de problemas visíveis, mas que têm uma causa invisível que, por isso, não é levada em conta no momento da sua solução.

Sim. Acreditam que as depressões por que estão passando têm como causa alguma frustração íntima originada no comportamento de um ente querido ou decorrente de uma perda, seja ela de um parente, de um amigo ou de algum bem ou posição material. Imaginam que as condutas incompatíveis e inexplicáveis foram causadas por algum agente mórbido, alguma doença invasora de sua alma e que qualquer remédio possa combater. Desprezam todo e qualquer conselho que se lhes ofereça no sentido de melhorar seus comportamentos internos e seus pensamentos como se isso fosse aconselhamento destituído de eficácia prática. Acreditam na antiga tolice de que Amon gosta dos bonzinhos e pune os maus. E não percebem que ainda carregam dentro de si mesmo uma quantidade de maldades suficientemente grande para autorizar que todas as piores punições, em forma de desgraças, lhes visite o horizonte pessoal.

Pensam-se com direitos à proteção absoluta porque comparecem aos templos, porque fazem oferendas, porque se prostram diante do seu deus de preferência em atitudes exteriores que estão longe de significar sua adesão íntima e sincera.

Acham-se já suficientemente bonzinhos porque distribuem alguma parte do trigo que lhes sobra e que já começou a embolorar e ser corroído pelos ratos no interior de suas despensas.

Pensam que são boas pessoas por realizarem coisas que, à vista dos outros, podem ser consideradas como atos generosos. E quando as coisas começam a dar errado em suas vidas, julgam-se injustiçados por essa Força Suprema que eles procuram insensatamente, como a dizer: Fui bonzinho e estou sofrendo. Como é que isso ocorre comigo?

Em realidade, sofrem porque vêem apenas a realidade pelo lado da matéria, desconhecendo, em absoluto, a verdade integral à qual se precisa chegar pela interiorização e pelo pensamento elevado e sincero. Enquanto o homem viver olhando deus pelos olhos dos interesses pessoais, não o compreenderá nem compreenderá os seus desafios pessoais.

E isso não muda quando nosso corpo morre. Longe de destruir a alma, a morte limita-se a devolver o ser inteligente à sua realidade imortal, onde poderá encontrar todas as explicações que não quis procurar, por preguiça ou desinteresse, enquanto estava na Terra.

Desse modo, transformado em ser invisível, a alma dos mortos, antes de ser levada ao julgamento conforme nossas crenças ancestrais, procura valer-se de sua invisibilidade para aproximar-se daqueles que, estando do nosso lado da vida, estão vulneráveis por só acreditarem nas coisas que enxergam, desprezando o autoconhecimento, a análise de suas sensações, de suas crenças, o teor de suas intuições e idéias espontâneas, de suas tendências naturais e seus defeitos mais fortes, etc.

Desse modo, o homem de carne e osso que pensa que sua essência é ser carne e osso, não se protege das investidas do invisível, aqui representadas pela presença de Espíritos que lhes acompanham o pensamento e o comportamento como se fossem os agentes secretos, com acesso às mais íntimas cogitações pessoais.

Daí saberem em que ponto fraco eles podem atacar os que se pensam apenas um amontoado de carnes.

Nekhefre ia começando a ter uma noção das verdades que aquele sacerdote começava a desfraldar à sua visão, sem que de tudo isso fizesse uma avaliação mais aprofundada, já que se encontrava entre aqueles que se consideravam mais como um monte de carne do que como um ser imortal. Jamais havia pensado na possibilidade de um contato com coisas invisíveis que não fossem os deuses de suas crenças, sempre presos nos templos em cujo recinto poderiam se aproximar dos homens.

Já ouvira falar nas magias e nas entidades que, invocadas e pagas com oferendas, poderiam agir sobre outros, mas além de não levar essas coisas muito a sério, tinha medo de pensar sobre elas, pois nada sabia a respeito disso e sua vida sempre fora um oásis sem problemas que o forçassem a buscar maiores explicações.

– Quer dizer, então, sacerdote, que quando nossos comportamentos ficam assim alterados, isso pode estar sendo causado por essa coisa invisível que nos atrapalha e tira a paz? – perguntou o jovem, no seu raciocínio imaturo. – E nesse caso – continuou ele – não dá para se ter um amuleto, um objeto poderoso que afaste essa interferência?

– Bem, meu amigo, a sua primeira pergunta pode ser respondida com uma afirmação. Muitos dos comportamentos estranhos e desequilibrados podem estar sendo gerados, estimulados ou aumentados por uma companhia invisível que se aproxima dos vivos e, valendo-se das aberturas no pensamento, no sentimento abatido, nas intenções negativas que a maioria guarda no seu íntimo, atuam no sentido de piorar as condições originais.

Sabendo que os homens, mesmo os que se acham muito bons, têm dentro de si muitas fraquezas, estes Espíritos, com muita paciência, esperam que elas se apresentem e sobre elas edificam a sua influência, levando o indivíduo aos extremos que aquela mesma fraqueza propiciaria. Desse modo, eles estimulam o homem a fazer aquilo cuja tendência já lhe é uma inclinação negativa para retirar dela todas as possibilidades e causar nas suas vítimas toda a sorte de dissabores.

Fazem isso por ódio daquele que ficou na Terra, por desejo de atrapalhar-lhe o caminho, por inveja de sua felicidade, por simples desejo de fazer o mal e, até mesmo, por ter sido pago para fazer tais coisas por algum outro ser interessado em prejudicar. É aí que se encontram os problemas ligados à magia que você já deve ter escutado.

Por isso que, respondendo à sua segunda pergunta, não existe nenhum amuleto físico que se possa usar que o imunize dessas influências. Nem símbolos, nem escaravelhos, nem orações guardadas no interior de adereços pendurados no pescoço tão ao gosto de nossa gente impedem que isso aconteça. O único amuleto, se é que podemos chamá-lo assim, é o pensamento elevado, a boa conduta, o sentimento nobre voltado para a prática do bem, a modéstia, a oração sincera de dentro do próprio coração.

Lembre-se, Nekhefre, de que no momento do julgamento no reino da morte, o homem que se vê levado diante do juiz tem de apresentar o seu próprio coração para ser pesado o conteúdo de bondade ou de maldade que existe dentro dele.

Esse pode ser considerado o verdadeiro amuleto, mas não é algo físico, exterior, material que, por óbvios motivos, não teria nenhum valor nem nenhum poder de proteção.

Um arrepio foi subindo pela espinha do jovem que, à estas alturas, já estava ficando com certo medo daquela conversa por não saber como se comportar diante daquelas novas realidades que, na palavra do sacerdote, pareciam, efetivamente, muito verdadeiras.

– Mas desse jeito, sacerdote, nós estamos perdidos. De que adianta rezar, fazer oferendas, vir aos templos, se isso não impede que sejamos atacados por esses que não vemos? Isso é quase uma covardia e uma maldade de Amon que permite que tal perseguição injusta aconteça – atalhou Nekhefre, já preocupado com o estilo de vida que levava e com as conseqüências de seus comportamentos pessoais.

– Isso não é verdade, meu amigo, pois essa regra também é válida para aqueles que gostam de nós e que, no invisível procuram nos ajudar também. Valendo-se de nossos bons pensamentos, nossas boas ações e nossa sincera devoção que não depende dos bens que tenhamos oferecido nos altares, esse invisíveis que nos amam também se acercam de nós para nos dar bons conselhos e nos sugerir pensamentos de esperança, de amizade, de afeto, de amor ao próximo.

Muitas vezes, em nossas perturbações mesmo, eles se aproximam e procuram nos acalmar, encaminhando-nos para uma roteiro menos desafortunado e que nos possibilite uma solução adequada para os conflitos íntimos.

Assim, a bondade dessa Força Superior mantém à disposição dos homens que estão na vida da carne essa possibilidade de eles mesmos escolherem de que tipo de companhia querem se servir para seguirem na jornada da vida para que recebam de acordo com as suas próprias escolhas. Não é Amon quem escolhe. Somos nós mesmos, Nekhefre, que fazemos as escolhas boas para nosso futuro ou que seguimos fazendo as bobagens por causa dos nossos caprichos.

– Quer dizer, então, sábio mestre, que o que está ocorrendo com Kimnut está sendo produzido por alguém invisível que está querendo perturbar nossa vida e acabar com minha felicidade? Como é que eu faço para descobrir quem é esse maldito invejoso que tem raiva de minha alegria? – continuou Nekhefre sem maior profundidade.

– Veja, príncipe, o que estou lhe revelando não pode ser compreendido pela maioria das pessoas que, frágeis e ignorantes, precisam de toda a fantasia destas práticas ritualísticas, de todas estas estruturas exteriores para se apoiarem na fé pequenina que possuem e que lhes dá algum sustento íntimo. Mas para que possa entender o que se passa, me é permitido contar-lhe tais coisas, que deverão ficar entre nós e que precisarão ser pensadas por suas idéias a fim de que você possa extrair todos os ensinamentos e desdobramentos de tais revelações.

Todavia, se você pensar em vingar-se de alguém que sua imaginação supõe ter sido o causador de tais alterações, estará se abrindo mais ainda para que tudo piore. Ao invés disso, precisará repensar todas as suas condutas, todos os seus sentimentos e pensamentos, para que encontre as portas de entrada de qualquer perturbação, ao mesmo tempo em que, elevando-se em novos patamares de sentimentos os amigos invisíveis se incumbam de ajudar a você e aos demais Espíritos invisíveis que o perturbavam, levando-os para outras paragens. O seu ódio ou desejo de resolver as coisas com os velhos métodos só farão com que tudo piore ainda mais, pois você estará alimentando o mal ou a ignorância deles com mais combustível do mal e da ignorância.

Além do mais, no caso específico de sua família, acredito que o que lhe revelei ainda não é o principal. Creio que há um fator muito importante que deve ser levado em consideração nos fatos que estão acontecendo com sua mulher. Esse fator é representado pelo seu estado físico, propiciado pela gravidez que, por si só, altera muito o ânimo das mulheres e faz com que muitos comportamentos estranhos aconteçam.

– Eu também já pensei nisso, mas não encontro explicação clara para o fato de essa alteração não ter acontecido na primeira gravidez de Kimnut, quando nasceu Marnahan. Foi isso que me levou a acreditar que na atual, minha mulher tinha algum motivo oculto para me tratar desse modo tão odiento e indigno, me evitando, me atirando coisas, me humilhando como já lhe revelei – respondeu Nekhefre.

– Isso não significa que ela o tenha traído e que mereça morrer. Se lhe falta conhecimento para entender o que está se passando com ela, por que condená-la à morte sem direito à defesa? Por que fazer de seu orgulho e de sua ignorância os juízes despóticos para satisfazerem seu sentimento ferido nesse processo que, por conveniência, o coloca na condição de vítima?

Na verdade, meu amigo, pelo que se me está sendo permitido entender, você não é a vítima nesse assunto. E se você tivesse realmente tirado a vida das duas criaturas como era de seu desejo, teria se comprometido tanto com a Justiça que não haveria balança suficientemente forte para agüentar o peso dos seus erros na hora do julgamento no reino dos mortos.

Todas as mulheres são portais da vida que, de forma heróica e nobre, se candidatam a trazer a vida à vida. Cedem seu corpo como um grande rio cede suas águas para que os homens transitem sobre elas, para que os peixes nelas habitem, para que as sementes cresçam até a hora da colheita.

Assim, durante o período de gravidez, toda mulher sofre a interferência de um outro ser invisível que está mergulhado no vertedouro de forças que se organizam para fabricarem-lhe um novo corpo. Essa presença vai sendo assimilada com o passar dos meses até que, no final do período preparatório, ambas já se assimilaram uma à outra e, por isso, há uma melhoria geral do estado físico e emocional da futura mãe.

No entanto, até que isso ocorra ou enquanto não se deu, a mulher passa a sofrer das interferências de uma outra personalidade junto à sua, influência esta que irá produzir-lhe muitas oscilações inexplicáveis por causa do desconhecimento dessas leis pela maioria das pessoas.

Enquanto se está dando o processo de aproximação do Espírito que vai nascer, ou melhor, voltar a nascer, há uma mistura das vibrações da mãe com as do futuro filho e ambos se interpenetram com as sensações múltiplas e com as impressões que essa experiência, difícil para o Espírito, causa em sua alma e na daquela que lhe será a doadora dos recursos físicos para a modelagem de seu novo corpo. Ao ocorrer essa interpenetração, o Espírito recebe as sensações maternais daquela que lhe aceita a presença, mas, igualmente, passa para ela as suas mais íntimas vibrações, as suas carências, os seus medos, as suas angústias ou ainda, a sua alegria de estar de volta, a sua bondade natural, o seu equilíbrio como um Espírito mais elevado que ressurge no meio dos homens de carne. Tudo isso dependerá da natureza das emoções que o ser que regressa traga dentro de si e que, passando pela futura mãe, se exteriorizará em comportamentos alterados desta, nas reações inexplicáveis, nas modificações bruscas de humor, nos desejos tão comuns na mulher desse período, nos vômitos e enjôos, nos sonhos agitados, repletos de visões e de mensagens ocultas.

O mecanismo é o mesmo que eu já lhe expliquei antes, com a diferença que, nos casos anteriores, tratava-se de Espíritos invisíveis que estavam do outro lado da vida e que influenciavam o homem de carne por um período mais ou menos longo, para o bem ou para o mal.

Aqui, estamos diante de um ser invisível que se aproxima de outro visível para preparar o novo corpo que usará e que, por essa proximidade, transfere parte de suas sensações à alma da mulher e a influencia pela simples presença ao seu lado, nas ligações de energia que se estabelecem entre eles e que se vão fortalecendo com o passar do tempo, o que produz um alívio nesse fenômeno na medida em que progride a gravidez.

– Está entendendo a diferença? – perguntou Hatsek ao seu interlocutor que, pelo ar de embasbacado, parecia ter visto um dos invisíveis diante de seus olhos.

– Você está conseguindo dar um nó na minha cabeça com tudo isto que me contou. Quer dizer que Kimnut está assim porque um desses invisíveis está fazendo mal a ela para me prejudicar? E que eu vou ser o pai dessa coisa? Por Amon, que desgraça maior está me esperando, sacerdote? – esse era o Nekhefre despreparado para pensar mais alto e mais profundamente e que pretendia uma solução rápida para todos os seus problemas, fosse à custa de venenos, fosse à custa de algum amuleto ou de algum remédio que fizesse as coisas voltarem ao que eram antes.

– Não, Nekhefre, não se trata de um invisível que quer lhe fazer o mal e que voltou para isso e irá aumentar o seu estado de sofrimento futuro. O ventre da mulher não deve ser visto jamais como uma passagem maldita por onde o mal volte ao seio dos homens. Deverá ser encarado sempre como porta luminosa através da qual um raio de Sol vença as nuvens e chegue à superfície da Terra, como acontece quando o céu ameaça com os seus temporais, mas por uma passagem, um facho de Rá desce do alto e risca uma estrada de luz suspensa no ar até tocar o reino dos homens.

Na verdade, é bem possível que o Espírito que esteja regressando seja de alguém que lhe quer muito e que guarda consigo um sentimento muito amoroso por você. E por causa dessa proximidade, dessa afinidade entre ambos, Kimnut se sente enciumada ao ponto de tratá-lo mal como costuma acontecer com nossas mulheres mais normais. Talvez esteja se sentindo ameaçada no afeto que nutre por você e, inexplicavelmente, sem perceber que está gerando um ser pequenino que não poderá tomar-lhe o lugar de mulher dentro de seu coração, se comporte com o medo de toda pessoa ameaçada de perder algo precioso para um intruso que chegue repentinamente e venha a perturbar a paz antiga.

Com toda a certeza, Nekhefre, você deve se preparar para ser pai de outra criança do mesmo sexo da anterior, eis que, pelo que me está sendo revelado, esta é a causa do comportamento estranho de Kimnut. Está identificando a chegada de alguém que o ama muito e que, por isso, na sua concepção de mulher, poderia representar alguma ameaça ao sentimento que ela, Kimnut tem por você e ao tratamento carinhoso que você, Nekhefre lhe dedica.

Havia sido uma conversa muito complexa para a tola maneira de compreender a vida que o jovem príncipe tinha vivido até ali. Hatsek sabia que seria necessário deixar as informações recebidas trabalharem no silêncio dos pensamentos daquele jovem e que, por isso, em um primeiro encontro, tal conjunto de informes seria mais do que suficiente, principalmente para tirar da cabeça dele a idéia de matar a mulher e a criança que trazia no ventre.

Dizendo que lhe iria fornecer um pouco mais daquele vinho adocicado para levar até sua casa e dar, também, à sua mulher, Hatsek se ausentou por alguns minutos em busca daquilo que seria uma medicação calmante para todos os envolvidos naquele problema, não sem antes pedir a Nekhefre que voltasse ao Santuário de Amon e procurasse por ele para que retomassem a conversa sobre o assunto e que, se assim o desejasse, o sacerdote poderia acompanhar a gravidez de Kimnut com os seus conhecimentos específicos dos problemas humanos que envolviam rudimentos da ciência médica, auferidos nos templos de sua iniciação, o que garantiria um processo gestatório mais sereno, ao mesmo tempo em que poderia estudar pessoalmente o delicado processo de renascimento que aproximaria seres endividados do passado para os resgates através do amor maternal e paternal.

Assim ficou combinado e, naquela tarde, Nekhefre era um outro homem ao retornar à sua casa.

Busto de Nefertite, esposa principal de Akhenaton.

15

Os porquês no passado

A partir dessa data, o relacionamento entre a família do príncipe Nekhefre e Hatsek se tornou cada vez mais intenso e os benefícios que obtinham de seus ensinamentos e conselhos se avolumavam.

Efetivamente, com os cuidados de Hatsek, a gravidez de Kimnut entrou em um período de estabilidade e as crises de aversão que vinha enfrentando diminuíram até que, com o passar dos dias, cederam completamente.

Ao lado dos remédios calmantes que o sacerdote ministrava, uma série de aplicações de forças através da imposição de mãos foram possibilitando uma harmonização no conjunto mãe e filha reencarnante que propiciou o retorno da paz ao seio da família.

Com o avanço do estado da mulher, Hatsek passou a perceber que aquela se tratava de uma gravidez complicada, porque as estruturas físicas que o sacerdote observava em Kimnut e o estado geral dos demais indicadores orgânicos apontavam para uma situação de risco, o que levou-o a manter-se diretamente ligado àquele caso específico, sobretudo porque o espírito de Khufu assim o determinara.

Em certa ocasião, meditando sobre os fatos que estavam sob a sua observação e que o mantinham em contato com a família de Nekhefre, ouviu seu tutor espiritual a falar-lhe com clareza:

– Querido filho, não se detenha diante das dificuldades que surgem. Estes são outros irmãos nossos que estão se preparando para enfrentar os desafios do crescimento, muitas vezes doloroso e amargo, mas que, se suportado com coragem e confiança, haverão de ser o doce remédio para a correção dos desvios do passado. Necessito que permaneça ao lado dessa família, pois estamos, todos nós, ligados a uma mesma tarefa e temos dívidas comuns a serem saldadas.

Tanto eu como você estamos no caminho desse grupo de Espíritos, não somente como aqueles que têm o dever de auxiliar pela obrigação de fazer o bem no cumprimento das determinações do Poder

Soberano do Universo. Temos responsabilidades pessoais para com todos eles e, no devido tempo elas serão compreendidas por seu raciocínio e sentimento.

Tudo o que fizer ou suportar no sentido de envolvê-los nas vibrações de compreensão e de ternura será a melhor maneira de cumprir com as suas responsabilidades e, um dia, você perceberá que ainda deixamos para trás muitas coisas que poderiam ter sido feitas de maneira melhor.

Estarei sempre ao seu lado.

Como já percebeu, a gravidez de Kimnut está se encaminhando para o período mais crítico e, por causas ligadas ao passado, haverá uma grande necessidade de que se prepare para agir com os conhecimentos que já possui para não deixar que, por descuidos ou ignorância da maioria, se perca esta oportunidade.

Envolvidas pelas tramas do passado, Kimnut e a futura filha se acham em constante disputa pelo amor de Nekhefre, disputa essa que pôde ser contornada com os medicamentos tranqüilizantes que foram oferecidos a elas e com a transferência de energia feita constantemente, permitindo assim uma melhor acomodação dos conflitos interiores que ambas suportam.

Todavia, a Lei Maior não libera ninguém dos compromissos assumidos. Ao contrário, a sabedoria do Poder Soberano fornece a cada um os recursos para que se limpem por si mesmos, ao reencontro das dívidas do passado como ocorre neste caso.

Mesmo assim, em sentindo a aproximação do nascimento, o Espírito daquela que vai voltar ao convívio do grande amor do passado, aquele que, hoje, lhe será o pai amoroso, se vê contrariada no seu íntimo por saber que Kimnut lhe ocupa o lugar desejado.

Guardando essas impressões de ciúme e antagonismo de outrora, tanto a criança em formação quanto a mãe que lhe suporta o processo de gestação se mesclam em uma atmosfera de disputas silenciosas e de temores que fazem relembrar, no fundo de seus sentimentos, os traumas das vidas passadas, nas quais os envolvidos neste drama escreveram as linhas da tragédia que se começa a resgatar.

Em linhas rápidas, Nekhefre fora um importante auxiliar de um dos antigos faraós e, por isso, via-se no direito de agir como desejasse, já que tinha poderes para fazer ou desfazer. Enriqueceu-se à custa da desgraça dos outros e, apesar de possuir esposa que o venerava pelas boas condições de vida que recebia dele e pelo amor sincero que lhe dedicava, não inspirava neste que hoje conhecemos como Nekhefre, o sentimento de idêntica devoção.

Assim, valendo-se da facilidade de atuar sobre a vida dos demais, o auxiliar do faraó passou a envolver uma jovem de rara beleza nas suas teias de sedução e de desejo, até que não lhe restou outra alternativa senão a de destruir-lhe o casamento que mantinha com Medjar, um oficial subalterno da guarda do rei, para poder possuir a mulher, agora na condição de amante.

Enganada pelos sentimentos contraditórios de euforia e paixão, Serahia entregou-se integralmente ao amor de Khendjer, nome do nosso Nekhefre naquela existência, mesmo sabendo que ele tudo fizera para tirá-la do marido que muito a queria.

Iludida pela importância do novo pretendente, Serahia deixou-se envolver pelos desejos do homem que cobiça a presa e tudo faz para tê-la para si. Usando de seu poder, Khendjer baniu o marido para regiões distantes com a desculpa de fazê-lo cumprir determinações oficiais, transferindo-o para guarnições localizadas em locais ermos no deserto escaldante, para onde não seria possível levar a parentela que precisaria ficar na cidade.

Sem a presença do marido, o casal entregou-se a todo o tipo de envolvimento licencioso e adocicado por um amor que era mais a expressão de um desejo ou de uma vida de prazeres fáceis do que profundidade de compromissos. Em decorrência disso, não tardou para que Serahia se visse grávida e, assim, desejasse a presença de Khendjer mais perto de si mesma. Passara a conspirar contra a família oficial do funcionário do faraó e desejava, intimamente, que sua mulher saísse do seu caminho para que viesse a ficar com o homem amado definitivamente.

Obtendo do nosso Nekhefre/Khendjer as promessas de amor sem fim e de uma paixão forte e quase sem freios, Serahia aceitou-lhe as juras de início. Todavia, vendo que as coisas progrediam e ele não se decidia, deixou-se arrastar pelas entranhas femininas e pelas intuições negativas que sempre se valem desses pensamentos obscuros e conseguiu, junto de pessoas ignorantes, uma dose letal de veneno com o qual iria dar uma "ajudazinha" ao seu destino, tirando de circulação aquela que seria o empecilho à sua felicidade completa.

Em sua casa, Nekhefre havia alterado a sua vida íntima, deixando de ser carinhoso com a mulher que o idolatrava, com quem já tinha uma filhinha e que suportava o peso de sua ausência.

A nossa Kimnut de hoje, a mesma alma do passado, sabia das aventuras do marido e nada podia fazer para coibir-lhe o comportamento, já que se colocava entre as mulheres que tudo suportavam por causa do apego às coisas que não queria perder e ao homem que aceitara, com suas qualidades e defeitos.

Além disso, tinha uma filhinha a criar e não se permitiria colocá-la em condição de penúria.

Assim, engolia a infelicidade, sorvia as lágrimas amargas no cálice do sacrifício e da resignação, esperando que, mais cedo ou mais tarde, o juízo voltaria à cabeça do marido e aquela que parecia ser mais uma aventura, passaria como as outras.

No entanto, as coisas não correriam como ela esperava.

Nekhefre fazia de tudo para dificultar-lhe a vida, humilhando-a, maltratando-a, ferindo-lhe os sentimentos, tudo isso para que ela se sentisse estimulada a abandonar o lar, deixando-o livre para seguir sua vida de paixão com a outra mulher, cujo marido, a estas alturas, já devia estar desiludido ou morto, no deserto distante.

Além disso, Nekhefre/Khendjer fazia toda a sorte de oferendas nos templos para resolver esse problema afetivo, mas voltava para casa frustrado por ver inúteis todas as suas tentativas de solucionar por caminhos outros a desdita amorosa.

Nos encantos e devaneios que vivia junto a Serahia, enfrentava a insatisfação da amante que, constantemente, lhe feria o espírito másculo com insinuações de que ele não era tão poderoso como se fazia passar, eis que tivera poder para livrar-se do seu marido, mandando-o para o meio do nada, mas não tinha forças para acabar com aquela união, com uma mulher que não amava.

Serahia sabia usar de seus encantos físicos para elevar às alturas o jovem amante para, logo depois, usar de suas maneiras para infundir-lhe a cobrança de soluções para o seu problema.

Nekhefre / Khendjer não conseguia fazê-la entender que a sua situação era diferente da dela, já que ele possuía filha, a esposa era mulher sem meios ou forças para sobreviver, mas que ele estava fazendo tudo o que podia para terminar de uma vez por todas o casamento para que pudessem assumir a nova vida.

Serahia, entretanto, pensava consigo mesma que o amante ainda não havia feito, efetivamente, "tudo o que podia". Afinal, o veneno se apresentava como uma dessas possibilidades que ainda não haviam sido tentadas.

Sem falar nada ao jovem, Serahia deu vazão aos seus sentimentos de posse e deixou-se levar pelo planejamento de uma forma de tirar a esposa de seu amante do próprio caminho, de uma vez por todas.

De nada lhe valeram as boas intuições dos amigos espirituais. Como já lhe falei, procurou por um sábio que, detentor de conhecimentos muito vastos, era o mentor de suas idéias de ventura junto a Nekhefre, aquele homem poderoso, de onde pretendia, também o sábio, tirar vantagens.

Esse sábio de nome Tenief, que era cultor das ciências ocultas do seu tempo, sabia como manejar as forças da natureza e obter resultados desconhecidos por outros magos, parecendo que se tratavam de milagres que ocorriam pela sua simples vontade. Com essa fama crescente, o conhecimento e a reputação de mago poderoso se espalharam muito amplamente e, ao preço cada vez mais alto, os interessados poderiam trocar as suas riquezas por seus favores. Os mais caros, no entanto, eram os que se destinavam a alterar o destino das pessoas, subtraindo-as do convívio umas das outras através dos procedimentos de envenenamento ou de qualquer outro tipo de desgraça pessoal.

Assim, èsse homem era procurado por muitas mulheres que desejavam livrar-se de outras concorrentes no coração do homem amado, sempre acreditando que poderiam dar uma ajudazinha ao destino.

Em função de seus conhecimentos, sabia que poderia produzir este ou aquele tipo de poção ou pó que, colocado na água, vinho, alimento ou no banho da vítima, lhe ocasionaria o destino pretendido.

Sabia, no entanto, que tais condutas eram incompatíveis com as leis do Soberano Poder e, por isso, na maior parte das vezes em que era procurado, recusava-se a fazê-lo.

No seu íntimo, era possuidor de uma índole boa, mas como homem de seu tempo, sujeito às fraquezas de sua época e da compreensão ainda pouco profunda a respeito das grandezas e belezas da Lei do Grande Criador, em algumas ocasiões, quando procurado para fornecer esses elementos que seriam usados na prática do mal, deixara-se levar pelas peculiaridades do caso, pela importância dos clientes, pela grandeza do pagamento, e se permitira atender a tais pedidos, ocasião em que buscava informar a pessoa dos graves danos que cometeria contra si mesma ao fazer o mal ou prejudicar alguém.

Era a forma de alertar o interessado para que não fizesse o que viria a prejudicá-lo no futuro e, ao mesmo tempo – pensava ele – livrar-se de qualquer responsabilidade pelo mal praticado. Todavia, por não estar ainda amadurecido totalmente, se o cliente, mesmo alertado, não desistisse do intento maléfico, Tenief aceitava o pagamento e fornecia a substância, assumindo, desse modo, compromisso com o mal que se fazia.

Assim foi com Serahia que, valendo-se do dinheiro que recebia do próprio Khendjer, conseguiu junto a Tenief a substância corrosiva que iria ser usada para afastar a mulher oficial de seu amante do seu caminho de felicidade.

Sem que Khendjer o soubesse, Serahia conseguiu subornar um serviçal da casa e o remédio acabou nas vísceras da esposa, que se viu expulsa do corpo em meio de violentas contorções, sem que qualquer recursos da medicina da época pudesse impedir a sua morte ou atestar a sua causa.

Além do mais, o estado emocional abatido que ela já vinha demonstrando, a partir das mudanças afetivas que o marido lhe impusera no mundo íntimo, levou todos os que a circundavam a acreditar que se tratava de um ato de desespero para pôr fim a um estado de sofrimento para o qual não via mais saída.

Infelicitada pelo esposo e sem maiores perspectivas de alteração de seu panorama familiar, apesar de todas as renúncias que já vinha fazendo, todos viram nessa justificativa que parecia plausível, a adequada desculpa para considerar como suicídio aquilo que, antes de tudo, fora um crime covarde e ardiloso.

Nekhefre / Khendjer, sem saber de nada disso, se viu surpreendido pela situação inusitada e foi tomado por uma dor íntima produzida pela consciência de culpa que, no fundo, o apontava como o responsável pelo estado de desespero da mulher.

Ainda que, naquele período, o senso moral coletivo estivesse pouco desenvolvido no que diz respeito ao contexto social, já havia espíritos que possuíam as condições de evolução que lhes permitia a percepção do erro e da maldade, da astúcia, do sofrimento deliberadamente imposto sobre os demais.

E assim, todos os que se achavam envolvidos nesse drama se comprometeram para os dias do futuro, necessitando retomar a estrada evolutiva juntos, do ponto em que estacionaram, para modificarem as tendências e as escolhas mal feitas.

Com a culpa na mente, o jovem acabou por envolver-se com a assassina de sua esposa, como que a procurar refrigério para as suas dores íntimas, aproveitando-se do infausto acontecimento e dele tirando todo o proveito que aquele aparente acaso lhe permitiria obter.

Sentia, no entanto que, de forma indireta, contribuíra para que tal "acaso" se materializasse e iria ficar ainda mais assustado quando descobrisse como é que, pelas mãos de Serahia e com os recursos que Tenief havia fornecido, esse acaso se modificara em verdadeiro homicídio.

Medjar, o verdadeiro marido de Serahia, não havia regressado do remoto destacamento e, as últimas notícias dele obtidas eram de que se havia evadido, fugindo das situações hostis e procurando outros lugares onde pudesse receber tratamento para uma enfermidade que havia contraído ao contato com as areias daquele lugar.

Foi, a partir de então, considerado morto e, com as medidas legais necessárias, Khendjer / Nekhefre e Serahia uniram-se oficialmente, concretizando-se assim, os sonhos de mulher e de homem, ao preço da destruição de duas famílias e do sofrimento de outras pessoas.

Eis aqui, filho amado, os motivos que levam esta família a se ver envolvida pelas situações atuais, principalmente agora, quando todos se reaproximam para as reconstruções necessárias ao progresso e ao perdão das ofensas.

Desaparecera de suas vistas mediúnicas o luminoso Espírito protetor que, através da rapidez do pensamento não precisara mais do que alguns minutos para apresentar-lhe a história daqueles que, agora, buscava ajudar a reerguer.

Profundamente tocado pelas exposições de Khufu, Hatsek pudera entrever as belezas das leis divinas a se concretizarem nos destinos de todos nós e a nos encaminharem para as trilhas espinhosas que nós mesmos abrimos com as nossas condutas irrefletidas de ontem ou de agora.

Compreendia mais profundamente o porquê do comportamento de Kimnut que, sentindo a aproximação de Serahia que se preparava para regressar, agora, como filha dos dois, experimentava no seu íntimo uma aversão inexplicável pelo marido, como que se recordando dos sofrimentos do passado.

A sua luta íntima para amar aquele ser que trazia no ventre com o sentimento materno doce e nobre conflitava com os ressentimentos que carregava em seu espírito, ao contato daquela que lhe havia tirado a vida física e a ventura familiar tantos séculos atrás.

Ao mesmo tempo, Serahia Espírito, ao aproximar-se do afeto de Nekhefre, voltou a sentir aquela paixão carnal que levara todos à desdita dos atos insensatos e, sabendo-se agora impossibilitada de exercer os domínios de mulher sobre aquele que seria o seu genitor, sentia-se inclinada, novamente, a impedir que ele fosse feliz com a sua concorrente, o que motivava nela, igualmente, o desejo de que o futuro pai acabasse por envenenar aquela que, antes de ser-lhe a mãe, era vista como sua rival no coração amado do Khendjer de outrora.

Novamente Hatsek pôde entender a beleza dos mecanismos da Justiça Soberana que, desde os tempos remotos até os dias atuais é o caminho reto e seguro a conduzir todos os insensatos e ignorantes à retificação de seus meandros interiores, de suas tendências viciosas, de seus espíritos tíbios, valendo-se da lei conhecida pelo nome de "causa e efeito".

A mesma lei que, séculos mais tarde, seria claramente difundida com poesia na vida do sublime Rabi da Galiléia, ao aconselhar:

"Põe a tua espada na bainha, pois quem com ferro fere, com ferro será ferido"!

Vista da grande pirâmide edificada pelo Faraó Khufu.

16

O amor de Marnahan

Diante de todas estas informações preciosas para a compreensão do drama daquele grupo familiar, Hatsek pôde seguir o processo de gravidez até o final. Apesar das dificuldades que surgiam, dos embates entre as duas inteligências que, agora, deveriam enfrentar-se como mãe e filha, de todos os antecedentes emocionais que se envolviam nesse processo reencarnatório, o nascimento ocorreu dentro das expectativas, não sem exigir do sacerdote todos os cuidados, médicos inclusive, para facilitar a saída da criança do ventre materno, em face de não estar adequadamente situada por ocasião do nascimento.

Os conhecimentos de Hatsek, entretanto, eram de tal porte que ele sabia como resolver tais problemas valendo-se de técnicas assimiladas junto aos seus mestres e que buscavam solucionar esses tipos de dificuldades, muitas das quais, naquele tempo, levavam à morte da parturiente e da criança.

Sabendo de tais obstáculos, Nekhefre se viu ainda mais ligado a Hatsek que, com o seu modo gentil e afável levara aquele problema familiar à harmonização de todos e, por isso, passara a devotar-lhe verdadeira adoração.

Em todos os momentos em que se faziam necessários conselhos ou opiniões, Nekhefre buscava o templo de Amon-Rá e, ali, submetia ao agora tutor de seus passos as questões que precisaria solucionar.

Hatsek, desse modo, passou a exercer influência muito grande no caminho daquela família, a começar por Nekhefre, em seu modo tolo de encarar a vida, sempre buscando a manutenção de seus interesses e posições no cenário do mundo, coisa que o sacerdote não conseguia modificar, apesar das inúmeras tentativas.

A gratidão de seu amigo príncipe por tudo o que obtivera de sua intervenção espiritual era demonstrada por inúmeras doações materiais que Nekhefre fazia ao templo de Amon-Rá, como a quitar qualquer dívida que lhe pesasse na ordem pessoal pelas dádivas recebidas.

Mantinha o pensamento na esfera do mercantilismo com que procurava levar os seus negócios e interesses e, por mais que Hatsek se recusasse a receber qualquer coisa por aquilo que fazia, Nekhefre entregava as dádivas aos outros sacerdotes, às escondidas de seu amigo, para que não ficasse achando que se encontrava em dívidas com Amon.

Os demais sacerdotes, ainda ligados ao culto do deus em questão, se viam muito bem aquinhoados com as oferendas que, no final, se revertiam para as suas riquezas pessoais, desvirtuando o sentido de desinteresse absoluto em que deveriam viver todos os que aceitaram ser ponte entre o mundo e o seu Criador.

Com o nascimento de Hatsena, a mesma Serahia do passado, o relacionamento do casal estabilizou-se novamente e, na condição de bebê indefeso, o pequeno ser requisitava todos os cuidados e carinhos de ambos os pais, ainda que Nekhefre sentisse por ela uma atração toda especial dentro de sua alma, atribuindo tudo isso ao seu estado mais maduro e às lutas da vida que, segundo ele, iam tornando o homem mais amolecido.

Por essa época, Marnahan contava aproximadamente sete anos de idade e sua vivacidade era digna de nota. A irmã mais velha de Hatsena guardava uma sensibilidade muito acurada e, na evolução de sua alma estavam grafados todos os sentimentos nobres e valorosos já testados em vidas anteriores, no meio das dores e dificuldades que os tonificara e sublimara.

Com o passar do tempo, a atenção que todos, antes, entregavam a Marnahan foi sendo canalizada para a nova rainha da família, sem que a filha mais velha tivesse qualquer reação negativa própria das crianças que se vêem substituídas. Ao contrário, ela mesma se dedicava à sua irmã com desvelo e carinho, fazendo de sua chegada e permanência na casa um motivo de festa.

Marnahan crescia e, como era da tradição daquele período, ao atingir a maturidade feminina fora declarada pronta para o casamento, o que ocorria em idade muito precoce, com o compromisso das famílias, unindo os seus representantes durante a quase infância, em casamentos fictícios e de interesses, quase sempre terminados em desdita e infelicidade.

Todavia, Marnahan não se deixara levar por esse tipo de hábito, e era entendida por seus genitores que, igualmente, tiveram que enfrentar os mesmo problemas e preconceitos antigos quando jovens e desejosos de se unirem.

Marnahan estava apaixonada por um jovem de sua idade, possuidor de muitas virtudes, de nobreza de caráter, mas sem qualquer capacidade financeira que o autorizasse a envolver-se ao ponto de contrair matrimônio.

Já àquele tempo, as diferenças de classe social eram um dos grandes empecilhos para o estabelecimento de vínculos duradouros e com base nos sentimentos verdadeiros, já que as famílias buscavam preservar as estruturas materiais sobre as quais julgavam que a felicidade se estabeleceria.

O jovem, igualmente, devotava um sentimento muito sincero a Marnahan, mas sabia das grandes e quase intransponíveis barreiras que tinham pela frente.

O que era pior, entretanto, era o fato de que ambos cresceram juntos, já que o jovem era filho de um casal que trabalhava na casa de Nekhefre, sendo-lhe, por isso, considerado como de estirpe inferior, indigna de altear-se na ordem social à custa do matrimônio com mulher de classe mais elevada.

Dos folguedos infantis, os dois jovens passaram a sentir um carinho muito profundo um pelo outro e, sempre que podiam conversavam sobre o amor e as belezas que o sentimento nobre e sincero podem infundir nos corações que a eles se dedicam com simplicidade.

À medida em que cresciam, os sentimentos se tornavam ainda mais verdadeiros, já que estamos falando de dois Espíritos que haviam vindo ao mundo com a programação anterior de unirem-se pelos laços do afeto na realização de objetivos elevados e nobres que o futuro viria a revelar.

Kalmark, como era conhecido, também possuía dentro de sua alma uma compreensão mais elevada da vida do que aquela da maioria das pessoas e, por essa sintonia com Marnahan, nela encontrara todos os atrativos que precisava para apaixonar-se, ainda que conhecendo os obstáculos que a diferença social impunha, no convencionalismo ignorante e nos preconceitos baixos que os homens cultivam.

Ambos já haviam se declarado um ao outro, anos antes, por ocasião das celebrações especiais destinadas à comemoração da fertilidade do Nilo. Nesta época, o sentimento de alegria que a cheia do rio propiciava e que indicava a fartura e a opulência de comida e frutos era usado como motivador para que se comemorassem todas as formas de fertilidade, fossem as decorrentes da fecundidade feminina, da união esponsalícia, do nascimento dos filhos esperados, das juras de amor de todos os tempos.

Naquele dia, Kalmark havia combinado encontrar-se com Marnahan nas proximidades do Nilo, sob o pôr-do-sol, sempre imponente e grandioso nos céus ardentes daquele reino marcado pela sua luz constante.

O fato de se estar comemorando a data e todos se envolverem nas festividades, permitia à jovem ausentar-se de casa para se dedicar também às invocações da fertilidade para si mesma, o que era aceito com naturalidade pelos seus pais.

Era natural que as jovens buscassem o banho nas águas do rio para, num ritual de invocação de suas potencialidades criadoras, atraírem para si as benesses da fecundidade.

Kalmark havia preparado para sua amada, à época adolescente como ele, um presente muito simples, mas muito lindo que, segundo ele pretendia, seria um demonstrador de seu sentimento. Havia produzido com folhas das árvores nativas um pequenino cesto dentro do qual colocara um cristal rosado, amarrado por um fino e delicado cordão de pele de animal, pequenina jóia essa que vinha embrulhada em um pedaço bem trabalhado de pele para proteger o seu conteúdo.

O cristal possuía um brilho especial que, ao entardecer se mesclava com a coloração do vermelho do Sol e, assim, parecia trazer para dentro do seu interior as nuanças grandiosas daquele momento.

Aquele seria um dia ideal para entregar a Marnahan o presente que fizera com tanto carinho e que, sem representar jóia de elevado preço, era belo o suficiente para tocar o coração de qualquer jovem que o recebesse, caso o sentimento amoroso que ele representava fosse igualmente correspondido.

Kalmark estava ansioso para a chegada do momento combinado e procurou chegar bem antes ao local, que era um pouco mais afastado do tumulto popular, mas que, igualmente, permitia uma visão toda especial do pôr-do-sol, por entre as curvas e meandros que a margem do Nilo escavara no seu afã de seguir adiante.

Com o pequeno presente nas mãos, o jovem enamorado esperava a chegada de Marnahan, por entre o sonho daquele dia tão especial e a possibilidade de tudo dar errado. Será que ela viria? E, se vier, será que irá aceitar o presente? E se aceitar, será que irá corresponder ao sentimento?

A cabeça do rapaz era um verdadeiro turbilhão em movimento, procurando avaliar todas as hipóteses e esperando obter o melhor do coração da jovem amada.

Um pouco depois do momento combinado, mas a tempo de presenciarem o espetáculo da despedida do astro rei, os passos de Marnahan foram ouvidos pelo coração aos pulos de Kalmark que, imediatamente, levantou-se para vir ao seu encontro, com as mãos geladas e suadas, tentando secá-las no tecido de sua roupa.

Marnahan estava lindamente emoldurada pela luz rubra do céu daquela hora, vestindo uma túnica muito clara e bem simples, como a usada pelos serviçais de sua casa, justamente para que, daquele encontro, ambos pudessem se entender no mesmo padrão de sentimentos, afastadas todas as diferenças sociais entre eles.

Essa simplicidade de alma e esse cuidado delicado daquela menina tocaram profundamente o sentimento de Kalmark que, naturalmente, já sabia das dificuldades que teria pela frente pelo fato de ter se enamorado da filha do dono da casa que sua família servia quase como escrava.

Marnahan viera como um anjo bom dizendo, sem palavras, que preferia encontrá-lo vestida com a modéstia que a condição dele impunha do que não vir ao encontro ou trazer, naquele momento, a ostentação das diferenças que ambos conheciam e que os afastariam um do outro.

Ela era, efetivamente, linda no coração sábio e humilde, além de ser jovem de beleza serena e digna que tão bem combinava com o seu interior.

– Oi, Kalmark – falou ela, simplesmente, buscando começar a conversa que o jovem não sabia como iniciar. Havia ficado paralisado diante da emoção daquele encontro.

– Oi, Marnahan, que bom que você aceitou o meu convite e veio até aqui – respondeu o jovem, atordoado, tentando falar alguma coisa entre uma engasgada e um gaguejo.

– Posso me sentar aqui com você para vermos o pôr-do-sol juntos? – falou a jovem, tomando a iniciativa, sem pretender ofender ou insinuar-se. Afinal, ela sabia a que tipo de desafios e barreiras aquele garoto estava exposto para demonstrar o seu carinho.

– Venha mais para cá, Marnahan. Daqui a gente vê o Sol refletido nas águas do rio que, parece, ficam tingidas de rubi com os brilhos da mais perfeita jóia que o Soberano Poder jamais criara.

– É verdade, como é bonito este pedaço do rio nesta hora. Mas o que é isso que você está carregando com tanto cuidado? Parece uma gaiolinha de folha de palmeira...

Vendo-se surpreendido com a pergunta, Kalmark se lembrou de que trazia nas mãos um presente especial para aquela que seria o altar de seus sentimentos.

– Ah!, É mesmo... desculpe a distração... é que eu fiquei tão emocio... quer dizer... ...tão feliz... por você ter vindo, que me esqueci de tudo o mais. Desculpe a minha ousadia, mas eu fiz isto para você...

Estendeu a mão e entregou-lhe a pequena caixa de folha dentro da qual estava o presente com o qual pretendia dizer o quanto a amava, num dia como aquele que seria, para a época da modernidade, considerado o dia dos namorados.

Com um sorriso de alegria e emoção diante da simplicidade contagiante daquele jovem a quem ela tanto admirava também, estendeu a mão e recebeu o presente entre surpresa e cheia de satisfação.

Abriu-o demonstrando interesse e ansiedade para descobrir o que havia em seu interior. Desatou os barbantes que amarravam a pele de animal e, lá dentro, descobriu a gema que a natureza plasmara com uma forma tão peculiar e uma cor tão especial.

– Que coisa mais linda, Kalmark, quem fez isto para você? – perguntou a menina, buscando valorizar ainda mais o presente, não pelo seu valor externo, mas pela sua elaboração caprichosa e delicada, que o tornava digno de qualquer príncipe.

– Fui eu mesmo quem fiz. Encontrei a pedra em um lugar secreto, arrumei todas as cordinhas, produzi a tira de couro, e fiz tudo isso pensando em fazer o mais bonito presente para lhe dar no dia de hoje.

– Você me deixa muito emocio... quer dizer... ...EMOCIONADA... com esta pedra tão bonita. Posso colocar no meu pescoço? Você me ajuda a amarrar?

Kalmark não sabia nem o que dizer, nem o que fazer. Estava nas nuvens, desfrutando de uma felicidade tão especial, que desejaria fazer o tempo parar para sempre naquele momento em que seus sonhos pareciam estar se encaminhando para a realidade tão esperada quanto improvável ou impossível.

– Claro , venha até aqui e vire-se para eu amarrar. Você está certa mesmo de que vai usar isto? – perguntou o garoto, ainda inseguro com a correspondência da Marnahan ao seu carinho.

– Ora, Kalmark, você pode estar pensando que estou fingindo? Não me conhece desde pequena? Claro que vou usar e guardarei sempre pendurado junto à minha pele, o mais perto possível do meu coração... – disse ela olhando para o chão e ficando tão vermelha quanto o horizonte estava ficando.

Emocionado e sem saber o que falar, o jovem se lembrou de que precisava mostrar-lhe um segredo daquela pedra.

– Mas antes que o Sol se ponha, quero lhe mostrar uma coisa que representará um segredo muito bonito que tenho para você – disse ele criando uma expectativa nova no semblante da jovem amada.

– Então fale logo que estou curiosa para saber...

– Pegue a pedra e, antes que o Sol se ponha, procure olhar o grande Rá através do cristal. Faça isso agora e veja...

Marnahan puxou o cordão que prendia a pedra ao redor do seu pescoço e fez o que Kalmark havia pedido.

Por entre os filamentos do cristal, a luz do Sol poente podia ser vista como se estivesse transformada em uma miríade de cores, em uma multidão de pequenos arcos-íris, todos eles envolvidos pela atmosfera avermelhada ou violeta que tingia o interior da pedra e descortinava um universo de beleza ainda maior.

– Mas que coisa mais linda, Kal – exclamou Marnahan, tratando-o com a intimidade que haviam aprendido a dedicar um ao outro desde a infância. – Que mágica é esta?

– Isto aí, Mar – aproveitou o jovem para retribuir o gesto de carinho, chamando-a pelo apelido – é o que eu sou por você.

– Como assim? – respondeu ela querendo entender e, ao mesmo tempo, querendo ouvir dele o que representava aquela comparação.

– Dizem, Mar, que o Amor verdadeiro é como o Sol que aquece e ilumina. Mas o que eu sinto por você é tão grande que consegue extrair do próprio amor, um amor ainda mais brilhante e cheio de cores que os outros não conhecem. Quando você olha dentro desta pedra como o fez agora vendo o Sol, o que você vê é a mesma coisa que existe dentro de mim quando a vejo, meu Sol luminoso, pela pedra do Amor que sinto por você...

Tudo entre eles, agora, era silêncio e emoção.

Marnahan não conseguiu e, em verdade, nem quis, controlar a emoção que sentia, deixando escorrer duas lágrimas pelo canto dos olhos que pareciam duas gemas diamantinas a anunciar o sentimento precioso que tinha por aquele jovem e como as suas demonstrações e sacrifícios por ela eram retribuídos pela sua alma.

Ao vê-la chorar em silêncio, Kalmark aproximou-se e beijou as duas lágrimas que desciam lentas pelas faces de sua amada, como a guardar para si os dois diamantes que ela produzira ali, na hora, para retribuir-lhe o afeto.

Marnahan, correspondendo a esse gesto de carinho sensível e doce, envolveu com os seus braços o pescoço do rapaz e enlaçou-o num abraço puro e verdadeiro o qual, sem acreditar ainda na própria felicidade, correspondeu-lhe ao gesto e pôde, pela primeira vez, sentir o coração de sua querida pulsando dentro de seu próprio peito, tão próximos puderam ficar um do outro, na primeira vez em que, não mais a infância, a amizade, o coleguismo, mas o Amor encaminhava seus dois corações que se queriam verdadeiramente, para que pulsassem juntos, ao ritmo do mesmo sentimento, como se fossem apenas um coração.

O Sol mergulhava nas faixas do horizonte e despedia-se do Egito, enquanto os dois jovens ficaram abraçados, esperando o nascer da Lua que viria a substituir o astro rei e inspirar, com a sua luz prateada, os sonhos dos enamorados.

17

As revelações de Kalmark

Entre os dois jovens, nascia o desejo mais forte de se unirem para que pudessem vivenciar o amor de maneira a receber as bênçãos dos filhos e, por isso, planejavam nas conversas solitárias como seria a vida no futuro.

Marnahan passara a usar o presente que recebera de Kalmark preso ao pescoço como sinal de aceitação de seu afeto e demonstrando, com isso, que igualmente correspondia ao seu sentimento.

Todavia, ainda eram muito jovens para que pudessem ter condições de estabelecer uma família, mesmo para os padrões do Egito daquele período, onde as uniões ocorriam logo que a jovem atingia o estágio da maturidade feminina.

Era muito comum já estabelecerem compromissos antes mesmo de se atingir esse período, o que vinculava pessoas e famílias a acertos futuros, com prejuízo dos sentimentos dos principais interessados.

Mais normal ainda era que um homem bem mais velho pudesse desposar uma jovem adolescente, desde que isso fosse conveniente e aceito pelos genitores desta.

Nekhefre, no entanto, apesar de saber dos problemas que as mulheres enfrentavam quando não se casavam conforme a tradição, em plena adolescência, não estava disposto a obrigar sua filha mais velha a desposar qualquer candidato ao matrimônio, uma vez que reconhecia nela uma mulher conhecedora dos próprios sentimentos e que ele, como pai, pretendia consultar antes de qualquer compromisso. Afinal, possuía dinheiro suficiente para que não precisasse se preocupar com as conjunturas sociais de seu tempo.

Além do mais, suas atenções todas eram voltadas para Hatsena que, agora, mais crescida, mantinha com ele uma aproximação muito forte, sem que ele pudesse compreender por que sentia mais carinho pela filha mais nova do que pela mais velha.

Buscava sempre ocultar isso de ambas, mas no seu íntimo sabia que, se Marnahan era detentora de seu afeto sincero por ter sido a filha mais velha, a primeira a vir embelezar a sua vida, pelo amor que sentia por Hatsena poderia considerar-se escravo e feliz ao mesmo tempo.

Era um sentimento nobre, de pai, que nada tinha do amor apaixonado dos enamorados, mas que era mesclado de um apego muito grande, um ciúme forte que o fazia passar mal só em saber que a filha mais nova, agora, se aproximava da maturidade feminina e que, com isso, poderia estar na condição de se envolver com qualquer candidato ao matrimônio.

Só em pensar na hipótese de ver sua filha nos braços de outro homem, seu sangue parecia querer ferver e, mesmo sabendo que não poderia evitar tal situação, preferia abanar a cabeça para ver se tais idéias se afastavam de seu pensamento.

Kimnut percebia o afeto diferenciado de Nekhefre e, às vezes, dava mostras de que ela também estava enciumada pelo carinho que o pai ofertava à filha, em detrimento dela mesma.

Todavia, o amor do marido ainda lhe pertencia e, depois de alguns afagos e carinhos, voltava a esposa a se sentir no centro do mundo, o que a deixava mais calma. Entretanto, Hatsena, muitas vezes, via na mãe uma mulher a ser invejada por possuir Nekhefre como esposo. E em algumas ocasiões, esse sentimento exteriorizou-se em comportamentos de rebeldia e antagonismo contra a mãe que, surpresa, logo procurava um modo de dobrar o temperamento jovem e altivo da filha mais nova.

Nessas horas, apenas a companhia de Marnahan tinha o condão de conferir à irmã um pouco mais de calma e à mãe uma maior temperança na resposta punitiva ao caráter arrojado da filha caçula.

Nekhefre, naturalmente, pelo afeto que nutria por Hatsena, não dava muita importância a tais comportamentos, o que exasperava ainda mais a esposa e enchia de orgulho a jovem rebelde, que se via, indiretamente, protegida e aprovada pelo comportamento do pai.

Afinal, ele se achava nas nuvens quando percebia que Hatsena afrontava a mãe por causa dele, como que a dizer, com tais comportamentos, que gostava mais do pai do que da genitora.

Nas disputas afetivas silenciosas que ocorrem dentro dos lares, esse comportamento era um estímulo à vaidade do homem como o chefe daquele reino familiar.

Marnahan, entretanto, com sua conversa doce e compreensiva, acalmava os ânimos e pretendia sempre apagar as mágoas, conversando sério com a irmã mais nova que a respeitava muito e que sempre acatava suas opiniões.

Kalmark era visto pela família de Marnahan como o filho dos serviçais e, sabendo disso, não pretendia demonstrar a sua intenção de casar-se com Marnahan antes que pudesse, efetivamente, propor-lhe a união.

Como jovem consciente dos limites sociais que tinha que enfrentar, pretendia reunir recursos conquistados por seu próprio esforço e, com isso, fazer-se digno e respeitado por Nekhefre que, assim, não lhe poderia impedir o consórcio.

Já havia deliberado afastar-se de Tebas em direção à capital do Egito, Amarna, e tudo já havia preparado para a viagem, faltando-lhe, apenas, por uma questão de respeito e consideração, obter o consentimento do príncipe. Entretanto, ainda que não o conseguisse, viajaria mesmo assim, eis que não era escravo nem empregado direto de Nekhefre. Desse modo convicto, já havia arrumado todas as suas coisas, acertado com o proprietário do barco a quem garantira que partiria naquele mesmo dia com ou sem a autorização pretendida.

Sabia que depois de expor os seus planos, não poderia permanecer por mais tempo na casa do príncipe, pois não seria visto com bons olhos pelo dirigente da casa que o consideraria sempre um ingrato ou um ambicioso a ser visto com cuidado e cautela.

Desse modo, com o conhecimento e aceitação de Marnahan que lhe estimulava o progresso e o desejo de crescer perante si mesmo, o jovem procurou pelo pai de sua amada, no dia programado para a sua viagem, ocasião em que contava seus dezessete anos, a fim de expor suas idéias:

– Nobre príncipe, senhor desta casa a quem servimos com respeito e gratidão, permita-me expor meus pensamentos e receber a sua autorização para que possa seguir adiante sem que pareça ingratidão de minha parte qualquer afastamento – disse o jovem Kalmark ao pai de Marnahan que o ouvia em um momento de tranqüilidade.

– Fale, meu jovem, sem rodeios nem formalidades, pois o vi nascer e reconheço em seus pais servidores fiéis e honrados – respondeu Nekhefre.

– Tenho observado que, aos meus pais, o estado em que se encontram representa uma dádiva dos deuses e, graças à sua proteção, nada lhes falta e se encaminham para a velhice com as garantias da sua benevolência. Eu, no entanto, sou jovem, cheio de sonhos e não desejaria seguir os mesmos passos de meus pais, sem, é claro, desdenhar da generosidade desta casa que nos acolheu e que me alimentou desde a tenra idade. Por isso, gostaria de obter do senhor, nobre príncipe, autorização para me afastar desta casa na direção de Amarna, onde pretendo me colocar a serviço de nosso rei, sempre tão exigente no que diz respeito aos artistas e artesãos, onde pretendo desenvolver meu aprendizado e evoluir nas práticas artísticas a seu serviço para ampliar minha capacidade pessoal e, com ela, ganhar a liberdade de poder constituir minha família.

Surpreendido pela exposição breve, mas bem construída, que

dava mostras de um caráter resoluto e que não se intimidava, Nekhefre observou o jovem com mais cuidado e mais profundidade.

Sempre vira nele, apenas, um filho de empregados, quando, em realidade, ali estava um rapaz que demonstrava possuir coragem e vontade de lutar para realizar seus objetivos. Muito diferente dele mesmo, Nekhefre, que apesar de ostentar o título nobre de príncipe, nunca fizera nada para conquistá-lo realmente. Uma ponta de inveja, para não dizer admiração fustigou o seu íntimo e deixou-o algo desconcertado.

Procurando palavras que pudessem exprimir com clareza suas idéias, Nekhefre buscou dar ao jovem alguma resposta:

– Bem se vê, meu jovem, que em você um sangue diferente corre pelas veias, sangue que fervilha e que faz seus olhos brilharem diferente dos olhos dos demais que, aqui, têm consumido seus dias nos serviços desta casa. Antes de autorizar ou não, gostaria que me dissesse se existe algum motivo mais grave que o faça demonstrar tal interesse. Algo ocorreu entre você e alguém que lhe imponha esse afastamento?

Era muito comum naqueles dias, como nos dias de hoje, que as pessoas que se indispunham com outras vissem, no afastamento, a única solução possível. Da mesma maneira, por ter-se comportado mal em algum aspecto da vida na coletividade, muitas pessoas viam no afastamento a solução ideal para fugir das responsabilidades e, se esse fosse o caso, Nekhefre deveria intervir seja para proteger Kalmark da perseguição de algum outro serviçal que o estivesse ameaçando, seja para apurar os fatos e ver se Kalmark não estaria fugindo de alguma responsabilidade por comportamento inadequado.

Ouvindo a indagação e percebendo a preocupação do seu senhor, o jovem adiantou-se:

– Não se trata, nobre senhor, de qualquer tipo de pressão que esteja sofrendo para que me anime a pensar e me afastar de sua generosidade, a quem recorreria como primeira solução se as coisas estivessem ocorrendo nesse sentido. Não há ninguém aqui nesta casa com quem não mantenha laços de amizade sincera e, se peço o que peço não o faço sem sentir a dor do afastamento que terei que carregar comigo até que possa retornar em visita a esta casa.

– Se não é isso, então, Kalmark, por dever moral e, ainda que nunca tivesse qualquer reclamação contra você, compete-me indagar se esse comportamento não está sendo motivado por um sentimento de medo de assumir responsabilidades por condutas não compatíveis com o que se esperaria de um jovem como você? Estaria buscando fugir de alguma coisa mais séria, de algum delito oculto ou mesmo de alguma jovem que daqui a alguns meses o apontaria como o pai do filho que traz ao ventre?

Aquela indagação fez com que o sangue do jovem viesse a enrubescer-lhe as têmporas, na vermelhidão que poderia ser compreendida tanto como um sentimento de nobreza ofendida quanto como uma vergonha de se ver surpreendido em situação comprometedora.

Abaixando a cabeça para fugir dos olhares indagadores do seu interlocutor que, igualmente, percebera o estado do rapaz, Kalmark se sentia ofendido por tal pergunta, já que jamais dera quaisquer motivos para ser visto como algum bandido ou um enganador de meninas, aproveitando-se de sua ingenuidade.

No entanto, precisava sair-se bem daquele encontro e tinha que relevar no pai de sua amada todas as insinuações, mesmo as mais imerecidas, a fim de obter do mesmo o que tanto desejava.

Nekhefre, no entanto, acreditando que o rubor indicava que a conduta do jovem estaria vinculada a alguma coisa errada que ele houvesse feito e da qual pretendia ausentar-se, esperava por uma resposta, ansioso.

Vendo, entretanto, o silêncio demorado do rapaz, tomou a palavra:

– Seu silêncio, Kalmark, aliado ao sangue que avermelhou o seu rosto, me fazem concluir que estamos perto do motivo que o faz pensar em partir desta casa, não é?! – falou Nekhefre, como a querer dizer que descobrira o seu segredo e que, assim, iria impedir qualquer fuga até que as coisas ficassem esclarecidas.

Ouvindo essas palavras que apontavam para um desfecho totalmente diferente daquele que havia previsto para seu futuro e, o que é pior, levando a ser considerado um reles malfeitor que pretendia evadir-se, o rapaz se viu premido a responder com todas as forças de seu caráter juvenil e arrebatado.

– Nobre príncipe, meu silêncio não decorre de qualquer vergonha, mas sim da busca de palavras certas a fim de responder a tais afrontas sem ofendê-lo. É possível que em seus pensamentos só existam espaços para considerar maliciosa qualquer iniciativa que busque concretizar sonhos de felicidade dos que estão abaixo de seu padrão principesco. Nos seus raciocínios de senhor abastado, os servos e escravos não possuem direitos aos próprios sonhos. Estariam, entretanto, sempre condenados ao "ideal" de servir como animais de carga, sendo esse o único sonho que poderiam concretizar? Quando pensam em coisa diferente estariam sempre se comportando como ladrões que querem fugir depois de terem roubado a despensa do palácio? Meu silêncio e a vermelhidão de meu rosto, espelham – o primeiro – o respeito que devo ao senhor como o benfeitor de meus pais e de mim mesmo que não me mereceria qualquer desacato voluntarioso e – o segundo – a vergonha de ter que ouvir daquele a quem sempre admirei, um conceito tão ínfimo que desconsidera em mim e em meus pais tudo aquilo que procuramos demonstrar em termos de fidelidade e dedicação no serviço desta casa.

Tomado pelo choque da altiva resposta do jovem, o íntimo de

Nekhefre se alterou e, dessa vez, foi nele que a face se avermelhou, tanto de vergonha quanto de irritação por se ter percebido julgado por um servo e, lá no fundo, notar que existia algo de verdadeiro em suas palavras.

Buscando controlar-se para não enveredar por uma discussão com um jovem filho de empregados, Nekhefre respondeu:

– As suas palavras amargas, Kalmark, encontram razão no seu sentimento de amargura que a posição de subalterno nesta casa lhe impõe. No entanto, relevo seus argumentos verbais como um pai releva os arroubos de um filho para, apenas, explicar-lhe que me compete impedir que injustiças fiquem sem punição dos culpados, o que aconteceria se alguém se afastasse para longe sem que se pudesse avaliar o verdadeiro motivo.

E conhecendo-o pelo tempo que pude observá-lo, posso afirmar que não é apenas por desejar uma melhor estrutura de vida que seu pedido se encaminha até mim, solicitando aprovação. Afinal, aqui você a possui sem precisar qualquer coisa a mais. Talvez deseje mais do que aqui se lhe oferece, mas também você sabe que em Amarna perderá todas as regalias que tem por aqui.

Sabe que, chegando em Amarna, precisará encontrar um lugar para se abrigar, precisara pagar pelo alimento, precisará usar roupas que não são dadas, mas compradas, tudo isto tornando a sua situação muito pior do que a que possui por aqui. Assim, sabendo que conhece todos estes fatos, não posso imaginar que o motivo que me apresenta é o motivo verdadeiro. Por isso, contra todas as verdadeiras referências que você e seus pais sempre me deram, no trabalho correto e dedicado, me vi forçado a lhe perguntar qual o verdadeiro motivo de sua ausência.

As ponderações de Nekhefre fizeram com que Kalmark se acalmasse, pois elas eram condizentes com a verdade dos fatos e, agora, ele precisava explicar melhor por que pretendia deixar a segurança pela incerteza.

Mas se revelasse o motivo real, poderia piorar a sua situação, já que sabia que Nekhefre não iria apreciar o seu desejo pessoal de casar-se com a própria filha, para quem, certamente, desejaria uma união mais nobre do que a de vê-la consorciada com o filho dos seus servos.

Resolveu usar uma estratégia que não o forçava a mentir nem o obrigava a revelar toda a verdade.

– Para aclarar as preocupações de seu coração, nobre senhor, posso afirmar que o que me move a tal aventura não é qualquer desejo menos digno de ausentar-me por algum ato incompatível com a honradez de um homem de princípios. Muito ao contrário. O que me faz buscar a incerteza e o desafio, justamente, é o sentimento nobre e puro que nutro por jovem que pretendo desposar e para cujo compromisso preciso arranjar meio e melhorar a minha situação a fim de poder honrá-la, bem como à sua família, com uma proposta que não venha a ser considerada como um golpe ou como um sentimento movido pelo oportunismo .

Tocado por aquela revelação, Nekhefre desarmou-se de todos os sentimentos menos dignos que estava começando a albergar dentro de seus modos de avaliar as coisas, acostumado a ver sempre a maldade por debaixo das intenções dos outros.

– Mas então, quer dizer que é o coração que está fazendo a sua razão perder o rumo... – afirmou galhofeiro o príncipe, querendo fazer mais ameno aquele diálogo. – As coisas do sentimento sempre acabam com a gente, Kalmark. Quando o peito bate diferente, costumamos fazer as coisas mais impróprias por acharmos que são as mais certas.

Você não precisa afastar-se daqui para conseguir melhorar a sua posição e dar algo de melhor à escolhida de seu sentimento.

Agora que estou entendendo o que se passa e, desde que seus pais o aprovem, eu me disponho a fornecer-lhe os recursos de que necessita para dar uma casinha à sua futura família. Farei isso com satisfação e como um presente pessoal para que sua vida de um clã de família possa começar.

– Muito me honra essa oferta, senhor príncipe, mas, infelizmente, não posso aceitá-la, apesar de reconhecê-la generosa e invejável – respondeu o jovem para surpresa de Nekhefre que o via, assim, tão orgulhoso.

– Como não pode aceitar, Kalmark, se estou lhe ofertando algo que nunca ofertei a nenhum dos meus melhores empregados? – perguntou Nekhefre, querendo demonstrar indignação suave.

– Não posso, senhor, não por orgulho mesquinho, mas por não estar, tal oferecimento, à altura da jovem que pretendo e que irei desposar.

Percebendo que se tratava de algo especial, mas sem imaginar do que se tratava realmente, acreditando que o filho pobre dos pobres servos estivesse valorizando demais o afeto que nutria por alguma outra moça de família da mesma estirpe social, Nekhefre procurou tornar-se mais engraçado, como forma de brincar com tal preocupação do rapaz, que interpretava como sendo exagero juvenil que a paixão produz:

– Pois então, na cegueira de sua paixão, pretende você dar à sua amada um palácio para que, nele, a eleita de seu coração seja a rainha de seus sonhos, não é? Bom, nesse caso, você está certo, eu não posso ajudá-lo com nenhum palácio. Pelo menos, espero que a jovem escolhida esteja acostumada a limpar e organizar o ambiente de sua casa, pois, dona de um palácio, terá muito serviço a fazer, não é? ... – dando uma gargalhada de ironia diante dos sentimentos sinceros do jovem, que interpretava como exagero do coração.

Percebendo a ironia de Nekhefre, o sentimento de Kalmark se exasperou ainda mais e o seu orgulho de jovem corajoso mais se deixou ouvir dentro dele.

– A eleita de meu coração, nobre senhor, saberá zelar por aquilo que conseguir oferecer-lhe como fruto do meu esforço, já que não está à espera das riquezas conseguidas dos ancestrais sem qualquer trabalho, ainda que, atualmente, viva à sombra dourada de uma vida tranqüila e sem problemas.

Entendendo a referência direta à sua vida nababesca e sem esforço, Nekhefre engoliu a seco e, para ferir ainda mais o jovem, antes de encerrar aquela conversa que já estava se alongando demais para o seu gosto, afirmou:

– Pois gostaria de conhecer essa rainha que aceita descer do trono por amor de um rapaz que, de riqueza mesmo, só tem a arrogância de desprezar qualquer ajuda que se pretenda dar-lhe. Mais do que isso, acho que não existe, até que você me prove, uma pessoa como essa que está iludindo seu coração com promessas de dar-lhe o afeto a troco de receber tão pouco em retribuição.

Escute meu conselho, Kalmark, você não conhece as mulheres. Você é muito jovem e o seu sentimento pode estar fazendo-o ver o que não é senão ilusão de um amor apaixonado, mas que acaba tão logo as dificuldades aparecem. Você não sabe que, para elas, o dinheiro vem antes do amor? Estou ficando preocupado com estas suas idéias e acho que, antes de qualquer coisa, ou você está ficando meio abobado, ou essa rapariga o está enganando direitinho.

– Posso garantir-lhe, senhor, que conheço muito bem a nobreza dos sentimentos da mulher que amo e que tomarei como esposa, ainda que todas as pedras do Egito pretendam levantar uma muralha entre nós dois. Como já lhe disse o motivo que me leva a agir assim, espero a sua aquiescência no afastamento desta casa para poder continuar a realizar os preparativos para receber a mulher que amo nas melhores condições que meu esforço puder realizar.

– É isso mesmo que deseja, cabeça dura e coração mole? – perguntou o príncipe.

– Sim, é isso, senhor – respondeu lacônico o rapaz.

– Eu o autorizo, Kalmark, e faço deste momento um momento a ser testemunhado pelos deuses que me escutam. Que você encontre o que pretende e que, apesar da tolice que está fazendo, que essa jovem não lhe traga o sofrimento, a desdita, a infelicidade que meu coração está sentindo que ela lhe produzirá – vaticinou Nekhefre, solenemente.

A manifestação de tal natureza, quando se invocavam os testemunhos dos deuses, tinha caráter irretratável e se tornava lei a ponto de se temer pela própria vida, caso o declarante não a obedecesse, depois de ter invocado os sublimes testemunhos. Era essa a crença corrente.

Conseguindo de Nekhefre o que buscava, Kalmark realizou reverência profunda, em atenção à gratidão e à aquiescência do príncipe na concretização de seus passos rumo à sua felicidade.

Vendo-se homenageado de forma tão espontânea e sentindo-se elevado na consideração do jovem a quem libertara de qualquer compromisso com sua casa, Nekhefre procurou falar-lhe pela última vez, antes de que se afastasse o rapaz:

– Kalmark, meu jovem, poderei eu, um dia, ter a ventura de conhecer a eleita de seus sentimentos? Poderei ter o "privilégio" de apreciar uma mulher assim tão elevada a ponto de aceitar deixar o conforto para unir-se a um artesão? Poderei eu conhecer a cobra disfarçada de pomba que lhe está iludindo a esperança de jovem apaixonado?

Sem conseguir controlar a própria língua, depois de ter conseguido o que necessitava, Kalmark voltou-se para o príncipe, que mantinha um sorriso sarcástico nos lábios e respondeu:

– Nobre príncipe, sei que seus compromissos e negócios tomam muito do seu tempo e que a importância de suas funções é tal que seus olhos precisam estar em todos os lugares ao mesmo tempo e abarcar, de um relance, todas as contas e relatórios que chegam às suas mãos. No entanto, muito me admira que, em um homem tão bem preparado para as coisas da vida e tão astuto na análise de todas as situações, seja tão grande o desconhecimento daquilo que esteja tão diante dos próprios olhos...

– Como assim, Kalmark, não estou entendendo esta conversa – respondeu Nekhefre.

– Sim, meu senhor, como é possível que um homem que conhece tantas coisas, não conheça a própria filha... – respondeu Kalmark, retirando-se do ambiente, levando em seus lábios o sorriso de ironia que, antes, estava nos lábios de Nekhefre.

18

Mais erros de Nekhefre

Com a saída de Kalmark do ambiente depois de ter dado a Nekhefre aquela resposta direta e misteriosa ao mesmo tempo, o príncipe foi tomado de uma súbita exasperação.

– Como assim? – perguntava-se a si mesmo. – Que negócio é esse de que não conheço minha própria filha? Será que esse moleque está querendo dizer que a eleita de sua alma é uma de minhas filhas? Impossível. Ele não seria tão leviano a ponto de imaginar que iria conseguir subir na vida através do sangue do meu sangue. Hatsena é muito jovem para entender destas coisas. Será que ele se referiu à Marnahan? E ela, se isso é verdade, será que sabe de alguma coisa a respeito disso? Acho que deve saber, já que a segurança do rapaz não me parece sem fundamento. Ah!... preciso esclarecer estas coisas o mais rápido possível...

Pensando assim, Nekhefre saiu à procura de Kimnut a fim de se inteirar dos fatos primeiramente pela mulher que, por estar mais em contato com as próprias filhas poderia estar ciente de coisas que, ele mesmo, pelos afazeres administrativos diários, não teria condições de perceber.

Ao encontrar a mulher em seus aposentos, cuidando dos trabalhos comuns de sua época, o marido foi direto ao assunto.

– Mulher, preciso falar com você sobre um assunto que me está intrigando e que não pode esperar para ser resolvido.

– Sim, meu marido, aqui estou para escutá-lo – respondeu Kimnut, que sabia tratar-se de alguma coisa mais preocupante, já que todas as vezes que Nekhefre se dirigia a ela de maneira formal, chamando-a de mulher, isso indicava que as coisas não eram das melhores.

– Acabei de falar com Kalmark, filho dos nossos servos Kaemy e Meldek, que veio obter de minha parte, licença para nos deixar em direção a Amarna, onde pretende obter trabalho junto ao nosso faraó, nas oficinas dos escultores.

– Conheço o rapaz desde pequeno, pois tem sido companheiro de nossas filhas nas brincadeiras diárias, principalmente de Marnahan, com quem regula na idade – respondeu a mulher.

– É, eu sei disso...

– Espero que não lhe tenha sido difícil autorizar o afastamento do jovem já que, me parece, tratar-se de um desejo justo o de querer seguir na vida por um caminho diferente do de seus pais, ainda que não lhe falte nada na vida que leva aqui, junto a nós... – ponderou Kimnut.

– Não, isso não me foi difícil. Todavia, buscando os verdadeiros motivos que o levavam a abrir mão das facilidades que aqui possuía e, até mesmo, para não permitir que se ausentasse caso tivesse cometido algum crime do qual pretendesse fugir para não ser responsabilizado, procurei ouvir dele qual a razão verdadeira do afastamento. Ao fazê-lo, descobri que se trata de uma paixão por uma jovem a quem pretende desposar e que, para isso, deseja cercar-se de maiores recursos do que aquele que poderia obter com o seu trabalho aqui e, o que é mais intrigante, desprezando inclusive a ajuda que eu pretendi oferecer ao coração enamorado, dizendo-lhe que, se o caso era de amor, eu o ajudaria com um presente que pudesse permitir a aquisição de alguma casinha para viverem juntos, talvez até dentro de nossa propriedade...

– Que gesto admirável, meu querido Nekhefre...– respondeu Kimnut.

– O que é admirável: a oferta que fiz ou a recusa dele? – perguntou o marido começando a dar sinais de irritação.

– Ora, meu amor, os dois gestos são admiráveis: o seu, por demonstrar generosidade e o dele, por demonstrar altivez e desejo de lutar sozinho para construir seu próprio ninho.

– Na verdade, Kimnut, quando ofereci o presente, pretendia mantê-lo próximo a nós, uma vez que se trata de jovem de talento e forte, que poderia substituir os pais que estão envelhecendo nas atividades desta casa. Ocorre que depois de ter-lhe concedido o afastamento sob o testemunho dos nossos deuses, pretendi conhecer a eleita de seus sentimentos, na condição de mulher que iria descer de nível social para desposá-lo, o que representa, senão uma doença mental na mulher, uma terrível ilusão no pensamento do rapaz, pois eu não conheço nenhuma que faria essa loucura – respondeu Nekhefre, acostumado ao tipo de entendimento que se ligava às negociatas para justificar as uniões.

– Sim, Nekhefre, e daí?... – perguntou ela, ansiosa para a história ser revelada por inteiro.

– Ele me olhou e, com ar de mistério, disse que não sabia como é que um homem como eu, que vejo e controlo tudo à minha volta, não conseguia conhecer a própria filha...

Ambos se olharam com olhos curiosos e preocupados. Afinal, os dois eram daqueles que se mantinham sempre fiéis às convenções sociais de seu tempo e prezavam a proteção de seu *status*, não aceitando qualquer ruptura na tessitura social que os envolvesse ou que pusesse em risco a nobreza de sua família, conquistada pelos antepassados ao preço de muito sacrifício.

– Será?... – falaram os dois, ao mesmo tempo, preocupados com Marnahan.

– Eu nunca soube de nada entre eles, Nekhefre. Sei que se dão muito bem, que gostam de conversar muito, mas jamais presenciei qualquer atitude suspeita que pudesse inspirar preocupação, até porque Marnahan sabe de nossas condições e tem conhecimento da impossibilidade de qualquer aproximação afetiva de pessoa inferior à nossa condição social.

– É, mas você sabe como são os miolos desses jovens. De tanto andarem juntos, vai saber o que estão tramando. Acho que precisamos conversar com ela. Afinal, já tem seus dezessete anos e não é mais uma menina – falou o pai, com a aprovação silenciosa de Kimnut.

Determinaram, assim, que Marnahan viesse até os aposentos privados de seus pais para uma conversa mais íntima e, por isso, sabia ela, mais séria.

Dentro do coração apaixonado que trazia em seu peito, a filha sabia que aquela conversa deveria estar ligada aos seus sentimentos por Kalmark, que lhe revelara os seus planos e o propósito de falar deles ao dono da casa.

Não sabia ela, entretanto, que Kalmark acabara dando a entender que a mulher de seu coração era filha do dono da casa, o que seria um fator complicador em todo o processo, mas que, se fosse esse o caso, ela estaria pronta a confirmar seus sentimentos.

Dirigiu-se, assim, aos aposentos de seus pais onde encontrou-os sérios e ansiosos para ouvirem suas explicações.

Assim que chegou, foi colocada sentada em banqueta diante dos dois genitores, de forma a não poder furtar-se de qualquer deles no momento de explicar as afirmativas de Kalmark.

– Minha filha – falou Kimnut, na condição de mãe, introduzindo o assunto – sabemos de seus dotes de virtude e nobreza de caráter e, por isso, apelamos a eles a fim de esclarecermos um assunto sério que seu pai me comunicou, decorrente de uma conversa com o jovem Kalmark, servo desta casa.

– Filho ... de servos desta casa – corrigiu, gentilmente, a menina, como a demonstrar aos pais que a condição do rapaz não era a de servo, mas sim de pessoa livre dos deveres impostos aos seus pais.

– Sim, é verdade, Marnahan, filho dos servos Kaemy e Meldek. – corrigiu a mãe sob o olhar impaciente de Nekhefre.

– Do que se trata, mamãe? – perguntou a filha de modo sincero e delicado.

– Kalmark veio licenciar-se para ir ganhar a vida em outro lugar, alegando fazê-lo por amor a uma jovem que dele merece maiores cuidados por ser pessoa de condição social mais elevada do que a dele e que, por isso, para unirem-se, vê-se na necessidade de melhorar a sua condição pessoal.

– Sim,... isso é algo muito apreciável em um rapaz como ele – respondeu a menina, não pretendendo entregar-se logo de começo, sem saber até onde Kalmark havia revelado as coisas entre eles.

– Concordo com você, Marnahan. Todavia, ao despedir-se de seu pai, respondendo ao desejo deste em conhecer a mulher que iria cometer tal desatino social, o rapaz respondeu que se admirava de que ele, Nekhefre, não conhecesse a própria filha...

"É... – pensou Marnahan – as coisas acabaram por se complicar e eu terei de dizer o que sinto e sei que vou causar um terremoto nesta casa."

Como se mantinha em silêncio, Nekhefre, exasperado, tomou a palavra e dirigiu-se imperativo para a filha:

– E então, minha filha, o que você me diz disso? A quem ele se refere quando diz que eu não conheço minha filha? Será que é Hatsena, tão pequena a ponto de causar em um rapaz, homem feito, um desejo tão ardente? Será que é a você que ele se refere, menina que sempre nos pareceu consciente de sua condição social e que não iria se meter com um sujeitinho sem antecedentes?

Aquilo não era uma pergunta. Era antes um desafio que se erguia aos ouvidos da filha como uma advertência a dizer: Cala em ti qualquer sentimento e não te metas com gente socialmente inferior...

Marnahan sabia qual era a pretensão de seus pais, no entanto, estava diante da escolha pessoal de enganá-los ou de revelar os seus sentimentos sinceramente, perante aqueles a quem amava e compreendia os pudores sociais, ainda que não fosse compreendida por eles.

Tentando medir e escolher bem as palavras, a jovem fitou a ambos e começou:

– Sempre aprendi muitas coisas nobres dos exemplos que vocês me deram e sei que isso é algo de valor incalculável. Todavia, aprendi também que a grandeza de Amon-Rá, o deus maior de nossa crença e que ilumina nossa casa, é generoso com todas as coisas e se entrega por igual, sem escolher privilegiados que ilumine em detrimento de deserdados que mantenha na escuridão. Assim, não posso achar correta a maneira como consideram as pessoas que nos cercam, rotulando-as por sua origem humilde como criaturas inferiores. Em todas as pessoas vejo o que interessa em seu interior, local onde residem todos os valores da alma, a tal ponto que será o coração delas e não o seu bolso que será colocado na balança no reino dos mortos.

Os pais estavam ficando brancos com o rumo da conversa, mas deixaram que a jovem continuasse até aclarar todos os fatos.

– Da convivência podemos extrair as melhores informações sobre o caráter das pessoas e é muito triste que passemos tantos anos junto a servos sem sequer sabermos corretamente os seus nomes. São criaturas cujo interior possui brilho e riqueza que poderiam valer muito mais do que qualquer trabalho caseiro, sempre tão mal remunerado e tão estafante. Ainda mesmo no que se refira aos escravos, assim considerados por pertencerem aos povos derrotados em nossas guerras e conquistados pela força de nosso rei ou de seus ancestrais, ainda assim, vejo-os como seres como nós, vítimas dos preconceitos e dos interesses mais baixos que se possam aceitar dentro de almas que se lhes dizem superiores.

Vejo mais defeitos nos exploradores que escravizam ou que aceitam a escravidão e que, apesar disso, se consideram pertencentes a uma casta superior, do que no pobre coitado que viu ruir o seu mundo e se acostumou às correntes que o prendem por não possuir outro destino senão obedecer como um bicho sem dono e sem direitos.

Por esse motivo, meus pais, não posso concordar com os conceitos de superioridade ou inferioridade demarcados pelo tamanho de nosso cofre, até porque – e falo isso sem pretender ofender a dignidade de nossa família – nossos ancestrais também eram pessoas sem títulos ou nobreza, o que foi conseguido graças à colaboração nas campanhas militares dos príncipes libertadores de Tebas. Se é verdade que não fomos nós os que usurpamos direitos alheios por sermos meros herdeiros de nossos antepassados, igualmente verdade é que os faraós anteriores retiraram os bens de algum egípcio em desgraça e os transferiram para o patrimônio dos nossos ancestrais a fim de que gozassem dos privilégios da nobreza, não como um direito de nascimento, mas como conseqüência dos favores e agrados do rei por lhe terem sido aliados na guerra. Será isso suficiente para considerarmo-nos superiores? Nossa posição brilhante de hoje não está construída sobre o alicerce do anonimato e da plebéia condição social do nosso passado?

Esses conceitos, tão verdadeiros que eram, feriam fundo o orgulho de Nekhefre, que tudo fazia para dar a todos a idéia de que se tratava de família cuja nobreza se perdia na ancestralidade.

Ouvir isso da própria filha era uma quase traição que não poderia ser aceita pelo seu raciocínio egoísta e egocêntrico, próprio dos tiranos e déspotas de todos os tempos.

– Não estamos aqui para ouvir seus conceitos injustos quanto aos nossos antepassados, que deram suas vidas para que hoje você tivesse esse estilo de vida fácil e confortável – disse, ríspido, Nekhefre. – Estamos aqui para falar de algo muito mais prático e direto e não para ouvir suas opiniões sobre as coisas que o mundo fez assim, ainda que você não concorde com elas.

– Sim, meu amado pai, eu sei disso e longe estou de pretender ferir a honra de nossos antepassados. Mas volto a dizer que a mim não seduz este estilo de vida fácil que desrespeita o sofrimento dos outros, nem as nossas festas que são regadas a comida farta enquanto os que nos servem a mesa trazem suas barrigas vazias. Por mais que procure encontrar um sinal de Rá na justiça que os ricos se sentem no direito de invocar para a manutenção de seus privilégios, mais fico sem conseguir ver onde Rá poderia concordar com essa forma de viver através da qual alguns se mantêm felizes sobre a desgraça de todos os outros.

Por isso, e para que não deixe sem resposta a sua pergunta principal, posso afirmar, respeitando os seus sentimentos que compreendo, ainda que não concorde com eles, que o que Kalmark falou eu o repito como sendo minha própria vontade. Sim, nós nos amamos pelo desenvolvimento da amizade que foi se transformando num afeto nobre e sincero e que, apesar da distância que nos separa, não nos impedirá de seguirmos juntos pela eternidade.

A resposta de Marnahan era uma bomba na cabeça de seus pais. Jamais iriam imaginar que a primogênita havia se deixado envolver por um sentimento tão mal direcionado.

Neles, o preconceito cegava o coração e, por isso, sentiam-se no dever de fazer algo para acabar com aquela perigosa brecha na reputação social que ostentavam.

– Imagine se os outros ficam sabendo que nossa filha está apaixonada por um filho de serviçal. Seremos piada além das fronteiras do Egito... – pensavam os dois pais, vendo o perigo de tal situação para o conceito de que desfrutavam na estrutura do reino.

Sem acreditar no que ouvia, Nekhefre avançou para a filha e, tomando-lhe os ombros com suas mãos fortes, aproximou-a de seu tronco e, gritando-lhe no rosto a sua indignação, vociferou:

– Você está doente ou está louca se pensa que nesta casa uma desgraça desta vai acontecer com a minha permissão. Seu sentimento é uma alucinação ou um sonho impossível que eu me incumbirei de corrigir. De hoje em diante, está proibida de encontrar esse rapaz. Não poderá mais sair desta casa sozinha e deverá dirigir-se a mim pessoalmente todas as vezes que tiver de ausentar-se para que eu designe acompanhamento para estar ao seu lado.

Vendo o estado de desespero do marido, Kimnut procurava trazê-lo ao controle de si mesmo a fim de que não machucasse a filha que, sem qualquer reação, apenas chorava em silêncio, diante da reação irracional e dura daquele a quem amava como pai querido.

– Calma, Nekhefre, você vai machucar nossa filha. Solte-a, por favor... – falava Kimnut, tentando libertar a menina de seus braços fortes.

– Isso não é nada perto do que vou fazer se essa doida não me obedecer – disse Nekhefre jogando a filha no chão, sem conseguir controlar seus impulsos doentios. – E tem outra coisa. Graças a esta conversa, estou dispensando Kaemy e Meldek, esses dois servos que não trabalharão mais aqui nem em nenhum lugar desta cidade. Não ficarão nem mais um dia comigo sob o mesmo teto, pois, certamente, estão contando também com o sucesso do filho golpista na sedução da filha do patrão para acabarem subindo na vida. Isto é que não...

Aí está a conseqüência da sua maneira de ver as coisas, sua menina espaventada. Tanto amor pelos inferiores, pelos miseráveis, pelos servos e escravos que, a partir de hoje, por sua causa, você acabou de produzir mais dois infelizes que vão perder tudo o que tiveram até agora, pois aqui não ficam mais.

A crueldade de Nekhefre, para não dizer sua loucura, era muito grande naquele momento. Pretendia ferir a filha e reconduzi-la a um juízo que, pensava, tivesse ela perdido. E iria destruir duas vidas inocentes para afastar de seu paraíso material a ameaça de nele abrigar uma alma que julgava não merecê-lo.

Ao mesmo tempo, não tinha idéia da carga de sofrimento que impunha sobre a filha ao fazê-la sentir-se responsável pela desdita daqueles dois seres que nada haviam feito de mal, senão terem educado com correção e valores nobres o filho que Deus lhes havia concedido.

Atirada ao solo, Marnahan soluçava agarrada às pernas de seu pai, como a pedir que não fizesse aquela injustiça com duas pessoas inocentes. Dentro de seu coração, do mesmo modo, suplicava para que o pai não se comportasse como aquele monstro insensível que ela dissera, momentos antes, achar mais desgraçado do que os próprios escravos.

Mas Nekhefre, como a maioria dos homens, era daqueles que não voltavam atrás nas suas decisões, ainda que elas fossem as mais duras, injustas e erradas. Preferiria amargar todo o sofrimento que o esperava dali para frente, a aprender a ser humilde e compassivo como Marnahan já sabia ser.

Sem qualquer discordância do marido, ainda que ralada de angústia pelo sofrimento de sua filha, Kimnut não interferiu nas decisões daquele momento, já que achava necessário tomarem atitude firme para coibir os desdobramentos daquele fato como também, por conhecer o temperamento do marido, sabia que naquela hora não seria bom negócio fazer outra coisa mais do que concordar com ele.

A estas alturas, Kalmark já havia partido da casa, carregando seus poucos pertences, sem imaginar que, daquela frase sarcástica, dita no final da conversa com o pai de sua amada, decorreriam tantos sofrimentos para aqueles outros seres que amava tanto e que, agora, se veriam desalojados e desempregados, expostos a todos os perigos do abandono.

Levaria ainda muitos séculos para que os homens entendessem a simplicidade dos ensinos de Jesus, ao aconselhar:

"É preciso que os escândalos venham; no entanto, não sejas tu a pedra do escândalo!"

Colossos de Memnon situados na planície onde estão edificados os templos mortuários dos Faraós de diversas dinastias na região de Tebas.

19

As dores que o egoísmo produz para todos

Em um estado de total desequilíbrio, Nekhefre recolheu-se ao interior de sua moradia, deixando a filha Marnahan entregue à dor de se ver responsabilizada pelos atos injustos e desumanos de seu pai.

Realmente, as determinações do chefe da casa foram cumpridas à risca. Através de seu administrador, o casal de servidores fiéis, pelo simples fato de serem pais de Kalmark, foram notificados de que estavam dispensados dos serviços da casa e de que, no menor prazo possível deveriam deixar as dependências modestas que ocupavam e buscar outra família que os albergasse.

Sem compreenderem qual o motivo de tal expulsão, não precedida de explicações ou justificativas, os dois se deixaram envolver pelas lágrimas e, abraçados um ao outro, ouviram a porta de suas acomodações se fechar ruidosamente, deixando-os diante da dura realidade.

Sem abrigo, a caminho da velhice que dificultaria qualquer novo emprego, sem recursos materiais para uma imediata solução de seus problemas e, o que era ainda pior, sem o único filho que tinha se dirigido para Amarna, na concretização de seu sonho de tornar-se escultor ou artista na corte do faraó.

Esta era a condição delicada e quase desesperadora dos dois injustiçados seres que, vítimas da incompreensão de um homem preconceituoso e de visão estreita, eram aqueles que se vêem diante das encruzilhadas do próprio destino, na qual todos os caminhos devem tomar rumos diferentes daqueles que foram planejados ou idealizados pelos homens.

Certamente, ao se verem surpreendidos pelas determinações bruscas de que foram objeto, o medo e a incerteza tomaram conta de suas almas. Não tinham a quem recorrer e, ainda que o tivessem, nada poderiam fazer para impedir o estado de abandono.

Presenciando toda a situação triste desse casal, o espírito de Khufu os envolvia em vibrações generosas e calmantes, com as quais buscava manter-lhes a lucidez e o senso de retidão, para que não se vissem tentados a furtar da vivenda que teriam de deixar, quaisquer bens valiosos como forma de garantirem o futuro, muito menos para não perderem a oportunidade de acerto das contas com o passado através da revolta ou do ódio, que são sempre os piores conselheiros que se valem dos momentos do desespero para agir sobre os homens.

Na verdade, Kaemy e Meldek estiveram ligados ao espírito de Khufu desde longa data e, pelos desatinos praticados naquele período, pelas dores que fizeram outros enfrentar, pelas responsabilidades que tiveram no desterro de muitas pessoas que não lhes eram agradáveis, semearam no próprio caminho a necessidade de resgatar tais experiências, no processo de aprendizado pelos caminhos escolhidos para os outros.

Apesar de estarem reparando comportamentos egoístas que haviam tido no passado distante, a bondade de Deus não os abandonara, já que tudo se realizava sob os auspícios de sua justiça, dotando cada ser das condições indispensáveis para superar o sofrimento, enfrentar a dificuldade, levar o testemunho até o fim e atingir a vitória tão necessária à melhoria do espírito.

Por esse motivo, se a Lei do Universo permitia que as responsabilidades de ontem fossem resgatadas pelos efetivamente culpados, ainda que, agora, aparentemente através da injustiça suportada, da mesma forma, a mesma Lei Universal permitia que Espíritos amigos e elevados pudessem velar por eles, auxiliando-os a seguir pelos caminhos da retidão, não escolhendo trilhas tortuosas que só fariam aumentar as próprias dívidas.

Khufu tinha essa função, entre outros Espíritos dedicados ao auxílio dos encarnados que o ajudavam, e estava ali, esperando o desabar da tempestade sobre a cabeça dos dois irmãos de experiências amargas, tutelando-lhes o pensamento e os sentimentos para que não se perdessem ao sabor dos maus conselheiros – medo e revolta – prejudicando todo o trabalho de preparação que havia sido feito, antes do renascimento.

Expulsos que foram do emprego, com a permissão do administrador para deixarem o local até o dia seguinte, sem possibilidade de se encontrarem com o príncipe Nekhefre, sem muito a fazer, já que naqueles tempos não havia se desenvolvido a preocupação com a garantia dos direitos pessoais ou decorrentes das relações de trabalho, ambos viram a noite chegar e, sem outra solução, Kaemy se colocou segurando as mãos de Meldek, fixando-lhe o olhar abatido e considerou:

– Meu marido, companheiro e amigo, sabemos que nada fizemos de errado para suportar esse duro golpe do destino em nossas vidas. Sempre tivemos uma conduta fiel e recolhida que nos garantiu o respeito de nosso senhor, diante de todos estes anos que já se passaram nesta casa. Sinto, no entanto, que tudo o que acontece deve ser de conhecimento das Forças Superiores que dirigem todos os homens. Por isso, Meldek, acho que deveríamos recorrer às nossas orações, rogando aos deuses de nossa crença que nos ajudassem a superar essa hora amarga... – falou com sensatez a mulher, mais ligada ao mundo invisível, sentindo a interferência leve e intensa do Espírito de Khufu, que precisava fazer algo para alterar as disposições instintivas de Meldek.

Ouvindo as ponderações de sua mulher, o homem levantou os olhos e seus olhares se tocaram, no brilho lacrimoso que a desdita, tão talentosamente, sabe pintar nos rostos dos que sofrem.

Como que se visse surpreendido em seus mais íntimos pensamentos, Meldek respondeu:

– Você, Kaemy, sempre como a alma boa em meu caminho para me tirar das sombras de meu pensamento. Eu, aqui, perdido entre a revolta e o desencanto, pensando em como salvar a nossa vida, agora que Kalmark se foi e que demos a ele o pouco dinheiro que tínhamos para que não sofresse tantas privações na nova vida que o espera,... pensando que, talvez, tirando daqui algum bem que pudéssemos vender e fazer algum dinheiro... pensando que estaríamos levando isso como direito pelos serviços que prestamos durante tantos anos sem receber quase nada além da moradia e do alimento, ... pensando em arrumar uma maneira de fazer com que essa injustiça ficasse igualmente marcada no coração frio daqueles que sugaram nossas forças e que, agora, nos apontam a rua como destino incerto,.. pensando, quem sabe, em atear fogo no celeiro e queimar as provisões ali amontoadas e que os ratos comem enquanto nós iremos passar fome na incerteza do amanhã... Eu, aqui pensando isso tudo, na escuridão de minha alma perdida e você, minha querida esposa, ... pensando na oração, na elevação de nossos espíritos...

Obrigado, Kaemy, por ser assim, tão vigilante nas horas da desgraça e de acender sempre a luz da fé em meu coração que, facilmente, se deixa envolver pelas sombras da descrença. Sim, os deuses nunca nos abandonaram, ainda quando eu, pelos meus modos atrasados, sempre me esqueça deles. Acho, apenas, que já é muito tarde para podermos ir ao templo de Amon-Rá. Será que não é melhor irmos amanhã? – perguntou Meldek como criança que se entrega nas mãos experientes da mãe que tem todas as respostas para iluminar-lhe as dúvidas.

Vendo-lhe as boas disposições na aceitação da oração e, percebendo que não teriam muito tempo para esperar até o dia seguinte, Kaemy não deixou passar a oportunidade, ainda mais porque sabia que Rá não estava contido nas paredes de um templo, mas era esfuziante e luminoso habitante do céu diurno, acessível a todas as horas pelo simples olhar, aquecendo a todos os que se colocassem direta ou indiretamente sob a sua tutela.

– Não precisamos esperar até amanhã, meu marido, para nos

ligarmos aos nobres sentimentos que nosso coração nutre e, ainda que Rá não esteja sobre as nossas cabeças, na longa viagem que faz durante a escuridão pelo reino das sombras, lembre-se de que durante o dia está sempre vigilante e próximo de nossas vidas. Acho que poderíamos orar mesmo aqui, agora, para que pudéssemos sentir a sua presença... que acha você?

– Acho que não deve haver nenhum problema se fizermos isso... – respondeu Meldek, que aceitava qualquer sugestão da esposa naquele momento. Faça você, então, as preces para que nosso caminho possa ser clarificado pelos raios luminosos de Rá.

Envolvidos pela energia de Khufu, Kaemy e Meldek se puseram em uma posição de respeito que adotavam todas as vezes em que pretendiam dirigir-se aos seres superiores que lhes representavam as divindades poderosas que dirigiam os destinos humanos. E apesar de Akhenaton já ter implantado a crença em um deus único, as tradições pessoais se recusavam a seguir-lhe os passos impostos à força dos decretos. Por isso, habituados à reverência ao deus Amon-Rá, a ele se dirigiam e, independentemente da denominação do foco para onde suas orações se dirigiam, ali estava o espírito nobre de Khufu, respondendo imediatamente aos anseios dos que aprenderam a pedir.

– Sábia Força Luminosa – iniciou Kaemy a oração daquele momento – enquanto teus raios lutam contra a sombra, nossas almas também se viram envoltas pela noite dos fatos que nos atiraram na escuridão da incerteza. Entretanto, somos simples mortais, apagados em nossa imperfeição e sem recursos luminosos para enxergarmos um caminho que nos leve ao reino de tuas luzes. Assim, eu e meu esposo amado, Meldek, recorremos ao teu poder, ó Divina Verdade, para que com a tua experiência de combater a sombra todas as noites e regressar vitorioso até nós, todos os dias, nos ensine o que devemos fazer para encararmos esse momento de penumbra e conseguirmos sobreviver a ele, reencontrando a luz no amanhã.

Pelo que sabemos, nobre Deus de Luz e Calor, jamais houve um dia em que teu clarão deixou de ressurgir no horizonte, vitorioso sobre todas as adversidades e desafios. Por isso, querido e venerado Amon, escuta nosso lamento e vem nos ajudar a vencermos nossa noite juntos, sem que nos deixemos embeber pelo véu da escuridão que nos aconselha o crime do roubo ou da destruição. Contigo sempre aprendemos o caminho da luz e da verdade. Não nos permitas abandonar esses exemplos, atirando-nos nas sedutoras tentações que a escuridão nos lança, como a querer nos engolir em seu seio. Queremos continuar teus seguidores. Afasta-nos todas as idéias de ódio ou de raiva de nossos corações. Ao ressurgir o novo dia, vitorioso como sempre da jornada pelo reino das sombras, traze até nós a tua luz amiga e aponta-nos um caminho para que, com os nossos passos, possamos trilhar na direção dos novos rumos que estarão abertos para nossas vidas. Não pedimos o mal para os que moram nesta casa. Pedimos para eles a mesma proteção que pedimos para nós. Há algum motivo oculto que nós não sabemos, mas que a Tua Sabedoria conhece e que torna toda esta desgraça o cumprimento da vontade firme e segura de um Amon que nos deseja ajudar. Nós nos submetemos paciente e resignadamente ao calor dos teus raios, que nos abrasam e nos fustigam nesta hora, sem nos esquecermos que é a esse mesmo calor que devemos o nascimento das plantas e das sementes que nos servem de comida e nos mantém a vida. Por isso, aprendemos que tudo o que a Tua Sabedoria permite que aconteça, o faz para que, daí, o melhor possa surgir na vida de todos nós, e sobretudo, na daqueles que sabem confiar em ti, ó Divino Amigo dos que sofrem.

Calara-se Kaemy, emocionada, enquanto ondas de energia poderosas os envolviam e, tanto nela quanto em Meldek propiciavam um efeito calmante que lhes chegava até aos órgãos físicos, que, alterados pelas emoções desagradáveis daqueles momentos, agora voltavam ao estado normal, permitindo que uma maior lucidez fizesse parte daqueles momentos de meditação e de decisão.

Milagres conseguidos tão somente à força de um simples pensamento direcionado à fonte criadora, ao Sublime Dispensador de Forças, Ao Grande Arquiteto do Universo, ao Criador da Vida, a Deus – como costumam chamá-Lo as diversas formas de compreendê-Lo que existem na Terra.

Khufu havia estabelecido com os dois uma ligação energética que lhes infundia uma harmonização com as vibrações generosas do Universo, disponíveis a todas as pessoas que fizerem da oração mais do que um movimento de lábios, um articular de palavras, uma repetição de frases e fórmulas sem sentido íntimo. E isso lhes permitia um benefício imediato, na tranqüilização dos sentimentos, na reordenação dos pensamentos e no reequilíbrio do funcionamento do próprio corpo físico.

Quando os homens entenderem verdadeiramente o poder da oração, saberão que estarão mais sadios no corpo e na alma com alguns minutos de recolhimento verdadeiro todos os dias do que com o amontoado de pílulas e remédios que têm sido o altar e o deus de muitos sobre a Terra e que, se por um lado possuem recursos de tratamento valiosos, não conduzem o homem interior à origem dos males, a se livrar do ódio, do ressentimento, da mágoa, da rebeldia, da inveja, do ciúme, da insensatez, todos estes causas perniciosas de uma infinita gama de enfermidades, para as quais, a química não consegue substituir a fé.

Terminada a oração, ambos se serviram de pequeno recipiente com água que havia nos seus aposentos e que os Espíritos auxiliares de Khufu haviam magnetizado com forças calmantes e revigorantes e, quase que imediatamente, resolveram recolher-se ao repouso, já que teriam um dia muito difícil pela frente, mas que, pela força da oração dirigida à Fonte de todos os auxílios, já não estariam pensando mais na realização de atos nocivos e que lhes pesaria profundamente como débitos remontados. Sairiam carregando consigo o único bem que tinham e que haviam demonstrado possuir ao longo de todos aqueles anos. Sairiam carregando a dignidade de uma honestidade que suportava até a injustiça dos homens, por confiarem cegamente na Justiça de Deus.

Ao despedir-se da esposa, já no leito de repouso, Meldek falou-lhe sensível:

– Querida, durante a sua oração, pensei muito no sacerdote Hatsekenká, sempre tão bom e tão amigo de todos os que sofrem. Quem sabe, amanhã, ao sairmos daqui, não possamos ir procurá-lo e ele não nos ajudará no que puder?... – falou como que esperando a opinião da mulher, que lhe respondeu imediatamente.

– Que ótima lembrança, meu marido. Eu mesma não me havia lembrado dele e, se há alguém com bondade o suficiente para nos esclarecer e aconselhar, esse há de ser Hatsek, com seu coração generoso. Tenho certeza de que isso já é a resposta de Amon à nossa oração, querido. – Deu-lhe um beijo de boa noite e enlaçou-o, agora mais confiante no futuro que os aguardava no dia seguinte.

Hatsek era a lembrança que Khufu tinha para intuir aos dois desditosos irmãos.

Em busca de seu sonho, da construção de seu ninho de Amor, Kalmark olhava o nascer do Sol sobre as águas do Nilo, sem poder imaginar tudo o que estava acontecendo atrás de seus passos.

Nekhefre não dormira naquela noite, vítima de seu ódio e da companhia desagradável de um grupo de entidades negativas que se aproveitavam de seu estado para dele fazerem um homem mais sofrido e amargurado.

Kimnut também não se encontrava em paz com tudo o que havia ocorrido. Amava Nekhefre, concordava com ele, partilhava as suas prevenções e preconceitos. Amava Marnahan por quem não se via desafiada como ocorria com Hatsena. Todavia , não desejava ver a filha unida a qualquer um que não estivesse à altura de sua condição social. Amava um amor desnaturado pelo convencionalismo das pessoas e do mundo. Não um amor puro que tudo suporta, tudo compreende e que sabe respeitar nos outros os caminhos que elegem para a própria felicidade.

Marnahan estava prostrada no leito, entre a vigília e o sono, acometida de um estado febril que não passava nem à custa dos remédios conhecidos. Seu estado era lastimável e, ainda que fosse tomado por seus pais, de início, como um choque passageiro que as emoções fortes produzem, a persistência dele começava a gerar apreensões nos serviçais que lhe cuidavam das horas de repouso.

Não lhe diminuíra a temperatura nem o remédio, nem o banho. E, por isso, foram levar a notícia de tal estado até o chefe da casa que, perdido em seus pensamentos conturbados, mandou que fossem falar com Kimnut para que ela tratasse desse fato que considerava,apenas, ataque de um coração contrariado, próprio das mulheres.

Mas tratava-se de um caso muito diferente.

Diante do trauma emocional, desajustara-se o equilíbrio energético de Marnahan, espírito sensível e de sentimento nobre, sempre mais vulnerável a todo o tipo de choque. Para isso, os remédios não possuíam eficácia, já que em seu íntimo, o que estava doente era a alma da jovem, que se sentia culpada pela desdita de seus dois amigos, agora condenados ao sofrimento e ao desabrigo. Na sua pureza e juventude, Marnahan se entregara ao flagelo de si mesma, acreditando-se culpada pela maldade de seu pai, pela insensatez de sua mãe e pelo amor que nutria por Kalmark. Se era assim, melhor que o foco causador de todas estas desditas se apagasse. Era o pensamento mais íntimo da jovem que desconhecia os efeitos funestos do auto-aniquilamento para a própria alma.

Não tinha forças nem coragem para agir deliberadamente no sentido de tirar a própria vida, mas vitimada pela avalanche cruel que sobre ela fora despejada pelos seres egoístas representados por seus pais, a quem amava sinceramente e de quem não esperaria uma tal reação, Marnahan se deixou levar pelo abatimento como que desistindo de viver, sonhando com o momento de deixar um mundo tão injusto e cruel, que recompensava o sentimento sincero com o banimento e o abandono, com o sadismo e com a infelicidade.

Talvez, do outro lado, no reino dos mortos, encontrasse consolação para sua alma ou pagaria pelos erros cometidos, aliviando, com isso, o sofrimento dos que estavam suportando as dores por sua causa.

Fora levada a acreditar que era a culpada por tudo aquilo. Agora, achava que a punição que merecia era sofrer mais do que todos e, por isso, seu organismo desajustado e frágil, na idade juvenil em que se achava, não possuía recursos eficazes para fazer frente às agressões do pensamento desajustado.

Lutando contra os ataques do emocional em desalinho, o corpo tentava liberar os centros mais importantes, guardiães da vitalidade, do assédio das forças desagregadoras desencadeadas pela ação da alma fragilizada. Com isso, tentava estabelecer alívio através das correntes circulatórias a transferir o desequilíbrio das descargas hormonais e energéticas para a superfície da pele, alterando-lhe a temperatura ao mesmo tempo em que permitia que um suor álgido lhe empapasse as vestes que não se vencia trocar.

Nessa luta para preservar a vida física de todos os ataques do emocional avariado, o corpo tinha conseguido manter algum sucesso, mas não seria capaz de se manter vitorioso por muito tempo, caso alguma outra coisa não fosse feita e que retirasse a jovem daquele estado íntimo. Era preciso agir rápido.

Kimnut pressentira a gravidade do caso, graças à interferência de Khufu sobre a sua sensibilidade de mulher. Afinal, depois de ter atendido Kaemy e Meldek, o Espírito amigo fora informado de que Marnahan estava naquela situação, propiciando, com isso, que desdobrasse todos os esforços para fazer algo em favor da reversão daquele estado, no menor tempo possível.

Para fazer-se entender mais claramente e sem os recursos da oração, já que Kimnut não tinha profundidade espiritual para se valer dessas fontes elevadas, Khufu projetou em seu pensamento a imagem do funeral da própria filha, revestido de todas as dores e angústias que seriam interessantes que a mãe pudesse ver interiormente. E com essa imagem a envolver-lhe o pensamento, ainda que não visse com os olhos da carne, Kimnut passou a imaginar, repentinamente, o corpo frio de sua filha, os olhos apagados, a expressão dolorosa de uma jovem morta sem ter tido o direito de ser feliz e de sentir o que era o amor...

Todas estas imagens mentais que Khufu havia projetado dentro de seu cérebro fizeram com que mãe passasse a pensar nisso como se estivesse imaginando uma cena e sofrendo profundamente com isso.

Era a maneira mais rápida de o Espírito amigo convocar a mãe para fazer alguma coisa, antes que aquilo viesse a acontecer, realmente.

Vendo-se assim, surpreendida pela desgraça que chegava a galope em sua casa, Kimnut passou a agir com maior determinação, mandando chamar o marido imediatamente, falando-lhe do estado gravíssimo da filha e que, se ela morresse, ele seria responsável pela desgraça.

Retirado de seu mutismo pelo choque da notícia em plena alvorada do novo dia, Nekhefre dirigiu-se, rápido, para os aposentos da filha e se surpreendeu com o seu estado de abatimento, de palidez e de total abandono.

Imediatamente suas fibras de pai se deixaram tocar pela preocupação em perder aquela que lhe havia sido a primeira realização do amor paternal. Relembrava os primeiros dias, os choros da criança faminta, os primeiros passos, as primeiras palavras, os bracinhos tenros que se esforçavam por abraçar o pai querido, as algazarras infantis, os brinquedos espalhados pelos quartos, o choro pelas quedas no meio das correrias, tudo aquilo que fazia de sua vida um oásis sem que ele mesmo o valorizasse. Tudo isso ele poderia estar vendo acabar, diante de seus próprios olhos.

Ali estava também o Espírito de Khufu, fazendo com que, do fundo da memória de Nekhefre, brotassem essas lembranças que transformariam a sua insensatez em um impulso de fazer o que era necessário para evitar-se a tragédia.

Abraçado ao espírito do príncipe, que se via envolvido pelos laços de energia enobrecidos de Khufu, imediatamente as entidades trevosas que dirigiam os seus pensamentos até minutos antes se viram afastadas momentaneamente, perdendo a influência direta sobre ele, ainda que se mantivessem próximas para voltar à carga.

Inspirado pelos sentimentos do coração, Nekhefre não sabia o que fazer diante de todos os recursos que já haviam sido adotados para a solução do problema da filha, que se lhe apresentava, agora, como insolúvel.

– Que tenho que fazer, agora? Todos os remédios já foram dados, todas as medidas de tratamento já foram tomadas. Não sei mais o que fazer – pensava Nekhefre, entre o desespero e a falta de lucidez daquele momento de dificuldade.

Vendo-o perdido entre suas dúvidas e incertezas, mas buscando algo fazer a mais para tentar salvar a filha do estado que avançava rapidamente para a agonia e para o delírio da febre avassaladora, o Espírito amigo que o ajudava assoprou-lhe nos ouvidos da alma uma palavra que chegou-lhe ao pensamento como um milagre a resolver-lhe todos os problemas e lhe trazer a segurança que faltava.

– Puxa vida, como é que não me lembrei disso antes?! – afirmava, agora, Nekhefre para si mesmo, entre feliz e preocupado. Como é que deixei esse tempo todo passar sem pensar nisso!

Imediatamente virou-se para o administrador e ordenou:

– Vá ao templo de Amon agora e entregue este anel ao sacerdote Hatsekenká dizendo-lhe que preciso dele aqui o mais rápido possível. Ao ver o anel, saberá que se trata de um caso urgente e grave. Faça o que for, pague o que precisar, mova céus e terra, mas traga-o aqui, imediatamente.

Aquilo não era uma ordem. Era um gesto de desespero, já que o príncipe Nekhefre entregara ao administrador o anel de ouro e pedras que lhe conferia o grau de nobreza, recebido pelos seus ancestrais das mãos do próprio rei.

Jamais havia tirado o anel do dedo até aquele dia.

Jamais estivera tão perto de perder a própria filha.

Jamais todos precisaram tanto de Hatsek como naquele momento.

Era o mal que sempre precisa do bem para melhorar.

20

O tratamento de Marnahan

A manhã daquele dia era mais uma na vida de Hatsek, que já se encontrava nos afazeres do seu cotidiano quando o Sol apontou no horizonte.

Para sua surpresa, no entanto, o dia não seria igual aos outros. Logo cedo, acompanhando o nascer do Sol, chegara ao templo de Amon-Rá o mensageiro de Nekhefre, trazendo ao sacerdote o pedido desesperado do príncipe e, indicador da gravidade daquele momento, fizera chegar às mãos de Hatsek a jóia preciosa que ele sabia ser tão importante ao seu proprietário. Se houvera se desfeito dela e a mandara entregar-lhe, isso representava um sinal de extrema urgência, eis que Hatsek sabia o quanto o príncipe Nekhefre era apegado aos bens que herdara de seus antepassados, principalmente aquele que fora ofertado à sua família pelo próprio faraó que retomara o reino dos invasores, conferindo-lhes os direitos da nobreza do Egito ancestral.

Assim, deixou o emissário por alguns momentos para que se preparasse para o deslocamento, não sem antes ter sido informado pelo mesmo que havia problemas de saúde na casa e que, ao que parecia, a filha mais velha de Nekhefre se encontrava muito mal.

Ao ingressar em seus aposentos, o sacerdote estava compenetrado de seus deveres e pretendia recolher os medicamentos que sua intuição lhe apontassem para que não precisasse voltar até ali em busca dos mesmos.

Tão logo se pôs a mexer em suas coisas, sentiu a presença do Espírito que o tutelava, o mesmo Khufu que havia envolvido a todos naquela casa no momento dos testemunhos por que estavam passando.

– Filho amado, – disse a entidade generosa à sensibilidade mediúnica de Hatsek, – sei que seu coração está apreensivo e que você procura levar tudo o que acredita possa ajudar no tratamento da jovem.

– Sim, nobre amigo, desejo auxiliar o mais rápido e eficazmente possível, dentro da permissão da Força Suprema que nos dirige os destinos – respondeu o sacerdote.

– Pois então, basta que você se prepare para um processo de transferência de forças e que ministre a ela uma infusão da erva medicinal que está contida no terceiro vaso na prateleira ali na parede.

– Como devo me preparar para a doação das forças? Há algo especial a ser feito neste caso específico? – retornou Hatsek.

– Nada de especial além do que você já conhece sobre as forças da Vontade Soberana que nos guia os passos. Por suas mãos, partindo de seu coração, reunidas ao potencial de minhas próprias vibrações, seremos o canal do Soberano Poder na revitalização da jovem abatida pelos desmandos de seus pais. Se não fizermos isso rapidamente, o seu estado corre risco de se tornar irreversível, pelos danos que seu cérebro está sujeito a sofrer com a demora do auxílio externo. Vá confiante, que lá tudo será feito como deve ser. Estarei contigo ao teu lado.

Mais do que depressa, o sacerdote reuniu os poucos pertences de que necessitava e, juntamente com o administrador de confiança de Nekhefre partiram para a casa que, agora, amanhecia envolta na atmosfera do medo e da desgraça.

Marnahan havia piorado muito. Seu estado geral era extremamente delicado, já que perdera a consciência, suava muito e sua temperatura não parava de se elevar.

Kimnut e Nekhefre não trocavam nenhuma palavra, mas ambos viam tudo isso apreensivos, como que a se questionar sobre o motivo daquele comportamento. Apesar do que haviam feito, tudo aquilo fora para proteger a jovem filha das ilusões de um coração apaixonado.

Não conseguiam assumir para si próprios que o que os motivara havia sido o egoísmo de não permitirem que pessoas de nível social inferior lhes partilhassem das regalias e prazeres tão comuns aos de sua estirpe. Da mesma maneira interpretavam as relações sociais pelos padrões dos preconceitos então vigentes, sem levarem em consideração o valor pessoal e verdadeiro da pessoa que se apresentava como o candidato escolhido pelo coração da própria filha. Pensavam que, depois daquela tempestade, tudo voltaria ao normal.

No entanto, o estado da filha os fazia temer pela sua vida e, com isso, um aperto mais fundo na alma tornava o seu mundo quase sem sentido. Diante da possibilidade da morte do ser amado, todas as convenções deixavam de ter o valor que a transitoriedade humana lhes atribuía e, a inexorabilidade da partida para a outra vida como fato real na jornada de todos os homens punha por terra os mais artísticos castelos da vã ilusão e do convencionalismo.

Sem conseguirem mais nenhuma reação do corpo e do espírito de Marnahan, estavam todos tomados pela ansiedade, aguardando a chegada do sacerdote Hatsek, sobre quem depositavam as últimas esperanças.

Quando ouviram os passos pelos corredores da grande casa, Nekhefre não se deixou esperar pela chegada até o quarto. Saiu em disparada até as dependências de onde se originavam os ruídos para constatar se se tratava mesmo da chegada do seu emissário e do sacerdote Hatsekenká.

– Que Amon seja bendito, mil vezes bendito, ó sacerdote de Rá! – saudou-o esbaforido o príncipe. – Que bom vê-lo aqui. Você é minha única esperança de salvação da querida filha que já está delirando.

– Confiemos no Soberano Poder, príncipe Nekhefre, que nos testa os valores da alma diante das dificuldades da vida a que somos chamados a dar testemunho de nossas crenças.

Antes de tudo, quero que mande esvaziar o quarto e nele fiquem apenas você, a mãe e uma serviçal da própria jovem, para providenciar as coisas de que necessitarei.

Do mesmo modo, mande que alguém traga até o quarto, um recipiente contendo água muito quente, pois precisarei preparar uma infusão.

Imediatamente atendido, foi encaminhado por Nekhefre ao interior do quarto, onde encontrou a jovem, desfalecida, às portas do delírio.

– Preciso, agora, – disse Hatsek – que todos vocês se sentem ao redor do leito da enferma, a certa distância para que não sufoquem o ambiente, e procurem pensar nos deuses de sua crença pessoal, talvez na bondade de Rá, que a tudo assiste e a todos aquece, pois se algo pode salvar esta filha amada, este algo se chama Soberano Poder do Universo. Não há remédio humano que a possa impedir de morrer.

Aquelas palavras fizeram o desespero dos pais, mas ao mesmo tempo, diante da desgraça anunciada e da única possibilidade que tinham, todos se compenetraram de que era ali que poderiam fazer a única coisa útil. Iriam todos orar juntos.

Colocando-se próximo à cabeceira da enferma, de maneira a envolver-lhe o corpo a partir da cabeça com as suas mãos impostas sobre ela, Hatsek, totalmente envolvido pelo espírito de Khufu, elevou o pensamento às portas luminosas do infinito, na comunhão com as forças magnéticas do bem, sempre disponíveis e a serviço da necessidade dos homens.

– Ó Amado Gerador de todas as coisas, Sublime Esperança de nossas vidas, diante das nossas fraquezas, disfarçadas pelos poderes mesquinhos e pelos títulos vaidosos, nos revelamos perante a tua nobreza como farrapos humanos, frágeis caniços à beira do rio volumoso da verdade, que não cessa de correr.

Aqui, perante esta quase criança, entregue ao desespero pelo descontrole de suas emoções e pela pureza de sua alma, nos elevamos à tua Majestade Luminosa para suplicarmos o teu remédio para reparar o mal que fizemos para com ela. Seguimos sendo os miseráveis que destroem para, logo a seguir, rogarmos em desespero ao teu Supremo Poder que refaça as coisas que quebramos, a harmonia que rompemos, a paz que destruímos.

Aqui comparecemos como os insensatos que se pensavam sábios, os pobres que se achavam ricos, os verdadeiros enfermos para os quais somente em teus celeiros existe remédio eficaz.

Que destes celeiros divinos, possas enviar sobre este corpo e esta alma aflita a energia refazedora que impeça murche a flor que ainda sequer desabrochou.

Não considere, entretanto, nisto que pedimos, a nossa miséria e a nossa culpa pessoal na desgraça que agora visita este lar. Se te pedimos isso, não é por nós, nem pelos pais que trilham os caminhos do engano de boa fé. Se te rogamos estas bênçãos tão essenciais agora, é tão somente por esta jovem, espírito belo e luminoso que, diante das desditas da vida se vê desejoso de partir para o reino da imortalidade de onde viera, como se voltasse para casa depois das desgraças de uma viagem infeliz.

Todavia, Grande Rei de todos nós, ainda precisaremos muito das luzes desta criança. Não nos prives das belezas que ela nos poderá proporcionar um dia.

Educa-nos para que saibamos ver o Bem em todas as coisas, sem nos iludirmos pelas armadilhas de uma vida mentirosa e superficial, sem agirmos por causa dos outros, mas tão somente em função do Bem que nos compete viver, em teu nome.

Mantendo suas mãos luminosas sobre as do sacerdote, Khufu havia praticamente se tornado um só, tão intensa era a aproximação entre os dois, de tal maneira que Hatsek falava mecanicamente as palavras que Khufu pronunciava. Das mãos de ambos saíam chispas luminosas que eram endereçadas por outros Espíritos auxiliares a todos os departamentos orgânicos, principalmente aos centros de forças localizados no alto da cabeça e no centro do peito, buscando abastecê-los de energias revitalizadoras, que pudessem, aos poucos, ir sendo absorvidas pelos demais sistemas do organismo físico e, com isso, trazendo novamente a paz no contexto orgânico.

Uma massa esbranquiçada e invisível aos olhos humanos, saída dos orifícios da face do sacerdote, era manipulada pelos Espíritos para ser aplicada sobre o corpo físico da jovem em desalinho, como se fosse um tipo de alimento espiritual que lhe outorgaria maior força imediata, compensando as energias perdidas ao longo do desequilíbrio que já durava várias horas.

Ao redor do leito, uma linha de forças foi estabelecida pelos emissários do bem de maneira a proteger aquela célula em tratamento de todas as projeções de pensamentos ansiosos e angustiados que vinham dos que deveriam estar ali para auxiliar nas doações vibratórias.

Espíritos trabalhadores com função de proteção magnética criaram uma barreira de energias em todo o perímetro do quarto da jovem, a impedir o acesso de todos os tipos de entidades inferiores que, naquela casa eram tão comuns pela inferioridade de pensamentos, sempre ligados aos problemas mundanos, do ganho, da riqueza, da manutenção dos privilégios, da superficialidade dos moradores daquela morada faustosa, mas vazia do Deus verdadeiro, o Deus do coração e da simplicidade.

Em função de tais providências, o próprio príncipe Nekhefre e Kimnut passaram a sentir os entrechoques que o novo ambiente propiciava em suas almas, já que, até mesmo as entidades necessitadas que se achavam imantadas às suas personalidades se viram compelidas a deixar o ambiente, por se verem envolvidas por uma força tão poderosa que não eram capazes de agüentar.

As que desejaram se fazer de fortes, pela própria ação do magnetismo do amor, aliado aos eflúvios celestes que recaíam sobre aquele ambiente protegido a favorecer a recuperação de Marnahan, espírito enobrecido nos testemunhos de sacrifício em vidas anteriores, acabavam como que desmaiando, vítimas de choques magnéticos entre o potencial positivo do Bem e a baixa vibração que a ignorância produz nos que se deixam por ela carregar.

Desmaiavam e eram retirados dali, encaminhados para locais onde receberiam tratamentos adequados.

Assim, os próprios pais da vítima eram também tratados, com a libertação de influenciações espirituais nocivas que se haviam instalado em suas mentes pelas brechas do pensamento e do sentimento viciado nas coisas inferiores. Eram os convidados que haviam aceitado permanecer instalados na casa mental dos anfitriões por estarem em perfeita sintonia com eles e por partilharem dos prazeres que as suas sensações tanto buscavam.

Por causa disso, Nekhefre e Kimnut se sentiram estranhos e igualmente apossados de uma sensação de sono muito forte, quase incontrolável, exigindo deles uma conduta de disciplina e de domínio para não caírem ao solo também.

Os seus centros nervosos estavam sendo tratados pela ação magnética do Amor, independentemente de época, de lugar ou de costumes, sempre o médico de todas as fraquezas da alma e do corpo.

A operação de transferência de energias prosseguia, com a ligação de tênues fios luminosos da mente espiritual de Khufu até a mente de Marnahan, passando pelo cérebro de Hatsek. Através desses fios de energia, o espírito tutor falaria ao centro da alma da criatura tutelada, como a despertá-la para as responsabilidades e os compromissos anteriormente assumidos e que precisariam ser retomados, sem detença.

Através dessa rede de ligações magnéticas, a vontade poderosa de Khufu se fez ouvir na acústica da alma da jovem adormecida, valendo-se do momento de inconsciência física da mesma.

– Filha do meu coração, escute as palavras do Criador de Tudo ecoando dentro de você. Longo é o caminho que sua alma já percorreu. Grandes são as forças de seu espírito. A hora é de lutar e enfrentar os desafios que começam. Chegará o momento luminoso de matar as saudades da harmonia e da paz que ficaram no reino do invisível. Isso, no entanto, só acontecerá depois que você voltar vencedora. Agora é a hora da luta. Depois, chegará o momento de usufruir da consciência tranqüila e do dever cumprido.

As frases eram curtas e rápidas, mas dotadas de um poder de vontade tão imenso que representavam alavancas que, passo a passo, iam despertando o espírito de Marnahan que começou a ganhar lucidez e a abrir os olhos no mundo espiritual, passando a ver com certa clareza a cena de que era objeto.

Enquanto seu corpo físico continuava inconsciente, seu Espírito ao lado, ligado ao primeiro pelos laços de energia que mantêm a vida biológica, começava a dar sinais de despertamento, passando da inconsciência mais profunda ao nível da lucidez espiritual, percebendo as presenças amigas do plano da vida maior, o olhar generoso e amigo daquele Espírito conhecido seu de tantas jornadas, rememorando as promessas que fizera no campo preparatório para a reencarnação e, agora, observando o estado em que seu organismo físico se encontrava, com o corpo em desalinho e atirado, por sua deliberação, às portas do desastre.

A visão do corpo e a lembrança das tarefas de sacrifício por amor que houvera assumido lhe fizeram modificar as tendências da alma, naquele momento da decisão de seu Espírito, no sentido de continuar com a jornada e de compreender que não estava atirada ao abandono. Que irmãos luminosos lhe desejavam a vitória e tudo fariam para que ela fosse o instrumento do sucesso do amor de que eles tanto necessitavam para erguer outras almas caídas.

Uma sensação de vergonha misturada com o desejo de corrigir seu comportamento, agora que lhe eram relembradas as tarefas que lhe cabia realizar e o preparo que seu Espírito tivera para seguir adiante, tomaram conta de si.

Não precisava dizer nenhuma palavra, pois o seu pensamento era imediatamente captado pelo espírito de Khufu que a ele se ligava pelas linhas magnéticas.

Percebendo-lhe o momento íntimo favorável, o espírito amigo imediatamente tratou de lhe apontar novos rumos.

– Não deixe que a vergonha lhe transtorne o caminho, Marnahan. Isso não é fraqueza, mas, sim, saudade que todos sentimos da pátria espiritual que nos espera o retorno glorioso. Você não é diferente de nós que, igualmente, sentimos a falta que nos faz a compreensão irrestrita, o sorriso generoso e a harmonia do Criador.

Não se entregue, todavia, a sentimentos de derrota, de fraqueza, de abatimento íntimo, pois você possui todos os recursos para superar tudo isso e seguir adiante. Os homens de hoje não a entenderão porque não conhecem o que você já sabe. Para que possam conhecer, alguém precisa lhes mostrar e pagar o preço do sacrifício a fim de que, depois dele, uma alvorada nova possa pintar com as cores claras o horizonte de todos que passarão a compreender e a viver segundo os novos critérios, uma vida melhor.

Agora, precisamos de você na reedificação do patrimônio precioso que recebeu para desempenhar tão elevadas funções na Terra. Precisamos que nos ajude a reequilibrar o corpo físico que deve retornar ao normal sem encontrar qualquer obstáculo no seu desejo de partir antes do tempo.

Agora, pense que deseja viver, envolver todas as coisas num abraço de felicidade e gratidão. Pense no Amor que deve dedicar ao seu pai, que tanto precisa aprender aquilo que você já conhece, na sua mãe que, do mesmo modo, precisa de seus exemplos e se preocupa tanto com você. Pense em Kalmark, que lhe dedica tanto afeto e que precisa muito de você. Ame esta jovem que serve em seu aposento, ajudando-a a vestir-se, a se banhar, a se preparar para a vida. Agradeça a este leito que lhe recolheu o corpo e que lhe serve todas as noites como sagrado ninho, preservando a integridade de seu ser e dando-lhe conforto para o descanso da matéria.

Ao falar isso, Marnahan passou a fazer o que Khufu lhe pedia, com redobrada disciplina e vontade de auxiliar no conserto daquilo que havia desajustado pelo choque emocional que recebera.

Seu pensamento, em sintonia com o objetivo de reassumir o corpo, passou a reorganizar o campo celular que, ao influxo do regresso do proprietário à razão e ao controle dos centros diretivos da organização biológica, passara a se coordenar de forma mais eficaz, mais diligente, como se os empregados de uma grande empresa voltassem à alegria pelo restabelecimento do dirigente bom e generoso, a quem deviam gratidão e o próprio emprego.

Com isso, o sistema endócrino pôde começar a trabalhar mais harmoniosamente, sem precisar estar sobrecarregado, tentando suprir as descargas deletérias que, antes, desorganizavam a harmonia das células, através da pressão psíquica dos sentimentos avariados e confusos.

Com a melhoria geral do equilíbrio biológico, os rins ganharam alguma trégua nos processos de filtragem acelerado a que eram submetidos, a circulação começou a voltar aos padrões antigos, o coração se acalmou lentamente e a respiração passou a ser menos agitada.

Os neurônios cerebrais, anteriormente submetidos a uma tensão elevada em sistema de quase curto-circuito, na rede intrincada de linhas que procuravam encontrar os processos de proteção mais eficazes contra os desejos auto-destrutivos, encontravam agora um momento de menor agitação, que propiciava ao cosmo cerebral diminuir as medidas de defesa com as quais tentava, o órgão, proteger-se ao máximo das desagregações e dos ataques de que era vítima.

Precisava, Khufu, que Marnahan voltasse à consciência, como sinal mais claro da retomada do autocontrole e da mais rápida melhora do estado geral.

– Agora, pense que você quer rever todas estas pessoas a quem ama e com quem se comprometeu a fazer o bem e reeducar. Pense neles e tenha a vontade de abrir os olhos e vê-los sorrir pela sua melhora. Vamos, Marnahan, tudo agora depende de você. Estamos aqui, ao seu lado. Vamos lá... – exortava o Espírito através das correntes mentais, infundindo-lhe o ânimo necessário a voltar à fortaleza orgânica que lhe cabia dirigir sem temor.

Assumindo como sua essa vontade que Khufu lhe sugeria, mas sentindo o peso das pálpebras que lhe pareciam como chumbo, Marnahan empenhou o maior esforço que sua vontade debilitada pôde reunir e, lentamente, começou a mover-se na cama, gemendo baixinho de dor, como se seu corpo estivesse moído por uma grande moenda e, levando os braços até o rosto, lentamente foi abrindo os olhos como que a despertar de uma profunda dimensão, da qual, agora, não conseguia guardar nítida lembrança, apesar de trazer no coração a certeza de que encontrara criaturas muito amadas que lhe estendiam as mãos e que traziam-na, novamente, à superfície.

Algumas horas já haviam se passado naquele procedimento e, por isso, era tão importante que Marnahan voltasse à consciência.

O gesto de abrir os olhos representou para Nekhefre e Kimnut a apoteose de suas esperanças.

Caíram em pranto convulsivo aos pés da cama da filha e buscavam, igualmente, reverenciar Hatsek que continuava envolvido por Khufu e que se esquivava de todo o tipo de reverência.

– Antes de vergarem suas cabeças a homens falhos como vocês mesmos, queridos filhos, elevemos o pensamento ao Soberano Poder a quem nos compete entregarmos todos os frutos de todos os atos de amor que tenhamos a possibilidade de semear.

A partir desta data, vocês possuem mais uma dívida com essa Força Infinita que não se fez surda aos seus apelos e reconheceu o merecimento desta jovem que aqui está para ensinar-lhes coisas que ainda não são capazes de compreender. Abram os olhos, elevem os seus corações, melhorem as suas vidas, porque dia chegará em que vocês também estarão presos a um leito de dor, aguardando a visita do barqueiro que os levará ao reino sombrio da morte.

A palavra de Khufu, agora mais ligado a Hatsek do que a Marnahan, que ainda mantinha os fios magnéticos presos ao cérebro, fizera com que a própria voz do sacerdote se transformasse ao ponto de assustar os dois genuflexos e agradecidos pais, que puderam perceber não se tratar da personalidade de Hatsek que lhes falava e sim da presença de algum emissário dos deuses que se dirigia a eles com sabedoria, energia e afeto.

Abaixaram a cabeça e, mais reverentes ainda, ali ficaram esperando que tudo voltasse ao normal.

Abrindo os olhos, Marnahan passou a perceber as figuras de seus pais ajoelhados ao pé de seu leito, entre as lágrimas e o silêncio e, envolvida pelas luzes dos espíritos ali presentes, deixou-se sentir uma compaixão muito grande por aquelas duas almas presas ao lodo da terra, sem conseguirem alçar vôos mais altos. Um sentimento de gratidão ao Criador, de ternura pela fragilidade daqueles a quem amava agora com mais amor, despertou nela o carinho que é a característica do perdão sincero que, desculpando todas as ofensas, ama e aceita o sofrimento e o sacrifício.

Marnahan estendeu suas mãos e tocou os cabelos dos dois, que choravam debruçados nos tecidos de seu leito, em soluços abafados:

– Papai, ... mamãe, ...obrigado ...por terem .... cuidado de mim – disse com a sua vozinha cansada e débil.

Com que emoção os dois escutaram aquelas palavras.

Muito tempo havia passado Hatsek em doação de energias, o que o debilitara fisicamente, assim que lograram trazer de volta o espírito de Marnahan ao controle de seu corpo.

Vendo que todas as coisas estavam tranqüilas, em comparação com o estado anterior, Hatsek deu ordem para que fizessem a infusão com as folhas que havia trazido e dessem à jovem para beber, recomendando que, depois, se tivesse fome, comesse algo leve e se mantivesse no leito por mais dois dias, até recuperar-se plenamente.

Dito isso, foi tomado de uma vertigem que só não o levou ao solo por ser disciplinado a ponto de superar as debilidades físicas que prostrariam outros homens fortes.

Imediatamente, entretanto, precisou sentar-se.

Vendo-se assim e sabendo que precisaria descansar, só teve tempo de pedir a Nekhefre:

– Nobre príncipe, solicito à generosidade de sua alma me acolha nesta casa até o dia de amanhã, pois não tenho condições de voltar ao templo. Preciso me deitar... – e reclinou o corpo inerte, esgotado pelo alto teor de forças físicas que havia doado ao refazimento de Marnahan.

De um salto, Nekhefre dirigiu-se em sua direção e, envolvido pela gratidão e pela compaixão por aquele homem humilde e resignado, levantou-o em seus braços e levou-o ao quarto de hóspedes onde lençóis limpos e perfumados lhe esperavam o refazimento.

Às portas do templo de Amon-Rá, durante todo aquele dia, um casal se prostrara à espera do sacerdote Hatsek que havia saído logo pela manhã, sem dizer qual o destino que tomara.

Kaemy e Meldek, com as poucas coisas que puderam carregar, haviam se dirigido ao templo em busca de seu generoso coração e, para sua decepção, ali não o encontraram como queriam.

Resolveram esperar o seu regresso, pois não era comum ausentar-se ele por muito tempo. No entanto, as horas se passaram, o Sol chegou ao meio-dia e eles não tinham para onde ir. A fome apertou, procuraram alguma coisa para comer e uma sombra para se abrigarem do calor intenso.

Nada do sacerdote chegar.

A tarde foi avançando, o Sol se tingira de vermelho no horizonte daquelas terras sempre tão marcadas pelo tom rubro de suas luzes e o casal se mantivera na esperança de encontrar o sacerdote que, para sua desdita, não chegara.

Sem terem para onde ir e com o pouco dinheiro que carregavam, precisavam se abrigar da noite que se avizinhava.

No íntimo de suas almas, ambos sentiam saudade de Kalmark, o jovem filho que, no dia anterior, tinha tomado o barco em direção a Amarna para realizar o seu sonho.

Naquele período, apesar do tráfego de embarcações no Nilo ser intenso, não havia uma rota com barcos regulares para os diversos destinos. Quando o dono da embarcação conseguia o maior número de viajantes ou de carga para aproveitar a viagem, é que dava início ao trajeto.

Por isso, Kaemy e Meldek não poderiam seguir imediatamente para Amarna. Talvez demorasse mais de três dias, até que encontrassem o barco que os levasse embora dali.

Tebas, para eles, era lugar que pretendiam esquecer para sempre.

21

As angústias de Kaemy e Meldek

Kaemy e Meldek procuraram abrigo para enfrentar a noite difícil que teriam pela frente e, a muito custo, encontraram uma pequena hospedaria que os aceitou abrigar em troca de prestarem serviços ao seu proprietário.

Ajeitariam as coisas no seu interior, serviriam os hóspedes, tratariam das acomodações modestas, tudo isto para que pudessem ter onde dormir e o que comer durante o tempo em que esperavam a partida para Amarna, a caminho do encontro do filho amado.

Afinal, esse era o único trabalho que estavam afeiçoados a desempenhar e no qual gastaram muitos anos de suas vidas.

A pequena hospedaria se localizava bem distante da grande casa de Nekhefre, próxima da região dos embarcadouros junto ao rio Nilo e, assim, possuía um fluxo de pessoas bem ativo, comerciantes mais pobres que pretendiam trocar suas mercadorias, pessoas sem recursos que vinham de longe esperar o momento da partida de barcos que os levariam a outros destinos, negociantes à espera de realizarem transações, todos buscavam a região dos embarcadouros e, por isso, as acomodações eram sempre muito procuradas.

Sabendo de suas necessidades, o proprietário, hábil negociante, conseguira mão de obra barata a troco de pouca coisa, sem se preocupar com as condições pessoais dos dois indivíduos, desguarnecidos da sorte e, como tudo demonstrava, abatidos pelas últimas ocorrências.

Todavia, Meldek e Kaemy não desejavam ficar ali por muito tempo já que, dentro de alguns dias, pensavam tomar o rumo já mencionado. Por isso, suportariam todas estas dificuldades com paciência e com fé na proteção dos deuses, única maneira de o ser humano encontrar recursos decisivos para vencer todos os obstáculos.

Ao contato com toda a sorte de pessoas que por ali transitavam, ambos tinham que dividir o trabalho para que pudessem dar conta de todas as responsabilidades que assumiram.

Enquanto Meldek fazia a parte mais árdua do serviço, com a arrumação e limpeza dos ambientes rústicos destinados ao repouso, Kaemy desempenhava o papel de ajudante da cozinha, no preparo das comidas simples que se ofereciam aos viajantes, hóspedes ou não daquele local .

Ainda assim, os dois não se haviam equilibrado emocionalmente depois da injusta despedida de que foram objeto e tudo faziam para sacudir de suas mentes a sensação de pessimismo que os invadia. Desejavam reagir, redefinir as suas vidas, reencontrar os seus destinos, procurar esperança no amanhecer, mas tudo parecia estar conspirando contra seus desejos.

No dia seguinte ao de sua instalação na hospedagem, Meldek afastou-se por alguns instantes em direção ao templo à procura de Hatsek e, para sua decepção, o mesmo ainda não havia regressado.

Voltara à hospedagem de cabeça baixa e sem conseguir melhorar o próprio ânimo debilitado. Kaemy o abraçava, dedicava-lhe palavras de estímulo, mas o marido insistia em permanecer num estado de fragilidade.

Na casa de Nekhefre, a alegria voltara a reinar no coração de seus donos. Marnahan havia-se alimentado e voltara a dormir para o refazimento de suas forças, conforme determinara Hatsek.

Depois do desmaio, o sacerdote foi levado por Nekhefre até o quarto de hóspedes onde adormeceu profundamente, sendo velado por um servo de confiança do príncipe, que pretendia oferecer ao sacerdote tudo o que estivesse à sua disposição, tanto em atendimento quanto em recursos, pois o mesmo lhe salvara a filha.

Nekhefre não conseguia entender que Hatsek não fora mais do que simples fio condutor de energias para que as forças divinas chegassem aos centros de energia da jovem e lhe alterassem o padrão negativo que neles se instalara. Não sabia, o príncipe, avaliar a decisiva participação de Khufu, Espírito amigo de todos, no processo de reerguimento da vontade abalada da jovem, única maneira de se conseguir a recuperação integral nos processos de reequilíbrio emocional.

Por isso, se dedicava em cuidar do sacerdote como se estivesse velando o próprio Rá ou o seu mais elevado representante na Terra.

O desgaste físico de Hatsek ocorreu devido à natureza específica das forças que havia transferido para a jovem, energias estas retiradas de sua estrutura física, transformadas pelo poder de sua vontade e pela ação decisiva do Espírito Khufu que, em circunstâncias específicas e obedecendo às leis do Universo pôde valer-se de tal concessão Superior para infundir um novo rumo ao estado de ânimo da moça, impregnando-lhe os centros de força com uma energia poderosa que a fez relembrar as próprias potencialidades e a capacidade de se reerguer para seguir cumprindo os seus compromissos.

Por isso, o sacerdote, que se desgastara daquela maneira, acabou entregue ao sono mais profundo, monitorado de perto pelos Espíritos guardiães que foram designados por Khufu para o trabalho de enfermagem espiritual daquele que lhe era o filho querido encarnado no meio dos homens, instrumento da vontade do Poder Soberano na consecução dos atos de Amor por meio dos quais se pretendia ensinar aos homens o verdadeiro caminho a ser trilhado.

Mais de um dia o sono demorou a ceder. Quando deu sinais de estar voltando a si mesmo, Hatsek pretendeu levantar-se do leito, mas trazia o corpo em um estado de fraqueza muito intenso, o que o impedia de erguer-se com firmeza.

Todavia, acordado, a partir daí poderia alimentar-se de forma a conseguir reassumir as forças anteriores e retornar aos seus afazeres no templo.

Ao final do segundo dia na casa de Nekhefre e à custa das alimentações naturais que iam refazendo a vitalidade de seu organismo, com a ingestão acentuada de frutas cruas e secas, leite e água em abundância, acompanhadas de pão e mel, Hatsekenká se sentia mais fortalecido para conseguir manter-se de pé.

De tempos em tempos, os Espíritos amigos lhe forneciam cotas de magnetismo através das energias que retiravam do mundo espiritual e que lhe eram transferidas como se estivessem realizando uma transfusão de sangue, como modernamente se conhece nas práticas da medicina atual.

Ao entardecer do segundo dia, pretendia regressar ao templo de Amon-Rá, mas Nekhefre conseguiu convencê-lo a dormir mais um dia ali e, na manhã seguinte seria levado de volta ao seu ambiente religioso, se acordasse em boas condições.

Realmente, essa era a solução mais aconselhada em face de que a recuperação do sacerdote ainda inspirava cuidados e, por outro lado, o próprio Hatsek, antes de voltar para o templo, poderia dar uma última olhada no estado físico de Marnahan, autorizando-lhe também o fim do repouso compulsório.

No entanto, no corpo dos jovens as energias atuam com uma proficiência vertiginosa e, por isso, Marnahan já se encontrava impaciente e desejosa de levantar-se havia algum tempo, não agüentando mais ficar confinada ao ambiente de seu quarto.

Estava consciente de todas as coisas, com exceção da integralidade da conversa que havia tido com Khufu, durante o transe difícil por que havia passado. No entanto, relembrava-se da presença de um ser luminoso e amigo que, com muito carinho lhe havia falado ao coração e feito com que ela reassumisse a postura de desejar voltar à vida, no meio dos seus.

Lembrava-se de Kalmark com muita ternura e, longe de desistir de seu amor, aguardava a seqüência das coisas sem buscar produzir qualquer modificação violenta na maneira de compreender de seus pais.

Afinal, tudo aquilo havia acontecido por força, tão somente, de uma frase pequena lançada ao ar pelo jovem amado com o intuito de atingir o orgulho do príncipe, seu pai.

Uma vez desencadeada a frase pela boca que deveria obedecer ao pensamento de prudência, as conseqüências daí decorrentes foram incontroláveis. Enquanto guardamos os pensamentos na elaboração mais sábia de nossas reflexões, amadurecendo-os com os temperos da calma, da intuição superior, da conveniência fraterna, do objetivo elevado, estamos burilando a pedra preciosa que pode encantar os olhos e ouvidos alheios pela beleza das luzes que reflita.

Todavia, quando nos deixamos dominar pelos impulsos, notadamente nos momentos em que as discussões escravizam os sentimentos, quando nossa língua se transforma em uma arma para ferir os que estão do outro lado da fronteira do nosso eu, passamos a agir como delinqüentes emocionais, mais preocupados em retribuir as ofensas em grau mais baixo do que a agressão recebida e, por isso, abdicamos da capacidade de controlar os nossos destinos e, ao invés de pensarmos com os neurônios cerebrais, passamos a raciocinar pelo fígado, com suas descargas amargas de fel, a saírem pelas nossas bocas dirigidas aos demais.

Nesses momentos, atirando a esmo sem a condição de equilíbrio que o pensamento controlado nos permitiria, acabamos por piorar todas as coisas, tornando mais cheio de buracos o caminho que tínhamos de percorrer, aumentando os antagonismos que já nos causavam problemas, ferindo aqueles de quem iremos precisar, cedo ou tarde, abrindo brechas de desequilíbrio nas nossas vibrações, a nos provocar enfermidades físicas e permitindo que se instalem em nós e à nossa volta, entidades necessitadas que partilharão das nossas emoções raivosas, das descargas de hormônios que os estimulam, mantendo o ambiente à nossa volta impregnado de densidade desagregadora.

Tudo isso por causa da palavra não controlada pelo raciocínio sereno, usada como veículo de agressão, de cinismo, de ironia, de sarcasmo, de divisão ou separação.

Controlar a maneira de expressar-se representará, para o homem evoluído, uma verdadeira vitória sobre si mesmo, fechando assim todas as brechas por meio das quais, ao invés de ser senhor das próprias emoções e de controlar as suas manifestações, tem sido ele escravo delas, usando-as de maneira irrefletida e percebendo, tardiamente, o quanto as suas explosões o fazem vítima de inúmeras desditas.

Marnahan trazia em seu espírito a consciência dessas coisas e, por isso, não iria deixar que as suas pretensões amorosas e as suas escolhas no terreno do afeto viessem a adulterar o equilíbrio da família, sem querer dizer, com isso, que estaria desistindo do sentimento por causa dos preconceitos de seus pais.

Saberia esperar a hora certa para fazer valer sua vontade.

Na hospedagem onde Kaemy e Meldek se encontravam, o processo de resgate dessas duas almas tinha o seu curso incessante.

Em face dos problemas suportados, seja com a separação do filho, seja com a perda do trabalho, seja pela fragilidade emocional, o certo é que, no terceiro dia de atividades fortes, Meldek não se apresentava em condições de manter a mesma dinâmica que exigira dele esforço intenso nos dias anteriores.

Seu corpo apresentava sinais de adoecimento que Kaemy identificara rapidamente pela coloração de sua epiderme. Ela se tingira de um amarelado intenso, com tendências para um verde que maculava inclusive a órbita de seus olhos, produzindo uma coceira forte por todo o corpo.

Meldek estava suportando uma reação orgânica intensa pela força de enfermidade que lhe atingia as vias hepáticas, bombardeadas nos últimos dias por toda a sorte de contrariedades e, por isso, vulnerável a tais situações de agressão pelo pensamento do proprietário do corpo.

Vendo o estado de seu esposo, Kaemy dirigiu-se ao dono da estalagem para informá-lo das condições do marido as quais, uma vez constatadas por ele, causaram-lhe verdadeiro pânico, já que no Egito eram comuns os surtos epidêmicos que ceifavam vidas sem conta.

Vendo-o esverdeado e com medo de perder a freguesia em seu estabelecimento, além de temer estar exposto a alguma enfermidade que poderia tirar-lhe a vida, o proprietário não teve dúvidas em expulsá-los dali o mais rápido possível, antes que os hóspedes se dessem conta de seu estado orgânico e partissem em debandada por toda Tebas, contando do estado de seu empregado, o que, por certo, seria a ruína de seu negócio.

Por medo de perder a freguesia, o proprietário não se importava em perder a pouca humanidade que possuía e que, por certo, lhe aconselharia um outro procedimento para com uma pessoa doente.

– A senhora trate de se retirar daqui imediatamente com o seu marido – falou-lhe ríspido, o dono da estalagem.

– Mas nós não temos para onde ir, meu senhor. Meu marido estava esperando a embarcação para nos levar para Amarna que deverá sair hoje do porto, mas neste estado, não o deixarão viajar – respondeu abatida a esposa do enfermo.

– Isso já não é problema meu. Que vocês se virem por aí, mas que não venham a estragar meu negócio que, por si só, já está difícil de manter. Pensei que os estava ajudando com o abrigo e a dormida que lhes ofereci, mas creio que os deuses estão me castigando por tê-los acolhido aqui.

– Por favor, senhor, nós não podemos ficar ao relento, sem abrigo, ainda mais agora que Meldek não consegue sequer permanecer de pé – suplicava humilde a mulher, que não conseguia refrear as próprias lágrimas.

– Vão bater nas portas de qualquer templo pedindo ajuda, pois é lá que eles se dedicam a auxiliar os pobres. Aqui não é lugar para isso. Aqui eu ganho meu dinheiro e não quero ficar no prejuízo de ver todos os meus hóspedes fugindo de medo. Além disso, também não quero ficar na companhia de um pestoso que poderá me fazer pegar essa peste também. Vá embora já, pois se não sair agora com esse traste eu jogo tudo o que trouxeram pela janela. Fora... Fora... – gritava o homem, descontrolado.

Não lhe restou outra saída senão recolher os poucos pertences que tinham e, apoiando o marido que não conseguia quase manter-se de pé, deixaram a estalagem com mais este espinho cravado no coração.

Mesmo em um estado debilitado como aquele, Meldek falara à esposa para que buscassem o sacerdote Hatsek, único e decisivo apoio que, agora, possuíam.

Assim é que, no meio da manhã, os dois bateram à porta do templo de Amon-Rá pedindo para falar com Hatsek.

– O sacerdote Hatsekenká não se encontra no templo – informou, secamente, um sacerdote incumbido de atender os pedidos dos que batiam à porta pedindo auxílio, não ocultando certa aversão em dirigir-se ao casal que não tinha como ocultar o estado alterado da saúde do enfermo.

– Iluminado sacerdote de Amon – falou-lhe Kaemy – aqui estamos eu e meu esposo buscando pelo sacerdote Hatsek como nossa última esperança, pois estamos abandonados no mundo, sem recursos e, agora, vítimas de uma enfermidade que, como os vossos olhos podem constatar, está tornando meu esposo um farrapo de gente. Por isso, peço humildemente, em nome de Rá, que o vosso coração generoso nos permita estar aqui, ocultos dos olhos do povo, em qualquer cantinho ensombrado deste santuário, aguardando a chegada do único conhecido que temos.

Aquele pedido era feito com o mais sincero tom de humildade, de desespero e de angústia que seria capaz de fazer as pedras chorarem de piedade.

Vendo o silêncio do morador do templo, Kaemy continuou, completando:

– Não ousamos vos pedir sequer qualquer coisa para comer ou qualquer remédio para nossos males. Pedimos apenas que nos deixe abrigados da curiosidade pública que, com toda a certeza verá em meu marido e em mim uma manifestação de alguma peste que nos colocará em risco de vida, pois não será difícil que nos atirem nas águas do rio sagrado, como maneira de se livrarem do perigo de propagação de uma doença que não sabemos do que se trata. Por favor.... – e nessa altura, seus lábios não sabiam mais articular palavra, já que a emoção da dolorosa verdade lhe corroía o controle das emoções e a levava às lágrimas incontidas, como selo final de sua petição desesperada.

Tocado em suas fibras mais profundas, o sacerdote, entretanto, pensava nas dificuldades que teria de enfrentar, caso se tratasse, realmente, de alguma doença contagiosa. Estaria expondo todo o templo e os demais sacerdotes e cooperadores a um risco muito grave.

Não poderia tomar aquela decisão sozinho.

– Para permitir qualquer acolhida de vocês aqui, preciso comunicar-me com o sacerdote responsável pelo templo que dará a palavra final sobre o que me pedem. Antes, porém, vou colocá-los aqui dentro, num ponto mais protegido, longe das vistas dos curiosos para que se sintam abrigados até que tenhamos uma resposta – falou o sacerdote tentando contemporizar as coisas enquanto não obtinha a autorização.

– Obrigado, nobre representante da bondade de Rá. Que Amon o recubra de favores – agradeciam ambos os pedintes, Kaemy e Meldek, ela, cada vez mais preocupada e ele, cada vez mais irritado pelas coceiras e pelo mal-estar que vinha sentindo, com um inchaço da região do fígado que tornava difícil a respiração.

Colocados no local mencionado pelo sacerdote, ali permaneceram entre angústias e preces, enquanto este se dirigia ao interior à procura do sacerdote chefe, a quem exporia os fatos e de quem obteria a autorização para acolhê-los ou não.

Enquanto isso, Hatsek, recuperado e mais fortalecido, depois de ter se despedido de todos os moradores da casa e autorizado a Marnahan que deixasse o leito, tomava a direção do templo de onde houvera sido tirado três dias antes.

Voltava para casa, contudo, sem saber qual o motivo que havia gerado toda a situação que encontrara na casa de Nekhefre. Ainda que soubesse tratar-se de um dissabor muito sério, não tivera tempo de inteirar-se dos detalhes uma vez que a situação de Marnahan não permitia o luxo de conversação, nem a prostração a que foi conduzido pelo procedimento de auxílio lhe deixou espaço para poder conversar sobre os fatos.

Desacordado por quase um dia e meio e, depois, prostrado à espera da recomposição de suas próprias forças, Hatsek havia sido poupado de todos os informes que não o auxiliariam na própria recuperação.

Ainda carregando as marcas do cansaço estampadas no rosto, conquanto já estivesse mais forte, deixou-se envolver pela alegria de rever a jovem restabelecida, considerando, com isso, encerrada a sua tarefa dentro daquele lar.

Em uma outra ocasião conversaria com Nekhefre para saber dos detalhes que haviam produzido aquele estado de dor intensa.

Com isso, voltava ao templo sem qualquer informação mais detalhada dos fatos ocorridos naquele período, muito menos de que Nekhefre houvera expulsado os dois serviçais do interior de sua própria casa, sem qualquer motivo relevante.

Por serem velhos empregados de Nekhefre, Hatsek os conhecia e, usualmente, os atendia no templo quando algum problema de saúde os atingia o corpo ou feria a integridade de Kalmark, o único filho de Meldek e Kaemy.

Com isso, Hatsek afeiçoou-se pelo garoto e, por conseqüência, mantinha uma relação amistosa com os seus pais, ainda que soubesse manter-se à distância quando em presença de Nekhefre, para que o príncipe não se sentisse substituído em sua consideração por dois empregados de sua casa.

Naquele dia, ao chegar ao templo, depois de todas as dificuldades encontradas na casa do príncipe, Hatsek não poderia dar-se ao luxo de voltar à normalidade de suas atividades.

Outra necessidade ainda maior e mais grave esperava por ele. Ao seu lado, Khufu se postava para ser-lhe o anjo guardião dos sofredores que, por suas mãos encontravam algum tipo de alento.

Tão logo deu entrada no templo, foi visto por Kaemy que, em desabalada carreira, saiu de seu esconderijo e, com renovada esperança, corria em sua direção, gritando-lhe o nome.

Para seu espanto, constatou tratar-se daquela que, inexplicavelmente para ele, estava ali quando deveria estar na casa de Nekhefre.

– Ora, Kaemy, que boas notícias a trazem até aqui, afinal, acabei de deixar a sua casa, onde estive estes três dias... – disse-lhe o sacerdote, entre a surpresa e a simpatia.

– Ah! Nobre amigo dos deserdados, antes fosse por motivo de alegria a minha vinda até aqui... – lamentou-se a mulher, já deixando que lágrimas molhassem os seus olhos, abaixando a cabeça para ocultá-las de Hatsek.

– Mas, então, conte-me o que acontece, Kaemy, para que eu veja o que posso fazer... – falou-lhe paternal o amigo dos que não tinham esperança.

– É uma longa história, meu senhor, mas antes de tudo, preciso de sua ajuda para Meldek, que está ali, escondido comigo, para não sermos mortos pelas pessoas. Ele está doente, muito grave, e está piorando a cada hora que passa. Não sei o que fazer mais. Só a sua ciência e a sua sensibilidade para as coisas da alma é que poderão fazer alguma coisa por meu infeliz esposo.

Hatsek seguia mais surpreso, levado pelas mãos de Kaemy até o local onde se prostrara Meldek, agora ainda mais irrequieto, levando as unhas à pele e dela extraindo o sangue que brotava dos arranhões produzidos pela coceira cada vez mais cruel.

Vendo o antigo serviçal de Nekhefre, o sacerdote foi tomado de compaixão pelo seu estado e, sem perda de tempo, decidiu levá-lo para o interior do santuário, no que foi alertado por Kaemy de que estavam ali esperando a volta do sacerdote com a resposta do superior, a fim de permitir-lhe o ingresso ou não.

Para não ferir a disciplina a que estava submetido, esquecendo-se de suas próprias debilidades ainda candentes em seu organismo, Hatsek deixou-os ali, com a promessa de regressar em breve e dirigiu-se para a sala do responsável pelo templo, na qual, com certeza, estaria sendo decidido o destino daqueles dois seres humanos, até agora vitimados pela indiferença de todos os outros irmãos de caminhada.

Enquanto seguia pelos corredores, Hatsek tentava decifrar os enigmas intrincados que haviam produzido toda aquela sorte de ocorrências que, de um momento para outro, infelicitara a vida de todos os que estavam vivendo em harmonia até então, sob o mesmo teto.

Ao seu lado, o espírito de Khufu se preocupava em abastecê-lo de mais energias para que não lhe faltassem os recursos com os quais teria de ajudar a fazer o possível pelas duas almas sob a sua tutela, agora que ele se apresentava como a única porta generosa e fraternal que se abria para aquelas duas almas em situação crítica para o resgate de seus erros do passado.

Enquanto isso, o estado de Meldek seguia piorando sensivelmente.

Kaemy orava baixinho, trazendo-lhe a cabeça entre os braços, orvalhando-lhe os cabelos com suas lágrimas e esperando que, da fonte generosa do Amor, algumas pequeninas gotas pudessem vir em direção de seus corações, aliviando-lhes os temores e oferecendo-lhes o braço amigo nas horas difíceis por que estavam passando.

Hatsek era a única porta através da qual o Divino Amor encontrava passagem para ajudar os que tinham que enfrentar as conseqüências dos atos do passado remoto, agora chegadas ao momento do acerto de contas.

Lembre-se disso, leitor amigo. Você pode ser porta de Deus na vida das pessoas que estão em testemunho. Afinal de contas, no grande universo dos devedores, chegará a hora de você também precisar pagar as suas dívidas. E, nesse momento, você vai sentir como será importante contar com uma mão estendida que o auxilie a conseguir fazê-lo.

Daí o conselho sábio do Divino Mestre:

"Com a medida que julgardes também serás julgado..."

Baixo-relevo representando o faraó Akhenaton à direita, a esposa Nefertite à esquerda, as três filhas do casal, todos sob os raios protetores do deus Aton, o disco Solar representado no alto da figura.

22

Hatsek ampara Meldek

Na sala interior do templo, encontravam-se os dois outros sacerdotes que conversavam sobre o caso de Meldek e Kaemy quando Hatsek se aproximou e, em silêncio, aguardou que a conversação se interrompesse naturalmente.

Todavia, ao perceberem a sua presença, ambos se voltaram para ele como que a convidá-lo a se aproximar, uma vez que o assunto tinha ligação com a sua pessoa.

– Que bom vê-lo, nobre Hatsek – exclamou o jovem companheiro de adoração a Amon, conhecido por Merkare. Estamos diante de um problema de difícil solução envolvendo pessoas que aqui vieram procurá-lo.

– Acabo de chegar ao santuário e aqui me encontro para informá-los de meu regresso, depois de uma ausência involuntária que me foi imposta pela necessidade de pessoas queridas, a quem tive de levar o amparo de Amon – respondeu, genericamente, Hatsek, sem dar a conhecer maiores detalhes, inclusive que estivera conversando com os dois, à entrada do templo.

Enquanto isso, o Grão Sacerdote se encontrava silencioso, igualmente avaliando a postura de Hatsek.

Ao perceber que o seu procedimento não denunciava qualquer conhecimento do caso sobre o qual conversavam, afirmou serenamente:

– Merkare me comunicava a existência de um problema, às portas do templo, que precisa ser resolvido urgentemente, pois pode nos causar sérias dificuldades. Trata-se da presença de um casal cujo varão está contaminado por estranha enfermidade que é denunciada pela alteração da coloração externa de sua pele que, por tão evidente, pode provocar um estado de desespero popular, diante da ameaça de se espalhar por mais pessoas. Ao chegarem, buscaram falar contigo, tendo sido permitido que ficassem acolhidos em recanto do templo, longe das vistas dos transeuntes, até que se localizasse o seu paradeiro. Todavia, enquanto isso, acertadamente, Merkare veio até mim para saber como resolveremos essa questão, pois trata-se, efetivamente, de alguma doença grave, aqui também não poderão permanecer, a fim de não pormos em risco o ambiente do próprio templo.

Enquanto falava, o Grão Sacerdote avaliava friamente a postura de Hatsek para nele observar alguma reação emocional que denunciasse a sua inclinação neste ou naquele sentido de atendimento do caso.

Hatsek, contudo, esforçava-se para não revelar em seus gestos, palavras ou expressões faciais qualquer indicador de seus sentimentos, não permitindo que o sentimento fraterno que nutria pelo casal desditoso viesse a exteriorizar-se e influenciar em seu destino, naquele momento tão crucial.

Isso porque ele sabia que o Grão Sacerdote, com a desculpa de disciplinar todos os demais sob os seus cuidados, procurava sempre avaliar quais seriam os desejos dos seus tutelados, os seus anseios, as suas opiniões e, tão logo os conhecesse, deliberava justamente na direção oposta, no intuito de contrariá-los a fim de lhes impor uma disciplina de absoluta renúncia à própria vontade.

Por isso, se Hatsek se prontificasse a atender o caso, falando sobre ele como se o conhecesse, imediatamente provocaria no Sacerdote responsável a deliberação de não permitir o acolhimento dos dois.

– Não sei do que se trata, nobre e sábio orientador de todos nós, mas acredito que todas as cautelas que aqui estão sendo discutidas são corretas e pertinentes à defesa do santuário – respondeu Hatsek, esforçando-se por não denunciar a urgência daquele problema que ele tinha observado quando de sua chegada.

Creio, no entanto – continuou ele – que na função que Amon nos confere neste santuário, está a de fazermos todo o bem que nos seja possível, buscando uma maneira de conciliarmos todos os interesses e cuidados necessários, com a necessidade dos que nos procuram.

Dentro desse cenário e, considerando que vieram, os dois necessitados, à minha procura, aqui me encontro à espera das vossas deliberações sempre sábias, como sublime alma que Amon nos ofereceu para que nos conduzisse os destinos, pelo território de Sua Divina Vontade.

Terminada a sua manifestação com tal demonstração de acatamento que, na alma vaidosa do Grão Sacerdote soara como música melodiosa, Hatsek esperava que lhe fosse dada a autorização para agir em favor dos que lá estavam, aguardando que as tramas do destino dessem o veredicto sobre os seus caminhos.

– Sábias palavras, nobre Hatsek, dignas de teu coração dedicado e fiel a Amon. Autorizo que te dirijas aos que te esperam e os atenda inicialmente lá onde estão, avaliando o grau de perigo do estado físico do enfermo. Depois, esperarei pelas tuas sugestões, sobre como resolvermos o problema de acolhê-los ou não.

– Solicito de vossa sapiência a autorização para levá-los aos meus aposentos pessoais que, como é de conhecimento geral, estão isolados das dependências do templo e não causarão qualquer contratempo à nossa rotina, já que, para fazer um exame mais detido da situação do enfermo, precisarei estar em um ambiente mais isolado e que me permita realizar determinados procedimentos que exigem materiais que possuo lá comigo, a fim de poder, depois, informar-vos como foi determinado.

Percebendo que as preocupações de Hatsek eram aceitáveis para a gravidade do momento e não demonstravam nenhuma motivação pessoal pelo caso dos dois estranhos, o Grão Sacerdote respondeu:

– Tuas ponderações são corretas e autorizo fazer como pedes. No entanto, não devem ter contato com o doente mais nenhum dos integrantes deste santuário, a fim de não permitirmos que o risco se estenda a outros. Que Amon se incumba de envolver-te, nobre Hatsek, com seu véu protetor, impedindo que a pestilência da doença te atinja... – falou o superior hierárquico, gesticulando misticamente, como que a impor sobre Hatsek algum tipo de bênção que visasse protegê-lo do mal a que ficaria exposto.

Reverentemente, Hatsek deixou o local e, tão logo se afastou, passo a passo, da sala onde se encontravam, empreendeu verdadeira corrida até o local onde os dois se achavam entre a agonia e o desespero.

Mais do que depressa, ajudou Kaemy a erguer Meldek e, com todas as dificuldades próprias do seu estado que piorava a cada hora, encaminhou-os até seus aposentos.

Tratava-se de pequena edificação no interior do templo, isolada do santuário principal onde o sacerdote mantinha seus modestos pertences e todos os instrumentos e utensílios de que necessitava para o exercício de seu mister, no atendimento às dores alheias.

Acomodou Meldek em seu próprio leito e, imediatamente, mandou que trouxessem um jarro de água pura para que fosse dada ao casal que, não bastando a doença e a carência de seu estado pessoal, não haviam recebido nem alimento nem água, até aquele momento.

Tanta era a coceira de Meldek, que Hatsek precisou envolver-lhe as mãos com ataduras de linho para que suas unhas não seguissem rasgando a pele fina, produzindo sangramentos por todo o corpo.

Kaemy, entre a dor e o desalento, outra coisa não fazia do que se entregar à oração, confiante que estava na ajuda que receberiam das mãos do sacerdote amigo que, imediatamente, passou também a buscar a ligação necessária com o mundo invisível que sempre o amparava, principalmente naqueles momentos de desespero e aflição de seus irmãos na Terra.

Em realidade, Meldek estava sendo vítima de um câncer no fígado que, já de algum tempo vinha se instalando lentamente como forma de resgate de débitos passados e que, na condição de empregado de Nekhefre, permitiria a este, igualmente, acolher o enfermo e cuidar dele como compromisso assumido antes do renascimento de ambos.

Isso porque Nekhefre possuía uma dívida de gratidão muito grande para com Meldek por ter sido auxiliado por este último em difícil etapa que enfrentara em vida passada e que, agora, solicitara retribuir o bem recebido, dando a Meldek a acolhida e o amparo no período breve da enfermidade que o acometeria, antes de sua volta ao mundo espiritual.

Todavia, como já vimos, o egoísta Nekhefre, impulsivo e arrogante, havia atirado à rua, sem destino, aquele a quem deveria abrigar em sua própria cama, tal o débito que possuía para com Meldek.

Como Deus, todavia, não desampara os filhos em testemunho, na ausência deliberada daquele que precisava fazer o bem pelo bem que recebera um dia, encaminha para acolher o enfermo o coração que já aprendera a fazer o bem sempre, sem esperar retribuição alguma.

Nekhefre, antes de renascer, havia solicitado a oportunidade de oferecer a Meldek a ajuda em forma de retribuição pela ajuda recebida. Mas, por manter-se invariavelmente distante dos ideais do bem, pensando sempre apenas nos privilégios materiais e nos lucros ou vantagens econômicas, não lhe foi difícil romper o compromisso com a bondade, como se rasgasse um pedaço de papel que assinara sem ler.

Hatsek, entretanto, espírito já desperto para as leis do Universo, empreendera toda a sua vida, até aquele momento, em fazer o bem a todos os que encontrasse pelo caminho, sem que isso fosse feito para retribuir, para ganhar o céu, para agradar a Deus, para obter alguma vantagem.

Fazia o bem pela alegria de espalhar alegria ao seu redor e, por isso, a sabedoria do Universo tinha nele o agente da generosidade que poderia acionar sempre que fosse necessário corrigir os desatinos decorrentes da deserção dos que deixavam de fazer o bem que lhes competia realizar.

No quarto, em oração, Hatsek divisava novamente o Espírito de Khufu que, acercando-se dele, transmitia-lhe as informações necessárias para dar seguimento àquele caso:

– Querido filho, que as orações sejam sempre as nossas companheiras de todas as horas, buscando na fonte da Sabedoria do Universo, as forças, a ajuda e as explicações que as nossas fracas condições evolutivas não nos permitem ainda obter por nós mesmos.

O caso de nosso irmão, apesar de não dever causar preocupação em se alastrar por outros que se exponham ao contato, é daqueles que se encontram vinculados aos acertos do ontem na vida de cada um de nós.

Meldek solicitou esse sofrimento para encerrar a existência de trabalho e serviço limpando sua alma de desequilíbrios vividos outrora, quando se deixou envolver no vício da bebida, por viver uma vida que lhe permitia todo o tipo de facilidades.

Dono de expressivos recursos materiais, Meldek deles se valia sem qualquer responsabilidade, como se jamais tivesse de prestar contas a ninguém, ao mesmo tempo em que os dissipava entre a diversão e os excessos.

É verdade que, considerado por todos homem generoso e mão aberta, espalhou benefícios materiais a muitos que se lhe acercaram por interesse ou por necessidade. Por isso, a sua ligação com Nekhefre que, naquela encarnação em que vivera na Terra sob a personalidade de Khendjer recebera de Meldek a mão estendida em momento de muita dificuldade e sofrimento, como você poderá entender, quando chegar a hora.

Por isso, Hatsek, a enfermidade de Meldek será a conclusão de um longo processo de depuração de seu Espírito, incluindo, aqui, o próprio abandono a que fora levado pela ação fria de nosso irmão Nekhefre que, novamente, volta a se comprometer com o bem que deixou de fazer, como ele mesmo houvera solicitado.

O que se pode fazer por ele é auxiliá-lo a não sofrer tanto, levando-lhe um lenitivo para as difíceis condições físicas e, ao mesmo tempo, permitir-se que boas vibrações o envolvam, na preparação de sua partida, pois salvo deliberação diferente do Soberano Poder que nos dirige, não tardará mais do que dois dias a sua viagem ao reino da verdadeira vida.

Prepare-o com serenidade, do mesmo modo que nossa irmã Kaemy, algo mais amadurecida que o marido para enfrentarem as provas pelas quais passarão, neste ciclo que termina para as almas de Kaemy e Meldek.

Imponha as suas mãos sobre a água do jarro que colocaremos nela os remédios necessários ao alívio dos sintomas mais cruéis decorrentes do avanço acelerado dos tumores internos. Com isso, cederão os imperativos da coceira e Meldek poderá sentir algum alívio que lhe permitirá repousar por algumas horas.

Sempre que acordar, ministre a ele o conteúdo do jarro, pois isso produzirá uma minoração de seus males.

Prepare-se, todavia, com alguns medicamentos mais fortes para o alívio das dores que se tornarão mais intensas e de difícil suportação.

Se necessário, utilize dos remédios mais fortes, dentro da dosagem segura para produzir alívio, eis que, se forem usados em doses erradas, sabe você que o efeito poderá ser o de matar, ao invés de atenuar o sofrimento.

Ofereça alimento a Kaemy e deixe que ela possa repousar também, pois terá um caminho mais longo a percorrer do que o nosso irmão que se prepara para despedir-se da vida entre vocês.

Estarei por perto a fim de auxiliá-lo na solução de qualquer outro problema mais intrincado. Basta orar e pensar em mim para sentir-me ao seu lado. Que o Soberano Poder o envolva e ilumine.

Com essas palavras, Hatsek já sabia o que fazer e, dando seguimento aos cuidados necessários, tomou todas as providências a fim de ajudar aqueles dois irmãos em testemunhos difíceis que a força do destino fazia baterem à sua porta.

Magnetizou a água com a ação conjunta de Khufu. Encaminhou Kaemy para o descanso, depois de tê-la feito alimentar-se para a fortificação de seu organismo que, até aquele momento, não comera nada naquele dia.

Adotando os conselhos do Espírito amigo, Meldek acalmou-se no leito e permitiu que o sono viesse cobrir-lhe a face, num processo de parcial serenidade, diante dos dias anteriores que haviam sido estafantes e agitados.

Assim que tudo se colocou em razoável equilíbrio, Hatsek demandou o templo para o cumprimento de suas obrigações sacerdotais conforme os rituais o exigiam e ao mesmo tempo para levar ao conhecimento do Grão Sacerdote os informes necessários ao esclarecimento do problema sob sua tutela.

Pretendia mantê-los ali pelo tempo necessário ao desenlace de Meldek, já que não teriam para onde ir naquelas precárias condições.

O dia ia se arrastando para o seu final e a noite seria de uma longa vigília para todos.

Enquanto em Tebas a noite começava a chegar, rio abaixo Kalmark seguia em direção a Amarna, sem saber que a tragédia havia se instalado no coração dos seres amados que deixara para trás com a promessa de regressar para levá-los consigo, tão logo conseguisse condições boas de trabalho, junto ao faraó que tanto apreciava as artes em geral.

Akhenaton era a sua esperança como homem prematuramente amadurecido nos seus 17 anos.

Não teria tempo de despedir-se do pai que partiria em breve e, quem sabe se conseguiria encontrar a mãe que ficaria no mundo, agora, sozinha.

Mas em seus devaneios embalados pelo balanço do barco em que seguia, o jovem pensava no futuro, no amor de Marnahan, nos sonhos de sucesso e na saudade que sentia de seus pais.

Também ali, no barco singrando o Nilo, as tintas da noite começavam a tingir o céu e forçavam a embarcação a interromper o seu trajeto, a fim de não se ver surpreendida na escuridão por algum infausto acontecimento, no meio do rio caudaloso.

Ao amanhecer, retomariam o curso em direção a Amarna.

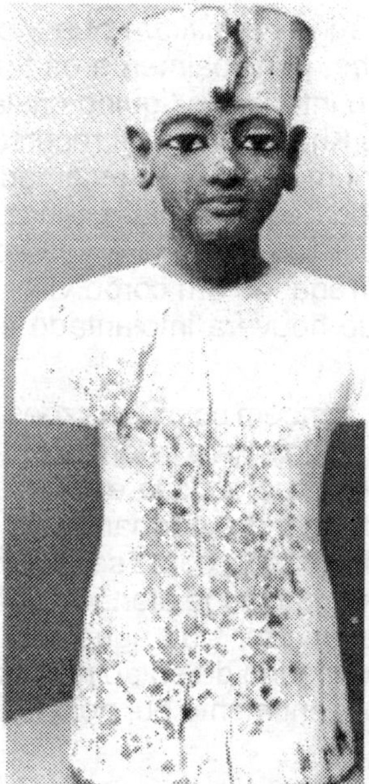

Busto em madeira e gesso representando o Faraó Tutankhamon que reinou, sucedendo seu pai Akhenaton, de 1333 a 1323 a.C.

23

As despedidas de Meldek

A doença de Meldek evoluía rapidamente e, ainda que a noite tenha passado e o clarão da nova aurora viesse renovar o convite à alegria de viver, naquele modesto quarto, o sentimento de alívio não encontrava espaço para manifestar-se.

Kaemy passara a noite velando o sono do marido, enquanto Hatsek deslocara-se para dormir em pequeno banco de madeira do interior do templo, próximo aos seus aposentos, estando pronto para atender a qualquer solicitação emergencial.

Os remédios que lhe foram ministrados permitiram que Meldek tivesse um alívio nas sensações dolorosas, principalmente os fluidos magnéticos que haviam sido colocados no interior do líquido cristalino que havia sido preparado pelo Espírito de Khufu. Com tais recursos, a misericórdia do Criador procurava auxiliar um de seus filhos amados a superar as dificuldades que havia solicitado naquela vida e, ainda que viesse a perder o corpo vencido pela doença, chegaria à verdadeira vida como um vencedor de si mesmo, carregando um corpo vibratório mais leve e liberado das desarmonias que houvera implantado em si próprio no passado.

Já a sua esposa, espírito melhorado, também possuía razões para estar ali, ao lado dele, na dureza do resgate, pois na existência anterior em que Meldek falhara, Kaemy também era sua esposa e, apesar de não ter cometido os mesmos desatinos do marido, permanecera estimulando-lhe os apetites, as dissipações, os abusos, como se isso fosse coisa corriqueira. Como esposa, no entanto, cabia-lhe alertá-lo para os erros e abusos que vinha cometendo. Deveria ter sido aquela mulher que sabe unir carinho e firmeza para que o marido de então não viesse a percorrer as trilhas do erro com o seu consentimento ou, pelo menos, com o seu silêncio.

Com a desculpa de não se meter nas coisas do esposo e por relevar-lhe todos os caprichos que o dinheiro farto permitia realizar, Kaemy deixou-se arrastar pelas fraquezas da posse que tornam todos os disparates normais e aceitáveis, desde que se possa pagar por eles.

"Que mal poderia haver?" – pensava ela para desculpar os excessos do marido. E assim, de desculpa em desculpa foi permitindo que ele se afundasse sem adotar uma conduta mais firme na reconstrução da personalidade frágil do companheiro.

Não que tivesse de romper todas as posturas que lhe impunham seguir na condição de esposa na sociedade daquele tempo. Todavia, tinha recursos no afeto, na forma carinhosa de dirigir-se ao companheiro, na demonstração de sua preocupação para com os atos que vinha adotando, a fim de que ele fosse sendo alertado para o caminho errado que vinha seguindo.

Ao acovardar-se e, ao mesmo tempo, tirar proveito da fartura que recebia da vida que o marido lhe propiciava, Kaemy comprometeu-se com o sofrimento de Meldek e se viu em dívida para com ele a ponto de solicitar nova oportunidade de refazer os passos errados do ontem, reerguendo o companheiro, encaminhando-o pela trilha mais reta, corrigindo suas tendências através de uma vida de sacrifícios e de serviço constante, enquanto ia oferecendo ao marido as lições mais nobres de uma vida humilde e laboriosa, aceita sem revolta.

Agora, chegara ao momento crucial do testemunho, no qual empregaria todas as energias de sua alma, suportaria a angústia de viver os momentos amargos do companheiro querido, ver-se-ia sozinha, sem o marido e sem o filho que partira dias antes, precisando sentir que todas as estruturas da vida material se modificam sem mandar aviso e para permitir que as almas dos homens acordem para novas realidades que o transformarão.

Tudo isso, no entanto, não lhe cabia pensar naquele momento, já que em toda a sua mente só havia espaço para preocupar-se com o esposo em aflição.

O novo dia não trouxera novas esperanças.

O estado de Meldek seguia se agravando, agora com um significativo aumento do abdômen, que se projetava, dando a nítida impressão de que algum corpo denso se instalara no interior da barriga do doente e que não parava de crescer.

Isso dificultava a respiração, fazendo com que Meldek passasse a sofrer de falta de ar, que o agoniava ainda mais, além da coceira que continuava intensa e de sua pigmentação esverdeada.

Hatsek, tão logo se erguera do leito, fora acompanhar de perto o estado daquele ser infortunado que tinha de passar por tais dores e testemunhos que ele próprio havia solicitado para a modificação de suas tendências inferiores, a fim de descortinar o valor que precisava atribuir ao corpo sadio, ao privilégio de poder viver dentro do equilíbrio e longe de todo o tipo de excesso ou abuso que viesse a comprometer a perfeição da máquina física que estava à sua disposição.

A chegada do sacerdote fez com que Kaemy se erguesse para mostrar o volume da barriga do marido, o que estava lhe causando uma sensível piora no estado geral.

Apalpando-o, Hatsek percebeu que aquilo era o acelerador do fim de Meldek e, procurando infundir na alma da mulher mais confiança em Amon e na vontade do Soberano Poder, afirmou:

– A Soberana Vontade nos aponta, querida Kaemy, para o rumo da grande viagem que aguarda a alma de Meldek. Devemos, por isso, preparar nosso querido amigo para que faça essa trajetória com o coração cheio de paz e de confiança, já que precisará colocar o coração na balança na hora do supremo julgamento.

Kaemy, que já sentia essa realidade, não conseguiu esconder as lágrimas que lhe enchiam os olhos e que, furtivamente, começavam a escorrer pelos lados da face.

Todavia, sabia ser firme e confiava nas palavras do sacerdote que, com muita ternura, tratava dela e do marido com os melhores recursos de que dispunha.

Compreendia também que a vida era uma sucessão de etapas que não possuem interrupção e que, do mesmo modo que a alma em semente, guardada no ventre da mãe, vem à luz, que o bebê se transforma em criança, que a criança segue para o jovem, que o jovem muda para o adulto e que este abandona o trono da força para atingir a velhice, o ancião há de seguir a trajetória do aprendizado devolvendo o corpo cansado e seguindo para novos horizontes.

Assim, olhando para o sacerdote e acenando afirmativamente com a cabeça, Kaemy deu-lhe o assentimento de que necessitava para auxiliar, efetivamente, o Espírito de Meldek que se preparava para deixar o corpo carnal.

Cumpria, dessa maneira, deixar o enfermo na melhor posição de conforto possível, atenuando-lhe as dores ao máximo, o que procurou fazer com a administração de alguns remédios por ele preparados e cujo efeito era o de produzir uma maior analgesia, retirando a sensação do sofrimento.

Com o poder magnético, amparado pelo Espírito de Khufu, Hatsek impôs as mãos e infundiu no doente uma maior quantidade de forças que o tornariam um pouco mais calmo e lúcido, para as necessárias reflexões daquela hora. Ao mesmo tempo, a energia vitalizante que lhe era ministrada produziu em Meldek uma sensação de força nova que, em parte, causou-lhe um pouco de alívio na dificuldade de respiração, ainda que ela seguisse impondo a ele a luta para a absorção do oxigênio.

Dirigindo-se ao companheiro em testemunho, Hatsek buscou tirá-lo do estado de sonolência que o vinha envolvendo, dizendo-lhe:

– Vamos, meu irmão, abra os olhos e olhe ao seu redor.

Ao ouvir a voz conhecida, Meldek descerrou as pálpebras e fitou o olhar sereno e brilhante do sacerdote que trazia um sorriso de confiança e força estampando-lhe o rosto.

– Ah!.... sa... cer... dote... pensei que... estava já no.... reino dos mortos... – falou com dificuldade o doente.

– Não ainda, meu querido amigo. Peço que me escute para que sinta o que é necessário sentir antes de dirigir-se ao barqueiro que vai levá-lo para lá – falou sereno Hatsek, sem qualquer laivo de dramaticidade ou amedrontamento.

Você se prepara para a grande viagem da alma a que todos nós estamos condenados a realizar. Feliz de você, Meldek, que chega até aqui com a confiança na Soberana Bondade e o cumprimento dos principais pontos de seu projeto de vida. Agora, meu irmão, seu corpo doente começa o trabalho de liberar sua alma de suas amarras grosseiras e, por isso, gostaria que não se apegasse a mais nada que ficou por aqui.

A querida e amada Kaemy está aqui junto de seu corpo e, ainda que emocionada pela despedida, ora a Amon para que você tenha uma boa viagem.

Não pense no que vai ocorrer com ela, pois aqui entre os que ficaremos esperando a nossa vez, nos daremos as mãos e nós não deixaremos que Kaemy fique em dificuldades, pelo muito que a respeitamos e pela gratidão que temos pelos exemplos de nobreza que nos concedeu, ao longo de tantos anos de serviços.

Seu filho Kalmark, segue em busca de seu destino e, certamente, quando souber de sua viagem, saberá elevar até seu coração, a oração de agradecimento. A ele me incumbirei de atender em tudo o que for necessário e que ele precisar, para que seu Espírito possa sentir-se em paz.

Sobretudo, Meldek, agora que as forças começam a expirar e para que você não perca o barco que o aguarda para a travessia, quero que seu coração abdique de todo o sentimento de rancor e de tristeza contra qualquer pessoa que o tenha ferido ou prejudicado.

Sinta a grandeza deste momento e permita que a bondade de Amon o envolva na esfera do Divino Perdão para que, ao entrar no reino que o aguarda, seu coração esteja o mais leve e o mais desprendido de todas as coisas que ficaram para trás, levando-o a alturas ainda maiores e permitindo que somente os bons sentimentos sejam pesados na balança do Deus dos Mortos.

Perdoe Nekhefre de todos os males ou injustiças que tenha cometido contra você. Nada disso teria acontecido se os homens tivessem mais esclarecimento e confiança na Soberana Justiça, que sabe encaminhar todos os seres para os lugares onde necessitam estar. Todavia, se tudo o que lhe aconteceu ocorreu desse modo, é porque sua alma assim precisava enfrentar para tornar-se melhor. Agradeça, pois, por tudo o que Nekhefre lhe fez, tanto de bom quanto de ruim, pois você, daqui por diante, segue justiçado pela sua conduta compassiva e dócil, enquanto ele, por todo o mal que fez, pelo erro que cometeu, precisará enfrentar muitas dificuldades por aqui.

Em silêncio e com lágrimas nos olhos, Meldek ouvia as afirmações do sacerdote, todas elas cheias de doçura e confiança, qual um pai aconselhando o filho que vai sair pelo mundo.

As lembranças da esposa e do filho haviam produzido nele uma angústia muito forte, que foi atenuada pela promessa do sacerdote de cuidar deles para que pudesse seguir em paz.

Ao ser lembrado de Nekhefre, a princípio um ódio muito forte veio à tona de seu ser, por tudo aquilo que estavam passando, inclusive a própria doença. Entretanto, a ação decisiva de Hatsek, mostrando as coisas por outro prisma, falando-lhe ao coração, fez com que sua alma visse tudo de forma transformada pela transitoriedade do viver.

Sim, o que seria agora dele, Meldek, dependia apenas dele próprio. No entanto, Nekhefre estaria entregue ao sabor das forças da vida física, que constróem as teias com as próprias fraquezas dos homens para depois consumi-los e tirar-lhes a venda das ilusões.

Nekhefre seguiria existindo na situação do devedor que espera o momento do credor chegar exigindo o pagamento e, o que é pior, sem economizar para pagar a dívida.

Ao perceber que Nekhefre também passaria pelo mesmo momento difícil que ele estava passando, onde todos os atos seriam pesados na balança da Soberana Justiça, Meldek transfundiu o rancor inicial em compaixão sincera por aquele que lhe fora o algoz dos últimos dias mas que, da mesma maneira, o havia abrigado, alimentado, oferecido o conforto relativo em sua própria casa... por tantos anos.

Sim, não guardaria mágoa daquele que precisaria enxergar sempre como um amigo que escorregou, mas que não deixou de possuir qualidades e valores.

Ao pensar assim, Meldek sentiu um alívio íntimo muito grande, o que lhe propiciou uma paz de espírito que até aquele momento não tinha conseguido sentir em hora alguma.

– As mãos invisíveis tudo conhecem e tudo fazem para nos ajudar nestas horas, Meldek – falou novamente o sacerdote, depois de um silêncio proposital. Fixe o seu pensamento nas almas queridas de seus pais, que já foram levados antes de você. Pense no carinho deles, nos cuidados que tiveram, nas lutas que travaram para que você vivesse. Tenha gratidão por eles terem lhe oferecido as portas da vida, as chances de ter encontrado Kaemy, de ter sido o pai de Kalmark... Lembre-se de quanto o coração de mãe o envolveu nos problemas da vida e que não irá abandoná-lo nesta hora de testemunho decisivo para sua recuperação.

Pense nela pegando-o no colo, acariciando-lhe os cabelos, guardando-o nas noites barulhentas, quando o vento uivava e assustava seu ser pequenino. Ela está pronta para continuar a afagar os seus receios, convertendo-os em confiança na Soberana Misericórdia, que tudo ampara e tudo auxilia, para que os Seus filhos não se percam.

Pense nas coisas boas que você fez na vida, nos amigos que auxiliou, nas pequenas tarefas que realizou com esmero e cuidado. Nos sacrifícios que o Amor impôs aos seus desejos pessoais... Pense nas alegrias que já viveu e que ninguém lhe poderá retirar, como o salário do trabalhador digno...

Com os olhos bem abertos, como se começasse a divisar coisas que os demais não viam, o semblante de Meldek iluminou-se repentinamente, à lembrança de todas estas coisas.

Não possuía mais agitação ou angústia pelo medo do desconhecido. Começava a sorrir e a chorar ao mesmo tempo.

Isso porque, em seu campo visual, todo um cortejo de amigos invisíveis ali estava para fortalecê-lo e estimulá-lo no momento decisivo de seu desprendimento físico. Era mais um lutador da vida que voltava da arena carnal, entre os sofrimentos e as dores, para encontrar o merecido reconforto nos braços dos Espíritos, amigos de outrora, que nunca nos deixam de amar.

Mais desprendido do corpo físico, apesar de ainda ligado a ele pelos laços energéticos, Meldek passara a comungar das duas realidades, sem perceber onde uma delas terminava e onde outra começava. Via os dois mundos como se ambos fossem apenas um. Estava sendo gradativamente preparado para as realidades da vida espiritual que o aguardava, em breve.

Descortinara a presença de sua mãezinha a sorrir-lhe e dizer-lhe que estava ali, ao seu lado, como antigamente.

Sua emoção crescia interiormente e a esperança de não morrer nunca dava-lhe os melhores argumentos para acreditar que tudo aquilo era verdade aos seus olhos.

Hatsek, já adestrado na visão do mundo espiritual, falava do que estava vendo, revelando-lhe o cortejo amigo que o vinha saudar nos umbrais da passagem entre os dois mundos, no gesto fraterno dos que querem cumprimentar aquele que regressa.

Impulsionado pela palavra amiga do sacerdote, a sintonia de Meldek ganhou os planos invisíveis e, pela força da singela lembrança, tudo passava a se tornar realidade que se apresentava sólida aos seus olhos espantados.

– Mãezinha, mãezinha.... – exclamava, emocionado, o enfermo

que se via envolvido pelas mãos daquela que o havia embalado – quanta saudade de você....

Esticava as mãos no ar, como se desejasse abraçá-la com os braços físicos.

Kaemy chorava de emoção e por constatar que os momentos finais se avizinhavam.

Hatsek mantinha-se em firme postura de doação de forças para que os quadros espirituais pudessem ajudar Meldek a desprender-se do corpo sem apegos que o dificultassem na verdadeira vida, apegos estes que produzem um dos piores tipos de sofrimentos no Espírito daqueles que empreendem a viagem de regresso à Pátria Espiritual.

Tal fenômeno que envolvia o Espírito do doente durara algumas horas e persista mesmo sem a ação direta do magnetismo de Hatsek, já que acima deles, Khufu estava envolvendo todo aquele grupo nas vibrações de harmonia que permitiam que eles se colocassem em sintonia com o mundo espiritual.

Por fim, passadas as horas em que Meldek descrevia os visitantes, os parentes antigos, os amigos da infância, os conhecidos, Khufu propiciou a interrupção de tais visões, reconduzindo o corpo espiritual de Meldek para uni-lo, novamente, ao corpo físico, a fim de dar seguimento ao processo do desenlace, agora beneficiado pela alteração íntima dos sentimentos do doente.

Retomando o corpo, em plenitude de sensações e de dores, Meldek se viu como a ave que, depois de esticar suas asas, é forçada a voltar para o interior de sua gaiola apertada, na qual não pode dar, senão, pulinhos, aprisionada que se encontra nos estreitos limites do mundo que a recolhe, entre as grades que impedem o seu vôo.

Agasalhando o desejo de voltar ao mundo da liberdade, Meldek procurou as mãos de Kaemy para lhe agradecer por todas as coisas boas que viveram juntos.

Encontrando as mãos da esposa querida, o marido ofegante as enlaça com as suas, dizendo:

– Parto, meu amor, para as belezas da vida nova que me espera. O que pude ver, não sei explicar como, me faz pedir a Amon que me liberte o mais depressa possível. Mas antes de ir,.... não posso deixar de lhe dizer como a sua vida foi importante para minha alma. ...

Graças à você eu não caí tanto como poderia ter caído... Eu consegui forças... em seu exemplo... eu cheguei até aqui com mais qualidades do que tinha antes de a conhecer.

Não tenho como lhe deixar bens ou riquezas que poderiam ajudá-la nesta hora de dificuldades...

A única riqueza que posso lhe entregar agora..., meu amor..., é a minha gratidão eterna, minha ... admiração e o meu ... pedido de .... perdão... por todo o trabalho que lhe dei...

Uma onda de lágrimas invadiu seu ser e interrompeu a difícil tarefa de despedir-se de Kaemy que, ajoelhada junto à cabeceira do leito, procurava beijar-lhe os cabelos, num supremo gesto de amor diante das despedidas daquela hora.

– Eu o amo, meu querido, meu esposo valoroso e bom... Estarei sempre pedindo a Amon por sua felicidade e espero que, no dia em que me conduzirem para a mesma trajetória que você está enfrentando agora, possa encontrar os seus braços me esperando também... – foi o que a esposa emocionada conseguiu responder, antes de misturar as suas lágrimas às do marido, unidos, rosto a rosto, no supremo momento das despedidas derradeiras.

Hatsek olhava a comovente cena, envolvido também na emoção do amor que banhava aquele pequeno recinto, onde duas almas solidárias na trajetória da própria elevação, se despediam como companheiras de jornada comum, prometendo se reencontrarem para a continuação dos laços afetivos.

Depois da cena vivida pelos cônjuges, Meldek perdeu a consciência e foi iniciado o desligamento de seu Espírito do corpo que o albergara até aquele dia.

Em operações complexas e bem dirigidas, o Espírito de Khufu e seus auxiliares, passaram a proceder ao desenlace dos liames magnéticos que mantinham os dois corpos de Meldek, – o físico e o perispiritual – unidos para as experiências da vida física que chegava ao fim.

Entre as lágrimas de sua esposa, no amanhecer do outro dia, Meldek Espírito partia para a liberdade, carregado nos braços de sua mãezinha amorosa que o viera buscar, como o precioso fardo que o Amor Verdadeiro jamais abandona.

24

O destino sorri para Kalmark

Com o desencarne de Meldek, Hatsek procurou providenciar todos os preparativos para o funeral, de acordo com os costumes da época, ao mesmo tempo em que buscava dar proteção à Kaemy, que se apresentava desolada e solitária, não desejando outra coisa senão partir para Amarna em busca do filho Kalmark, principalmente depois que soube dos detalhes que motivaram a sua expulsão da residência do príncipe.

Tão resoluta se encontrava que recusou todas as ofertas do sacerdote para que, por seu intermédio, tentasse voltar à casa de Nekhefre, já que poderia interceder junto ao príncipe para que fosse readmitida nos serviços da casa.

Entretanto, mesmo que essa remota possibilidade fosse possível, Kaemy não desejava mais retomar aquilo que estava encerrado para sempre em sua vida.

Foi aceita temporariamente no templo de Amon-Rá nos serviços de arrumação e limpeza gerais, para que pudesse se preparar para o sepultamento do esposo que, na tradição antiga demoraria vários dias para acontecer, ante os preparativos complexos que eram feitos, mesmo para os mortos menos importantes.

Ao mesmo tempo, Hatsek tentara por todos os meios encontrar o jovem Kalmark para solicitar-lhe o retorno imediato a Tebas, o que não logrou conseguir pelas naturais dificuldades de comunicação da época.

Assim, restava aguardar as exéquias de Meldek para dar um destino adequado à Kaemy, na procura pelo filho querido.

Enquanto isso, sem saber de nada, Kalmark ia se aproximando

de seu destino tão sonhado. A embarcação que o levava seguia lentamente o curso do Nilo, descendo um pouco a cada dia o rio sagrado, parando para receber carga e para deixar pessoas e coisas ao longo do trajeto.

Em seu deslocamento, Kalmark seguia pensando nos entes amados e no coração de Marnahan que parecia estar encravado dentro de seu peito. Desejava consorciar-se com ela o quanto antes, ainda que para isso precisasse fazer todos os maiores esforços possíveis para apresentar-se diante do príncipe Nekhefre com a altivez dos que vêm reivindicar os seus próprios direitos de igual para igual.

Mais alguns dias de viagem e a embarcação tocou o porto da capital religiosa de Akhenaton, regurgitando de gente à espera de negócios e de vantagens à sombra do faraó.

Havia conhecido na viagem, um homem que lhe pareceu amistoso e que, apesar de mais idoso, se tornara a única companhia com quem mantinha uma certa relação simpática durante todo o tempo em que durara o deslocamento.

Tratava-se de Roab, pessoa de modo misterioso e quieto, mas que procurava inteirar-se de tudo, como se tivesse a curiosidade de uma criança.

Com seus modos inocentes, Kalmark se viu facilmente atraído pela maneira experiente, segura e interessada de Roab que, logo, já sabia o que o jovem pretendia em Amarna. Soube que se tratava de um talentoso artesão, que pretendia oferecer-se ao serviço do faraó e que, ao mesmo tempo, pretendia ampliar os seus conhecimentos na arte que lhe era natural atributo do ser, a fim de tornar-se um profissional mais preparado, aprendendo com outros mais competentes.

Kalmark, com o tempo, foi revelando a Roab todos os seus intentos, inclusive o de casar-se com a filha do príncipe Nekhefre, o que lhe causou incontida surpresa, diante da tenacidade e do arrojo de um jovem de 17 anos de idade.

Enquanto a viagem transcorria, Roab foi se afeiçoando pelos modos daquele rapaz e, apesar de ser homem frio, que usava de sua aparente figura despreocupada para melhor misturar-se no meio dos outros, passou a desejar ajudar o jovem, inclusive porque a história de Kalmark tinha pontos em comum com a figura de Nekhefre.

Na verdade, Roab era um dos espiões de Mudinar, o chefe da guarda de Akhenaton, e que tinha o dever de tudo averiguar em Tebas para, depois, relatar os fatos ao seu superior em Amarna.

Não se esqueça o leitor do que já foi relatado no início da história, sobre as transformações profundas que a crença de Akhenaton impôs ao Egito e que se apresentava difícil de ser acatada pelos moradores da antiga capital. Por esse motivo, Mudinar espalhou uma rede de informantes por todos os lados, principalmente na antiga sede do governo, onde se encontravam os mais refratários às idéias novas que lhe cabia implantar. Roab fora colocado em Tebas para avaliar todas as reações populares e informar a sede do governo real sobre as condições e sobre as pessoas.

Entre os que estavam sob sua investigação especial, Mudinar havia determinado que se dedicasse aos movimentos do príncipe Nekhefre, pois há muito tempo, o chefe da guarda vinha fechando o cerco sobre as personagens mais relevantes da antiga metrópole, para delas obter o apoio ou para tirá-las do caminho, de uma só vez.

Roab, num golpe de sorte, havia encontrado na viagem uma das fontes mais importantes de informações sobre Nekhefre, sobretudo por ter sabido que Kalmark havia vivido em sua casa, desde o nascimento, conhecendo assim toda a rotina do interior e sabendo dos relacionamentos do príncipe com o sacerdote de Amon-Rá.

Já a essa altura dos fatos, o rei se encontrava disposto a adotar todas as medidas punitivas no combate aos sacerdotes do antigo deus egípcio, como o fizera, pouco tempo depois, mandando fechar todos os seus templos e impedindo-os de seguir cultuando o deus Amon.

– Até que enfim chegamos ao nosso destino, meu jovem e corajoso Kalmark – falou despreocupadamente Roab, enquanto começava a providenciar o descarregamento de sua bagagem.

– Nem me diga, Roab, eu já não agüentava mais esse balanço e essa demora... afinal, rio foi feito para peixe. Nós somos mesmo "bicho feito para areia" não é?! – exclamou o jovem, tentando corresponder à simpatia do amigo.

– E areia é o que não falta para nós agora. Vamos sair logo deste porto lotado de oportunistas para que possamos nos despedir mais além, longe deste amontoado de ladrões que ficam aqui vigiando nossos passos. Tome cuidado, Kalmark, pois pela sua idade já deve haver quem esteja de olho nas suas coisas para arrebatá-las de você. Fique perto de mim como se eu fosse o seu pai, pois deste modo, os mais afoitos ficam um pouco intimidados. Além disso, somos dois a serem enfrentados, o que é melhor do que seguirmos sozinhos, quando ficamos mais indefesos.

Vendo que Roab tinha razão, pois as fisionomias ali presentes não se manifestavam amistosas, Kalmark procurou manter-se grudado em Roab, principalmente porque não tinha nenhuma experiência na nova vida que começava.

Por certo, Roab fora um emissário dos deuses para protegê-lo nesse começo – pensava o jovem consigo mesmo. Com certeza, sem os alertas daquele momento, Kalmark seria imediatamente vitimado por algum dos mais truculentos que se punham nas redondezas do cais à espreita de vítimas das quais subtraíam os pertences.

Juntos, no entanto, puderam seguir adiante, não sem os cuidados da vigilância, até que se afastassem o suficiente para se sentirem mais seguros.

– E agora, meu jovem, o que será de seu caminho? Para onde pretende se dirigir? Onde passará os dias até que encontre o emprego que pretende? – interessava-se Roab pelo destino do jovem à sua frente, perdido nas cogitações para as quais não tinha nenhuma resposta.

– Bem... Roab... eu vou .. procurar alguma estalagem por aí. Acho que deve existir algum lugar onde eu possa ficar por uns dias, até achar um trabalho... – respondeu inseguro o jovem, dando a nítida impressão de que não sabia sequer por onde começar.

– Estou vendo, Kalmark, que você não entende nada desta vida na capital de Aton. As estalagens são poucas e muito caras. Os oportunistas ficam indo e vindo à espera de uma ocasião propícia para dar o golpe em alguém que pareça ingênuo o suficiente para não perceber-lhes as intenções. Com certeza, até o fim do dia você já estará somente com a roupa do corpo, sonhando em voltar para Tebas e se penitenciando por ter sido tão aventureiro.

– Será que é assim, Roab? – perguntou perplexo o jovem.

– Não vou deixá-lo confirmar na própria pele tudo isto – respondeu o homem, procurando dar ao jovem uma confiança amiga. Na verdade, Roab não queria perder Kalmark de vista, uma vez que ele era uma importante fonte de informações e, até mesmo, testemunha ocular do relacionamento entre Nekhefre e o sacerdote de Amon em Tebas. – Se me permitir ajudá-lo, já que sua coragem e seus nobres sentimentos me sensibilizaram a alma, ofereço-lhe a pousada em minha modesta moradia, por alguns dias, enquanto providenciamos um trabalho para você junto a alguns amigos que possuo por aqui e que poderão, quem sabe, nos ajudar a encaminhá-lo. Que tal?

Sensibilizado pela proposta que surgia espontânea, diante da incerteza do futuro e das dificuldades que lhe eram anunciadas e que poderiam pôr tudo a perder, Kalmark mais não pôde fazer do que aceitar a oferenda, de uma maneira tímida e envergonhada.

– Puxa, Roab, não sei nem o que dizer, pois não tenho nem muito dinheiro para pagar pela hospedagem que você me oferece.

– Não estou falando em pagamento, meu rapaz. Estou querendo ajudá-lo para que possa conseguir alguma coisa e, quem sabe, casar-se em breve com quem diz que ama tanto. Além disso, ainda que não lhe custe nenhum dinheiro, você se responsabilizará pela arrumação da casa, na minha ausência, cuidando de colocar as coisas em ordem até que encontremos um lugar para você trabalhar e ganhar o seu dinheiro. Como vê, de alguma maneira você irá pagar a hospedagem. Por isso, não precisa ficar envergonhado em aceitá-la, já que não estará recebendo um favor que possa ferir o seu orgulho pessoal.

Diante dos argumentos astutos de Roab, o jovem se curvou reverente diante dele e beijou-lhe as mãos num gesto espontâneo de gratidão, que muito tocou o interior frio de Roab, já que não estava afeito àquele tipo de demonstração de respeito.

Assim fizeram.

Acomodaram-se na modesta vivenda onde Roab passava os dias quando se encontrava em Amarna, sem qualquer outra pessoa a lhes partilhar a casa, já que era viúvo e sem filhos.

Uma vez instalados, iniciada a rotina de todos os dias, Kalmark passou a administrar os serviços da pequena casa, enquanto Roab saía logo pela manhã em busca da realização de seus negócios pessoais cuja essência, por esperteza e malícia, havia ocultado do jovem, dizendo-lhe que era um simples comerciante de especiarias e que viajava pelo Nilo intermediando negócios para trazer os melhores produtos até a corte de Akhenaton.

Em verdade, tão logo chegasse a Amarna, a função de Roab era procurar por Mudinar a fim de colocá-lo a par de todos os fatos ocorridos em Tebas, falando da insatisfação do povo com a nova ordem religiosa, da manutenção das velhas práticas politeístas, da influência dos sacerdotes de Amon-Rá no culto popular, dos negócios escusos que ainda eram feitos nos santuários, na construção de uma insurreição silenciosa, modelada no interior dos templos e insuflada no coração do povo para que combatesse a nova e exclusiva divindade Aton.

Avistando-se com Mudinar no palácio do faraó, Roab relatou-lhe todos os fatos preocupantes para os governantes do reino egípcio, que lhes impunham o dever de coibir todas estas possíveis reações que já eram esperadas, mas que tinham de ser combatidas.

– Estão as coisas neste pé, verdadeiramente, Roab? – perguntou diretamente Mudinar.

– Sim, meu senhor. Atendendo às vossas ordens pessoais, posso afirmar com o risco de minha própria vida, que os tebanos estão sendo cada vez mais envenenados pelos sacerdotes de Amon-Rá a fim de que combatam o culto de Aton, como um culto intruso e que rompe com a tradição de seus costumes mais sagrados. Certamente, tais argumentos lhes são fornecidos pelos próprios sacerdotes, que não desejam perder a importância que sempre tiveram e que lhes garantia a prosperidade financeira.

A tolerância de nosso soberano tem sido utilizada para solapar-lhe o esforço de fazer nosso povo elevar-se na crença no deus único, como é o desejo de nosso rei.

Realizam-se festas comemorativas a Amon, no interior dos santuários, longe das vistas da maioria dos súditos, mas freqüentadas pelos mais abastados moradores de Tebas, cultivadores da velha tradição religiosa, apesar das determinações do faraó.

Mesmo aqueles que já deixaram de público a sua aceitação a Aton, no desejo de agradar ao faraó e de manter os favores do Estado, na calada da noite, envoltos em mantos singelos para fugir da curiosidade do povo, dirigem-se até os diversos santuários de Amon para prestar-lhe culto secreto, fazendo oferendas, entregando riquezas aos sacerdotes, como se nada houvesse mudado.

Assim, Tebas se parece com a esposa que, de dia se dedica ao marido, mas à noite, se entrega ao amante.

A intenção de Roab era a de impressionar o Espírito de Mudinar, como forma de valorizar o seu próprio trabalho e alertar para os fatos verdadeiros que ocorriam na velha capital.

Mudinar, por sua vez, Espírito astuto e tirano, não concordava com a placidez com que Akhenaton vinha conduzindo as coisas no que se referia aos sacerdotes de Amon. Acreditava que era necessário impor punições severas e cortar, de uma vez por todas, as liberdades daqueles que as usavam para ferir o que lhes garantia a liberdade.

As informações de Roab eram preciosas para o seu intento de influenciar o faraó nas medidas drásticas que pretendia adotar contra os antigos sacerdotes, interesseiros, venais e distanciados dos ideais de Akhenaton.

– Seus informes, caro Roab, são extremamente graves e importantes para mim. Saberei valorizá-los regiamente, pois o que você está fazendo, mais do que informando um funcionário do Estado, é salvando o próprio faraó de uma punhalada traiçoeira que lhe seria desferida por aqueles que têm merecido do nosso rei a tolerância e a consideração.

– Cumpro, apenas, o meu dever junto ao meu rei e junto a vossa autoridade que honrou-me com tal missão, nobre Mudinar – respondeu Roab, enaltecido.

– E quanto aos casos específicos que o incumbi de averiguar? – perguntou Mudinar referindo-se às pessoas em especial, das quais desejava notícias.

– Bem, nobre senhor, o que posso adiantar é que se comportam como a maioria. Longe da presença intimidatória do faraó, sentem-se livres para seguir vivendo à moda antiga. São os que mais se ligam a Amon e que o procuram para todas as coisas.

– Inclusive Nekhefre? – indagou de chofre o chefe da guarda, interessado especialmente no príncipe.

– Principalmente ele, meu senhor. Falando dessa personagem, além de freqüentar os cultos a Amon constantemente, posso dizer que tem uma ligação mais arraigada com um sacerdote de Tebas do que com o próprio Amon. É verdade que se trata de um sacerdote diferente de todos os outros. Não se lhe percebe a participação em nenhum movimento de rebeldia popular contra nosso deus. Está sempre atendendo o povo sofrido e não aceita qualquer tipo de pagamento para os benefícios que espalha. Tem conhecimentos vastos sobre muitas coisas, mas é discreto e não é visto nas cerimônias secretas, como se desejasse dizer que não partilha da insurreição dos demais colegas de santuário.

Em resumo, é um homem nobre e diferente dos demais. Todavia, é um sacerdote de Amon-Rá ao qual Nekhefre se liga diariamente, como se fosse mais submisso a ele do que a Akhenaton.

E mesmo que esse sacerdote, de nome Hatsekenká, não participe das comemorações secretas a Amon, Nekhefre não falta a elas, comparecendo disfarçado para não ser visto.

– Muito interessante tudo isso, Roab – falou Mudinar com um sorriso irônico no rosto, como que a vislumbrar as atitudes que deveria tomar, com um prazer maior do que em qualquer outra já adotada.

– Mas ainda não é tudo, nobre Mudinar.

– Pois fale logo, homem, por Aton... – ordenou o chefe da guarda.

– Durante a viagem – e só pode ter sido por Aton que isso ocorreu – conheci um jovem valoroso e destemido que se atirou, nos seus 17 anos, a uma aventura de vir até Amarna para trabalhar e conquistar posição na corte de nosso rei como artesão, entalhador e joalheiro. E o que é mais interessante é que deixou toda a segurança para trás por um desejo apaixonado, próprio da juventude, por uma jovem que pretende desposar, mas que não poderia fazê-lo por ser de estirpe inferior à dela, ainda que a ela isso não importe.

Mudinar, inquieto, escutava essa narrativa entre a ansiedade e a impaciência, por não ver nada de mais nas informações que vinha obtendo de Roab.

– Sim, meu amigo Roab, como tantas histórias que ouvimos todos os dias por aí, de jovens que querem fortunas para satisfazer sonhos que nunca se concretizam...

– Sim, meu senhor, mas este jovem é diferente... – fez mistério ainda maior o narrador, para intrigar Mudinar e fazê-lo ficar mais curioso.

– Como é isso, Roab, fale de uma vez ou mando-o prender nas minhas prisões – respondeu com um sorriso maroto o Chefe da Guarda, dando maior intimidade à relação que mantinha com o seu espião.

– Pois o que me vai salvar de vossa tão nobre hospitalidade nas masmorras do palácio, senhor, é a informação de que esse rapaz nasceu e cresceu na casa de Nekhefre, conhece todas as rotinas da família, presenciou todos os encontros do príncipe com o sacerdote de Amon que lhe freqüenta a moradia e, acima de tudo, a jovem por quem está apaixonado e que afirma ser correspondido não é ninguém menos do que a própria filha mais velha do dono da casa, Marnahan.

Calou-se Roab para que a sua informação pudesse causar o impacto que pretendia no interior do astuto homem de raciocínio rápido como era Mudinar.

Um brilho feriu a retina do funcionário de Akhenaton, como que a observar os favores da sorte chegando-lhe às mãos.

Ali estava uma testemunha presencial de todas as acusações que Roab fazia a Nekhefre e que poderia levar o príncipe até mesmo à execução se, diante do faraó, tudo isso viesse a ser revelado e confirmado.

Além do mais, Mudinar poderia usar o jovem como instrumento de tortura contra o príncipe, já que sabia o quanto Nekhefre abominava a mistura de classes sociais, notadamente dentro de sua própria família.

– Essa foi a melhor notícia que recebi de você hoje, Roab – disse Mudinar quebrando o silêncio. – E onde está o jovem? Vai me dizer que deixou que ele se misturasse com esse povaréu que anda por Amarna todos os dias...

– Claro que não, meu senhor. O rapaz está hospedado em minha casa à procura de um emprego onde possa colocar seu talento a serviço do faraó. Por isso, solicito os vossos favores para conseguirmos uma colocação junto aos artistas que trabalham em palácio, atendendo às ordens e desejos dos nobres que por aqui transitam, para que possamos tê-lo próximo a nós e, no momento adequado, usarmos essa fonte viva para favorecer os desejos de implantarmos o culto de Aton sobre todos os traidores.

– Nem poderia ser diferente, Roab. Seu pedido será imediatamente atendido e, esteja certo de que seu trabalho será remunerado de forma a compensar todos os transtornos que você teve de enfrentar e propiciar-lhe uma grande alegria pela fidelidade demonstrada à causa de Akhenaton. Diga ainda ao rapaz que, se trabalhar com correção e empenho, será apresentado ao próprio Faraó em pessoa. Com essa promessa, ficará ainda mais ligado aos deveres aqui em Amarna.

– Agradeço, generoso Mudinar. Meu ser pertence à vossa vontade para servir-vos, bem como para servir ao nosso rei – disse Roab, reverente e agradecido.

E assim, naquele dia, ao regressar para casa, Roab trazia consigo a permissão para levar Kalmark até as oficinas reais onde ele iria começar o trabalho de crescimento como artista, mas onde, também, estaria resguardado das vistas de todos como carta na manga nas acusações contra Nekhefre, como supunham os dois homens inescrupulosos, acostumados a dirigir os destinos das pessoas segundo os seus caprichos pessoais, sem perceberem que todos são responsáveis pelos sorrisos e pelas lágrimas que sêmeiam nos caminhos alheios.

Kalmark não acreditava na felicidade que lhe abria as portas de forma tão natural e espontânea a ponto de, em uma breve semana, já estar trabalhando junto a artistas de grande conhecimento e de talento reconhecido, com os quais aprenderia a ser o melhor dentre os melhores, para poder conquistar o respeito dos pais de sua amada e, em breve, retornar a Tebas para obter a autorização para o casamento.

Kalmark ainda não sabia como as coisas haviam mudado na vida de seus pais e na sua própria, depois daquele diálogo com Nekhefre.

Não sabia que os seus pais haviam sido expulsos do trabalho, que haviam enfrentado o sofrimento, que seu pai já não se achava mais no mundo dos vivos da carne e que sua mãe estava à sua procura, desejosa de empreender viagem até Amarna a fim de encontrá-lo, único sobrevivente de sua pequena família.

Descobrir tudo isto, seria um golpe muito doloroso em seu espírito sensível.

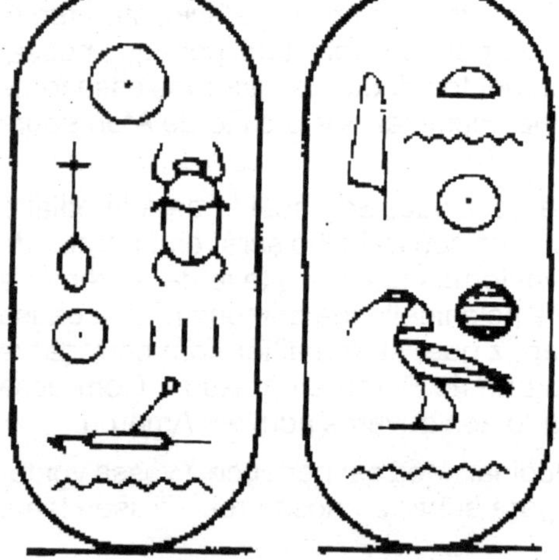

Akhenaton (Amenófis)

Cartuchos contendo o nome do Faraó Akhenaton na escrita hieroglífica.

25

A ação protetora dos Espíritos amigos

Com o correr dos dias, Kalmark se envolveu com o aprendizado e, no desenvolvimento de seu talento impressionava os mais capacitados artistas que trabalhavam na mesma área de atividades, demonstrando sua competência e, ao mesmo tempo, provocando receios e invejas ocultas, fruto dos temores que a mediocridade alberga sempre na alma das pessoas pequenas e fracas.

No entanto, o seu interior inocente e despreparado para esse tipo de vida que se levava junto à corte do faraó, não lhe permitia que percebesse com clareza tais condutas alheias, amedrontadas pelas demonstrações de maturidade de sua arte.

Kalmark se colocava sempre como aprendiz sem nenhum desejo de substituir os seus tutores. No entanto, na cabeça destes, o jovem surgia como uma ameaça à manutenção de seus lugares, já que ao seu mais singelo toque, as peças ganhavam um brilho, uma feição, uma expressão diferenciada de tudo o que se houvera produzido até então.

Todos sabiam das preferências de Akhenaton por uma arte autêntica, espelhando a vida real, através da qual se legasse aos demais a força da verdade em todas as suas representações.

E o jovem tinha especial talento para saber representar, fosse no que fosse, a sensibilidade da vida, com toda a força de sua espontaneidade, com a beleza das coisas feitas de acordo com os impulsos da alma, que nos verdadeiros artistas flui sem barreiras.

Nos outros artesãos, havia a preocupação em produzir aquilo que agradaria aos olhos alheios, numa verdadeira violação da naturalidade das coisas e das inspirações. Isso produzia obras de sabor comum, sem a poesia e a autenticidade da inspiração superior, que não se submete aos modelos previamente produzidos.

Naquele rapaz, no entanto, ao talento e à capacidade de suas mãos, aliava-se a sutileza e a intuição do verdadeiro artista, permitindo que se produzissem esculturas, artefatos, desenhos, objetos e jóias que impressionavam pela simplicidade e beleza.

Tal potencialidade logo foi objeto de observação por parte de todos.

Roab sistematicamente a mencionava a Mudinar que, observando a produção do rapaz, confirmava com os próprios olhos, impressionado, as notícias que recebia de seu informante.

Os demais companheiros de trabalho de Kalmark, igualmente, viam-se atordoados pela naturalidade com que conseguia obter os mais variados efeitos, sem parecer fazer qualquer esforço para isso.

Por isso, muitos se viam ameaçados e, não poucos, começavam a se incomodar com a sua presença.

A esta altura, depois de alguns meses de trabalho e graças à ajuda secreta de Mudinar, Kalmark conseguira estabelecer moradia em pequena habitação nas proximidades do templo de Akhenaton, de onde saía todos os dias para o trabalho e para atender as encomendas que não paravam de crescer, o que lhe aumentava a responsabilidade e lhe faziam a fama alongar-se para fora das paredes do ateliê onde trabalhava.

Seu sonho, todavia, ainda não houvera sido realizado.

Ali estava com aprendiz, sempre vinculado à vontade de alguém que tinha poder sobre ele e que, no mais das vezes, censurava certos arroubos criativos, injustamente.

Parecia que os outros pretendiam sempre cortar de seus trabalhos tudo aquilo que mais os encantava, como que desejando enfeiá-los à força. Kalmark não entendia isso nem o porquê dessa conduta. Via nela a ausência de visão, de compreensão da beleza quando, em realidade, era inveja pura a tentar contaminar a produção do jovem com o veneno da malícia e da impureza.

O desejo de Kalmark era o de se estabelecer por si próprio, ainda que precisasse contar com o auxílio material de alguém. Mas não desejava mais ter chefes, nem superiores, agora que já estava familiarizado com todas as técnicas e os métodos que, à sua vista, lhe pareciam naturais e, em alguns casos, até mesmo ultrapassados.

Desejava inovar na área criativa e produzir coisas que, até então, ninguém pensara em fazer, acostumados que estavam todos a se comportar pelos padrões artificiais dos que ali viviam.

Ele era um verdadeiro artista, cuja sensibilidade parecia ser um raio de sol no meio dos blocos de arenito tão vulgares naquelas paragens. Era assim que ele se parecia quando comparado aos seus companheiros de trabalho.

Ao mesmo tempo, tinha o sonho de voltar a Tebas e trazer seus pais para viverem juntos em Amarna. No entanto, apesar do progresso que realizara, não lograra recursos para a concretização desse desejo.

Em Tebas, por sua vez, realizadas as cerimônias de sepultamento de Meldek, Hatsek tomou a si a responsabilidade pelo destino de Kaemy, ainda abatida e fraca com os últimos acontecimentos em sua vida.

Conversando com o Grão-Sacerdote, dele obteve a autorização para que a mulher fosse aceita temporariamente no templo, nos serviços gerais de arrumação e limpeza, como já se explicou anteriormente. Todavia, os meses já se tinham passado e era preciso dar-lhe o destino que desejasse, para que as coisas fossem encaminhadas no sentido das necessidades de cada um.

Uma vez que Kaemy não desejava outra coisa senão encontrar o filho e permanecer ao seu lado, Hatsek, primeiramente, mandou procurá-lo em Amarna, servindo-se de mensageiros amigos que para lá se dirigiam. Todavia, a viagem longa e a lentidão das comunicações, impedia que se solucionasse a contento a questão.

Impossibilitado de ausentar-se de Tebas por motivos administrativos, Hatsek conseguiu que Kaemy fosse levada até Amarna por uma embarcação segura, propriedade de um dos devotos de Amon que muito se ligava a Hatsek, pelos favores dele recebidos.

Miradj, o barqueiro, assumira perante Hatsek a responsabilidade de proteger Kaemy durante todo o trajeto e de permitir-lhe uma viagem sem riscos e sem tarefas muito pesadas, já que o deslocamento pelo Nilo, naqueles tempos, era trabalho de homens fortes e, muitas vezes, exigia até mesmo sacrifícios acima de suas próprias forças.

As mulheres que se arriscavam a viagens assim, junto a desconhecidos, corriam muitos riscos pessoais, já que poderiam sofrer toda a sorte de abusos e de violências, quando não fossem exigidas nos trabalhos vulgares de limpeza ou de serviço aos outros homens da embarcação.

Entregando Kaemy aos cuidados do barqueiro, Hatsek colocou em suas mãos pequena bolsa com moedas que lhe garantiriam um período de razoável tranqüilidade quando de sua chegada a Amarna.

Ao menos, poderia abrigar-se e alimentar-se sem maiores dificuldades.

No dia da partida, o sacerdote havia combinado com o barqueiro que Kaemy seria a última passageira a embarcar. Isso porque ele pretendia, na frente de todos os outros passageiros, demonstrar que ela era pessoa de sua proteção e que, qualquer um que sobre ela pretendesse comportar-se indignamente, sofreria toda a sorte de maldições sempre tão temidas nos tempos antigos.

Assim, com todos os passageiros presentes, Hatsek subiu a bordo com sua protegida e, na presença de Miradj, abençoou o barco, a viagem e Kaemy, rogando a Amon que nada viesse a acontecer com todos, especialmente com ela. Que se considerasse amaldiçoado pelos deuses qualquer um que usasse de palavras ou atos que ameaçassem a segurança de Kaemy.

Impressionados todos com o poder de sua personalidade e pelo misticismo de tais práticas, inócuas, mas eficazes pelo efeito psicológico que causavam, Hatsek despediu-se de Kaemy e de Miradj, permitindo, assim, que o barco ganhasse o movimento na direção de seu destino.

A presença de Kaemy, dentro do barco, passou a ser vista como algo diferente e, para alguns até mesmo perigoso.

As pessoas temiam sempre poderem fazer qualquer coisa que viesse a lhes causar dano pela maldição lançada pelo sacerdote.

A simples aproximação de Kaemy era vista com temor, já que o medo de se ver fazendo algo até mesmo involuntariamente – e assim, despertar a maldição – era muito grande. Esse, na verdade, era o efeito que Hatsek desejava obter para proteção de sua tutelada.

Ocorre que, com o decurso de alguns dias de viagem sem qualquer ocorrência, fosse pela fragilidade de seu corpo físico, fosse pelo constante balanço da embarcação, pela alimentação diferente, pelas difíceis condições de higiene, o certo é que Kaemy adoeceu, empalidecendo e apresentando febre constante.

Adoentada, não mais se levantava de seu lugar e, por isso, sequer para comer tinha ânimo.

Os demais passageiros, agora, não sabiam o que fazer, já que persistia a maldição de tocá-la ao mesmo tempo em que não pretendiam se ver ameaçados pela doença de Kaemy. Naqueles tempos, como ocorrera com Meldek, qualquer enfermidade era sinal de alerta para todos, já que poderia ser um foco a desencadear a epidemia e espalhar-se entre os que se encontrassem por perto.

No entanto, estavam todos presos dentro do barco e Miradj era o responsável pela sua proteção. Kaemy, entretanto, não se sentia bem e, quanto mais passavam os dias desde a partida, parecia que ela também não chegaria a Amarna para encontrar o filho amado.

Um sentimento de pavor mudo conspirava dentro de alguns passageiros mais desesperados que, sem revelarem os seus intentos para que não fossem flagrados pelo barqueiro, se preparavam para atuar na solução daquele caso.

Por força da necessidade de rapidez, o barco de Miradj não interrompia a sua viagem durante as noites como costumava acontecer com tantas outras embarcações, já que estava sob a lua cheia e ele era um navegador experiente e conhecedor íntimo das armadilhas do Nilo naquele trecho.

Só parava quando era necessário deixar alguém em algum povoado ribeirinho, ou para abastecer-se de algum produto importante para levar até o destino.

Por isso, a viagem por seu barco era considerada uma das mais rápidas até a capital do reino.

Naturalmente, durante a noite havia mais perigos do que o normal, eis que os bancos de areia, pedras ou os animais de grande porte como os hipopótamos usualmente causavam muitos acidentes a embarcações que se aventuravam rio abaixo.

Miradj era o responsável por conduzir o barco durante a noite, já que, durante o dia aceitava a ajuda de um assistente que estava treinando para tornar menos estafante a viagem fluvial.

Entre os passageiros, a maioria homens rudes como as pedras daquele lugar hostil, a solução do problema de Kaemy era urgente e não poderia esperar a chegada a Amarna.

Tão logo a noite chegou e Miradj assumiu seu posto em definitivo até o dia seguinte, o medo do contágio ditara aos corações a obrigação de se livrarem da carga incômoda.

Os líderes de tal empreitada, dois homens inescrupulosos, naturalmente, necessitavam esperar que a noite avançasse e que a maioria dos outros passageiros estivesse dormindo, para que o número de testemunhas fosse o menor possível.

Ao mesmo tempo, era necessário que Miradj estivesse distraído por alguma coisa, o que um deles se incumbiria de fazer, dirigindo-se até o barqueiro para lhe oferecer um gole de bebida que já haviam separado durante o dia.

Enquanto isso, aproveitando-se da distração do guia da embarcação, o outro amordaçaria Kaemy para que ela não gritasse e estragasse seus planos e, com a força de seus músculos, amarrando-lhe os braços, desceria seu corpo pela lateral do barco e o soltaria na correnteza, evitando-se que qualquer ruído mais brusco lhe denunciasse o gesto assassino.

Naturalmente, a fragilidade de Kaemy não oporia qualquer dificuldade a tal realização. Todavia, para se evitar qualquer surpresa, esperariam que o rio atingisse uma área onde as águas fossem mais rápidas pela presença de pedras no leito e, nessa área, se desfariam do fardo incômodo, fingindo não terem sido eles os autores do crime que, certamente, só seria percebido no dia seguinte e, ainda assim não se teria explicação clara para o desaparecimento, livrando-se os dois homens de qualquer suspeita.

No mundo espiritual, Khufu seguia os passos de Kaemy a fim de protegê-la de tais maldades, esforçando-se por se aproximar dos dois homens para intuí-los a não agir daquele modo com uma mulher indefesa e fraca.

Desdobrava-se o Espírito amigo na proteção de Kaemy e na tentativa de impedir fosse ela vítima do ato criminoso.

Todavia, o pensamento invigilante e distante da elevação que aqueles homens possuíam não permitia que se sintonizassem com as intuições do bem ou com um raio de humanidade em seus espíritos.

Percebendo a dificuldade de se fazer sentir ou de tocar-lhes a sensibilidade, Khufu procurou por Miradj, sondando-lhe os pensamentos e sentimento. Ao fazê-lo, percebeu se tratar de um espírito menos atrasado e que, sempre que possível, tentava fazer as coisas certas, a ponto de estar vinculado ao sacerdote Hatsek, no culto a Amon.

Precisaria valer-se de Miradj para salvar Kaemy, utilizando-se das circunstâncias favoráveis e, com a permissão dos Espíritos Superiores, até mesmo da colaboração dos dois malfeitores a bordo do barco.

Elevou seu pensamento em oração sincera e profunda, na urgência daquele momento em que se projetava o assassinato de uma inocente mulher, já por si só tão desventurada.

Ao fazê-lo, ao seu redor uma luminosidade passou a envolvê-lo como se um raio de lua cheia viesse a circundá-lo por completo, transferindo para dentro do barco a própria Lua.

Tal poder magnético seria utilizado por Khufu, com a permissão superior, para agir em benefício da inocente Kaemy.

Todavia, o plano dos malfeitores seguia sem titubeios.

A embarcação seguia para um dos trechos mais rápidos do rio, onde, pela presença de um leito pedregoso, as corredeiras eram mais comuns, aliadas a uma sucessão de curvas que dificultavam a navegação dos menos experientes.

O primeiro homem, vendo ao longe que se aproximava o local combinado para o crime, levantou-se com pequeno frasco nas mãos e, dirigindo-se até o barqueiro, tentou ser cordial:

– Miradj, tome aqui um presente para tirar a monotonia de seus olhos. Trata-se de um vinho especial que tive o cuidado de guardar comigo para lhe dar pela gentileza de nos estar proporcionando tão agradável viagem.

– Obrigado, Hatif, mas você sabe que não costumo beber quando tenho que manter o barco no rumo certo – respondeu Miradj, responsável como sempre.

– Ora, homem, não estou querendo que se embriague. Apenas prove este néctar digno de Akhenaton, para que, ao final desta jornada possa se afogar nele o suficiente para se livrar do cansaço da viagem.

– Bem, isso é verdade. Que mal um gole só pode fazer, não é mesmo? – pensou alto o barqueiro, estendendo a mão para apanhar o pequeno frasco de barro onde se acondicionava o líquido.

Não sabia Miradj, entretanto, que Khufu o estava induzindo a aceitar a oferenda, pois ela iria ser usada no mecanismo de auxílio a Kaemy, adormecida e fraca em seu lugar, sem desconfiar de nada.

As correntezas ainda esteavam distantes e provar a bebida não produziria nenhum efeito em seu corpo acostumado a bebidas muito mais fortes e a doses muito maiores.

No entanto, ao oferecer o vinho ao barqueiro, Khufu impregnou o recipiente com uma força tal que o mais simples gole representaria o necessário para que os efeitos de leve embriaguez se fizessem surgir, rapidamente.

Enquanto esse diálogo ocorria, Sektene, o outro, incumbia-se de providenciar a mordaça para Kaemy que, desacordada, não se opusera a nada, nem percebera os intentos de seu assassino.

Impondo as mãos sobre o corpo de Miradj, Khufu atuava em seu estômago e no sistema nervoso, propiciando que a dose minúscula de álcool que fora ingerida, se transformasse na alavanca que utilizaria para melhor dirigir os destinos da embarcação, segundo suas necessidades.

Com o efeito potencializado da bebida, graças à ação do Espírito de Khufu, Miradj, sem perceber, ficara vulnerável às ilusões que, do mundo espiritual, o mesmo guia de Hatsek e protetor de Kaemy iria produzir.

As corredeiras se aproximavam e Miradj não percebia nenhuma alteração de suas percepções, já que se encontrava sóbrio como antes. Todavia, seu corpo estava sendo invadido por uma sensação de leve sonolência, como se uma hipnose suave viesse a tomar conta de sua estrutura mental.

Percebendo que o outro homem, Sektene, estava dando seqüência ao plano, Khufu começou a induzir Miradj, através da criação de quadros mentais, a desviar o barco para fora da rota costumeira, como se o barqueiro estivesse vendo a rota verdadeira em sua mente, mas, ao persegui-la, se colocasse um pouco fora da trajetória normal e segura.

Com isso, o barco começou a se afastar na direção de algumas rochas que emolduravam o leito principal.

Isso, no entanto, não era notado pelos dois homens, comparsas do crime. Nem Hatif nem Sektene estavam percebendo que o barco estava se dirigindo para além das águas seguras. No leme, Miradj seguia firme, observando as coisas sem perceber que estava sendo conduzido por Khufu.

Voltando ao seu lugar e percebendo que a atenção do barqueiro, agora, estava voltada para o perigo das corredeiras, Hatif buscou por Sektene para ver como as coisas estavam, aproveitando-se da razoável escuridão.

– Venha me ajudar aqui, seu traste preguiçoso – falou Sektene ao seu comparsa.

– Ora, seu verme, você não dá conta de uma mulher fraca e doente sozinho? – afirmou-lhe em resposta Hatif. Bem que se fosse eu já tinha mandado essa "coisa" pro fundo do Nilo.

– Eu não sei o que é, mas parece que esta mulher pesa mais do que o barco inteiro... – exclamou o primeiro.

– Vamos nós dois juntos, então. Quando o barco começar a sacudir mais forte, nós pegamos ela por baixo e jogamos na água – afirmou Hatif.

Não sabiam eles, no entanto, que sobre Kaemy os Espíritos impunham um halo protetor que tornaria difícil qualquer ação no sentido de prejudicá-la.

Do mesmo modo, não tinham idéia do que estava prestes a acontecer.

As correntezas estavam começando a engolir o barco, fazendo-o chacoalhar mais do que o normal, tendo Miradj o cuidado de tentar manter o curso a fim de não se ver envolvido em qualquer desastre.

Khufu, da mesma maneira, impunha suas mãos sobre a mente de Miradj para que ele fizesse as coisas certas na hora correta.

O barco, no entanto, dirigia-se para a proximidade das pedras, sem que Miradj se desse conta, pois estava sofrendo a interferência magnética do Espírito amigo, que se valera da ingestão da pequena dose de álcool para usá-lo no processo de produzir a necessária alucinação temporária.

Os dois malfeitores estavam acocorados junto de Kaemy que, deitada no fundo do barco, não percebia que seria alijada do mesmo para sempre.

Todavia, a certa altura do trajeto, o Espírito de Khufu, deliberadamente, fez cessar a hipnose que mantinha Miradj, erroneamente, na direção das pedras.

Tão logo se deu conta do risco a que estava exposto, Miradj providenciou uma brusca mudança na direção do barco, num gesto de desespero supremo para livrar a embarcação do acidente fatal, virando-a para a esquerda, tentando retornar ao leito seguro de onde tinha se afastado alguns metros.

O movimento fora rápido, mas sem causar qualquer abalo ou surpresa no interior da embarcação aos que ali se encontravam, acreditando todos que era uma das ocorrências normais daquele trecho mais perigoso.

No entanto, ainda que tivesse conseguido desviar o barco, a força da inércia levara o seu casco a um choque brusco contra a parede de pedras que ali estavam à espreita dos incautos e, desse choque, ainda que de raspão, um baque forte tirou todas as coisas do lugar, abalou todos os objetos no interior da embarcação e, os dois homens, acocorados e sem apoio suficiente para se agarrarem diante do impacto, foram projetados para fora, atirados no leito do rio.

Kaemy, aturdida pelo ruído do choque e pelo barulho das coisas que caíam à sua volta, acordou de sua inconsciência, percebendo-se toda amarrada e amordaçada, sem saber qual o motivo de tal situação.

Os gritos dos homens foram ouvidos por todos, mas Miradj não tinha como deter o barco que, salvo do choque pela sua perícia, seguiu descendo o rio, acelerado pela força da corrente, deixando para trás os dois desumanos seres que, sem qualquer escrúpulo, pretendiam tirar a vida inocente de Kaemy, como se fossem representantes da Justiça Divina, decidindo quem vive e quem morre.

Naquelas condições, os Espíritos amigos puderam valer-se da maldade deles para proteger a inocente mulher e os dois receberam tão somente as conseqüências do que haviam semeado.

Estivessem em paz nos seus lugares e poderiam ter completado a viagem sem problemas.

Agora, eram dois homens molhados, levados pela força das águas e que, com toda a certeza, passavam a dar mais crédito à maldição, acreditando que fora por causa dela que tudo aquilo havia acontecido com eles quando, em verdade, somente eles mesmos poderiam ser considerados os responsáveis pela própria desdita.

Como o leitor amigo pode perceber, há coisas que os Espíritos Superiores autorizam e que são realizadas a benefício dos demais, utilizando-se da própria maldade dos mais ignorantes.

Khufu, na missão de proteger a mulher enferma, não agiria desse modo se, em resposta às suas orações, não obtivesse a autorização necessária para adotar a medida mais drástica.

Além disso, só recorreu a ela, depois que os dois homens mostraram-se insensíveis a todas as intuições espirituais para que não fizessem o que pretendiam realizar. Destemidos e sem quaisquer sentimentos de humanidade, passaram a ser os únicos responsáveis pelos acidentes que vieram a lhes suceder e que os alijou da proteção e segurança que antes possuíam.

Desse modo, aprendamos juntos a entender as mensagens do amor em nossas vidas, pois elas estarão sempre nos livrando de um acidente mais grave, mais sério e mais fatal.

Lembremo-nos, também, dos efeitos nefastos e perigosos causados por todo o tipo de substância entorpecente que venha a tisnar o raciocínio, produzindo malefícios tão mais graves e profundos do que qualquer benefício que o usuário possa experimentar.

No caso em tela, pudemos ver como um Espírito elevado se serviu dos efeitos alucinatórios que o álcool favorece para atingir um objetivo nobre e positivo, qual seja, o de salvar a vida pelo único meio que lhe restou tentar.

No entanto, reflitamos para a hipótese de estar o indivíduo sob a influência de um Espírito menos elevado, que poderia induzi-lo à prática de um crime, a um acidente que vitimasse todos os passageiros do veículo, a um comportamento que comprometesse toda a sua vida e o seu conceito como pessoa respeitável...

Por isso, devemos nos lembrar dos ensinamentos do Divino Amigo que pede não apenas que oremos, mas, sobretudo, que VIGIEMOS sempre, para que não caiamos em tentações.

Os nossos dias estão cheios de ocorrências que começam dessa maneira e que, ao invés de serem guiadas por Espíritos luminosos, são dirigidas pelos companheiros imperfeitos que os próprios encarnados escolheram como seus amigos ou sócios de experiências.

Daí, todos os dias, inúmeras tragédias abalarem as manchetes e surpreender as pessoas, como se a "coincidência" fosse a conspiradora para a ocorrência das dores que fustigam a vida dos incautos.

Estejamos mais ligados ao bem, pelas ações, pelas palavras, pelos pensamentos, pelos sentimentos, o que nos ligará mais fortemente aos Espíritos nobres e luminosos que se valem de todas as suas forças para nos proteger contra o mal, mesmo quando algum mal nos atinja.

Estejam certos de que, nessas condições, todo o mal que nos atingir, será uma porta aberta ao bem que nos chegará a partir dele, do mesmo modo que a saúde, muitas vezes, precisa ser reconduzida ao corpo através do bisturi salvador.

Lembremo-nos de que o agora é domínio de Deus, que sabe o que faz....

Pela nossa cegueira e imaturidade, nós só entenderemos o que Ele deseja nos ensinar, ...

...um pouco ou muito tempo depois...

Seguiu o barco até Amarna, mantendo-se Kaemy em seu interior, tratada pela ação magnética dos amigos espirituais que propiciaram o seu reequilíbrio relativo até a chegada ao seu destino.

26

A influência negativa de Espíritos em desequilíbrio

A chegada de Kaemy a Amarna não lhe trouxe qualquer modificação no estado geral de debilidade e nenhum alívio tomou conta de sua alma quando, olhando à sua volta, percebeu que estava numa cidade estranha e sem qualquer referência que pudesse ajudá-la a encontrar o próprio filho.

Sem saber para onde ir, começou a andar por suas ruas cheias de pedestres, alguns negociantes, outros oportunistas, outros curiosos, todos orbitando ao redor das riquezas do rei.

Pensou em procurar a ajuda no templo de Amon-Rá que, por certo, deveria existir ali como em Tebas.

Ao fazê-lo, contudo, percebeu que todos os templos religiosos que não representassem a religião do faraó haviam sido fechados, por força do decreto real imposto a todo o reino, não fazia muitos dias.

Influenciado por Mudinar que, pelas informações obtidas com Roab, se viu ainda mais convencido de que se fazia necessária uma medida mais drástica contra todos os sacerdotes de todos os outros cultos, Akhenaton acedeu em banir todas as outras divindades da realidade religiosa do Egito, fechando todos os templos e permitindo apenas o culto a Aton, com o qual somente ele – o Rei – poderia relacionar-se diretamente.

Por isso, Kaemy não encontrou qualquer porta aberta onde pudesse encontrar acolhida ou condições de se encaminhar para achar seu filho.

Além do mais, estava fraca e não poderia dedicar-se a ir em sua busca imediatamente. Precisaria repousar em algum lugar que pudesse pagar e alimentar-se melhor para que as forças lhe fossem restituídas.

Encontrou uma modesta estalagem que lhe parecera conveniente, mas que, por força de sua condição feminina e desacompanhada, somente a muito custo aceitou-a como hóspede, já que a mulher desacompanhada era vista como fonte de problemas e causadora de confusões. Somente por ter-se apresentado como viúva à procura do filho e por se dispor a pagar pela estadia antecipadamente é que o proprietário garantiu-lhe um modesto lugar para poder repousar.

Naquele período, a mulher sofria ainda mais pela sua condição de criatura fisicamente mais frágil e dependente do amparo masculino, notadamente em um ambiente tão hostil e desértico como aquele.

Todavia, a presença marcante de Nefertite como esposa do Rei e mulher atuante auxiliara muito na mudança de alguns conceitos naquele período, sendo certo que os homens passaram a abrir algumas exceções na compreensão dos direitos da mulher.

Mesmo assim, a tradição antiga de repúdio a tais direitos femininos era muito forte e se impunha de uma maneira ou de outra.

Amparada pela esposa do dono da estalagem, Kaemy se viu acomodada em rudimentar estrado de madeira coberto com uma porção de vegetação à guisa de colchão, revestido de tecido grosso para manter-lhe a forma e impedir que se rasgasse com facilidade.

Ali colocada pela mulher que servia como funcionária de limpeza, cozinheira e arrumadeira, enquanto o marido cuidava da segurança, da vigilância, da cobrança dos valores, do negócio material em si mesmo, Kaemy identificara-se imediatamente com o sofrimento dessa jovem que perdia a sua vida nos serviços estafantes que ela mesma já havia experimentado.

Por esse motivo, ambas se sentiram aproximadas e iniciaram uma amizade espontânea que as colocaria como verdadeiras irmãs, apesar de se conhecerem há tão pouco tempo.

Eram dois espíritos amigos, provenientes das mesmas paragens espirituais, que se reencontravam e se associavam para o auxílio necessário nas horas da dificuldade. Kaemy e Elyha logo se puseram a comentar os seus problemas pessoais e uma quanto a outra se deixavam emocionar pelas desditas de que se viam vítimas, uma tentando ser escora da outra nos momentos difíceis.

Todavia, tão logo se viu abrigada e recolhida ao seu modesto quarto, as condições orgânicas de Kaemy voltaram a dar sinais de debilidade, logo observadas pela visão experimentada de Elyha.

– Você não está bem, Kaemy. Precisa descansar mais porque sem a saúde você não será capaz de encontrar seu filho e seria muito triste a sua chegada até aqui sem que conseguisse reencontrá-lo – disse a amiga, mais jovem do que ela, mas igualmente cheia de boas palavras e sentimentos no coração.

– Eu sei que não estou muito bem. Já na viagem me senti mal e fiquei desacordada por algum tempo, sem saber como não morri durante todo o trajeto. Não conseguia comer, na tinha ânimo para nada. Se não fosse a proteção de nossos deuses, estaria certamente entre os que viajam ao reino dos mortos para o encontro com os guardiães do reino das sombras.

– Mas agora que está aqui, fique sossegada que eu vou cuidar de você com o melhor que tiver. Vou preparar o seu alimento e virei aqui para que possa comê-lo quentinho e longe dos olhares curiosos desse amontoado de homens rudes que estão sempre desejando saber quem são os recém-chegados.

Não se preocupe com nada além de sarar desse estado de fraqueza. Enquanto isso, vou tentar obter informações sobre o seu filho, com algumas pessoas que se hospedam aqui e que, de boca em boca, acabam sabendo das notícias.

Já se havia passado vários meses desde a chegada de Kalmark e, pelo fato de ter sido aceito nos serviços ligados ao palácio que lhe consumiam todas as horas, poucas pessoas da cidade puderam ter contato com ele. Mesmo a sua moradia pequena encontrava-se localizada nas periferias do próprio templo de Aton, em quase nada se afastando das dependências do mesmo para quaisquer serviços, a não ser quando procurava o mercado onde adquiria algum alimento que lhe estivesse em falta.

– Obrigada, querida Elyha, e desculpe esse transtorno que não gostaria de estar lhe causando. É verdade que Amon não se esquece de nós. Afinal, tem me concedido a bênção de, mesmo tendo perdido meu esposo, encontrar pessoas amorosas e amigas que têm sido o esteio para minha esperança e para a minha vontade de sobreviver. Não sei o que teria sido de mim se não tivesse encontrado Hatsek, Miradj e, agora, você mesma.

A voz de Kaemy tinha a entonação da verdadeira sinceridade e da gratidão mais emotiva, fazendo com que Elyha sentisse dentro de seu peito a emoção indescritível de tal manifestação agradecida.

Afagando os cabelos de sua nova amiga, Elyha prometeu que cuidaria dela, mas que ela deveria estar com o pensamento elevado para que a ajuda do Alto viesse mais depressa.

Todavia, o estado de saúde de Kaemy não se modificava, apesar dos esforços de Elyha que, em todos os momentos dos dias que se seguiram, tentava tudo fazer para ampará-la e cercá-la de todas as coisas que pudessem alterar-lhe o estado de abatimento.

Sem explicar ou entender o porquê dessa condição de fraqueza, Kaemy se envergonhava pela trabalheira que estava dando à nova amiga, já que algumas semanas se tinham passado e ela não conseguira modificar o seu estado físico.

Mantinha-se prostrada no leito sem qualquer mudança de ânimo. Levantava-se a muito custo com a ajuda de sua amiga, preocupada em levar-lhe até o sol para aquecer-se pelas manhãs.

Acreditavam, com muita razão, que a luz solar tinha alto teor de refazimento de energias e era capaz, por si só, de promover muitas curas.

Kaemy se deixava levar, mas voltava para a cama do mesmo modo. Em realidade, estava sendo magneticamente influenciada pelo Espírito de Meldek que, afastado do corpo físico, procurava por ela como a última fonte de energias e de afeto que possuía e que não desejaria perder.

Com a sua presença espiritual, todas as dores e os sintomas que Meldek apresentara durante o período final de sua vida física e que carregara consigo no pensamento para o Mundo dos Espíritos, eram projetadas sobre a mulher pelo simples fato de aproximar-se dela, espiritualmente.

A presença de Meldek induzia o espírito de Kaemy a suportar toda a influência negativa que o estado espiritual dele ainda possuía, já que haviam sido muito ligados durante a estadia na encarnação última.

Sem conhecer tais mecanismos, entretanto, Kaemy sentia-se vítima de estranha fragilidade orgânica que não conseguia combater e que lhe minava as forças, apesar de todo o alimento que ingeria.

O Espírito Meldek, igualmente, afligia-se pelo estado de sua antiga companheira, sem sequer imaginar que ele mesmo era a causa de tal estado, já que o que pretendia era seguir apegado ao seu antigo afeto, sem produzir-lhe nenhum dano, ao contrário.

O desejo de Meldek era o de amar a esposa e velar pela sua paz na Terra.

Todavia, não sabia que a sua presença vibratória, repleta de idéias de dores, doenças, medos, angústias, projetava-se sobre o espírito de sua esposa e para ela eram transferidos naturalmente, fazendo-a abatida ao mesmo tempo em que dela sugava todos os princípios vitalizantes que o corpo físico produzia, como uma esponja que atrai para si todo o líquido com o qual se relacione diretamente.

Qual esponja, Meldek absorvia as forças de Kaemy sem compreender que estava enfraquecendo aquela a quem dizia amar e que desejava proteger.

Por esse motivo, a esposa se via daquele modo, impossibilitada de encontrar o auxílio e a melhora, apesar do tratamento alimentar a que se submetera.

Por outro lado, Meldek não desejava fazer o mal à sua companheira. Queria apenas estar ao seu lado, como se isso fosse lhe garantir segurança e bem-estar. Não entendia como é que tal comportamento dele causava uma situação de dor mais aguda no espírito e no corpo de Kaemy.

No fundo, recusava-se a admitir que era o gerador de tal processo de desajuste, uma vez que só trazia amor no coração. Tinha dificuldades, igualmente, em entender que o verdadeiro afeto não enjaula o ser amado, que não o prende, nem o obriga a submeter-se ao tipo de ajuda que o outro deseja para ele como a melhor.

Via-se aturdido entre o desejo de ajudar e a situação cada vez pior de Kaemy.

Mesmo durante o sono desta, ao procurar aproximar-se do espírito da antiga esposa, sentia que ela se assustava com o seu estado geral e, da maneira mais rápida e fulminante, procurava voltar ao corpo físico como se fugisse de um fantasma.

Meldek não se dava conta de que Kaemy o via com a pigmentação esverdeada que a enfermidade lhe havia conferido, com todos os característicos da doença que lhe consumira o corpo físico com tal rapidez. Isso porque o desencarnado guardava para si as mesmas impressões mentais que lhe impregnaram o pensamento nos últimos momentos da existência carnal, desconhecendo que, agora, se encontrava no mundo das sutilezas, o mundo no qual o pensamento cria as formas e que somos o reflexo do que nossas idéias e sentimentos plasmam em nossas vidas.

Como era portador da idéia de que havia adoecido, que havia sofrido esta ou aquela alteração orgânica que ficara impregnada em seu interior, ao se apresentar do lado de lá aos que o amavam, fazia-o do mesmo modo como se imaginava. Desacostumado ao domínio da forma através de pensamentos de nobreza, de equilíbrio, Meldek continuava a parecer não um morto vivo, mas sim um morto-morto aos olhos de Kaemy.

Tais sonhos eram vistos por ela como reflexos de pesadelos com a alma do marido que seguia amando, mas que, como pedia todas as noites em suas orações, não voltasse do mundo dos mortos para perturbar-lhe a já tão difícil existência.

Vendo-o abatido e com o olhar confuso, Kaemy se sentia em dívida com o seu espírito como se ela não tivesse feito tudo o que poderia para ajudá-lo durante a enfermidade ou depois, durante os funerais.

Essas idéias tornavam-na mais angustiada por já ter ouvido de diversas pessoas ignorantes sobre as coisas do Espírito a informação de que a alma descontente regressava para reclamar aquilo de que fora privada ou o tratamento que não lhe fora dispensado, antes ou depois da morte.

Tudo isso era um verdadeiro martírio para Meldek que, se algo pretendia fazer por sua esposa, era ajudá-la a encontrar a paz, coisa que, realmente, não estava acontecendo.

Confuso com tudo isso, Meldek, certo dia, resolveu orar ao pé da companheira, rogando a Amon que o ouvisse e ajudasse.

Da oração sincera à percepção de luzes que se acercavam, como se as estrelas do céu egípcio tivessem descido do firmamento e o envolvido, foi uma fração breve de segundos.

Assustado agora pela inusitada beleza do fenômeno que ocorria à sua volta, escutou a voz serena do Espírito Khufu, a lhe dizer de sua nova realidade espiritual e de que não mais precisava estar ali, fazendo o mal mesmo quando pretendia fazer o bem.

Atordoado pela capacidade de escutar sem conseguir ver de onde vinha a voz, orou em voz alta dizendo:

– Nobre Espírito que me escuta, se és o barqueiro que procurei sem encontrar, sabes que estou pronto para seguir minha viagem. Trago comigo as moedas para pagar a travessia... – falou tremendo por dentro.

Ouvindo-lhe a oração cheia dos conceitos culturais de seu tempo, Khufu se fez visível para responder-lhe:

– Acalme-se, meu irmão, pois você acabou de deixar o barco da vida física, recentemente. Há alguns meses, apenas, você estava entregue ao dissabor da enfermidade que, pela invigilância de seus pensamentos se instaurou igualmente para além da sepultura. Tal estado interior vem causando toda a desgraça física naquele ser que você diz amar.

– Sim, eu sigo amando Kaemy e não sei o que será de mim sem ela, agora que tu, emissário de Amon me permites vê-lo.

– Lembre-se, no entanto, meu irmão, de que o amor não prende nem exige devotamento. O Amor verdadeiro ama e passa, dando liberdade ao ser amado para que siga seu caminho sem quaisquer constrangimentos.

A sua conduta é mais daquele que deseja prender como a aranha ao construir a sua teia do que daquele que, efetivamente, ama libertando.

Aproveite essa oportunidade porquanto, se seguir fazendo o que está fazendo, em breve Kaemy terá sido arrebatada do mundo dos vivos e você, que muito diz amá-la, poderá será considerado o assassino que a matou no exercício do egoísmo e do apego que não cabem mais.

Tais informações causavam um forte impacto no coração de Meldek, desajustado pelo medo da solidão e pela perda da companheira. Confrontado por Khufu consigo próprio, passou a entender que ele era a causa do mal de Kaemy, o que o fez se ver tomado de vergonha perante a sua própria inferioridade moral.

– Modifique seu pensamento, meu amigo. O pensamento, agora, representa a pedra que nós entalhamos e que durará o tempo que desejarmos. Do mesmo modo que os novos reis que sucedem aos antigos procuram os monumentos que marcavam a grandeza anterior para deles apagar os nomes gravados pelos seus construtores e patrocinadores, os Espíritos de nosso plano precisam entender que lhes cabe apagar dos pensamentos todas as inscrições nocivas e degeneradas, modificando as idéias para modificarem o seu estado exterior.

O que acontece com seu Espírito, meu irmão, é que você trouxe para cá a última enfermidade que consumiu as suas forças.

Revestido desses fluidos pesados que o pensamento produz, seu corpo espiritual mais leve e maleável, imediatamente se viu impregnado pelas mesmas estruturas doentias que o corpo físico possuía, o que motiva o seu estado repulsivo e de aparência fantasmagórica. Não quero dizer, contudo, que por aqui você permaneça portador da mesma enfermidade, já que a sua conduta na Terra permitiu que se livrasse de tais causas íntimas para as doenças do corpo externo.

Ocorre que, por trazer em seu pensamento os reflexos da última enfermidade, você os reproduz por aqui em si mesmo. Daí, as vibrações que você emite serem como que corrosivas para os organismos físicos do mundo dos vivos que absorvem todas estas emanações deletérias e as reproduzem no próprio corpo de carne.

Muitos chegam mesmo a adoecer fisicamente, pela simples presença de nossos Espíritos desequilibrados e com muitas necessidades de aprendizado.

Ouvindo-lhe as exortações bondosas e firmes, Meldek passou a entender que a vida depois do túmulo pouco possuía daquelas construções imaginárias que havia desenvolvido quando se encontrava entre os detentores de um corpo carnal. Agora, do lado de lá da vida, passara a entender que não se trata, as antigas tradições religiosas, senão de meros referenciais simbólicos a traduzir as verdades do Espírito ao nível de compreensão das criaturas inconseqüentes e imaturas para tais realidades.

Surpreso diante de tais fatos, Meldek baixou a cabeça, envergonhado, e começou a chorar diante de seus atos, agora entendidos como atos egoístas e indiferentes para com o bem-estar de sua companheira.

– Não chore, meu irmão. Todos nós devemos agradecer pelas informações que nos transformem a conduta e nos façam abandonar a ilusão infantil. Erga-se sobre seus próprios pés e abandone o desejo de apego ou de domínio sobre o coração amado que, a rigor, não pertence a ninguém a não ser ao próprio Ser Maior, o Criador de todas as coisas.

Se aceitar nossa ajuda, prometemos o tratamento para seu Espírito, ao mesmo tempo em que providenciaremos o reequilíbrio das forças de Kaemy – falou resoluto e sereno o amigo espiritual.

– Mas eu nunca mais vou poder voltar para encontrar minha mulher? – perguntou Meldek ainda confuso diante de tanta novidade que se lhe impunha a constranger-lhe uma mudança difícil de ser compreendida pelo seu Espírito imaturo.

– Primeiramente, meu irmão, modifique o vocabulário. Kaemy não é mais a sua mulher. Quando muito ela seguirá sendo a SUA IRMÃ, por ter-se entregue a você com carinho e por ser filha do mesmo Criador de nós todos. No entanto, ela é também MINHA IRMÃ, como de todos os demais, do mesmo modo que eu sou SEU IRMÃO.

Em segundo lugar, ninguém está dizendo que a sua ausência será para sempre. Ela estará subordinada à sua condição de equilíbrio na compreensão das leis do Universo e de domínio sobre si próprio. Quanto mais cedo isto tudo ocorrer, mais rápido será o seu reencontro com SUA IRMÃ, Kaemy. Compreende? – perguntou Khufu, como que dando por encerrada a sua parte de esclarecimento.

O gesto silencioso e reverente da cabeça de Meldek apontou para a aceitação de todas as palavras de Khufu que, sorridente, ofereceu-lhe o braço amigo para enlaçá-lo e levá-lo consigo para o conhecimento de muitas outras verdades espirituais sempre existentes desde o mais antigo dos tempos, mas somente explicitadas ao conhecimento de todos com o advento da terceira revelação, do Consolador Prometido por Jesus, na figura da Doutrina Espírita codificada por Allan Kardec.

Afastara-se o Espírito de Meldek.

Com isso, os amigos espirituais auxiliares de Khufu passaram a providenciar a reativação das defesas orgânicas de Kaemy a fim de que pudesse seguir a jornada que a aguardava pela frente, na busca do filho e na ajuda que deveria oferecer a todos os que estivessem ao seu redor.

O BEM jamais se impõe ao mal. Seu poder é tão soberano e tão compassivo que procura sempre ensinar a ignorância para que ela se ilumine, desde que esteja o ignorante desejoso de iluminar-se.

Muitas vezes, o homem imagina que está fazendo o correto quando, em verdade, está apenas reproduzindo apegos ou impondo sua vontade sobre os outros, de maneira tirânica, com a desculpa de que está amando.

Quando o ser não se dispõe a rever as suas condutas desvinculadas da harmonia do Universo, no entanto, fica entregue aos efeitos de seus próprios atos, responsabilizando-se pelas suas próprias desgraças.

Se o desempregado, por exemplo, não entende a necessidade de sair a buscar o trabalho honesto com que haverá de encontrar os recursos de que necessita, ao se atirar ao crime, ao furto, ao delito, se responsabilizará diretamente pela corrigenda que merece ao ser detido e levado para a prisão.

Se o homem sadio não aceita limitar seus desejos e se entrega a todos os excessos alimentares, acabará como único responsável pela enfermidade que criará para si próprio.

Esta foi a diferença entre Meldek, que aceitou as exortações do Espírito de Khufu, e os dois malfeitores que acabaram atirados para fora do barco ao tentarem livrar-se de Kaemy.

Como dizia Jesus aos nossos corações, **"ouça o que tem ouvidos de ouvir".**

27

Um longo dia para todos

O progresso de Kalmark era muito grande para a sua idade. Espantava os próprios artífices mais consagrados e, como já se falou, poucos possuíam ainda alguma coisa a ensinar-lhe, ao passo que a maioria deles começava a adaptar algumas das técnicas do jovem às suas próprias, copiando-lhe o estilo.

Ao longo desses quase dois anos em que o jovem se embrenhava nas tarefas de criação junto à corte do faraó, sua estrutura física ganhara em vigor e a sua aparência sofrera as alterações que a maturidade e o tempo produzem naturalmente nas criaturas, tornando-o mais robusto, modelado pelos trabalhos pesados do talhe de blocos de pedras, ao mesmo tempo em que já se familiarizava com a utilização das pinturas e maquiagens faciais características que atestavam a sua inclusão na casta dos que serviam diretamente ao rei.

Todas as modificações o tornaram mais belo e distanciaram-no da imagem daquele jovenzinho que houvera, anos antes, abandonado a residência de Nekhefre de maneira ousada em direção a um futuro incerto.

O que é certo é que pelos méritos do jovem artesão, Mudinar havia prometido que, se demonstrasse a capacidade que parecia possuir ao longo do tempo de experiência em que ficaria sob a sua observação pessoal, seria apresentado pessoalmente ao faraó Akhenaton, o que representava a mais elevada honra que qualquer artista que trabalhasse na casa real poderia sonhar.

Com essa promessa, o chefe da guarda desejava manter-se no controle dos impulsos do jovem que sabia ser muito importante para os seus planos pessoais.

Deixaria que trabalhasse e, com a promessa em suspense, poderia estimulá-lo a ficar, cada vez mais, silenciosamente entregue às tarefas artísticas, esperando o momento adequado para colocá-lo perante o faraó.

E como a hora havia chegado, depois dos já mencionados quase dois anos de trabalho esmerado, Mudinar mandou Roab, o mesmo espião que servia ao chefe da guarda e que conhecera Kalmark a bordo do barco que o transportara até Amarna, dar-lhe a alvissareira notícia.

– Meu jovem artista – disse o senhor ao encontrá-lo nas oficinas reais – prepare-se para o grande dia de sua vida.

– Ora, meu nobre protetor, para mim, servir ao faraó já representa o grande prêmio de minha vida. Por isso, procuro fazer o melhor que posso, apesar das caras feias que tenho de enfrentar por aqui, quando meu trabalho empalidece o dos demais – respondeu o jovem, cordial e feliz com a visita daquele que julgava ser o seu benfeitor.

– Isso nós já sabemos, Kalmark, mas o que me traz aqui hoje é uma determinação de Mudinar – o poderoso chefe da guarda pessoal do rei – para que se prepare, pois daqui a dois dias, se tudo correr como ele está esperando, você será apresentado pessoalmente a Akhenaton.

Essa notícia pareceu um raio gelado que percorreu todo o corpo do jovem. Já se havia esquecido da promessa de Mudinar e se entretivera tanto na construção das obras de arte nos diversos materiais disponíveis, que não mais pensava na possibilidade de ser recebido pelo faraó, segundo o acenado pelo conselheiro real.

– Não acreditaria nessa notícia se não fosse o nobre Roab o seu portador – respondeu o jovem, procurando ocultar a euforia que lhe invadia a alma.

– Pois pode acreditar e esteja preparado a caráter, pois Akhenaton deseja conhecer o autor das mais belas obras que, ultimamente, se tem realizado por aqui... – terminou Roab, dando-lhe as últimas instruções sobre a roupa que deveria usar, as maquiagens necessárias para se colocar diante do rei no dia da audiência e que, se nenhuma outra notícia lhe chegasse alterando as coisas, dali a dois dias deveria apresentar-se a Roab no palácio, junto à sala da guarda real, de onde seria encaminhado ao cerimonial de apresentação.

Tudo acertado, o coração de Kalmark dava pulos de alegria dentro do peito, sem poder imaginar o que fazer diante do maior de todos os egípcios : o próprio faraó.

Dentro de seu coração, aninhava-se a idéia de apresentar-lhe uma de suas jóias mais bem produzidas e entalhadas, de modo a presentear o rei com o melhor de sua técnica. Por isso, lembrou-se de algumas das mais perfeitas produções suas que realizara nos momentos de descanso e que guardara para alguma ocasião especial, na qual comercializaria a obra de arte e juntaria o recurso para a realização de seu sonho pessoal.

Mantinha-se fiel ao amor de Marnahan e desejava voltar o mais cedo possível a Tebas para obter de Nekhefre a autorização para desposá-la. Por isso, mantinha algumas das mais belas jóias que produzira sob cuidadoso segredo para que representassem um patrimônio pessoal e lhe garantissem alguma riqueza, com vistas ao seu pretendido consórcio com a jovem amada.

Escolheu, então, um desses mais belos objetos e o colocou em um precioso recipiente de pedra lavrada, esculpida por ele próprio com requinte e bom gosto, de forma a tornar-se, o conjunto, digno do governante que pretendia agraciar.

– Quem sabe – pensava ele consigo mesmo – não obtenho do rei a autorização para me casar com minha amada Marnahan e, assim, não precisarei sequer da autorização do arrogante Nekhefre. Os deuses devem estar me ajudando muito para que tudo isso esteja acontecendo desse modo.

As horas seguintes foram de angustioso preparativo, durante as quais, sua alma, aos sobressaltos, antecipava os diversos diálogos que poderiam surgir, as reverências que deveria fazer perante o faraó, como se dirigir a ele, como lhe responder caso fizesse alguma indagação, que roupa vestir, que acessórios utilizar.

Enfim, chegou o momento de dirigir-se ao local onde Roab havia apontado que deveria estar, na hora marcada, para ser encaminhado à entrevista.

Notara, contudo, que ficara isolado do poviléu que, entre as ovações e os cânticos a Aton preenchiam o recinto dedicado ao culto do meio-dia.

Ficara afastado de todo o burburinho, sem saber em que momento seria encaminhado ao interior do palácio sagrado. Apenas aguardava com ansiedade o tempo passar e, a cada pessoa que penetrava o recinto, levantava-se reverente para, logo depois, sentar-se novamente por perceber que ainda não se tratava de seu caso pessoal.

Identificado como Kalmark, o artista que Mudinar havia convocado para estar ali, foi, depois de uma hora de espera, levado até a sala do chefe da guarda que, amistosamente, recebeu-o desejando parecer simpático e confiável.

– Pois então, meu jovem, estou cumprindo minha promessa. Seu talento, ao longo desses dois anos de atividade me autoriza a permitir que se apresente ao rei, principalmente porque o próprio faraó se viu surpreendido pela beleza de suas obras e demonstrou o desejo de conhecê-lo.

Kalmark ouvia tudo em silêncio respeitoso e quase amedrontado.

– Você será levado, em breve, para o salão do trono, onde aguardará a minha ordem para aproximar-se do nosso faraó. Eu mesmo o apresentarei para que nosso amado rei esteja ciente de que se trata do mais jovem e promissor artista de seu reino. Cuidado para não falar o que não deve e para não agir em desacordo com os rituais que devem ser observados perante o mais alto dignitário do Egito. Abaixe a cabeça e só a levante se o faraó dirigir-lhe a palavra diretamente.

– Sim, nobre Mudinar, seguirei todas as orientações. Apenas gostaria de aproveitar a oportunidade para presentear nosso adorado rei com uma modesta produção pessoal que trago comigo, em forma de reverência e gratidão.

– Pois bem, meu jovem, isso será permitido e ajudará a demonstrar ao faraó todo o seu talento. No entanto, deve ser algo rápido, pois haverá mais pessoas esperando pela apresentação depois de você.

– Assim o será, meu senhor – respondeu Kalmark.

– Aguarde mais alguns minutos e nós nos dirigiremos para o salão. Você estará com um dos meus. Eu irei antes, pois preciso estar ao lado do rei para a direção do ritual. Um dos meus assistentes diretos já está informado das nossas tratativas. Ele o conduzirá quando for o momento.

E assim foi feito.

Afastou-se Mudinar em direção ao local onde o faraó se colocaria para receber os que o vinham homenagear e o jovem artista permaneceu em pequeno compartimento próximo do salão oficial à espera do momento adequado para apresentar-se.

A cerimônia transcorria lenta e as diversas delegações estavam se sucedendo, prestando homenagens, apresentando suas credenciais, oferecendo presentes ao rei, quando o assistente de Mudinar apontou a Kalmark a chegada do momento de entrar no salão, pela passagem que dava acesso ao seu interior e que era usada pelos funcionários do rei.

Maravilhou-se o jovem com a suntuosidade do ambiente. Brilhos e cores variados se misturavam às imensas colunas decoradas, à chama crepitante que ecoava pelo vasto aposento. As inúmeras delegações ali estavam em fila, esperando o cerimonial abrir-lhes o espaço necessário para a apresentação. Todavia, não era o volume de pessoas que o impressionava. Era a pompa do lugar, a riqueza e a importância de tudo aquilo que ele jamais vira até então.

Sem deixar o ambiente, afastou-se um pouco para poder ver melhor o que estava acontecendo e os detalhes de tudo ao seu redor.

Percebeu que Mudinar se encontrava ali, logo à frente, ao lado do rei, dirigindo as apresentações, a menos de oito metros de distância dele, Kalmark.

À sua entrada, o chefe da guarda virou rapidamente o rosto em sua direção e, com um pequeno gesto de cabeça sinalizou-lhe que já o havia visto ali e que aguardasse o momento adequado.

De onde estava, podia escutar o teor da conversação que se realizava perante o faraó que, sentado em um trono de madeira entalhado e pintado com esmero, acompanhava as apresentações e aceitava as reverências.

Duas pessoas estavam diante do rei naquele momento, enquanto que os demais visitantes permaneciam enfileirados à espera.

Aguçando os ouvidos para não perder nenhum detalhe da ocorrência que tinha sob suas vistas, Kalmark passou a fixar-se nos gestos das personagens diante do rei, para ver como se portavam, como se dirigiam ao faraó, que trejeitos executavam, pois, em breves momentos, para lá seria conduzido e deveria saber comportar-se.

Por esse motivo, passou a preocupar-se em observar o comportamento dos que se apresentavam perante Akhenaton, ladeados por Mudinar.

Foi aí, então, que foi envolvido por uma sensação de surpresa e quase pânico que, por pouco, aliado ao natural nervosismo daquele momento, não lhe tiram a consciência.

– Seria engano ou aquelas duas pessoas eram-lhe conhecidas? – pensava em silêncio, entre a descrença e o medo.

Passou a prestar mais atenção e escutou um nome familiar.

– Não é possível... – pensou ele confirmando suas suspeitas – É o príncipe Nekhefre que está ali diante do faraó...Mas o que o sacerdote Hatsek está fazendo junto dele? O rei fechou todos os templos de Amon-Rá há alguns meses...

O diálogo seguia entre Mudinar, Nekhefre e o rei e, para surpresa do jovem, estava justamente na altura em que o faraó esperava de Nekhefre a mais absoluta confissão de fidelidade a Aton, em uma renegação clara às antigas crenças que esposava em Tebas sem nenhuma cerimônia.

Escutara as últimas palavras de Nekhefre, visivelmente nervoso, à beira do descontrole:

– Nobre faraó, quando falo em obediência, não me refiro a uma conduta mecânica de uma criatura sem vontade. Sigo os passos do meu rei e aceito, sem reservas, desde a implantação da nova fé a todo o reino, as ordens e os desejos que brotam de vossa divina orientação.Aqui estou para dar testemunho público de que Aton segue sendo a única verdade e que dele não me afastarei nem deixarei de defender com as forças da própria vida.

Estas palavras, seguidas do já conhecido cerimonial da assinatura pública do documento de aceitação que havia sido imposto a Nekhefre, surpreendiam o espírito independente do jovem Kalmark.

– Que príncipe mais mentiroso e falso esse Nekhefre. Quantas vezes eu não testemunhei suas idas ao templo de Amon-Rá fazer oferendas, participar de orações. Além do mais, está aqui com Hatsek ao seu lado e não tem nem a vergonha de ficar vermelho dizendo estas coisas.

Todavia, mantinha-se calado, prestando atenção à cena, como mais um dos inúmeros observadores que ali testemunhavam a humilhação de um homem altivo.

Aparentemente, Nekhefre estava defendendo o seu interesse pessoal, procurando manter os seus títulos e aceitando trocar a velha crença pela manutenção de suas vantagens. Todavia, a cerimônia teve seu curso, agora se colocando as opções de Nekhefre em uma dolorosa bifurcação. Como o leitor poderá se lembrar, diante do faraó o príncipe de Tebas fora convocado a manifestar-se sobre seu relacionamento com Hatsek, nos termos diretos e que não deixavam nenhuma dúvida:

– Se pertences mesmo a Aton, este sacerdote não mais é digno de permanecer em contato contigo...

Foram as palavras diretas do Faraó que esperava, naquele momento, o imediato e público repúdio de Nekhefre ao seu amigo e benfeitor Hatsek, sacerdote de Amon-Rá, o antigo deus banido pela nova crença de Akhenaton.

O faraó levantara-se do trono e se posicionara entre os dois esperando que o príncipe se manifestasse.

Esse gesto produzira no salão uma atmosfera de tensão até ali não experimentada, já que, ao levantar-se do trono, o rei indicava tratar-se, aquela, de uma questão extremamente séria e de realce indiscutível para todos os que assistiam à cena.

Nekhefre tremia e, visivelmente, custava a manter-se de pé.

Hatsekenká seguia sereno e equilibrado, uma vez que as forças superiores o ajudavam a se manter em sintonia com a ajuda espiritual que vinha do Alto em seu auxílio.

Kalmark também não sabia o que pensar, depois de ter presenciado a negação de Nekhefre e as mentiras que havia dito perante todos. Agora, via a situação do príncipe, convocado a negar o amigo para sobreviver e a repudiá-lo igualmente para garantir seu próprio futuro.

A mente de Nekhefre era um vulcão em erupção e ele nada tinha que o ajudasse a adotar uma posição com critério e equilíbrio. Por um lado, pensava em Hatsek, aquele benfeitor que tudo fizera por ele, desde os idos tempos da gravidez de Hatsena, até o salvamento de Marnahan depois da cena do banimento de Meldek e Kaemy de sua casa.

Por outro lado, avultavam no pensamento de Nekhefre o brilho e o prestígio que estava recebendo do próprio rei, pelo simples fato de ter aceitado a crença em Aton, ainda que não a mantivesse com sinceridade dentro de si.

Pensava nas vantagens materiais que poderia continuar a exercer e explorar, no conforto de sua família, no futuro de suas filhas e dele mesmo e, sobretudo, pensava que naquele ambiente ninguém deveria conhecê-lo e não imaginariam a ligação que possuía com o sacerdote de Amon-Rá.

Esse pensamento pareceu dar-lhe certa tranqüilidade, uma vez que somente Hatsek tinha conhecimento de tudo o que haviam passado juntos. Deveria sacrificar apenas o sacerdote, caso pretendesse seguir pelas estradas largas da vida.

Ninguém mais iria testemunhar o gesto de repúdio, além do próprio Hatsek – pensava Nekhefre.

Ao mesmo tempo, a sua consciência lhe gritava aos ouvidos que aquele era o único e o melhor amigo que havia tido em toda a sua vida e que as dívidas morais que tinha para com ele eram imensas e impagáveis. Como é que poderia escolher repudiá-lo...

Todavia, o faraó estava de pé, esperando uma decisão de sua própria responsabilidade.

Mais uma vez tinha que escolher e, no peso de todos os valores que cultivava, novamente falaram mais forte os valores transitórios da matéria sobre os valores imorredouros da alma.

Olhando profundamente nos olhos de seu amigo como que a lhe pedir um perdão silencioso pelo que iria fazer, ao mesmo tempo em que pensava nas glórias que tal comportamento lhe garantiriam perante o próprio rei, além do fato de pensar-se distante de qualquer testemunha que lhe conhecesse o envolvimento direto e pessoal com o sacerdote, o príncipe realizou a sua escolha, em resposta à imposição do faraó:

– Sim, meu amo e senhor, repudio toda e qualquer ligação que já pude ter tido com esse sacerdote que pertence à crença errada que vossa sabedoria tão bem soube corrigir... – foi a frase fria e sem brilho que os lábios e a fraqueza de Nekhefre pronunciaram.

Baixou os olhos, envergonhado de si mesmo, não conseguindo olhar no rosto plácido e sereno de Hatsek.

Sorridente e vitorioso, o faraó voltou-se ao sacerdote e ordenou que o mesmo se manifestasse sobre aquele ato de repúdio:

– Nobre rei de todos os egípcios, todo homem é digno de suas escolhas e haverá colheita de frutos para todo o tipo de sementes que forem semeadas – foi a resposta do sacerdote que, com isso, referia-se genericamente a todos os tipos de sementes e colheitas, inclusive aquelas que o próprio faraó estava propiciando, com a violência que produzia na crença dos humanos, ainda que na tentativa de realizar algo positivo.

O silêncio se apresentou perante todos e, satisfeito com a postura de Nekhefre, o rei voltou ao seu lugar, enquanto o príncipe, esgotado pelas emoções daqueles momentos, se via em ponto de morrer. Compensavam-lhe, entretanto, as vantagens que, com o gesto de repúdio, garantiria para si mesmo e para a sua família.

Mudinar, que a tudo assistia entre a felicidade interior e a satisfação de ver Nekhefre em frangalhos, tinha mais coisas preparadas para aquele momento.

Procurando dar um ar de festividade ao ato covarde de repúdio que Nekhefre havia praticado, como que a melhorar-lhe o ânimo, Mudinar aproximou-se do faraó e disse-lhe com certa intimidade:

– Nobre Rei de todos nós, o gesto do grande príncipe de Tebas é o maior prêmio que vossa divindade poderia ter recebido num dia como este. A escolha segura e convicta que o estimado príncipe demonstrou neste salão o credencia para estar entre os mais fiéis e confiáveis servidores deste palácio. Por isso, em face de sua indiscutível posição de nobreza a honrar as mais elevadas noções de submissão e lealdade ao trono do Egito, me sinto animado a apresentar, diante de Vossa Grandeza, um pedido pessoal.

Aquela era uma postura inédita, já que Mudinar nunca se aventurara em realizar qualquer pedido direto ao faraó. O próprio rei, diante do seu mais íntimo e confiável servidor, se viu surpreendido com a evocação. Todavia, por saber que Mudinar não iria agir de maneira leviana, em face de conhecer-lhe a conduta perante a sua presença, respondeu-lhe:

– Tens demonstrado fidelidade e eficiência nos serviços prestados ao Egito. Por isso, permito-te expressar o pedido que mencionaste perante mim.

– Eternamente agradecido, nobre rei. Para selarmos este momento de elevação na demonstração da fidelidade do nobre príncipe ao trono do Egito, uma vez que sua conduta foi das mais dignas no tocante aos deveres de um príncipe, me sinto inspirado a solicitar, na presença dele mesmo, autorização do próprio faraó para que tome sua filha Hatsena como minha esposa, estabelecendo os laços familiares tão importantes para a consolidação do apoio à causa imortal de Akhenaton.

Que soberana tortura se estava abatendo sobre o espírito de Nekhefre.

Repudiara a sua antiga crença. Repudiara seu melhor amigo e agora, se via às voltas com um pedido esdrúxulo daqueles, fantasiado de verdadeira honraria – o de concordar com o casamento do homem maldoso com a sua filha tão querida...

Diante do pedido pessoal, Akhenaton se viu agradavelmente inclinado a conceder, eis que sabia que Mudinar não se consorciara e não tinha família conhecida.

Reconhecia o empenho de seu chefe da guarda e desejava agraciá-lo com a permissão solicitada.

Todavia, em face da presença do pai da jovem pretendida e, por se tratar de uma aliança que precisaria contar com a aquiescência das partes para que fosse o mais forte e verdadeira possível, Akhenaton manifestou-se, dizendo:

– Muito me agrada a idéia, meu Mudinar dedicado. Entretanto, antes de decidir, gostaria de escutar a posição do príncipe que, por motivos de respeito paterno deve ser ouvido antes que eu decida... – foi a resposta, dirigindo-se para Nekhefre.

Não podia passar pela mente do príncipe permitir que aquela víbora desposasse a sua filha mais nova. Todavia, não poderia, do mesmo modo, deixar transparecer que não o aceitaria como um aliado na aliança que propusera.

Novamente, estava na condição de ter de escolher o que lhe parecia mais adequado, sem ferir os interesses de ambos os lados.

Não desejava sacrificar a amada Hatsena e não pretendia ofender um homem tão poderoso como Mudinar, negando-lhe sumariamente o consórcio matrimonial, notadamente depois de o próprio faraó ter dado claros sinais de que lhe agradava a idéia.

Compelido a apresentar sua resposta ao projeto de casamento, o príncipe valeu-se das poucas energias mentais que lhe restavam e respondeu, politicamente:

– A proposta é extremamente honrosa para minha família e, melhor pretendente não pode haver em todo o Egito, abaixo do próprio rei. Todavia, Hatsena é muito jovem, apesar de nossos costumes lhe atribuírem condições para contrair o matrimônio. Já está formada para tanto e poderia,com o tempo, ser uma boa esposa.

Entretanto, minha casa teve a felicidade de receber outra filha, esta sim, já mais bem formada e afeita às rotinas do lar, robusta na saúde e na beleza e que, com muito gosto, poderia estar à altura de um casamento tão importante como este que o mais alto servidor do reino deseja realizar. Trata-se de minha filha mais velha, Marnahan...

Esta foi a maneira encontrada por Nekhefre de tentar salvar a filha mais nova das garras daquele homem perigoso. Sacrificaria a filha mais velha, por quem tinha afeto, mas que não representava a eleita de seus sentimentos mais secretos.

Aquele nome – Marnahan – ecoou pelo salão e atingiu os ouvidos de Kalmark como uma punhalada fria e covarde, desferida pelo coração indiferente de um homem fragilizado.

Um ódio sem limites passou a crescer no coração do rapaz que se via preso de um pesadelo para o qual não havia saída.

28

Uma glória que perdeu o encanto

Diante da proposta de Nekhefre, oferecendo a outra filha a Mudinar, numa tentativa de salvar Hatsena do destino trágico de se unir àquele homem, o chefe da guarda real percebeu que o príncipe desejava afastá-lo desse intento, naturalmente por pretender preservar a filha mais nova. E, na experiência que possuía, desenvolvida na astúcia de homem acostumado a simular e dissimular, Mudinar aquilatou que Nekhefre não hesitava em sacrificar sua própria filha mais velha para preservar a mais jovem.

Isso lhe demonstrava que o seu apego à menor era muito grande e, assim, imporia maior sofrimento a Nekhefre se mantivesse o pedido.

Como não poderia estabelecer um conflito naquele momento e, uma vez que o próprio príncipe havia concordado, mesmo reticenciosamente, com o casamento, Mudinar dirigiu-se ao rei, em resposta:

– Amado Filho de Aton, a postura do generoso príncipe bem demonstra ser ele homem digno de compor os mais próximos auxiliares do reino. Creio que a sua oferta pode ser considerada também na questão do matrimônio. Afinal, a filha mais velha, realmente, pela idade que possui, poderá ser a esposa principal deste servo do grande rei. Assim, para conciliarmos os propósitos e, sobretudo, para não afastar as duas do convívio comum, já que meu sentimento se inclina pela filha mais nova, renovo o meu pedido para tê-la, igualmente, na condição de segunda esposa, mantendo sob minha proteção e oferecendo a ambas todos os recursos e riquezas que me emolduram a vida, compensando-me, de maneira agradável das responsabilidades administrativas, sempre honrosas, mas, ao mesmo tempo, áridas. É meu pedido final ao Grande Rei.

Com estas palavras, Mudinar deixava claro que não pretendia abrir espaço para maiores negociações. Ao mesmo tempo, Nekhefre se segurava, mordendo os lábios para evitar que a ira o traísse e o impelisse a estrangular Mudinar ali mesmo. A perspectiva de perder Hatsena para aquele tipo arrogante e perigoso lhe era pior do que todos os sofrimentos até ali suportados.

Havia tentado preservar a filha mais nova e, ao fazê-lo, acabara expondo tanto ela quanto a mais velha à sanha sem limites de Mudinar. Bem que Hatsek o havia aconselhado a não se entregar com palavras impensadas ou a demonstrar suas intenções, que isso seria usado contra ele próprio.

Ao mesmo tempo, Kalmark se sentia cada vez mais vítima desse horrível complô que lhe cassava todos os sonhos e fazia ir por água abaixo todos os objetivos de sua luta até ali.

E isso tudo produzia em sua alma um estado íntimo de ódio amargo contra Nekhefre. E ele nem havia sido informado dos acontecimentos que tinham se desdobrado depois de sua saída da casa do príncipe. Não sabia que seu pai estava morto e, sua mãe, perdida à sua procura.

Quando soubesse de todos estes fatos, então, todo o sofrimento que até ali experimentava e a aversão por Nekhefre aumentariam mais e mais em sua alma.

– Creio que, com essa solução, resolvemos a questão e, ao invés de uma aliança simples, estaremos ligando nossas casas pela aliança dupla, preservando-se a mais jovem para seguir ao lado da irmã mais velha, na condição de segunda esposa de Mudinar, atendendo à preocupação justa do pai, o nobre príncipe Nekhefre – foram as palavras do faraó, dando por solucionada a questão e, assim, autorizando a união de Mudinar com as duas filhas de Nekhefre.

Em realidade, Mudinar desejava mesmo a filha mais jovem. No entanto, aceitou ambas para não se ver afastado daquela que era o alvo de seu interesse. Na época em que a presente narrativa ocorre, os homens mais importantes ou poderosos podiam possuir várias esposas e o próprio Akhenaton as possuía, de forma que a pretensão de Mudinar não era algo inusitado ou absolutamente estranho aos costumes daquele tempo.

Como também não era estranho se produzir a união de jovens adolescentes com homens mais velhos. A expectativa de vida era extremamente reduzida e, por isso, as jovens eram encaminhadas para o matrimônio em tenra idade, o mesmo ocorrendo, algumas vezes, com os próprios rapazes. Ao mesmo tempo, era muito comum o falecimento da mulher no parto, o que era compensado pela possibilidade de se possuírem outras esposas.

Aproximadamente metade das crianças morria no parto e, das

que sobreviviam ao nascimento, metade não chegava a completar o primeiro ano de vida.

Com todos estes problemas, havia a natural necessidade de se manter a garantia de que um homem poderia dar continuidade à tradição de sua família e de seu nome, o que era tentado com os recursos acima explicados.

Solucionado o pedido de Mudinar com a autorização indiscutível do faraó, estabelecia-se o contorno cruel do destino das personagens envolvidas nesse drama. Nekhefre odiando Mudinar, Mudinar e Kalmark odiando o príncipe, ao mesmo tempo em que este último passara a ter um sentimento confuso com relação ao chefe da guarda que, naquele momento, obtivera a autorização para casar-se com a sua amada Marnahan.

Afinal, Kalmark estava perdido em sua mente jovem e inexperiente para avaliar com clareza. Não poderia ter ódio de Mudinar por imaginar, ingenuamente, que ele não tinha idéia de seu amor por Marnahan nem havia desejado casar-se com ela. Havia aceitado a sugestão do seu pai que a oferecera como um vendedor que vende mercadorias de porta em porta.

No entanto, isso não impedia o seu sofrimento, já que o chefe da guarda desposaria a mulher eleita de seu coração. Queria, na verdade, matar todos os envolvidos naquele acordo e, assim, ficar livre para poder reconstruir sua vida com a mulher de seus sonhos.

Ou então, desejava fugir imediatamente para ir ao encontro de Marnahan e afastá-la daquela trama sórdida que a envolvia. Havia percebido, no entanto, que naquele salão as maldades se congregavam e a amargura era construída na vida alheia como um processo de sadismo, pelo simples prazer de causar sofrimento nos outros. A sua experiência no meio de intrigas que os seus competidores artesãos não cessavam de criar, envolvendo-lhe a pessoa, por inveja ou maldade, já o havia feito despertar para a maldade humana e, assim, observou que ali não poderia se expor nem manifestar seus verdadeiros sentimentos e, mais do que isso, deveria estar ali por algum motivo que ele mesmo, Kalmark, não sabia identificar.

Com a decisão do faraó, estava encerrada a entrevista na qual Nekhefre havia traído todos os seus ideais, suas crenças, sua amizade, perdido suas duas filhas, se afastado do lar, ficando aprisionado nas garras de seus algozes, tão somente para preservar seus interesses materiais e de poder.

Com a decisão de repudiar Hatsek, ambos foram separados um do outro e, por ordem de Mudinar, o sacerdote foi conduzido à prisão do palácio, onde esperaria o seu destino, já que o decreto último do rei havia sido extremamente rigoroso com os sacerdotes do culto de Amon, os mesmos que estavam conspirando secretamente contra o equilíbrio do reinado de Akhenaton.

Nekhefre estava sendo retirado do salão real quando, dando passagem ao próximo súdito de Akhenaton, ouviu Mudinar em pessoa, dirigir-se ao faraó na apresentação daquele que lhe sucederia na entrevista.

– Grande Rei, tenho a alegria de trazer à presença do Filho Dileto de Aton aquele que impressionou a vossa sensibilidade artística com as criações e o talento que demonstrou ao longo do tempo em que vem servindo à esta casa. Vindo diretamente de Tebas para as oficinas reais, eis aqui o jovem, mas grande artesão do reino, Kalmark... – esticando os braços na direção do anunciado, fez sinal para que se aproximasse, já que não distava muito do trono real.

Ao ouvir a menção daquele nome, Nekhefre, que ainda estava no ambiente, voltou seu rosto para a direção apontada por Mudinar a fim de observar melhor se não se estava tratando de alguma confusão.

E seus olhos cruzaram com o olhar frio de Kalmark. Aquele jovem que crescera em sua casa, na companhia de suas filhas e que, anos antes lhe havia feito o desaforo de insinuar que desejava casar-se com uma delas... justamente a mais velha... aquela que ele havia oferecido ao chefe da guarda real...

Ali estava o mesmo rapaz que ele humilhara na última conversa, tratando-o como criatura menor, menos capacitada e, por isso, impossibilitado de estar na condição de esposo de qualquer descendente da nobreza tebana, principalmente sua filha.

No lapso de segundo que decorreu entre o anúncio de Mudinar e a aproximação de Kalmark, o cérebro de Nekhefre examinou todos os fatos ocorridos entre eles, ao longo de toda a convivência. Ali estava Kalmark, que sabia de todas as suas idas ao templo de Amon, mesmo depois das ordens de Akhenaton instituindo o novo credo único. Sabia de suas relações pessoais com os sacerdotes de Amon, sabia da intimidade de sua casa, da ligação com Hatsekenká e, o que era pior, havia presenciado todo o diálogo no qual estivera envolvido.

Uma forte angústia tomou conta da alma de Nekhefre, agora que era conduzido para fora do recinto real por um guarda de Mudinar, até os aposentos onde seria acolhido para as novas funções junto ao faraó.

Deixaria Kalmark na presença daquele que era o Senhor do Egito, sabendo de tudo o que ele fizera e sem poder ter como defender-se, caso o rapaz falasse ao rei tudo o que sabia sobre sua conduta em Tebas.

Além disso, outra idéia avassaladora lhe ocorreu:

– Será que Kalmark está sabendo que expulsei seus pais de minha casa logo depois que ele partiu? – pensava ele, sem saber também tudo o que havia ocorrido com Meldek e Kaemy. Também Nekhefre não sabia que o primeiro havia morrido e a segunda estava em Amarna já há quase um ano, à procura do filho.

Agora, diante do faraó, estava aquele rapaz que poderia desdizer tudo o que ele havia falado, testemunhar as mentiras que havia contado tão somente para continuar nas graças do rei.

O testemunho de Kalmark poderia levá-lo até mesmo a ser considerado traidor, se tal fosse do conhecimento de Mudinar.

No entanto, pela astúcia do chefe da guarda que o mantivera no ambiente para saber que Kalmark estava ali e pertencia aos mais respeitados artistas do palácio, afastando-o dali logo a seguir, ele, Nekhefre, deveria amargar as horas que o esperavam, na incerteza de seu destino, já que não saberia dizer o que o jovem Kalmark iria falar na presença do rei.

Todo este plano fora concebido pela mente perturbada de Mudinar para ferir e torturar Nekhefre, por quem tinha surdo ódio. A figura de Kalmark seria usada pelo chefe da guarda para causar medo na sua consciência e mantê-lo servil sob o risco de ser delatado e preso como mentiroso e traidor.

Esse era o desejo de Mudinar ao levar Kalmark até o ambiente e fazer com que o príncipe soubesse de sua presença. Além do mais, desejava igualmente que o artista presenciasse a conduta do príncipe diante do rei, para que se inteirasse de sua postura mentirosa e visse, inclusive, o repúdio a Hatsek, o que, obviamente, feriria a sua sensibilidade idealista de jovem.

Mas os fatos foram mais generosos ao astucioso Mudinar do que ele próprio havia pretendido ser, eis que, sabendo do amor de Kalmark por Marnahan, criou as condições necessárias para que Nekhefre a oferecesse a ele, Mudinar, quando pedira a mão de Hatsena em casamento. Com certeza, isso havia ferido profundamente o coração do jovem e tal fato não havia sido planificado por Mudinar com tal perfeição.

Diante do faraó, Kalmark prostrou-se com reverência máxima.

Todavia, já não era mais o mesmo artista eufórico diante do maior sonho de um artesão. Era um jovem ferido que tinha vontade de chorar diante da própria impotência e da perda de tudo o que era mais sagrado em sua vida.

Enaltecido por Mudinar, ouviu Akhenaton determinar que se levantasse para que conversassem rapidamente, o que foi feito mecanicamente por parte de Kalmark, com o olhar vago e apagado.

– Pois és tão jovem e assim tão talentoso, meu rapaz – falou-lhe o faraó.

– Sou apenas servo de vossa inspiração, Grande Aton. De vossas luzes decorrem a inspiração e o talento que embeleza o mundo – respondeu, certeiro, o jovem respeitoso.

– Muito me agrada a tua arte e pretendo utilizá-la a meu serviço na decoração do túmulo real. Estás disposto a isso? – indagou o rei sem rodeios.

– Não há desejo do Grande Deus dos egípcios que não seja atendido e não honre aquele que se coloque no caminho de torná-lo realidade.

Mudinar estava surpreso com a desenvoltura do rapaz, nas palavras rápidas e certeiras com que se dirigia ao soberano.

Em realidade, Kalmark estava sendo inspirado pela ação sutil de Khufu, amigo de todos os protagonistas dessa história e que pretendia ajudá-lo a superar as dificuldades do momento, notadamente em função do sofrimento interior que vinha suportando. Assim, através dos canais da intuição, fazia com que as palavras certas acabassem chegando ao pensamento de Kalmark, que só tinha o trabalho de as articular, convertendo-as em som para o agrado do rei.

– Pois Mudinar irá te encaminhar ao trabalho e te remunerará regiamente. E regularmente tu serás trazido à minha presença para explicar e mostrar como estão indo as obras de embelezamento da câmara real – falou o rei como que dando por encerrada a entrevista.

– Grande Soberano – falou Mudinar – antes de dispensar o jovem artista, permitai que ele ofereça à Vossa Divindade uma prenda de sua gratidão por esta oportunidade, conforme ele mesmo me solicitou autorização prévia para fazê-lo.

Com um gesto de cabeça Akhenaton autorizou que Kalmark se aproximasse para oferecer-lhe o presente que havia entalhado que, pelas características e contornos, encantou a sensibilidade real, ao mesmo tempo em que permitiu ao jovem que pudesse ter contato mais direto com a personagem que deveria retratar nas câmaras mortuárias.

Pela primeira vez Kalmark pôde ver de perto a estranha pessoa que era venerada por todos os egípcios.

A magreza, os braços e dedos longos e finos, o olhar oblíquo, a cabeça alongada, os olhos finos, tudo conspirava para fazer daquele homem qualquer coisa, menos o faraó do Egito.

No entanto, apesar de impressionante, Kalmark conseguiu manter-se em equilíbrio para não traduzir qualquer gesto que denunciasse o seu assombro, o que seria fatidicamente prejudicial ao seu futuro.

Encerrada a audiência, foi encaminhado à sala da guarda real onde estivera antes, em conversação com Mudinar, em cujo interior deveria aguardar antes de voltar para sua moradia.

Mudinar pretendia falar com ele...

29

Os caminhos retos da Lei do Universo

Depois de uma longa espera, o jovem Kalmark pôde, finalmente, encontrar-se com Mudinar, que trazia no rosto, estampada, a máscara da satisfação, própria dos que conseguiram atingir os seus intentos.

À chegada do chefe da guarda real, o jovem levantou-se e esperou que se lhe dirigisse a palavra:

– Muito bem, meu caro artista. A sua postura diante do rei muito agradou a todos, inclusive ao próprio soberano que admirou a oferenda que você fez. Espero que as novas atribuições que lhe foram confiadas possam ser honradas com o melhor de seu talento, já que se incorporará ao grupo de escultores, entalhadores e decoradores que trabalham nos túmulos reais.

– Procurarei, nobre senhor, oferecer o melhor de mim mesmo, já que se trata da morada final do grande rei. Espero que tal tarefa possa ser cumprida pelas minhas pequenas forças... – respondeu reticente o jovem que, por tudo o que ouvira naquele recinto, agora, se mantinha mais retraído e pensativo.

Observando-lhe o comportamento mais fechado, Mudinar voltou à cena.

– Sei que tudo o que você presenciou anteriormente é novidade para sua alma e que muitas coisas não ocorrem como desejamos que seja. No entanto, esteja certo de que, com o passar dos dias, as circunstâncias se alteram e tanto o que era agradável se desnatura quanto o que era ruim se modifica para melhor. Veja você... eu pretendia contrair núpcias com uma jovem e acabei compromissado com duas... – falou o chefe da guarda para tocar no assunto delicado que feria o sentimento de Kalmark.

Ao ouvir a referência indireta ao pedido de casamento que acabou comprometendo os seus próprios sonhos, Kalmark estremeceu por dentro, mas deixou passar em branco a referência a fim de não se expor, pois não pretendia denunciar seus intentos nem demonstrar até que ponto fora atingido com aquele golpe.

Diante do mutismo do rapaz, Mudinar seguiu em frente:

– Hoje, você esteve diante de Nekhefre, de quem se afastou há muito tempo, não é?

– Sim, meu senhor, creio que as suas informações estão corretas – respondeu o jovem meio espantado, sem pretender transparecer temor.

– E o que você presenciou no comportamento do príncipe foi um espetáculo digno do pior artista. Ao mesmo tempo, renegou a sua antiga fé, a sua ligação com o sacerdote que, ao que sei, sempre lhe foi fiel amigo e homem de bom coração e, além disso, acabou oferecendo em matrimônio as duas filhas que possui, com certeza para tentar livrar a mais amada de uma união indesejada...

Eu sei que tudo o que Nekhefre falou aqui não corresponde à verdade de seus sentimentos. Todavia, precisava deixá-lo comprometer-se diante do faraó para que se apresentasse perante todos a favor ou contra a nova ordem que defendemos. E meus informantes sabem que, por ter morado em sua casa, você presenciou todo o envolvimento do príncipe com a antiga crença, mesmo depois de ter o nosso rei alterado toda a estrutura de nossa religião.

Do mesmo modo, eu sei que o seu sentimento por Marnahan é sincero e seus sonhos de desposá-la continuam vivos em seu coração.

A referência à sua amada fê-lo emocionar-se, demonstrando a tristeza que vinha sentindo dentro de sua alma, sobretudo por não ter condições de concorrer com o poder e o prestígio daquele tão poderoso chefe real.

Continuava, todavia, sem articular qualquer palavra, apenas surpreendido diante das sucessivas revelações que lhe eram feitas por aquele homem que, agora, surgia como um conhecedor de muitas coisas, como se estivesse presente em todos os lugares ao mesmo tempo.

– Pois eu posso lhe garantir, meu jovem sonhador, que se suas palavras forem corretas no testemunho do que sabe, diante do nosso rei, seu sonho poderá ser realizado e Marnahan poderá ser sua esposa.

– Mas, meu senhor, ela foi prometida diante do faraó à vossa pessoa. É algo que não tem retorno...

– Tudo, neste mundo, vai e volta, meu rapaz. Apenas precisarei que, no momento oportuno, você tenha a postura correta de atestar tudo o que sabe, diante do faraó.

Esperava, Mudinar, selar ali uma aliança com Kalmark, oferecendo a ele, por sua vez, a possibilidade de unir-se com a mulher amada, filha do homem que, pelo que tudo indicava, Mudinar desejava destruir.

Confundido com a postura firme do Chefe da Guarda, Kalmark se sentia pressionado entre o amor de Marnahan e o ódio por Nekhefre, diante de tudo o que havia presenciado naquele dia.

Com um gesto mudo de assentimento, como a confirmar a sua aceitação, o jovem indicara ao seu interlocutor que estaria pronto para atender-lhe a convocação. Foi a única maneira de Kalmark furtar-se a uma promessa verbal, obtendo, com isso, mais tempo para pensar no que fazer.

Dando por encerrada a entrevista, o jovem foi dispensado por Mudinar, que voltou aos afazeres de seu cargo, tomando o rumo de sua moradia, pensando em como agir.

Precisaria ser rápido, já que não tinha elementos para confiar em mais ninguém. Mesmo a promessa de Mudinar de que poderia casar-se com Marnahan soava como algo próximo a uma recompensa que ninguém poderia garantir que fosse paga, efetivamente.

Todavia, o destino o mandava, agora, trabalhar no túmulo real, distante da cidade cerca de quinze quilômetros. Lá poderia pensar melhor, afastado de todas as coisas que tinham feito daquele o pior dia que já vivera em seus dezenove anos.

Ao deixar a audiência real, Nekhefre foi encaminhado aos seus aposentos no próprio palácio, não sem antes ter solicitado que seus pertences fossem recolhidos junto à estalagem que os abrigara antes de ter-se transferido para as novas acomodações, juntamente com Hatsek.

Seu espírito estava em frangalhos e a consciência acusava a conduta desleal e vergonhosa que tivera para com o seu melhor amigo, seu benfeitor que, a esta altura, deveria encontrar-se em situação muito difícil por culpa dele.

Afinal, fora a seu pedido que Hatsek se ausentara de Tebas para acompanhá-lo até Amarna.

Em seu coração existia apenas o vazio do dever não cumprido e o peso da vergonha pela inexplicável postura que tivera, para a qual, a única justificativa era a sua própria fraqueza de caráter.

Não conseguira dormir, nem conciliar os pensamentos, agora que estava derrotado em todas as frentes de sua própria personalidade.

Como encarar Hatsena e Marnahan e explicar todas estas coisas?

Como elevar suas orações aos antigos deuses que, agora, deveriam tê-lo abandonado pelo ato de repúdio público que aceitara encenar para garantir os favores e as benesses que conseguira obter até ali com a ajuda dos próprios deuses de sua antiga fé?

E como não se preocupar ainda mais quando, acreditando-se distante de todos os seus conhecidos de Tebas, constatou a presença daquele que, dentre os seus conhecidos era dos que mais presenciara as suas condutas de ligação e dependência da antiga religião? Justamente aquele rapaz que morara em sua casa por tantos anos, que ele mesmo desprezara e, o que era pior, havia punido na pessoa dos pais que demitira sumariamente do emprego que tinham em sua casa, colocando-os na rua sem quaisquer proteções?

Bem que pôde perceber o olhar frio e duro do jovem quando ouvira a menção para que se aproximasse do grande rei, logo depois que encerrara a sua audiência.

O que iria dizer diante do faraó? Toda a verdade que ele mesmo não fora capaz de assumir?

Todos estes pensamentos, leitor amigo, são próprios dos que, deixando-se levar por interesse menores, caprichos pessoais, desejos mesquinhos, sentimentos vis, descumprem deveres elevados e se evadem da arena do enfrentamento de si mesmo. Ao fazê-lo, as brechas mentais se abrem na consciência do indivíduo e as culpas íntimas passam a se tornar o maior algoz que o ser humano pode possuir.

Diante do mundo espiritual, todos os processos dolorosos suportados com coragem e cabeça erguida na fé e na confiança em Deus, representam atestados de confiança que o ser humano dá diante de seus desafios, autorizando os seus tutores espirituais a mobilizarem mais forças, mais energias, consolações e a intercederem por ele perante os Espíritos Superiores que dirigem os destinos de todas as criaturas.

Todavia, todas as vezes em que, por fraqueza de caráter, por apego às coisas materiais, por desejo de se manter atracado às contingências favoráveis do conforto, da facilidade, o ser humano rompe compromissos mais nobres, renega suas convicções sinceras, fere os afetos santificados pela dedicação e pela sinceridade, elege o reino da mentira ou da dissimulação como o ambiente de seus pensamentos constantes, seu comportamento trará, em si mesmo, a amargura e o peso do dever não observado, apontando que aquele não é o melhor caminho. Neste caso, o ser humano infrator fica entregue às suas próprias escolhas, precisando aprender a colher o fruto desagradável das próprias sementeiras.

Ainda que persistam os amigos espirituais a lhe amparar, o preço do seu amadurecimento é o de enfrentar consigo mesmo os fantasmas que despertam no seu interior a vergonha, a culpa e, via de conseqüência, a busca por caminhos que possam reparar o dano produzido.

O arrependimento, portanto, só pode ser encarado pelo prisma do despertamento do indivíduo para a necessidade de se reparar o mal cometido.

Em alguns casos, entretanto, a reparação exige do infrator uma conduta mais firme e de maior renúncia do que aquela mesma que não conseguira ter anteriormente e que lhe causara o estado de frustração.

Daí, muitas vezes, o indivíduo que caiu, preferir as estruturas de fuga através de condutas alienantes, de caminhos que se afastem do comportamento que pode resolver o problema.

Por esse motivo, muitas pessoas, depois que se vêem nessa contingência, trazendo o peso do arrependimento no seu interior, mas vendo o tamanho do esforço que precisariam fazer para reparar os equívocos, preferirem optar pela fuga, pelo afastamento, ocultando-se dos que lhe conheceram a falta ou a queda, mudando de cidade, de bairro, ou mesmo produzindo para si próprio o estado interior de alheamento, através de estados depressivos com os quais pretendem passar da condição de responsáveis à condição de vítimas.

Defrontado por suas próprias falhas, o indivíduo imaturo busca um modo menos difícil de tentar saná-las, esquecendo-se de que nenhuma será corretamente suprimida se não for pela via da reparação.

Mudar de lugar não muda o erro, que segue com o indivíduo que caiu. Mais do que isso, o escraviza a cada novo passo, com o receio de encontrar o credor em alguma esquina ou em algum momento de sua caminhada.

Poderá aliviá-lo do dever de reparação, por algum tempo. Todavia, continua sabendo que está em dívida para com alguém.

Procurar a fuga através da alienação depressiva representará, igualmente, uma escolha inútil para libertá-lo do mal praticado, que tem, na reparação efetiva, o seu único antídoto.

E em alguns casos, ao invés de agir dentro da linha reta dos deveres de reparação, o ser humano que teve coragem para concretizar o erro mais clamoroso pensa que a única solução será a de fugir da vida, através do ato alienante da própria destruição.

Ledo engano, eis que o erro acompanha o errado a todos os lugares por onde passar. E como ninguém é capaz de matar a vida, mesmo achando que isso o afastará das conseqüências de suas atitudes, é amargamente surpreendente para esses que pensam que a morte resolverá seu problema descobrir que não morreram, que o problema continua existindo em sua responsabilidade e que ele, agora, está em uma condição muito pior do que a anterior, já que rompeu os laços de ligação com o corpo físico, o único elemento que poderia ser utilizado como remédio para a retomada do caminho, através do exercício de atos que corrijam os anteriormente praticados.

Nekhefre estava entregue à sua fraqueza, ao medo de perder tudo e, por causa disso, ao fato de ter jogado tudo fora.

Por receio de perder o que pensava ser de sua propriedade, ele próprio acabou jogando fora todas as tais coisas que lhe eram valiosas, mais valiosas do que os títulos e os objetos dourados que lhe cercavam os ambientes de sua casa.

Se tivesse sido despojado de tudo por um ato de força injusto poderia ser considerado como um ser humano em testemunho difícil e contaria com o apoio decisivo dos amigos invisíveis a fortalecê-lo na hora dolorosa em que, por amor à verdade, por sentimento sincero de veneração à sua crença, por gratidão à amizade que o servira sem interesse, precisasse recusar as alianças mundanas com as coisas terrenas em face de já ter as suas próprias com as coisas elevadas do céu.

Se, mesmo diante do faraó, se desculpasse e se reconhecesse como o amigo do sacerdote de Amon-Rá, se se recusasse a adotar a crença na qual não acreditava, se negasse qualquer união de suas filhas com quem não concordava ser boa companhia, estaria assumindo as conseqüências de sua sinceridade e, ainda que corresse o risco de perder todos os favores e vantagens do mundo, estaria livre do peso da vergonha de si mesmo.

Esse era o teste de Nekhefre, naquele momento, diante do faraó. Certamente causaria um forte impacto se se recusasse a aceitar a nova ordem religiosa diante do seu próprio representante. Entretanto, ainda que fosse preso, seria um homem livre.

Agora, que renegara tudo o que acreditava, era um homem livre e homenageado pelo próprio rei que lhe outorgara um cargo em seu palácio. No entanto, era um homem preso e envergonhado.

Não muito longe dali, estava um outro homem, preso pelas paredes e grades às vezes usadas pelos poderosos covardes que pensam intimidar os homens de princípios e os obrigar a renegar suas crenças.

Nas prisões reais estava recolhido em uma cela solitária o sacerdote Hatsekenká.

E lá estava um homem livre, de consciência tranqüila, entendendo que aquele seria mais um testemunho de seu espírito para superar compromissos antigos, vencendo as barreiras de suas próprias falhas cometidas em alguma época de suas existências.

Ali colocado injustamente, traído pelos mais queridos seres, renegado publicamente e amaldiçoado pela nova religião como sendo pertencente a uma casta condenada a desaparecer, Hatsek não trazia o pensamento conturbado pelo medo, pela vergonha ou pela rebeldia.

Nada de mal fizera a ninguém. Nem mesmo na condição de sacerdote de Amon-Rá havia se posicionado como um guerrilheiro a combater a nova ordem religiosa. Agia como deveria agir, diante dos princípios de elevação e bondade que aprendera ao longo da vida e, se o seu destino lhe apontava até mesmo para a possibilidade de morrer nas mãos dos seus sequazes, não se oporia nem os trataria como inimigos.

Ao seu lado, o Espírito amigo de seu tutor, Khufu, se postava, enviando-lhe pensamentos de confiança, forças físicas e paz interior para que não esmorecesse diante do testemunho pelo qual ele próprio precisava passar.

Nada que estivesse injustamente em seu caminho. Ainda que pudesse parecer injusta a prisão sem acusação de delito, a detenção do sacerdote obedecia às determinações da Soberana Justiça do Universo que aponta a cada réu a sua respectiva pena e o faz cumpri-la no momento adequado pelas mais diversas maneiras possíveis.

Lembremo-nos, leitor amigo, que o Hatsek de agora, fora o Tenief de outrora, serviçal dos interesses materiais, amigo dos poderosos, bajulador dos que detinham o poder material aos quais servia com a sua sensibilidade mediúnica em desenvolvimento, em troca de favores e de dinheiro.

Por ter usado a sua percepção mediúnica indevidamente e, por ela, espalhado a mentira que iludia os incautos, ao mesmo tempo em que não soubera dosar as verdades que não podiam ser reveladas a quaisquer pessoas, mesmo que pagassem para isso, Tenief se comprometera com o sofrimento que espalhara e, por isso, aceitara a necessidade de reparação perante si próprio, suportando, agora como Hatsek, as aparentes injustiças da vida atual, aprendendo que os que se apegam ao poder terreno são sempre, em geral, criaturas imaturas que fazem qualquer coisa para não perdê-lo. Se naquela época remota, como Tenief, gozara dos benefícios que recebia dos poderosos de então, agora como Hatsek passara a suportar a condição inversa, ou seja, a de não se acumpliciar com os que mandavam, mesmo que disso dependesse a sua paz, a sua liberdade e, até mesmo, a própria vida.

Agora, preparara-se para depender apenas de si próprio, sem mais qualquer apego a pagamentos ou vantagens que lhe comprometessem a conduta.

Daí, querido leitor, ser um compromisso muito perigoso o exercício das faculdades que a sensibilidade mediúnica propicia, já que poderá permitir ao sensitivo a queda moral muito grave para a qual a compensação financeira que tenha recebido terá sido pálida gota d'água no deserto das vicissitudes que construirá para si mesmo.

De igual sorte, os que se valem de todos esses recursos do invisível a fim de atingir objetivo vil, de interesse transitório ou egoístico, que vise prejudicar alguém ou obter vantagem imediata para a satisfação dos sentidos, ainda que paguem pelo serviço que contratam, igualmente se comprometem com a exploração indigna de um setor da vida no qual se necessita estar trajado com a "veste nupcial" para ingressar.

Tanto fere a lei do Universo aquele que invade a dimensão do invisível para sondar-lhe o conteúdo visando um objetivo baixo ou sem elevação e seriedade, quanto aquele que pensa que pode pagar para obter tais informações sem qualquer culpa.

Pois que estejam ambos preparados para enfrentar as conseqüências da infração cometida, mais cedo ou mais tarde, como chegara a hora de Hatsek suportá-la igualmente, na detenção aparentemente injusta.

Pelos caminhos tortuosos de nossos destinos, nossos compromissos contraídos no passado vão sendo corrigidos por nós próprios.

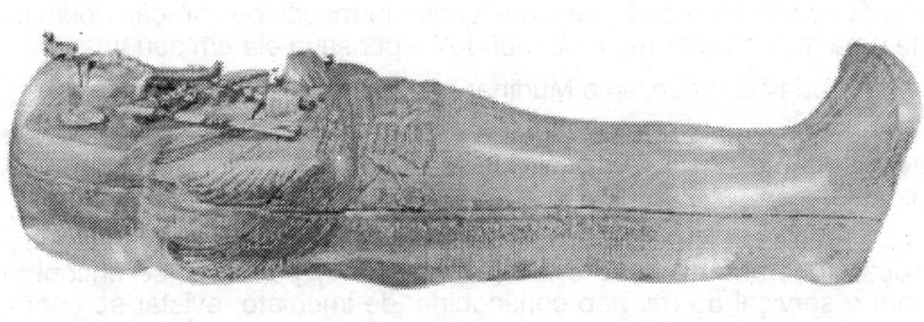

Detalhe de um dos sarcófagos internos que envolviam a múmia do filho de Akhenaton, o Faraó Tutankhamon.

30

Kaemy em busca de Kalmark

Estimulada por sua nova amiga, Kaemy, que se encontrava em Amarna já há algum tempo, buscou por todos os lados encontrar o filho, tendo sido infrutíferas todas as suas tentativas.

Enquanto isso, permanecia junto dos proprietários da vivenda onde seguia servindo e trabalhando como forma de cooperar na sua manutenção, pois não tinha mais recursos para dispor. Pensava, muitas vezes, se não era preferível voltar para Tebas e procurar pelo Sacerdote Hatsek que poderia ajudá-la a encontrar trabalho. Pensara, inclusive, no príncipe Nekhefre, por quem tinha carinho sincero, apesar de todo o sofrimento que ele, injustamente, provocara em suas vidas.

Sem saber mais o que fazer, depois de alguns meses de frustrada procura, sua amiga sugeriu que ela fosse procurar o chefe da guarda real, pois todos sabiam que Mudinar possuía um intrincado mecanismo de informações que o colocava ao conhecimento de todas as coisas sobre quaisquer pessoas que desejasse.

– Quem sabe, falando com ele sobre o filho desaparecido, o funcionário real não possibilitaria qualquer informação ao coração oprimido de uma mãe abandonada no mundo? – pensava ela em seu íntimo.

Todavia, o acesso a Mudinar não era fácil.

Precisaria desenvolver uma estratégia para poder aproximar-se do importante funcionário para que sua rogativa pudesse ser, ao menos, recebida.

Por essa época, Kalmark já se havia encaminhado para a construção funerária do faraó e, ainda que Kaemy pudesse se encontrar com o serviçal do rei, não conseguiria, de imediato, avistar-se com o filho querido.

Aproveitando-se de uma oportunidade inusitada, Kaemy pôde levar seus planos adiante.

Certo dia, quando se dirigia ao mercado da cidade sagrada para comprar alimentos necessários para a estalagem, percebeu que havia um grande tumulto em determinado trecho da poeirenta rua que levava ao entreposto de vendas.

Muitos guardas e uma aglomeração atraíam a atenção dos transeuntes, inclusive de Kaemy, que se havia achegado para constatar o que estava ocorrendo.

No solo se encontrava uma biga da qual se havia soltado uma das rodas e, com isso, o seu condutor fora lançado a certa distância. Jazia atordoado ainda pelo impacto, socorrido por outros soldados que lhe faziam companhia no trajeto pela cidade e, no tumulto formado pelos que levantavam o veículo de transporte rápido, de um lado, e os que se esforçavam por atender ao que fora atirado ao solo, ninguém percebeu que, com o impacto contra o chão, um dos braceletes dourados que ornamentavam a importante figura pulara-lhe do braço e se aninhara no solo arenoso, pisoteado pelos que corriam para tentar ajudar.

Com isso, apenas uma pequena aresta amarelo dourada ficara à mostra no solo, quase imperceptível para todos. Entretanto, os olhos de Kaemy haviam presenciado o corre-corre, e ao se aproximar do local, sentiu que algo sob seus pés indicavam um objeto duro sobre o qual estava pisando.

Discretamente, enquanto se recolhia o funcionário real e o mesmo era levado a uma outra biga para regressar ao palácio, Kaemy começou a afastar com sua sandália a areia que cobria o objeto, sendo surpreendida pela beleza da jóia que brilhava como um objeto de muito valor.

Ela conhecia as jóias de sua época e sabia que estava diante de um bracelete de ouro, cujo proprietário deveria ser alguém muito importante para se dar ao luxo de percorrer as ruas portando um bem tão valioso.

Percebendo que mais ninguém havia notado a presença daquela jóia sepultada na areia, Kaemy procurou um modo de recolhê-la sem ser percebida.

Para tanto, deixou cair ao solo o manto pesado que trazia sobre a cabeça e que a protegia do Sol forte daquelas paragens, bem sobre o local onde o objeto se aninhara e, com o gesto de recolher o manto caído, suas mãos mergulharam na areia macia e, juntamente com o tecido, recolheram a jóia que, agora, no mínimo, lhe permitiria obter algum recurso para sua própria manutenção.

Guardando-a discretamente, Kaemy procurou afastar-se sem ser percebida, a fim de, distante de todos, observar melhor o objeto encontrado. Ainda não sabia a quem pertencia e nem qual o verdadeiro valor. No entanto, sabia tratar-se de peça muito cara e que deveria pertencer a alguém de relevo na corte do faraó.

Preocupada em chegar logo à estalagem, realizou as compras o mais rápido que pôde e, tão logo regressou, dizendo-se cansada e fustigada pelo calor, recolheu-se por alguns minutos ao seu quarto modesto, ali ficando em isolamento que lhe permitia observar melhor a jóia.

Sim, tratava-se de bracelete com as insígnias reais e com o nome de seu proprietário ao lado do título de nobreza que possuía e que o colocava na condição de importante serviçal do faraó.

Era incrustado com algumas gemas preciosas, mas o que impressionava era a beleza dos desenhos e dos relevos, feitos por hábeis mãos.

Não sabia Kaemy que estava com uma das jóias que seu próprio filho havia modelado a pedido do chefe da guarda real, a quem, de fato, ela pertencia.

Lá estava o nome Mudinar, com todos os qualificativos que lhe haviam sido conferidos pelo rei, em homenagem à sua fidelidade.

E, diante de tal objeto, o coração de Kaemy passou a bater descompassado. Estava com uma jóia rara, preciosa, esculpida em significativa quantidade de ouro puro e que lhe granjearia tranqüilidade por um bom tempo, caso fosse derretida e vendida a pessoas que se interessavam por esse tipo de metal.

Ninguém saberia que o bracelete fora, um dia, de Mudinar e que este o perdera na queda fenomenal de que fora vítima, quando o eixo de sua biga se rompera.

No entanto, Kaemy tinha o desejo de reconquistar outro tesouro mais precioso do que qualquer bracelete: seu filho perdido.

Com essa possibilidade e não desejando possuir aquilo que não lhe pertencia por justiça ou em virtude de pagamento pelo próprio trabalho, Kaemy guardou o objeto para que, logo mais, pensasse melhor em como proceder.

Não poderia contar a ninguém, já que seria muito fácil que algum ladrão de ouvidos aguçados viesse a saber de seu achado e o tomasse dela, quando estariam perdidas todas as suas esperanças.

Resolveu que, daí a dois dias, procuraria o chefe da guarda e lhe entregaria a jóia solicitando-lhe, então, os préstimos para encontrar seu filho.

Esperou o tempo passar entre a ansiedade e a angústia, até que, no momento adequado em que sabia estar presente nos seus gabinetes de trabalho, Kaemy procurou entrevistar-se com o grande chefe de polícia do faraó.

Ao chegar no local, disse que precisava falar pessoalmente com o importante funcionário real, no que foi ridicularizada pelos soldados que ali permaneciam em guarda e proteção.

Persistindo na sua rogativa, Kaemy fez saber ao soldado que lhe procurava expulsar, que era portadora de uma encomenda muito importante e que deveria ser entregue ao chefe da guarda.

– Pode deixar comigo que eu mesmo faço a entrega ao seu destinatário – respondeu-lhe o guarda, irônico.

– Eu lhe agradeço muito a gentileza, mas preciso entregar isso pessoalmente ao seu chefe, pois estou certa de que, se não lhe chegar às mãos por meu intermédio, todos os que me impediram de entregar o que lhe pertence sofrerão sérias e graves punições – falou Kaemy, procurando cercar de mistério a tarefa que lhe competia, com exclusividade, realizar.

Intrigado com a postura firme daquela mulher e sabendo que se algo de errado ocorresse ele também poderia ser responsabilizado, o soldado acedeu aos seus rogos e, de maneira ríspida e sem paciência, mandou que ela entrasse e escoltou-a até a ante-sala de Mudinar que, irritado, estava suportando as dores da queda de dias antes, agora mais fortes.

– Grande senhor – falou o soldado -- eis que interrompo suas tarefas tão importantes para informá-lo de que uma mulher desconhecida se encontra na ante-sala e insiste em entregar-lhe uma encomenda que, diz, pertencer-lhe sob pena de, em não o fazendo, severas conseqüências daí decorrerem para todos...

Olhando intrigado para o subordinado, entre o descaso e a indiferença, perguntou Mudinar por mais detalhes, ao que o soldado negou conhecê-los.

Com um gesto de enfado, o chefe da guarda deu ordem para que ela entrasse rapidamente e que ele permanecesse na ante-sala à espera de suas ordens para qualquer problema que ela viesse a lhe produzir.

Uma vez autorizada a apresentar-se perante o funcionário direto do faraó, Kaemy prostrou-se diante dele em reverência geralmente destinada ao próprio rei, o que muito o envaideceu e atenuou o mal-estar com que a recebia.

– Sim, mulher, fale logo o que a traz até aqui, pois tenho mais o que fazer – disse rápido.

– Grande Senhor, venho até aqui atendendo aos deveres de consciência que me impõem entregar ao proprietário o que lhe pertence por direito e creio que estou diante do próprio.

Sem entender-lhe de imediato, Mudinar fez cara de surpreendido e esperou por mais revelações.

– Há alguns dias, me dirigia para o mercado, quando me deparei com um acidente que envolvia um importante funcionário real. Vi que se tratava de uma biga quebrada e uma pessoa atirada para longe, que se levantava com a ajuda dos demais.

– Ah, sim, sei do que está falando – disse Mudinar levando as mãos à altura das costelas que lhe doíam ainda.

– Pois no meio daquele tumulto, pisei sobre um objeto que me parecia uma pedra pontuda, mas que, logo depois, revelou-se uma jóia de grande beleza que não sabia a quem pertencia. Recolhi com cuidado e, para não me ver envolvida pela multidão sedenta de riquezas, levei-a comigo para minha moradia e lá pude ver que pertencia à pessoa do chefe da guarda real. Nesse sentido, descobrindo o seu proprietário, me incumbia procurá-lo para devolver-lhe a valiosa peça, o que faço neste momento, acreditando estar diante da pessoa que lhe é o detentor verdadeiro – completou Kaemy, como a lhe pedir a confirmação de que se tratava, efetivamente, do dono do bracelete, apresentando-o à sua vista.

Surpreso pela atitude de Kaemy, Mudinar levantou-se de suas acomodações e se dirigiu até ela, para observar mais de perto o bracelete, no qual constava seu nome e seus títulos reais.

Uma vez confirmado tratar-se da jóia que havia perdido no acidente, Mudinar se viu compelido a lhe agradecer a conduta nobre e, ao mesmo tempo, num impulso próprio dos poderosos de todos os tempos, remunerar sua conduta honesta com algum dinheiro que lhe compensasse, como um prêmio pelo seu bom procedimento.

No mesmo momento em que percebeu o intento de Mudinar, Kaemy dirigiu-se a ele em rogativa, dizendo:

– Nobre Filho de Aton, nada do que fiz o realizei por obter dinheiro de seus cofres pessoais. Por isso, agradeço o gesto de vossa generosidade, mas não posso aceitá-lo, já que não o busco e nem seria justo diante de meus princípios.

Mudinar quedou-se ainda mais surpreendido por aquela mulher que era humilde e altiva ao mesmo tempo, numa época em que a maioria dos indivíduos buscava qualquer forma de obter vantagens dos que possuíam recursos ou poderes.

– Pois se me recusa premiá-la, diga então, nobre mulher, se posso fazer algo que a beneficie, não mais como remuneração, mas como um serviço que você me dá a oportunidade de prestar-lhe, na forma de gratidão.

Ouvindo-lhe as palavras amáveis, Kaemy acreditou ter chegado o momento de pedir a ajuda do importante funcionário do rei.

– Sim, meu Senhor. A vossa generosidade é sempre muito maior do que quaisquer jóias ou valores terrenos e, mesmo que nada tivesse devolvido à vossa pessoa, sei que atenderíeis aos rogos de um desventurado coração de mãe à procura de seu filho.

Com um gesto de cabeça, em forma de assentimento, Mudinar seguiu escutando-lhe as palavras entrecortadas de angústias e sofrimentos.

– Procuro meu filho que veio para esta cidade em busca de trabalho já há dois anos e nunca mais deu notícias. Vim de Tebas, onde deixei meu esposo entregue aos deuses do mundo dos mortos, depois de termos sido injustiçados pelo nosso antigo patrão. Todavia, meu filho nada sabe a respeito de todas estas ocorrências, eis que nos deixou um dia antes que toda a desgraça nos ferisse. Como eu sei que é grande o vosso poder de conhecer as coisas por todo o Egito, pensei em solicitar-vos a ajuda para que eu tivesse alguma notícia de meu jovem e amado filho, único ser que me resta nesta vida.

Querendo parecer interessado, apenas para que pudesse encaminhar a entrevista para o final, Mudinar pediu-lhe que contasse algo mais sobre o filho para que tivessem informações mais detalhadas e pudessem providenciar a sua localização.

– Bem, meu senhor, ele é jovem, deve ter, hoje, por volta de 19 anos, é hábil artesão e se chama Kalmark... – falou reticente a mãe oprimida pela saudade, sem saber que revolução interna estava produzindo em seu interlocutor, ao declarar o nome.

Tomado pelo choque da surpresa, Mudinar procurou sentar-se para meditar melhor e mais rápido, apesar da dor que o atormentava.

Aquele nome era o mesmo do jovem que abrigara nas oficinas do rei e que, agora, por méritos próprios estava trabalhando nos aposentos funerários.

Precisava saber mais de tudo o que havia ocorrido.

– Esse nome não me é estranho por aqui, todavia, gostaria que me informasse de mais detalhes dos fatos ocorridos em Tebas, antes de ele ter desaparecido para que possa movimentar meus informantes e procurá-lo.

A atitude amistosa de Mudinar encheu de esperança a mãe desditosa que passou a contar, com riqueza de detalhes, todos os fatos que envolveram o filho, ocorridos na casa de Nekhefre, como se Mudinar não o conhecesse, acreditando que estava falando de alguém distante e indiferente para o chefe real. Contou-lhe do amor de Kalmark por Marnahan, seu desejo de desposá-la, os obstáculos que Nekhefre poria, em face de sua condição inferior, a conversa que tiveram quando o menino foi pedir autorização para afastar-se em direção a Amarna, o escândalo que Nekhefre produziu quando descobriu o amor dos dois jovens, a expulsão dela e de Meldek, a doença deste, a sua morte nos braços de Hatsek, a sua desgraça, etc.

Contou com todos os detalhes como se pretendesse deixar o chefe da guarda municiado de todas as informações a fim de poder encontrar o próprio filho.

Surpreendido com tais notícias ainda mais seguras do que as do próprio Kalmark, que só sabia das coisas enquanto estivera em Tebas, Mudinar viu-se na condição de não perder Kaemy de suas vistas e de mantê-la sob sua proteção forçada, para que nenhum evento desagradável viesse a tirar dele todos os elementos que usaria contra o príncipe Nekhefre.

Sua mente dava voltas na astúcia de seus planos e, num gesto de frieza típica de sua pessoa interesseira e perigosa, depois de alguns minutos em silêncio, Mudinar sorriu-lhe sarcástico e lhe disse:

– Sua história é muito triste e acredito que, com todos estes elementos, poderemos buscar maiores informações sobre seu filho. Todavia, o que me conta neste instante, me impede de deixar que parta para sua moradia. Precisarei retê-la junto de minha custódia para que, no tempo certo, outras coisas que a senhora desconhece sejam esclarecidas e os responsáveis devidamente punidos.

Agora era Kaemy quem se surpreendia, com o tom de voz metálico e a conduta fria daquele que estava acostumado a dirigir as vidas alheias ao seu bel-prazer.

Sem permitir que ela indagasse mais alguma coisa, chamou o soldado que estava na sala anterior que, imediatamente, se fez presente:

– Hosen, leve esta mulher para a prisão. Certifique-se de que ela esteja sozinha na cela mais arejada e que não lhe falte nada, nem alimento, nem roupa, nem água. Certifique-se de que ninguém a moleste sob pena de ser morto no ato por ordem minha. E que seja colocada ao lado da cela onde se encontra o sacerdote... – foram suas palavras indiscutíveis.

– Senhor, por ordem sua precisamos saber qual o crime de que é acusada, caso nos chegue algum visitante interessado em informações – falou temeroso o soldado.

– Sim, Hosen, você tem razão. Aos interessados por ela, diga que se trata de uma ladra que encontrou o bracelete que me pertence e que, vendo o seu valor e que pertencia a alguém importante, veio até aqui para obter favores como condição para devolvê-lo ao seu proprietário – falou Mudinar, para espanto da própria Kaemy.

Vendo-se constrangida, agora, pelos braços fortes de Hosen, Kaemy baixou os olhos lacrimosos e se deixou conduzir até o local que lhe serviria de moradia por algum tempo, justamente ao lado da cela que era ocupada por Hatsek.

Enquanto isso, Mudinar aumentava a trama em sua mente doentia, no sentido de fazer com que Nekhefre sofresse ao máximo.

Iria proteger Kaemy e, de forma direta, pretendia mantê-la sob suas vistas até o momento em que pudesse revelar a Kalmark todos os meandros da história e, assim, ganhar a confiança deles.

Na prisão, os Espíritos amigos que pertenciam ao grupo de Khufu se desdobravam para infundir forças e esperanças aos dois prisioneiros, vítimas das injustiças humanas, mas, com certeza, vitimados pelas injustiças já praticadas por eles mesmos no passado.

Sereno, lá estava Hatsek observando surpreso a nova companheira de desditas, a mesma que acolhera no santuário em Tebas.

Ao menos, estariam juntos na escuridão da masmorra de Mudinar, alheios ao mundo, mas esperando a solução divina para os seus casos pessoais.

Lá estava a lei de causa e efeito trazendo suas lições aos que, elevando-se na direção da luz, tinham que vencer os últimos resquícios escuros que lhes pediam iluminação através do sacrifício.

Já dizia a escritura sagrada: **"Há um tempo de plantar... e um tempo de colher...!"**

Detalhe das feições do Faraó Akhenaton esculpidas em arenito.

31

Explicando

No plano espiritual, Khufu buscava auxiliar os protegidos de seu coração, ao mesmo tempo em que procurava envolver em vibrações amorosas e sutis as almas dos ardilosos senhores do poder que se julgavam donos dos demais sem obrigações de prestar contas pelos atos praticados.

Desse modo, uma equipe de Espíritos se destacara para auxiliar Hatsek e Kaemy nos tormentosos momentos em que se viam testados, presos nas masmorras reais.

Outra equipe de amigos espirituais envolvia Kalmark que, entre entalhes e pinturas nas câmaras mortuárias de Akhenaton se sentia perdido entre o desespero e a realidade, por causa daquele homem perigoso que, ao mesmo tempo, se erguia como o seu protetor.

No coração do jovem rapaz se fazia ouvir o estalar da chibata do sofrimento e da confusão mental, exigindo dele algo a ser feito para impedir que seus sonhos fossem frustrados pela seqüência das coisas.

Outro grupo de Espíritos amigos se encontrava em Tebas preparando os familiares de Nekhefre para as dificuldades que iriam ter de enfrentar por sua vez. Até então, seguiam esperançosos pela volta do dono da casa e pela continuidade normal de suas vidas, sem terem idéia de que se estava organizando a sua mudança para Amarna e o casamento simultâneo das duas jovens com o mesmo despótico servidor do rei.

Entre estes diversos núcleos de trabalho, se desdobrava o Espírito de Khufu, procurando visitá-los constantemente, supervisionando o estado interior e determinando esta ou aquela medida vibratória a favor dos que se estavam encaminhando para os difíceis testemunhos para os quais se haviam preparado.

Ele, pessoalmente, com um outro grupo de auxiliares, se mantinha a postos, entre Nekhefre, Mudinar e Akhenaton, buscando envolvê-los nas mais suaves vibrações de paz e serenidade, graças às quais, contava ele diminuir o grau de maldade engendrada pelos pensamentos e atos que, mais tarde muito prejudicariam todo o processo evolutivo pessoal.

Por ser a tarefa mais árdua e exigir maior conhecimento e amplo domínio das leis do Universo, o Espírito de Khufu, em pessoa, se incumbira da sua realização, não sem antes solicitar a ajuda superior para que se dedicasse a tal mister, doando-se, mas sabendo que sem o auxílio de mais alto tudo seria impossível de se obter.

Além do mais, mantinha-se em ligação constante com Hatsek, uma vez que se tratava de seu mais lúcido tutelado, já que dispunha da percepção mediúnica mais aguçada e dela se utilizava com seriedade e desprendimento, isenção e desinteresse.

Tais qualificativos são indispensáveis para o exercício da faculdade mediúnica sem maculá-la com os pruridos espúrios das fraquezas humanas, eis se tratar de um serviço de intercâmbio entre o mundo e os planos invisíveis.

Todo processo mediúnico pede dos encarnados dedicação e total desprendimento, além de sacrifício de seus interesses humanos, já que tais sentimentos desnaturam os canais sutis de ligação entre os dois planos de vida.

E ao se dedicar com sinceridade ao intercâmbio entre os dois mundos, o sensitivo estará corrigindo em si próprio os defeitos que trouxe consigo, decorrentes de outras existências nas quais falhou clamorosamente e que impuseram a ele essa obrigação de trabalhar sem reclamar, de servir apesar dos próprios problemas e de, sobretudo, não retirar nenhuma vantagem pessoal do trabalho com o mundo espiritual.

Nas faixas de sintonia mediúnica em que se observarem condutas mentais desnaturadas pela preocupação com bens e recursos financeiros, começam a se abrir brechas pelas quais se imiscuem entidades de teor menos elevado do que aquelas originariamente vinculadas ao trabalho de doação absoluta e, de maneira sutil e perigosa passam a controlar o aparelho mediúnico, impondo-lhe a modificação suave, mas perigosa, do roteiro de atividade anteriormente previsto.

E através de inúmeros recursos mentais de convencimento, de formas hipnóticas leves, de sugestões interiores que se fundamentarão nos próprios defeitos dos médiuns, tais entidades, travestidas de trabalhadores da verdade, criam o ambiente necessário para que o médium abdique do bom senso necessário, da autocrítica fundamental, da proteção da humildade, encaminhando-o para aquilo que a Doutrina Espírita conhece como uma das formas da obsessão, na sua modalidade mais perigosa, conhecida como fascinação.

Nesse tipo de interferência externa, as entidades sagazes fazem com que o influenciado, pelas passagens que permitiu se abrissem em suas defesas magnéticas, possibilite uma tal ligação com as suas sugestões que o sensitivo passa a se afastar de tudo aquilo que poderia auxiliá-lo a voltar à razão clara e ao caminho do bem verdadeiro. Todos os argumentos que pretendam alertá-lo passam a ser vistos por ele como perseguição pessoal, como antipatia gratuita e uma demonstração de que aquela pessoa está com inveja, com interesse em prejudicar o andamento de seu trabalho por um motivo mesquinho.

Diante de qualquer postura que contrarie o interesse das inteligências invisíveis, estas se empenham ainda mais em transmitir ao médium o sentimento de que tais pessoas são perigosas, estão mal acompanhadas, obsedadas, são invejosas, estão querendo prejudicar o trabalho do bem e, por isso, não só não merecem ouvidos como devem ser afastadas da convivência do médium.

Naturalmente vaidoso a ponto de se sentir satisfeito com a exaltação de sua própria personalidade, o médium dá espaço mental para que todas estas idéias ganhem ambiente e se proliferem dentro dele, como se fossem verdades indiscutíveis, apontando-lhe uma lógica que lhe parece incontestável.

Assim, passa ele a adotar posturas evasivas, fugindo de tudo aquilo que lhe possa pôr em risco o conúbio com aqueles Espíritos que, manipulando sutilmente as cordas da vaidade, do orgulho e da presunção que ainda existem dentro dos seres humanos, não desejam perder o sócio humano que pretendem levar, cedo ou tarde, à derrocada.

Todos os processos mediúnicos que envolvem a prática ostensiva do intercâmbio com o mundo invisível precisam merecer, do médium em primeiro lugar e, depois, de pessoas que o cerquem e que possuam conhecimento seguro da Doutrina Espírita, uma avaliação constante, um salutar exercício crítico para que se mantenha o equilíbrio e a atuação mediúnica nas seguras bases da mensagem do Evangelho do Cristo, roteiro da verdade no exemplo de desprendimento e de coragem para enfrentar os testemunhos, quaisquer que sejam eles.

Envolvido pelo Espírito de Khufu, Hatsek era dócil instrumento e tudo sabia suportar sem revolta ou queixa. Isso, contudo, não fora assim sempre, já que, em vida anterior misturara as coisas celestes com os interesses mundanos, em prejuízo de sua paz e de seu futuro, futuro esse que agora se tornava presente e no qual deveria, então, aprender na base dos sofrimentos e renúncias acres a não guardar qualquer ligação com o que não fosse elevação e pureza de intenções no exercício da mediunidade.

Era isso o que estava acontecendo com ele e com Kaemy.

Em todas as dores que visitam o ser humano, mesmo naquelas que pareçam injustiças, podemos observar, entretanto, a realização dos ditames da Justiça Soberana, que permite a cada pessoa quitar e refazer os atos errados de ontem, suportando, agora, as lutas contra os defeitos íntimos que carrega.

Daí porque todas elas devem ser recebidas com calma e resignação, ainda que nos obriguem a adotar uma postura de lutarmos buscando superá-las.

Lutemos com as armas do bem, da honestidade, da confiança em Deus e, ao fazê-lo, estaremos aprendendo as lições que nossa alma necessita para vencer-se.

Se nos aconselharmos com a revolta, a irresignação, a blasfêmia, a depressão, o desespero, o suicídio, em nada estaremos colaborando para que as dores se transformem em nossas auxiliares na própria melhoria íntima.

Lembremo-nos de como o inocente diamante bruto deve sofrer perante o buril que o corta e retalha injustamente. Afinal, a pedra preciosa estava tranqüila, sem prejudicar a ninguém lá no leito de cascalho de onde foi retirada pela cobiça dos homens.

No entanto, por aceitar a injunção da dureza que o modela, transforma-se na gema de rara beleza, em nada se parecendo com a sua antiga forma, tosca e pobre, sem atrativos.

Todos os personagens desta história se acham passando por tais circunstâncias e, com certeza, caro leitor amigo, será capaz de encontrar em você também as situações de dificuldade que poderão estar incomodando-o hoje mesmo e lhe causando o mal-estar do medo, da incerteza, da discórdia, da irritação, do ciúme, do desejo de revidar, da indignação, do desejo de morrer antes do tempo.

Pense bem, querido irmão, que esta oportunidade é das mais elevadas em sua vida a fim de lhe permitir dar outro rumo ao seu espírito, suportando as dores e todas as contrariedades para delas fazer o buril que lhe entalhará a alma e o transformará no Diamante de Deus, espalhando os brilhos multicores e demonstrando aos outros o quanto a sua natureza interior é valiosa.

Paciência, Perdão, Piedade, Pureza, Perseverança, Paz são os ingredientes que transformarão a Pedra dos nossos corações em Pão.

Lembre-se disto: cada um de nós está sendo testado para revelar onde está o ponto fraco de nossos espíritos. Se você está sofrendo no afeto, aí está a fragilidade que cumpre fortificar. Se está sofrendo no orgulho, eis aí o inimigo oculto que cumpre combater. Se está enfrentando dificuldades materiais, aí se encontra para sua alma o desafio de viver com menos exigências e de restringir o exercício das ambições e caprichos. Se está padecendo dores físicas, compete modificar as rotinas diárias, suportar as disciplinas impostas pelos medicamentos, tratamentos e exames, valorizar o corpo sadio que um dia recebemos e não cuidamos adequadamente.

Nada está ocorrendo conosco que não estejamos precisando enfrentar e, o que é mais belo na Obra do Universo, não estamos sozinhos nessa luta.

Cada qual possui os amigos invisíveis que avalizaram a estadia neste corpo carnal que hoje nos foi emprestado para que, nos momentos mais difíceis dos testemunhos, saibamos sentir o apoio dos que nos emprestam as suas próprias energias a fim de que não fracassemos. Por isso que a oração nos momentos de dificuldade é o recurso mais aconselhável para que encontremos essa sintonia com os que nos desejam amparar os passos, intuindo nossas escolhas, recurso este tão desprezado nas horas mais cruciais da vida humana.

A ligação com o mundo invisível através da oração representa, sempre, a lâmpada em busca da usina que lhe fornecerá o cabedal de energias para manter-se acesa.

E nas contingências que envolvem o ser humano nos diversos desafios de todas as horas, a escuridão interna parece ser a dominante por esquecer-se o sofredor de que ele é lâmpada e Deus é a Usina.

Acenda-se, ligando-se a Ele e, com certeza, iluminado, você iluminará o caminho e encontrará a trilha que lhe encaminhará os passos para a solução daquela situação difícil.

Caminhar na escuridão, ao contrário, leva-lo-á sempre à queda e ao aumento das próprias dores pelos ferimentos que a caminhada cega poderá propiciar.

Os amigos invisíveis que você possui estão lhe esperando o gesto simples da oração desvinculada de quaisquer gestos ou condutas formais. Recolha-se, faça silêncio interno, cerre os olhos e, pelo pensamento humilde e sincero, procure a Usina e converse com ela.

Nesse período, todos esses companheiros espirituais que o amam, estarão montando a Linha de Transmissão que fará chegar até você a luz de que necessita, no tempo adequado ao seu amadurecimento.

E não se espante se, ao estabelecer esse contato com os que o amam, uma suave sensação de alívio, um doce arrepio percorrer seu corpo físico, algum calafrio ou uma onda de calor estabelecer o seu curso pelo seu organismo.

Estas e muitas outras podem ser as formas de percebermos que nossa ligação, em forma de Oração, chegou até a Usina.

Tenhamos então a coragem de seguir em frente, sem esperar soluções miraculosas que não dependam de nossa própria melhora, uma vez que devemos nos lembrar de que a Usina nos escuta, aceita nossos pedidos, manda Suas forças, mas quem tem que produzir a luz é a própria lâmpada. É a Lâmpada que precisa se acender.

É você quem precisa iluminar-se primeiro.

Aproveite a oração e ligue-se ao Criador que, certamente, ficará muito feliz de vê-lo iluminado por si próprio com a energia que, certamente, Ele já lhe envia através dos amigos invisíveis que o rodeiam e o auxiliam.

Por isso, Jesus já ordenava:

"Brilhe Vossa Luz"

32

O bem de hoje preparando os caminhos do amanhã

Já há muitos dias na prisão, solitário, Hatsek mantinha-se na disciplina mental que desenvolvera ao longo de todos os anos de aprendizado e treinamento, que o colocavam em um estado de paz interior, mesmo diante dos maiores desafios e das piores adversidades.

Mantinha-se dócil e sereno, o que era de espantar aos próprios guardas que faziam a vigilância no local.

Sua condição de sacerdote da antiga crença de Amon-Rá não era desconhecida deles já que esse era o motivo de sua prisão, o que, em geral, foi muito benéfico para o modo como foi acolhido.

Isso porque a maioria dos guardas também era oriunda das antigas crenças e trazia, no seu íntimo, o sentimento de nostalgia, acerca das suas práticas ancestrais, ainda que as mantivessem em segredo, somente para seus próprios pensamentos.

Ali, diante deles, então, estava um homem que havia homenageado os deuses que os decretos artificiais de um quase louco ou visionário – como era considerado Akhenaton – tentava apagar da crença popular.

E, diante de sua conduta pessoal equilibrada e sábia, Hatsek inspirava nos soldados uma admiração muda, mas verdadeira.

Havia alguns, entretanto, que eram homens endurecidos que se mantinham à distância e que não possuíam o menor grau de compaixão. Por isso, haviam sido deslocados para que zelassem de locais que exigissem esse grau de firmeza ou de frieza, mantendo a ordem a qualquer custo.

Somente estes eram os que tratavam os prisioneiros como Hatsek com a rudeza que lhes ornava o caráter, pois essa era a qualidade interior que possuíam para entregar aos demais.

Não se passaram muitos dias para que o sacerdote, com seus modos educados e compreensivos, começasse a ser visto pelos guardas como uma pessoa digna de confiança e que poderia auxiliá-los naquele antro de misérias, que passara a receber, como prisioneiros, os que se insurgissem contra a nova ordem religiosa.

Todos os dias, sua educação e o respeito para com aqueles que lhe mantinham o cárcere, ia abrindo caminhos nos sentimentos rudes daqueles homens.

Por outro lado, o Espírito de Khufu, que se fizera mais próximo de seu tutelado, constantemente lhe inspirava, através de doces palavras, nos momentos de reflexão e de preces.

– Veja, meu filho – dizia Khufu ao prisioneiro – como estes homens são sofredores. Estão aqui para fiscalizar os presos e, por isso, acabam presos também. São pessoas que tinham sonhos, desejavam estar em outros lugares, mas por força de suas inclinações passaram a suportar igualmente a prisão, com a desculpa de terem de zelar por outros presos.

Seus corações estão frustrados pelo pouco que recebem, pela frieza da disciplina, pela necessidade de se misturarem com pessoas que julgam ser inferiores, pelo distanciamento da família, pelas obrigações rotineiras e massacrantes. Por isso, desenvolvem dentro de si mesmos, os piores sentimentos, já que, se você observar, a própria natureza se comporta desse modo para que aprendamos. Quando Rá, o venerado deus solar, exerce seu poder sobre o solo sem que a umidade venha balsamizar-lhe o calor, a terra se endurece, racha e fica tão dura como qualquer rocha que conhecemos.

Assim são as pessoas, constantemente crestadas pelas adversidades e pelas frustrações.

Todas elas possuem a suavidade do Criador a envolvê-las por completo. Todavia, quando se afastam, ficam expostas à crueldade do calor produzido por suas próprias escolhas, o que impede que sintam outra coisa além do massacre que, num primeiro momento, as vai endurecendo até transformá-las naquilo que não são: pessoas rudes e más.

Todos os homens sofrem esse tipo de transformação. E é por isso que você está aqui, neste ambiente estranho e inóspito. Além de servir-lhe de aprendizado para as suas experiências pessoais e para o resgate de débitos antigos, você está aqui para ser, também, chuva suave e benfazeja que possa atenuar o calor insano, a dureza desses solos em forma de gente que, de há muito, não percebem o que seja o alívio e o alento de um gesto de carinho, de compreensão e de harmonia.

Você tem que esperar o tempo libertá-lo daqui. No entanto, enquanto está aqui, você possui todo este terreno fértil à sementeira do bem e à construção da esperança. Não os ignore, nem os trate como adversários.

Na cegueira que os envolve, você poderá ser a Luz da Soberana Verdade, trazendo a água que vai umedecer-lhes a alma e atenuar-lhes o calor da frustração e do mal.

Ouvindo-lhe as palavras silenciosas que lhe caíam na acústica do pensamento, Hatsek balançava a cabeça como que a demonstrar que estava entendendo o conteúdo do ensinamento, ao mesmo tempo em que agradecia pelo carinho de que era objeto, por parte daquele amigo que agora, mais do que nunca, o estava encaminhando para uma conduta digna e nobre, fazendo com que ele mesmo aproveitasse aquilo que lhe parecia uma desdita, para transformá-la em trabalho santificante.

Outrora ficava no templo esperando pelos que iriam buscar ajuda, consolo, compreensão e conselhos.

Agora, pela Soberana Bondade, fora transferido para o local mesmo onde se encontravam armazenados todos os que necessitavam de sua palavra, mas que, pelas injunções de suas vidas, raramente disporiam de tempo para buscar consolo nos templos, sobretudo porque, agora, eles estavam lacrados por ordem do próprio rei.

Não era grande e sábio mesmo aquele Deus no qual Hatsek acreditava? – pensava ele consigo mesmo. Antes, o sacerdote ficava no templo à espera de cada grãozinho de trigo que viesse lhe pedir conselhos e ser convencido de que era importante, que poderia se tornar planta viçosa, produzindo centenas de novas sementes.

Agora, a Soberana Sabedoria lhe enviara a ensinar todas estas coisas diretamente ao celeiro onde os grãos de trigo se reuniam para serem orientados de que eram muito mais do que simples casca dura e seca. Todos traziam dentro de si mesmo o gérmen das grandes realizações superiores.

Todos estes pensamentos inspiravam o sacerdote a se dirigir aos seus irmãos de prisão com muito respeito e consideração, coisa que só ele fazia ali dentro, já que os outros presos os tratavam como adversários, inimigos a quem competia odiar e ferir.

O simples fato de tratá-los diferentemente, sem prevenção ou artificialismo, produziu uma reação favorável que espantara a qualquer outro incauto, levando-o a pensar que se tratava de uma proteção conseguida à custa de dinheiro ou que o sacerdote estava exercendo um processo bajulatório para ganhar a atenção dos que zelavam pelo seu cárcere.

Nada disso, entretanto, era verdade.

Os soldados jamais receberam qualquer propina e Hatsek nunca assumiu uma postura servil e indigna para que se comportassem daquela maneira.

Estava, apenas, exercitando a lei de Amor que rege o Universo e todas as pessoas, enquanto que, do seu simples e silencioso império, retirava os frutos doces da atenuação dos próprios males.

Daí, não era raro que, ao final do dia, quando os turnos de guardas eram trocados, os que deixavam o seu horário se viam tentados a escutar o sacerdote que os ajudava em algum problema pessoal que pudesse necessitar de aconselhamento.

Primeiramente vinha um que se achegava e, timidamente, ia tentando se fazer entender pelo homem pacífico e experiente. Percebendo-lhe as intenções, Hatsek se franqueava à conversação, colocando-se interessadamente a ouvir as indagações e demonstrando sabedoria no conselho que oferecia.

Este, mais confortado pela receptividade que obtivera, passava a falar das virtudes do prisioneiro aos seus amigos de ofício que, ainda que não se deixassem tocar de imediato, passavam a perceber que o soldado atendido pelo sacerdote estava mais calmo, mais alegre, parecendo mais feliz do que eles próprios que o ouviam. Isso lhes espicaçava a curiosidade e, a partir daí, quando aquele primeiro se aproximava da cela para conversar com o preso, algum tempo depois era comum que um segundo, um terceiro, se achegassem também para escutar.

E tão sereno era o aconselhamento de Hatsek e tanta paz de espírito ele transmitia aos demais, que os novos ouvintes começavam a se animar a confidenciar-lhe seus próprios problemas.

Ao mesmo tempo, no mundo espiritual, organizara-se ao redor da cela onde se prendia o sacerdote, uma atmosfera de elevação e de alívio psíquico, para que os que dela se acercassem pudessem receber a transmissão fluídica salutar, com o afastamento de perturbações, a insuflação de novos recursos terapêuticos, a colocação de maiores energias dentro de cada um deles. Uma grande coletividade de Espíritos amigos se desdobrava para fazer daquele local um santuário no qual os que para lá se dirigissem pudessem sentir um alento que não sentiam há muito tempo em nenhum outro lugar.

E isso produzia seus resultados. Fosse pelo magnetismo pessoal do sacerdote, pela sabedoria de seus conselhos, pela exatidão de suas intuições, pela natural simplicidade de suas palavras, sua reputação passou a crescer ainda mais quando os soldados passaram a se sentir melhores depois desses colóquios. Alguns dormiam com facilidade ao chegarem em suas casas, coisa que de há muito não conseguiam fazer. Outros solucionaram problemas de saúde pela ação magnética que atribuíam ao poder do sacerdote. Outros ainda, resolveram conflitos e se aliviaram interiormente, recobrando a ventura de se sentirem livres de amarras nocivas que lhes oprimiam os sentimentos.

Assim, com o passar das semanas, grande parte dos soldados já se havia deixado conquistar pela suavidade daquele homem de Deus, a serviço da bondade, onde fosse que o destino o conduzisse.

Essa postura e os efeitos dela decorrentes levavam os soldados, antigos cultores dos deuses banidos, a se fortalecerem nas antigas crenças, já que a divindade oficial, imposta pelo rei a todos os egípcios, jamais lhes conseguira infundir uma tal sensação de alegria interior.

Tinham de engoli-la por dever de ofício, mas a ela não aderiam internamente, sobretudo agora que, com a presença do sacerdote entre eles, os antigos deuses do Egito demonstravam o seu poder de atenuar-lhes os sofrimentos.

Ao final de um mês de hospedagem carcerária, a sua cela era uma verdadeira sala de visitas.

Já não ficava mais fechada. Os guardas já não se ocupavam com a sua vigilância. Ele tinha autorização, por ser inofensivo, de transitar pelo ambiente, de sair de seu compartimento, de ir conversar com os demais reclusos, a pedido deles mesmos, a maioria dos quais via em Hatsek a esperança da antiga fé que lhes voltava ao coração.

Todo o ambiente da cadeia real se transformara serenamente. Os soldados passaram a se sentir mais bem tratados pelos próprios prisioneiros, em resposta à melhoria do tratamento que eles mesmos, soldados, passaram a lhes dispensar.

Contudo, um pequeno grupo de homens rebeldes e duros porque expostos, há mais tempo, às intempéries da vida continuava observando aquele movimento com subido desagrado.

Por mais que os companheiros lhes relatassem as próprias experiências com a franqueza dos que participaram pessoalmente delas, os três soldados mais frios não se dispunham a ceder.

Deles era que partiam os últimos focos de ignorância que manchavam o ambiente com as vibrações nocivas e tristes da agressividade.

De um lado, Hatsek seguia conversando, aconselhando, tratando, impondo as mãos sobre os que necessitassem, receitando beberagens e remédios que conhecia, já que era possuidor de conhecimentos médicos enquanto que, de outro lado, os três homens toscos seguiam distribuindo chibatadas, mandando cortar comida de alguns, atirando imprecações e xingamentos aos quatro ventos, vociferando toda a angústia que carregavam dentro do peito.

Amenef, o pior deles, tinha um motivo especial para estar assim, além dos motivos que eram comuns a todos eles.

Seu lar estava uma balbúrdia. Sua esposa o havia abandonado em troca de vida menos dura, já que não suportara conviver mais com a sua aspereza. Entretanto, isso não o feria tanto quanto a situação de seus dois filhinhos, distanciados dele por causa de seu trabalho e entregues, depois do abandono da mãe, aos cuidados de amas que, por mais que fizessem, não conseguiam alterar-lhes o estado de ânimo.

Os pequeninos ressentiam-se da falta da voz doce daquela que lhes embalava o sono todos os dias. A voz do pai, estentórica e ressequida pelos gritos com os soldados e os presos não aprendera a ser suave e sensível. Por isso, achavam-se abatidos e chorosos, recusando-se a se alimentar, entregues aos riscos que a fraqueza física fazia aumentar, naquelas terras tão quentes e tão ásperas do Egito daqueles tempos.

Amenef não suportava ter de deixá-los todos dias para seguir em direção ao trabalho de cuidar de bandidos e adultos malfeitores.

Isso o irritava ainda mais, além do que a preocupação com o estado cada vez mais abatido dos filhos lhe impedia qualquer equilíbrio. Era fera enjaulada, pronta a morder qualquer um que se lhe apresentasse.

Sabendo-lhe do estado íntimo, os próprios colegas se afastavam dele, temendo-o, já que lhe conheciam o descontrole e a força física.

O sacerdote, no entanto, sentia-se atraído por aquele que mais sofria no meio de tantos que se erguiam à custa da própria transformação. Necessitava arrumar uma maneira de aproximar-se dos três indivíduos endurecidos, mas todos os seus esforços se frustravam nas barreiras naturais da indiferença deles. E para não se ver tolhido até mesmo daquilo que já conseguira realizar com os outros, Hatsek esperava com paciência o momento chegar.

Foi assim que, em determinada manhã, Amenef chegou ao trabalho sem conseguir esconder o pranto que lhe molhava a face marmórea. Seu filho mais novo estava apresentando um estado febril que beirava a alucinação. Durante as crises, chamava pela mãe e reclamava da saudade de seus modos gentis e amorosos, coisa que Amenef não tinha nem sabia como fazer.

Mais do que ódio, o soldado tinha, naquela manhã, verdadeiro desespero de perder o filho amado.

Trancou-se na sala da guarnição e, mergulhando a cabeça entre as mãos, chorava sem saber o que fazer para resolver o problema. O pouco dinheiro que possuía gastara em vão pagando por médicos que, na verdade, eram curandeiros místicos sem qualquer reputação mais elevada.

Naquela manhã, não tinha desejo de altercar-se com ninguém, pois não tinha mais forças sequer para erguer os braços e punir os culpados. Não queria pensar em prisão, presos, faraó, soldados. Queria, apenas, salvar o filho.

Ninguém entre os homens parecia possuir a capacidade de ajuda-lo. Por isso, apesar de não ser homem voltado para as coisas do invisível, quase que entre a vergonha e o demérito, dirigiu-se aos deuses antigos, numa prece muda, rogando que viessem a tratar-lhe o rebento que, sem culpa por ter sido gerado, agora sofria pelos espinhos que os que o geraram lhe espetavam no coração.

Na sua prece pensou em culpar a mulher, mas na honradez e orgulho de homem ligado aos princípios da caserna, lembrou-se de que a mulher não lhe suportara mais o temperamento intempestivo, apesar de franco e fiel.

Apesar das inúmeras reclamações e brigas que haviam tido, ele jamais arredara um passo de seu modo de ser indiferente para com as necessidades dos que lhe cercavam e o serviam. Afinal, era o homem que tudo podia e a esposa, a mulher que tudo devia.

Agora, no entanto, começara a perceber que, por falta daquela que não valorizava nem atendia suas modestas rogativas, se via entregue ao dever de fazer o que nunca estivera preparado a fazer. Naturalmente, tendo de ir-se do lar sem recursos e sem condições sequer de manter a si mesma, a mãe não poderia levar consigo os filhos para o incerto destino que teria de enfrentar sozinha. Além disso, fazê-lo de maneira clandestina, furtando as crianças da morada da família e retirando da tutela paterna a vigilância direta sobre os seus sucessores, significava infringir as leis de seu tempo, podendo ser submetida a penas cruéis, caso fosse encontrada e presa.

E como seria fácil de ser encontrada naquelas paragens carregando a esmo duas crianças assustadas, sem bagagem nem dinheiro para nada? – pensava ele durante a própria oração.

Todavia, tais pensamentos encontravam a sua origem nas intuições que os amigos espirituais produziam dentro de seu ser, como se fossem pensamentos plasmados por ele próprio, a apontar-lhe a responsabilidade pessoal pela ruinosa estrada que, agora, tinha de enfrentar.

Ao mesmo tempo, culpava-se pela enfermidade do filho a quem amava com sincero sentimento.

Não achava justo que, por sua causa, outrem adoecesse, ainda mais o próprio filho. Ele é quem deveria adoecer, já que fora o causador direto de todos os dissabores no lar...

Todavia, sua argumentação não mudava a ordem das coisas.

Ali estava, entregue aos pedidos de apoio e ajuda como criança desesperada, reconhecendo-se culpado por tudo aquilo.

– Ajudem-me, ó deuses amigos, na desdita de um pai sem esperanças e sem recursos – pedia desesperada e emocionadamente o duro soldado Amenef.

E enquanto suas orações eram recolhidas pelos amigos invisíveis que observavam uma fresta luminosa dentro de sua alma, orquestrava-se no mundo dos espíritos uma melodiosa resposta que lhe seria entregue, como elixir da esperança, como copo d'água ao sedento, como lenço ao que chora. Afinal, Deus não era surdo aos sofrimentos de seus filhos, do mesmo modo que aquele pai não o era à febre de seu pequenino.

Envolvido pela atmosfera de fé, apesar de seu passado de desditas, irreflexões, erros, quedas, Amenef foi abraçado pelo espírito de Khufu, num amplexo de amor que ele, Amenef jamais houvera recebido ou sentido. Nesse abraço que lhe causara arrepios por todo o corpo, fazendo-o imaginar que contraíra a mesma febre de seu filho, Khufu lhe penetrava as fibras mais íntimas do ser, dos sentimentos endurecidos,

dos pensamentos indiferentes, aproveitando-se do instante de oração para responder-lhe com esperança à súplica sincera.

Ah! Leitor amigo, se soubéssemos quão valioso é um momento de elevação através da oração sincera e simples... quanto recebemos de auxílio nessa hora, passaríamos todas as horas do dia em preces simples e sinceras, em pensamentos positivos a favor de todas as criaturas da Terra...

Sentindo-se penetrado por uma atmosfera de paz e confiança, Amenef se viu transportado, suave e rapidamente, para uma região extrafísica, na qual poderia melhor escutar as informações do mundo invisível, ainda que lhe parecesse estar acordado e vigilante.

Um estado de hipnotismo suave lhe infundia uma sensação de conforto e lhe permitia afastar-se alguns passos do corpo físico, induzido a isso pela vigorosa ação magnética do Espírito amigo que viera em resposta às suas preces.

Fora do corpo, em um estado de sonolência rápida, Amenef vislumbrou a figura de Khufu que, para que ele soubesse tratar-se de uma resposta às suas orações, plasmou-se diante do soldado com todo o aparato que lhe pudesse marcar a retina quando regressasse ao corpo plenamente. Vestira-se o Espírito, novamente, com as insígnias reais que um dia ostentara, usando todo o vestuário adequado para impressionar os que o vissem, além de manter-se envolvido pelo halo luminoso que lhe era peculiar, mas que, usualmente, apagava à força da própria vontade no desejo de ocultar-se para não ferir a menor luminosidade dos demais Espíritos com quem convivia.

Vendo-o, assim, rutilante e real, o Espírito de Amenef, temporariamente afastado do corpo, prostrou-se reverente e, em prantos, manifestava a gratidão aos deuses pela resposta imediata:

– Ó, grande soberano, que me escutastes a súplica do desespero, ajudai-me por quem sois...

Afagando-lhe a cabeça que, agora, se erguera à altura de seu próprio busto, Khufu o ergueu com as próprias mãos, colocando-o de pé para que seus olhares se pudessem encontrar e tornar a experiência ainda mais marcante para Amenef.

– Filho amado, não sou mais do que serviçal da Soberana Verdade que, de há muito, está pacientemente esperando-te igualmente. Reconheço o teu estado de dor íntima e a tua sincera disposição em não culpar ninguém a não ser a ti mesmo por tudo o que ocorreu até agora. Teus filhos estão correndo sério perigo e necessitam de imediato atendimento médico...

– Sim, eu sei, mas já procurei médicos que me sangraram as economias e não resolveram o problema que, a cada minuto, se agrava... Agora, não tenho dinheiro com que pagar. Mesmo assim, me entrego como escravo ao primeiro que tratar de meu filho, como forma de pagamento.

– Ora, meu irmão querido, a Soberana Bondade conhece todas as nossas dificuldades e não é surda aos nossos rogos. Tanto é que já te havia mandado a solução de todos os problemas sem que te desses ao trabalho de considerá-la. Se tivesses ouvido a sugestão do Amor, já estarias com esses problemas equacionados há muito tempo e não terias gastado um centavo sequer.

– Como assim, nobre alma? – perguntou o soldado.

– Sabendo do teu estado de necessidade interior, a Soberana Justiça colocou à tua disposição aquele que te ajudaria e te ajudará como única solução para o problema de teu filho. Colocou aqui dentro, ao teu lado, o remédio para tua alma e para o teu filho.

– Dizei-me, enviado dos deuses, onde está essa solução que eu, imediatamente a mandarei buscar para beijar-lhe os pés – falou o homem aos soluços.

– Manda chamar o sacerdote preso pelas tuas mãos, humilhado pelas tuas palavras, censurado pelas tuas bastonadas. Manda chamar Hatsekenká. Ele será o veículo para salvar o teu filho e para que tu não percas a própria alma.

Dito isto, a imagem de Khufu desvaneceu-se diante dos olhos assustados do soldado que, imediatamente foi reconduzido ao corpo físico, como se levasse um choque inesperado.

– O que ocorreu comigo? Será que estou ficando alucinado por causa de alguma doença? – falava para si mesmo, em voz alta, sem conseguir se esquecer das palavras finais daquele ser luminoso que lhe chegara com a resposta para as suas preces.

Amedrontado diante da clareza de suas experiências naquele momento, Amenef não se fez esperar nas medidas que eram emergenciais.

Abriu a porta e solicitou ao soldado que lhe devia obediência, lhe trouxesse o sacerdote até ali. Precisava falar com ele.

Surpreendendo a todos, desde os colegas até o próprio convocado que já se acostumara a receber de Amenef apenas xingamentos e bastonadas, o homem, transtornado, não conseguiu esperar que a sua determinação fosse cumprida. Saiu da sala onde se achava recolhido e desceu rápido em direção à cela do sacerdote, ali chegando quase que simultaneamente com o soldado que lhe havia ido cumprir a determinação.

Diante da cena inusitada, destroçado pelo desespero e observado por todos os que se achavam ali, Amenef não havia pensado no que falar naquelas circunstâncias.

Não sabia como se dirigir àquele homem que fora sempre objeto de seu escárnio e de sua descrença, mas que, agora, se erigia como a única solução para seu problema.

Quando ia dirigir-lhe a palavra, dura como sempre, foi invadido por uma onda de vergonha que lhe trouxe à consciência todos os opróbrios, humilhações, punições imerecidas que havia praticado contra aquele homem inocente.

Assim, um nó na garganta interrompeu as primeiras palavras que lhe morreram na boca.

Abaixara a cabeça, envergonhado de olhar nos olhos daquele homem bom que suportara a sua maldade sem uma só queixa.

Vendo-lhe o conflito de consciência e o sofrimento íntimo que lhe corroía as fibras duras do ser, o sacerdote levantou-se do chão onde estava sentado e aproximou-se do soldado, humildemente.

– Nobre guarda real, sinto o amargor de seu coração de pai aflito e, ainda indigno como sou, aqui estou para servi-lo naquilo que a Soberana Bondade permitir e que o seu carinho de pai aceitar.

Surpreso com aquela revelação inusitada para todos os que o cercavam e até para ele mesmo, duas lágrimas grossas lhe escorreram pela face, vindo a alojar-se na altura de seu próprio peito de pai desditoso.

Os amigos de Amenef, vendo o seu estado emotivo, deixaram-se emocionar por sua transformação, imaginando que estava enfrentando um sofrimento muito duro para que se comportasse daquele modo na frente de todas as pessoas.

– Sim, sacerdote, com a alma iluminada que possuis e que eu não soube reconhecer, soubeste ler em meu peito aquilo que eu mesmo não conseguia identificar até há pouco. Sou um ser amargo que só espalha amargura por onde passa.

É verdade – tenho um filho às portas da morte e um outro que espera o mesmo trajeto se algo não for feito. Fui abandonado pela esposa que não compreendi e que só fiz ferir como uma escrava dentro de minha casa. Meus filhos sofrem a sua ausência que eu não consigo suprir, pois só tenho grosserias e não sei como ser diferente. Adoentado e febril, meu caçula necessitou de atendimento médico que eu busquei e onde gastei tudo o que tinha, sem nenhum sucesso. Em desespero, cheguei aqui e me tranquei para recorrer aos deuses a quem já havia esquecido ao longo de uma vida de indiferença para com as coisas elevadas. Sem entender como isso se deu, creio que dormi e sonhei com um ser luminoso que me parecia ser um dos antigos reis de nossa terra, que me tratou com um carinho como se eu fosse o melhor dos homens e me fez ver que o caso de meu filho é grave e que só encontrarei meios de salvá-lo se recorrer à tua ajuda.

Por isso, envergonhado e vencido, estou aqui para dizer-te que não valho uma gota de teu suor, mas, por amor ao meu filho, suplico-te que me perdoes e que o atendas, ainda que me tenhas de aceitar como o teu escravo daqui por diante como forma de pagamento aos teus préstimos generosos...

Calara-se Amenef, entre o pranto do pai em desespero e o arrependimento envergonhado do homem arrogante que se descobre necessitado da ajuda daquele a quem humilhara por julgá-lo inferior.

O sacerdote tinha os olhos lacrimosos pela emoção do momento e pela gratidão a Deus pela porta que se abria no coração endurecido daquele homem sofrido e seco.

Chegara a hora de ser a chuva bendita na seara desértica que a transformaria para sempre.

– Diga-me Amenef, o que devo fazer para que possamos atender o pequenino em tempo de auxiliá-lo – respondeu o sacerdote, segurando as mãos do soldado.

– Não posso trazer o doentinho até aqui, pois seu estado é delicado. Receio que não suporte. Precisaria levar-te até ele, mas não posso solicitar isso aos superiores, pois não obteria tal concessão para um homem feito prisioneiro por ordem do próprio Mudinar.

Os amigos que estavam por perto, rapidamente conversaram entre si e se dispuseram a dar toda a cobertura para que o sacerdote fosse levado à casa de Amenef.

Este, contudo, recusou a ajuda, pois se seus amigos fossem descobertos, seriam punidos com muito rigor, e ele não desejava ser culpado por isso.

Surgia o problema instransponível de fazer o sacerdote chegar até a criança.

Inspirado por Khufu, o sacerdote levantou uma hipótese para o estudo de todos.

– Se fosse possível, ao final do dia, depois de todos termos sido recolhidos, se eu tiver uma roupa mais escura e discreta e me permitirem sair despercebido por alguma passagem, poderia encontrar-me com Amenef nas proximidades da prisão e, seguindo-o pelas ruas escuras, chegar até sua moradia, onde atenderia o menino e, depois, voltaria para a prisão.

Reconheço que se trata de um expediente perigoso e que vocês nunca fizeram isso antes. Todavia, essa conduta eximiria a todos da responsabilidade pela minha libertação para o caso de ser descoberto ao meio do caminho. Como se eu estivesse fugindo, seria eu o único culpado por isso, sem que ninguém acabasse acusado pelos superiores.

Além disso, fora destes muros, Amenef me escoltaria para certificar-se de que eu não fugiria e, na volta, se ele puder, me traria de regresso até o interior da cadeia real ou, se não puder fazê-lo pelo estado de enfermidade do filho, algum soldado que queira ajudar poderá me retirar da casa de Amenef e me escoltar até aqui, reingressando na escuridão da noite.

A idéia soara como uma solução adequada, já que, naquele dia, as sentinelas todas eram compostas de soldados simpáticos ao sacerdote e que já se haviam beneficiado de seus conselhos e suas dádivas.

Todos estavam felizes por verem que Amenef estava virtualmente renovado.

Tudo ficou combinado e, quando a hora chegou, tudo foi feito conforme o próprio sacerdote havia sugerido, tomando todos os cuidados para que os soldados que ficassem não fossem responsabilizados por nada, como se aquele ato de fuga tivesse partido dele próprio, insatisfeito com o cativeiro.

Nenhum soldado ousou oferecer-se como escolta para evitar-lhe a fuga, já que confiavam muito no exemplo do sacerdote que lhes havia conquistado o coração e a confiança.

Mais de um, contudo, dispôs-se a estar na casa de Amenef a fim de dividir com ele aquele momento tão difícil e, na escuridão da noite, com a chegada de Hatsek ao ambiente da família, um pequeno grupo de homens transformados estava ali, esperando pelo milagre do bem, a benefício de todos, crianças e homens.

Envolvidos pelo magnetismo daquela hora e pelo desejo de sentirem o bem que sempre experimentavam ao contato com o sacerdote, todos os homens se mostravam unidos num mesmo objetivo, que era o de salvar a vida daquelas duas crianças e de reerguer o amigo abatido pelas próprias desditas.

Unidos, assim, em torno de um mesmo propósito, não foi difícil que os Espíritos se valessem das energias coletivas, reunidas na mesma direção e, utilizando-se do magnetismo poderoso de Hatsek, modelassem a medicação para o tratamento de todos naquela casa, restabelecendo o estado orgânico e emocional dos pequenos, acalmando o coração do pai e, sem deixar ninguém desprotegido, buscando a alma materna, onde se encontrasse, a fim de que, mesmo em espírito, ela fosse ajudada a recobrar as noções do dever maternal.

Os Espíritos atuaram sobre toda aquela família e, depois de alguns longos momentos de orações e aplicações magnéticas, fluidificação da água, elaboração de chás e prescrição de uma alimentação específica, Hatsek viu o Espírito de Khufu sorridente e agradecido por tudo aquilo que haviam conseguido realizar.

O pequenino dormia em paz, entre as modestas peças de tecido que lhe serviam de leito, traduzindo em suor abundante a recuperação da saúde e a queda da temperatura, uma vez corrigidos os centros emocionais.

Isso se conseguiu aproveitando-se o estado de parcial liberação do corpo físico em que se achavam os Espíritos dos dois pequenos para fazê-los se encontrarem com o Espírito de sua mãezinha que, aproveitando das portas do sono noturno também fora trazida até aquele ambiente, de coração opresso e arrependido pelo abandono.

Ao revê-la, os Espíritos de seus dois filhos projetaram-se sobre ela, escalando-a como se ela representasse uma treliça por onde as ramagens floridas, ainda que emurchecidas, se entrelaçassem na esperança de subir em direção à luz do Sol.

Emocionada pelo carinho espontâneo de seus filhos, o coração materno se desfez em lágrimas de saudade e de dor, não sabendo por que estava ali. Acreditava que estava encontrando os entes amados por sentir muito a falta deles.

Não tinha olhos amistosos, no entanto, para o esposo abandonado. Trazia o coração magoado e ferido pela sua conduta indiferente e rude.

No entanto, seu coração era o mesmo que um dia se entregara a ele na esperança de que fosse seu amigo e protetor, nos sonhos da juventude.

Envolvida pela atmosfera generosa, a mãe se fizera mais acessível à conversação espiritual bem como ao esclarecimento de suas responsabilidades.

Ficou ciente de que os filhos sofriam por ela e corriam o risco de morrer caso perdurasse o abandono por mais tempo.

Do mesmo modo, ouviu que o próprio esposo estava se modificando, ao influxo da dor que tivera de suportar, vendo os filhos sofrerem pela ausência da mãe. Refundira seus próprios conceitos e estava sinceramente arrependido por tudo o que fizera.

Voltar ao lar dependia apenas de sua própria escolha e os Espíritos respeitariam qualquer opção, continuando a amá-la de igual maneira, na condição de vítima de um homem agressivo. No entanto, a partir dali, todo o sofrimento que viesse a recair sobre os filhos seria debitado pela Justiça do Universo à responsabilidade dos dois cônjuges, inclusive dela própria também.

E tal consciência de culpa os acompanharia por muitas vidas, até que reparassem os erros cometidos para com os que haviam ferido pelo egoísmo de suas condutas.

Ao mesmo tempo, os Espíritos garantiam a ela que estariam ao seu lado e do marido a fim de que tivessem forças novas caso voltassem aos deveres abandonados e para que ele, o esposo rude, não acabasse regredindo à mesma condição anterior.

Todas estas palavras geraram em seu espírito uma salutar reação, uma vez que, como mãe amorosa que sempre fora, doía-lhe profundamente o afastamento dos filhos queridos e do próprio companheiro que fora, um dia, o sonho de seu coração apaixonado.

Tinha ânsia de retornar ao próprio lar, mas temia as reações do companheiro ferido pelo abandono, crendo que ele ainda a culparia por tal postura.

Agora, tranqüilizado seu espírito durante o repouso carnal, ao acordar no dia seguinte, repensaria melhor as suas atitudes e teria mais coragem para tentar consertar o erro.

As crianças, temporariamente no mundo espiritual, ao contato com a mãezinha, se sentiram abastecidos de seus fluidos amorosos, o que lhes causaria uma grande melhora geral. E com a melhoria deles, o genitor, agradecido, ver-se-ia mais dócil para repensar as coisas da vida e mudar sua conduta.

Desta forma, ao final das preces coletivas e do atendimento naquele lar humilde de Amenef, a bondade tinha esculpido novos caminhos nos corações de todos eles e deixado para trás, não só duas crianças curadas, mas um lar às portas do refazimento, com a melhoria de todos.

Era necessário voltar, agora que as crianças dormiam e que o "prisioneiro" deveria regressar ao seu ambiente.

Levantou-se Hatsek, agradecido a Amenef por tê-lo recebido em seu lar e permitido que orassem juntos. Deixou-lhe as instruções de como proceder nos dias seguintes e, quando ia deixando a sala, foi seguro pelo soldado que lhe disse, emocionado:

– Meu senhor, eu não tenho como pagá-lo, ainda que fosse o rei do Egito...

Olhando-o no fundo dos olhos, Hatsek segurou-lhe as mãos junto ao coração e respondeu:

– Lembre-se, meu filho: você é um homem bom. Deixe que estas mãos atestem aquilo que existe em seu coração para sempre. Pague a Deus com a bondade a ser entregue aos seus irmãos, reis ou prisioneiros. Perdoe sua mulher. Vocês três precisarão muito dela.

Abraçando-o, deixou a sala, esperando por encontrar os que o acompanhariam de volta até a prisão.

Na rua, no entanto, não havia mais ninguém.

Todos os soldados que haviam estado em oração na casa de Amenef, haviam ido embora para suas casas, deixando-o sozinho para fazer o caminho de regresso.

No céu, as estrelas e os Espíritos eram as suas únicas companhias...

33

Voltando para Tebas

Ao chegar à porta da prisão, um dos soldados que estava destacado para o trabalho do período noturno aguardava pelo regresso dos que haviam ido até a casa de Amenef naquela noite, trazendo o sacerdote. Foi, por isso, com surpresa e maior admiração que pôde presenciar a chegada do prisioneiro sozinho à porta do cárcere que o haveria de aprisionar novamente, quando, em realidade, a maioria dos que se viam detidos, desejava fugir a qualquer custo.

Hatsek, com tais condutas passou a ser considerado uma verdadeira lenda naquele local, sobretudo quando, ao amanhecer daquele mesmo dia, Amenef regressava à prisão com a notícia de que os seus dois filhos haviam recuperado a saúde e que ele, atendendo ao pedido do sacerdote iria procurar a esposa pelas ruas de Amarna a fim de desculpar-se com ela e propor que regressasse ao lar, senão por sua causa, ao menos pela necessidade dos filhos pequenos.

Tal notícia foi uma verdadeira aclamação silenciosa da personalidade simples daquele prisioneiro que, apesar disso, se comportava como um homem absolutamente livre.

Em realidade, não se podia divulgar abertamente que fora por sua intervenção pessoal que se obtivera a cura dos pequeninos, uma vez que não se poderia revelar que o sacerdote havia deixado a prisão, sem autorização dos seus dirigentes responsáveis.

No entanto, à boca pequena, todos sabiam dos feitos daquele homem bom e generoso, notadamente para com aquele soldado que, por sua rusticidade, se apresentava sempre como um dentre os que o maltratavam e ridicularizavam perante os outros.

Agora, Amenef era um outro homem, pela simples força do Amor que Hatsek lhe entregara sem nada pedir em troca, sem quaisquer compromissos ou pedido de favores.

A gratidão e o respeito passaram a ser os norteadores de sua conduta e, para espanto dos demais, ele se transformaria em um dos mais humanos e amistosos soldados, no tratamento dos muitos presos que ali se isolavam do mundo pelos mais diferentes motivos possíveis.

Kaemy, a mãe de Kalmark, se beneficiava desse ambiente fraterno na medida em que, próxima a Hatsek, passara a colaborar com ele na transformação das coisas, demonstrando ser sua auxiliar em todas as ações que lá dentro realizavam, em favor dos outros prisioneiros.

Não se negava a levar pesados recipientes de água pura para abastecer as canecas com as quais os seus irmãos de desdita se mantinham, ao menos, aliviados do calor insano.

Limpava os detritos das celas infectas, do pátio onde todos passavam boa parte do dia na promiscuidade e na inércia, entre jogos rústicos que os mantinham entretidos e as conversas com que buscavam matar o tempo.

Em todos os casos, suas ações eram sutis e mantinham todos em um estado de ânimo mais elevado e menos depressivo, já que, por ter vivido boa parte de sua vida na condição de serviçal de Nekhefre, estava habituada a empregar suas forças na organização e na limpeza.

A saudade do filho crescia dia a dia, suportando-a apenas por força da vontade firme, da esperança que Mudinar o encontrasse e por causa da proximidade com o sacerdote, em cujo exemplo encontrava forças maiores para seguir sem entregar-se ao desespero, agora que o tempo ia passando sem quaisquer notícias.

No palácio de Akhenaton, Nekhefre era quase um prisioneiro dos funcionários que, na verdade, mantinham sobre ele uma constante vigilância, a mando de Mudinar.

Dono de um título pomposo, não exercia nenhuma função importante, a não ser ter que ficar descrevendo os infindáveis objetos que compunham o tesouro do rei, num trabalho enfadonho e burocrático que o amargurava.

Jamais ficava sozinho e nunca pôde dirigir-se ao faraó ou participar de quaisquer cerimônias públicas ao seu lado.

Como ninguém lhe viesse renovar mais perguntas sobre o sacerdote ou sobre suas condutas na cidade de Tebas, que o ligavam mais intimamente ao culto de Amon-Rá, seu interior voltou a uma relativa calma, livrando-se dos sobressaltos decorrentes daquela surpresa no final de sua audiência na sala do faraó, quando vira que Kalmark iria falar ao rei.

No entanto, tudo isto fazia parte da estratégia de Mudinar que, na verdade, estava preparando para Nekhefre algo mais surpreendente.

Observando que os dias transcorriam sem novidades, Mudinar deixou que Nekhefre se mantivesse no trabalho, isolado do mundo, para que sua insatisfação fosse crescendo e lhe inspirasse maior desespero, perante sua nova vida de funcionário destacado do faraó.

Ao mesmo tempo, era informado constantemente da situação de Hatsek na prisão, já que o sacerdote era a ligação de Nekhefre com o culto religioso banido. E pelas notícias recebidas dos que dirigiam a prisão real, o sacerdote estava sendo considerado um verdadeiro enviado dos deuses, já que por sua atitude e exemplo, todos os demais presos se estavam disciplinando, acalmados, menos agressivos. Mudinar fora informado que até mesmo os próprios soldados haviam a ele se ligado de uma maneira muito íntima e que, corria a notícia de que era dotado de faculdades tão poderosas que era capaz de curar quaisquer doenças pela simples imposição das mãos sobre o enfermo.

As novidades feriam fundo o espírito frio de Mudinar que, a todo o custo, buscava ocultar a admiração e a impressão profunda e agradável que Hatsek lhe causara, já que desejava ver nele tão somente, o sacerdote inimigo das novas tradições.

E quanto mais admiração se voltasse para Hatsek, mais todos à sua volta iriam se lembrar das grandezas da antiga crença que ele representava. Mais e mais pessoas se iriam ligar para a lembrança de Amon, atribuindo-lhe todos os benefícios recebidos e afastando-se da figura de Aton, o deus oficial dos egípcios.

Por esse motivo, a figura de Hatsek começava a incomodar-lhe os planos imediatos. Não podia livrar-se dele, já que era uma importante prova dos envolvimentos de Nekhefre com Amon, mesmo depois da proibição do faraó.

Todavia, não poderia permitir que ele seguisse sendo admirado até mesmo pelos soldados que, ao invés de se envolverem com o culto novo, mais se atiravam às raízes de suas antigas crenças, na figura cultuada do sacerdote de Amon-Rá.

Deliberou, com isso, afastar Hatsek daquele lugar usando de uma motivação oficial e que, ao mesmo tempo, lhe permitiria dar seguimento aos seus planos.

Por isso, sem que ninguém soubesse, Mudinar ordenou que o sacerdote fosse trazido até seu gabinete de trabalho para lhe comunicar as novas determinações oficiais.

Ele seria mandado até a antiga capital, Tebas, para comunicar à família de Nekhefre que deveriam todos se transferir para Amarna, atendendo aos altos imperativos da nova função que a este fora atribuída, sendo responsável pela notificação de que o mesmo príncipe houvera oferecido em matrimônio as duas filhas para selar a aliança com o rei e a nova crença.

Em realidade, a missão era muito espinhosa e difícil de se fazer em face do sofrimento que iria produzir nas pessoas que não esperavam por elas nem haviam colaborado em nada para que os fatos sucedessem daquela maneira.

Todavia, Mudinar não havia pedido. Havia ordenado sem lhe deixar qualquer espaço para outra conduta. Seria escoltado por um soldado que se encarregaria de sua segurança e, ao mesmo tempo, de garantir o seu regresso tão logo sua tarefa estivesse encerrada.

Deveria voltar a Amarna imediatamente depois de ter cumprido a missão.

Ouvindo-lhe as determinações em silêncio, Hatsek retirou-se depois que foi autorizado a fazê-lo, levado pelo soldado que o havia trazido e que, em verdade, era um de seus seguidores fiéis.

Mudinar, todavia, iria determinar a um outro subordinado de sua confiança e que não se havia contaminado pelo exemplo de Hatsek, que o seguisse como escolta, mas que também servisse como espião, permitindo ao sacerdote certa liberdade de ação, a fim de obter as provas definitivas e flagrantes com as quais iria destruir o príncipe para sempre.

Marcada a data da viagem, para tristeza dos soldados que se achavam na prisão acostumados com a palavra amiga e conselheira do sacerdote, Mudinar dirigiu-se, então, até Nekhefre a fim de comunicar-lhe a determinação de que, em breve, ele partiria para Tebas a fim de providenciar o traslado das filhas para a realização do casamento com ele próprio e, igualmente, a transferência de sua própria moradia para o palácio, trazendo também a esposa para Amarna e os bens que lhe guarneciam a residência, já que, pelo tempo afastado do seu ambiente, deveria estar ele muito preocupado com tudo.

– Nobre Senhor, – respondeu Nekhefre, desconfiado e reticente, – tal preocupação que habita minha alma é verdadeira e amarga, já que, além da saudade, tenho o dever de pai impedido de ser exercido em face da distância. Tal procedimento, no entanto, vai demandar algum tempo para ser realizado, já que não poderei desfazer-me de todas as coisas que possuo em Tebas, rapidamente.

– Sim, Príncipe, eu sei disso e já lhe adianto que o faraó sabe ser tolerante e paciente para com tais dificuldades. Por isso, não tenha pressa. Volte, no entanto, no menor espaço de tempo possível, pois estou ansioso por me tornar membro de sua família... – respondeu Mudinar usando de ironia e sarcasmo, irritando ainda mais o espírito do príncipe que o escutava em silêncio e revolta.

No entanto, nem Hatsek nem Nekhefre foram informados um sobre a viagem do outro, pois Mudinar desejava que eles acabassem se encontrando em Tebas, sem saber do que estavam indo fazer.

Para que tudo ficasse bem realizado, no plano sórdido da mente de Mudinar, Hatsek foi enviado a Tebas com uma semana de antecedência sobre a viagem de Nekhefre que, a toda evidência, também foi acompanhado por dois homens da confiança do Chefe da Guarda com a desculpa de serem os seus serviçais durante a viagem.

No barco que levara Hatsek, além dele e do soldado desconhecido que o acompanhava, seguia um espião disfarçado de viajante, enquanto que na outra embarcação, que deixara o porto uma semana depois, seguia, além de Nekhefre e seus dois auxiliares, mais dois espiões secretamente colocados ali, sem que nenhum deles tivesse conhecimento.

Mudinar era muito astuto.

Tão logo os dois homens tomaram seu rumo em direção a Tebas, Mudinar mandou que trouxessem à sua presença a mãe de Kalmark, Kaemy, para entender-se com ela.

Chegando, assustada e ansiosa ao gabinete do Chefe da Guarda Real, a mulher trazia o coração na garganta, esperando que algo lhe fosse revelado sobre o paradeiro do filho querido.

Prostrando-se perante a importante autoridade, Kaemy se viu convidada a levantar-se e a tomar assento em pequena cadeira colocada no recinto, a fim de escutar as palavras de Mudinar.

– Sua história muito me sensibilizou o coração e, se posso lhe dizer algo, é que não poupei esforços para encontrar seu filho. Diante de todas as informações, posso dizer-lhe que descobri onde ele encontra.

O olhar de Kaemy tornou-se uma exuberante cascata de emoção, a projetar lágrimas cristalinas de alegria e reconhecimento àquele homem que lhe surgia, agora, por benfeitor e devotado funcionário real.

Desejou beijar-lhe as mãos na exteriorização de sua alma agradecida pela notícia tão esperada, depois de várias semanas recolhida ao cárcere.

Agradavelmente homenageado, Mudinar permitiu que ela se externasse e lhe osculasse até mesmo os pés, demonstrando-lhe que lhe era superior e, ao mesmo tempo, generoso a ponto de encontrar o filho amado.

– Na verdade, senhora, a sua sensibilidade de mãe e sua história de sofrimento são capazes de arrancar lágrimas das pedras do Egito. Por isso, posso afiançar-lhe que tudo fiz para que seu filho fosse encontrado.

– Que os deuses o favoreçam, nobre Mudinar – respondeu Kaemy na antiga fórmula religiosa com a qual se abençoavam aqueles a quem se era profundamente agradecido. Percebendo que já não havia mais deuses no Egito e sim apenas Aton, único e absoluto, caiu em si mesma e procurou desculpar-se, meio sem jeito.

– Não se incomode com isso, Kaemy, pois eu sei que em nome da emoção de mãe, tudo se releva e se compreende.

Parecia um homem absolutamente diferente de sua própria realidade. Isso fazia parte de seu plano de cativar a confiança de Kaemy a fim de usá-la segundo seus objetivos.

– Agora, escute o que vou dizer: Seu filho é funcionário do rei, a serviço da decoração do interior de sua tumba funerária, distante daqui para além das montanhas. Quando você me deu condições de identificá-lo, pude pedir informações sobre o jovem e lhe revelo que eu mesmo o conheci pessoalmente, antes de ser mandado para o novo serviço. Instalara-se aqui como artesão e, tão talentoso se demonstrou que, depois de alguns anos de trabalho foi apresentado ao próprio faraó, que fez dele um dos seus escultores e entalhadores no trabalho de embelezamento da câmara funerária.

Para Kaemy, parecia um sonho que se tornava realidade. Ter notícias do filho depois de tanto tempo de procura era um refrigério para seu espírito.

Bebia as palavras de Mudinar como se sorvesse néctar divino, encontrando verdadeira fonte de alento e consolação.

– Como gostaria de encontrá-lo e dar-lhe meu coração, o único que lhe resta nesta vida – falou Kaemy, emocionada.

Ouvindo-lhe a rogativa modesta e indireta, Mudinar aproveitou a súplica e lhe respondeu:

– Sabendo disso, mandei que Kalmark fosse trazido até aqui para que pudessem se encontrar, devendo, no entanto, informá-la de que ele não poderá deixar o serviço real até que tenha terminado o que lhe compete acabar. Será um encontro rápido que lhe garantirá a alegria de ter o filho por alguns dias, até que a sua licença termine e ele tenha de reassumir as suas funções.

– Ah!, nobre e generoso Senhor, isso será a maior dádiva que um coração de mãe, abandonado e solitário sonharia em receber. Quão dadivoso é o grande Chefe da Guarda Real, para que as próprias pedras saibam de seus feitos...

– Por agora, você será levada até a morada que Kalmark deixou em Amarna, antes de seguir para o túmulo real. É uma modesta casinha que você poderá arrumar e preparar para a sua chegada. Nela já mandei colocar as coisas necessárias ao bem-estar de ambos pelo tempo em que ali permanecerem. Com o término da licença, estudaremos o seu destino, já que precisarei muito de seu auxílio, na solução de um grave problema que possuo...

– A partir de hoje, nobre Mudinar, sou sua devedora e tudo farei para colaborar de bom grado para com aquele que me está devolvendo a alegria e esperança de viver – respondeu Kaemy, sem jamais imaginar qual o preço que lhe seria exigido por aquele breve reencontro com seu filho.

– Assim espero e confio, minha senhora. Siga agora com os que a levarão até o local onde se hospedará e, dentro de dois dias, terá seu filho em seus braços.

Despediram-se e, tomando o novo rumo de seu destino, Kaemy passou a arrumar a casinha que lhe seria o céu por alguns dias.

Kalmark, notificado de que deveria comparecer perante Mudinar dentro de dois dias, não sabia do que se tratava e nem fora informado dos motivos que o levavam de volta a Amarna. Apenas trazia o coração apreensivo e a mente fervilhando, diante da possibilidade de perder Marnahan, oferecida em casamento como uma mercadoria sem valor pelo próprio pai.

Tinha de fazer alguma coisa para tentar mudar os fatos até então aparentemente inexoráveis.

Nem imaginava que, ao lado da surpresa tão inesperada quanto emocionante do reencontro com sua mãe, seria inteirado de todas as desgraças sucedidas na vida daqueles a quem amava e que foram os únicos benfeitores desinteressados que tivera na Terra.

O quadro planejado por Mudinar ia tomando forma para desembocar no tão alentado e aguardado momento de sua vingança contra aquele príncipe que não suportava.

34

Kalmark conhece a verdade e quer mudar o destino

Depois de ter sido levado à presença de Mudinar, Kalmark foi informado de que iria passar alguns dias na antiga moradia e que nela iria encontrar alguém que o procurava e com quem deveria se entender sobre assuntos importantes, antes de regressar ao trabalho no túmulo do rei.

Um mistério que encheu o coração do jovem artista de uma apreensão muito intensa, já que estava se acostumando a tristes surpresas sempre que uma aura de suspense envolvia as coisas.

Desse modo, seu coração estava aos pulos quando ingressou pela estreita passagem que dava acesso aos cômodos modestos que lhe serviram de moradia, tempos antes.

Para sua surpresa, no entanto, ao se aproximar da entrada, pôde ouvir uma voz que cantarolava antiga canção muito sua conhecida. Nesse instante, pôde relembrar das alegrias vividas em família, rememorando os dias do pretérito nos quais pudera passar os doces instantes na companhia dos seus pais.

Aquela era uma voz inconfundível – pensava Kalmark, com o coração acelerado.

Apressou o passo e, quase que de um salto, ganhou o interior da vivenda, agora transformada pela mão habilidosa de Kaemy num agradável ambiente arrumado, asseado, enfeitado pelos toques femininos, a se valerem dos recursos disponíveis para embelezar com simplicidade e bom gosto.

Ao encontrar o rosto sorridente de Kaemy, que também lhe ouvira os derradeiros passos da aproximação, ambos se envolveram num abraço emocionado e cheio de venturas, como se o momento pudesse congelar o tempo e as saudades exigissem de ambos uma troca de vibrações que só o abraço sincero e demorado poderia fornecer.

– Mãezinha, que linda surpresa poder encontrá-lo aqui! – exclamou o jovem inebriado pela alegria de revê-la.

– Ah! Meu filho, como doía meu coração por não conseguir encontrá-lo... – reclamou, lacrimejante, a mãe, segurando o rosto de Kalmark entre as mãos.

– Espero que, agora, não mais nos separemos. Afinal de contas, estou trabalhando bastante e faço parte dos funcionários do rei, que se admirou das obras que produzo e me convocou a trabalhar na decoração de seu próprio túmulo, mãe – contava ele, orgulhoso de si próprio.

– Que bom, meu filho. Afinal, esse era o seu sonho, lembra-se? Você deixou Tebas para procurar uma melhor situação e construir sua vida nova.

– É verdade. Esse era um dos meus sonhos. Nunca pensei que eu chegaria onde estou. Se não fosse a vontade dos deuses... – tomando o cuidado de falar esta última frase quase que aos sussurros, para que ouvidos indiscretos não escutassem a sua referência à antiga crença, tão viva em seu coração.

Todavia, olhando ao redor, deu pela falta de seu pai que, como sabe o leitor, desencarnara algumas semanas depois da partida do filho, vitimado por uma enfermidade dolorosa.

– Mas eu não estou vendo o pai. Onde ele está, mãezinha? Não veio com você? Como é que pôde deixá-la viajar sozinha sem a acompanhar? Ou, então, está pela rua me procurando?... – as perguntas se multiplicavam umas sobre as outras e, ao peso de todas elas, Kaemy voltou à realidade de sua desdita.

Procurando fazer com que o jovem se acalmasse, na ansiedade tão comum de sua idade, Kaemy buscou fazê-lo sentar-se para, tomando de outro assento, iniciar o longo diálogo, através do qual iria relatar a Kalmark todas as ocorrências daquele dia fatídico do passado recente.

Iniciou a narrativa voltando às lembranças da antiga casa de Nekhefre, falando dos tempos em que serviram ao príncipe com alegria e satisfação, numa existência comum que jamais iriam imaginar pudesse transformar-se em uma estrada espinhosa e sem volta.

Relatou os efeitos que a conversa de Kalmark produzira no príncipe e que, a partir daquele mesmo dia, apesar de o jovem ter se afastado de seus familiares, ambos desgastados pelos anos de serviço, Nekhefre não tivera nenhuma compaixão em expulsá-los da moradia e do trabalho.

Cada informação que acrescentava ao drama, exercia sobre o jovem um efeito de aumentar-lhe a ferida que carregava no peito, na angústia de ver seus pais entregues à própria sorte, sem recursos materiais, principalmente por haverem fornecido a ele, Kalmark, quase todas as pequenas economias de que dispunham.

Kaemy, com seu espírito de conciliação, buscava ser generosa, abrandando as descrições a fim de que as tintas emocionais usadas para pintar o passado não acabassem por torná-lo um estilete na alma do jovem que, a toda evidência, deveria também estar se julgando culpado pelo sofrimento deles.

Falava como alguém que conta uma tragédia, dela tentando tirar boas coisas com as quais conseguisse atenuar o mal que, naturalmente, toda tragédia contém.

Todavia, no coração de Kalmark bastavam os contornos do drama para que ele próprio pudesse avaliar o seu conteúdo pleno, as amarguras de Meldek e Kaemy na caminhada solitária pelas ruas de Tebas, sem amparo, passando fome e necessidades, com medo, enfermo, solicitando refúgio a Hatsek e, por fim, a morte quase no abandono, evitado apenas pela generosidade do sacerdote no templo de Amon.

Sentia-se responsável por tudo isso, já que fora de sua conversa altiva com o príncipe que tais conseqüências derivaram.

Ao mesmo tempo, pensava, tudo isso ocorrera por falta de dignidade daquele homem cruel e aproveitador, que tinha toda a riqueza e que não se sensibilizava com a desdita de um casal de serviçais que lhe haviam empenhado a própria vida por longos anos de serviços estafantes e mal remunerados.

Lembrava-se de Nekhefre diante do rei, renegando o próprio amigo, o sacerdote, negando a própria crença antiga, oferecendo Marnahan, a filha que ele, Kalmark, tanto amava, para salvar a sua preferida, Hatsena, das garras do insano Chefe da Guarda.

Todos estes fatos, na mente do rapaz, iam criando um cenário cada vez mais devastador, no centro do qual se encontrava sempre a figura de Nekhefre, o príncipe sem caráter e sem vontade própria, sempre aproveitador e gozador do mundo, lutando para manter-se sobre o carro dos prazeres e vantagens da vida a qualquer preço.

As lágrimas do jovem rolavam sobre a face, sem que ele se preocupasse mesmo em secá-las. Sua mãe também orvalhava os próprios cabelos longos com as que escorriam pelo seu rosto, ao mesmo tempo em que tentava dar uma menor dimensão ao grau dos sofrimentos que enfrentara até que pudesse chegar à casinha.

Relatou-lhe a viagem até Amarna, a proteção de Hatsek, a enfermidade no meio do caminho, a tentativa de assassinato, a chegada e a busca pelo filho, o encontro de uma alma jovem e amiga que cuidara dela e que a aconselhara a procurar por Mudinar.

E, a despeito de ter sido recolhida à prisão sem um motivo que pudesse justificar tal comportamento, via na figura do Chefe da Guarda Real, o benfeitor que lhe permitira reencontrar o rebento de seus sonhos e esperanças.

Apesar de tudo, fora tratada com respeito na reclusão forçada a que fora confinada, além de ter tido a oportunidade de conviver novamente com Hatsek, aprendendo muita coisa com ele.

– Hatsek também está preso? – perguntou Kalmark espantado e surpreso.

– Sim, meu filho. Está ou estava preso até bem poucos dias quando, não sei por que motivo, foi retirado da prisão e não sei dizer qual o seu paradeiro.

– Mas ele não fez nada a não ser ajudar as pessoas. Eu mesmo presenciei a audiência do desprezível príncipe, na qual renegara a amizade de Hatsek em troca da sua posição material e pude ver com que serenidade e compreensão o sacerdote acompanhou toda a lastimável cena na qual era o personagem principal e a vítima primeira. Dali foi retirado e não mais o vi. Por que será que foi conduzido à prisão?

– Bem, meu filho, ao que tudo indica, pelo simples fato de ser sacerdote de Amon, num período em que se mudaram os ventos, cancelaram-se os deuses de muitas gerações para que passasse a valer, apenas, o deus da cabeça do rei que acabará por levar o Egito à ruína.

– Eu também acho a mesma coisa, mãe. Akhenaton não cuida mais dos negócios, das campanhas no estrangeiro, das lutas que manteriam nossos mercados abastecidos, do próprio exército que, agora, está sem funções específicas, já que o rei prometeu que nunca mais deixará os limites desta cidade.

Os comentários são de que as coisas estão indo de mal a pior e o que o rei e a rainha só sabem cuidar das coisas da religião, entregando colares e braceletes de ouro a seus súditos mais importantes e influentes, a fim de mantê-los fiéis a essa loucura que não pode durar muito tempo.

Mas ao lado disso, Hatsek não merece sofrer o que está sofrendo. Será que os deuses o abandonaram? Onde está o poderoso Amon que não vem proteger o seu seguidor mais fiel que eu conheço?

Ouvindo-lhe as perguntas enunciadas com o tom da quase revolta, Kaemy procurou acalmar o filho.

– Sabe, Kalmark, o sacerdote tem forças que nós não sabemos onde ele as consegue e, mesmo diante da maior insensatez, da mais cruel agressividade alheia, sabe ter um olhar benigno, sabe compreender as necessidades alheias e, por isso, algum tempo depois, o próprio agressor, envergonhado pela sua conduta covarde, dele se aproxima e o encontra com um sorriso nos lábios, pronto para ouvir do antigo algoz as indagações que ele carrega no íntimo e que, por sua vez, são os dramas que transformam o agressor em agredido, através do sofrimento físico ou moral. Assim, muitas vezes Hatsek se fez amigo e confidente dos próprios soldados que, a princípio, por si próprios ou por obedecerem a ordens superiores, o maltratavam sem motivo.

Eis aí, Kalmark, a força de Amon. – Hatsek saberá se cuidar, sempre.

Mas voltando às notícias graves recebidas pela genitora, Kalmark não sabia por onde começar e as lágrimas que derramava tanto eram pela morte do pai, quanto pelo sofrimento da mãe, quanto por sua própria culpa nos episódios trágicos.

Tinha a indignação por Nekhefre levada ao extremo e, se pudesse, tudo faria para que aquele homem horrível, de personalidade fraca, pagasse por toda a dor que , seus pais e, agora, ele próprio, suportavam e ainda teriam que agüentar.

Ao ouvir a referência de sua mãe à personalidade de Mudinar como sendo a do benfeitor a quem estava ligada por um laço de gratidão eterna, o jovem artesão balançou a cabeça e demonstrou todo o seu temor, a fim de que sua mãe não se contaminasse com falsas aparências.

– É verdade, mãezinha, que devemos ao poder de Mudinar nos encontrarmos hoje e, isso, realmente, é algo muito importante para nós. No entanto, advirto-lhe de que Mudinar é uma cobra muito bem disfarçada de homem justo. Sabe manipular as pessoas e, se a procurou isolar é porque pretende que você lhe sirva aos interesses escusos na hora em que se fizer necessário.

Não acho que ele tenha apenas a intenção de aliviar as preocupações de um coração de mãe, procurando aproximá-la do filho perdido. Digo isto porque já pude avaliar como é o seu procedimento e, todas as vezes que está presente, alguém sofrerá as suas perseguições e artimanhas.

Tome cuidado com ele e não deixe que a sua boa fé lhe iluda a visão. Eu também lhe devo muito, até mesmo a minha audiência com o faraó. No entanto, isso não me tirou a lucidez quanto ao seu caráter e, tenho certeza de que ele me levou diante do faraó para que tal fato fosse beneficiá-lo, antes do que a mim mesmo. E olhando para o passado, posso afirmar que foi muita coincidência que, justamente no dia e na hora de minha audiência, lá estivessem o maldito príncipe e o nobre sacerdote. Mudinar pretende, inclusive, tomar a minha Marnahan como sua mulher e isso, esteja certa, eu não vou permitir.

A expressão de Kalmark se tornara sombria ao referir-se ao homem que lhe estava embaraçando a realização dos sonhos afetivos.

E vendo a preocupação da mãe, diante de seu estado de amargura e rebeldia, procurou dissimular seus sentimentos e propiciar-lhe uma melhor idéia de seus planos.

– Sabe, mãe, eu não tenho mais nada a perder, agora que reencontrei você aqui e que estão tentando tirar Marnahan de mim. Não posso mais permitir que, depois de terem matado meu pai, destruído a sua vida e os seus sonhos, de terem deliberado sobre o destino de minha amada sem a concordância de ninguém, todas as coisas aconteçam sem que eu faça algo. Nem Mudinar nem Nekhefre têm o direito de fazer o que estão fazendo e eu lhe garanto que não vou deixar que tudo aconteça sem lutar para impedir.

Ouvindo-lhe as palavras firmes, Kaemy procurou dar outro rumo à conversa, a fim de asserená-lo:

– Não pense em fazer nenhuma bobagem, meu filho, agora que nos reencontramos. Estou na sua companhia apenas por alguns dias. Depois, o próprio Mudinar me levará para algum lugar que, segundo ele, não será mais a prisão, a fim de me preservar para que eu lhe sirva como prova de alguma coisa que, ainda, não sei dizer do que se trata.

Tão logo você retorne ao trabalho, ficarei em Amarna para lhe esperar e para servir a esse homem que, à primeira vista, não me pareceu nada do que você me relatou a seu respeito. Pareceu-me gentil e, até certo ponto, distinto funcionário, sensível e honrado no cumprimento de seu dever. Não tenho do que temer. Afinal, não falarei nenhuma mentira nem me deixarei levar por nenhuma conduta indigna de minha crença. Tomarei o cuidado que as suas palavras me pedem.

– Eu, no entanto, repito que não vou deixar que esses homens que você não conhece ainda e não sabe aonde podem chegar, estraguem a vida dos outros sem que se faça algo para impedir-lhes.

Assim que acabar a minha licença e que eu voltar ao trabalho no túmulo, arrumarei um pretexto qualquer e fugirei para Tebas, atrás de Marnahan, com quem pretendo me casar. Nem que nós tenhamos de fugir para terras distantes, eu garanto que ela não será entregue a outro homem que sequer a conhece e, ainda menos poderá amá-la e receber o seu amor. Já tenho em mente como conseguir isso e a minha vinda até aqui me dará a oportunidade para realizar tal projeto sem prejudicá-la e sem levantar suspeitas.

Aquele dia havia sido longo e cheio de emoções e tristezas, reunidas em poucas horas.

Resolveram que se deitariam para que o descanso lhes permitisse pensar melhor nos dias do futuro, já que não desejavam afastar-se, agora que só tinham um ao outro.

Enquanto Kaemy se dirigia ao modesto leito onde tentaria conciliar o sono, Kalmark se perdia nos pensamentos agitados de como conseguir realizar o seu intento, sem que corresse riscos nem comprometesse a própria mãe.

A noite caminhou lentamente, enquanto seus pensamentos fervilhavam.

E, inspirado pela necessidade de ausentar-se das obras funerárias para demandar Tebas, acabou por conseguir idealizar um plano que poderia dar certo.

Valer-se-ia de seu talento para esculpir um selo que pudesse se parecer ao máximo com o do próprio Mudinar, selo esse com que se costumava lacrar as correspondências oficiais. Escreveria em um papiro as determinações falsas que o liberariam temporariamente do trabalho nas tumbas reais e selaria com o lacre esculpido em alguma pedra pelo seu talento de artesão. Em verdade, Kalmark guardava consigo o modelo do selo que lhe havia sido enviado junto com a mensagem na qual tinha sido convocado a comparecer perante Mudinar, dias antes, para o reencontro com sua mãe.

O selo guardava os traços principais e, assim, não lhe seria difícil reproduzi-lo em detalhes.

Com tal documento falsificado, ao regressar às obras na necrópole real, entregaria o papiro ao encarregado que, por óbvio, seria induzido a considerar válida a determinação do Chefe da Guarda Real e não oporia nenhum óbice ao seu afastamento. Ao mesmo tempo, os que se achavam em Amarna estariam seguros de que o jovem continuava trabalhando nas construções reais e não incomodariam sua mãe acerca de seu paradeiro.

Assim, naquela mesma noite, à luz de um pequenino candeeiro, Kalmark iniciou a construção do modelo, já que teria pouco tempo para conseguir a concretização do feito.

No dia seguinte, com a desculpa de acompanhar a mãe até o mercado, naturalmente seguidos à distância por um vigia de Mudinar, o jovem conseguiu arrumar um papiro que lhe permitisse produzir a mensagem, tomando como modelo de linguagem aquela que estava no documento e que lhe havia sido remetido dias antes.

Regressando à casa, enquanto a sua mãe se entregava ao preparo da comida, o jovem seguiu construindo, passo a passo, as asas de sua libertação, que lhe permitiriam viajar ao encontro de seu sonho ainda não realizado, nos braços de Marnahan.

Separara uma porção da resina que se utilizava como lacre nas correspondências oficiais, retirando-a da mesma que estava no documento que recebera, tão logo conseguira reproduzir o desenho do lacre que estava nela impresso.

Derretendo-a, conseguiria reimprimir o mesmo selo, intacto. Assim, poderia forjar a mensagem sem ser percebido.

Passara o dia todo entre os carinhos maternos e o trabalho de confeccionar o documento da maneira mais parecida com a oficial, para não levantar suspeitas e, graças aos seus hábitos estéticos refinados, o documento final, na aparência externa e no conteúdo, passava perfeitamente por um dos que havia saído do gabinete do próprio Mudinar.

Seus termos davam a conhecer ao administrador da necrópole que o artesão a que se referia o documento – ele próprio Kalmark – estava autorizado a afastar-se imediatamente dos trabalhos por tempo indeterminado, a fim de atender a uma outra determinação do próprio faraó, que lhe estaria exigindo o esforço em outra obra em homenagem ao grande Aton.

Com um tal conteúdo, sua saída seria autorizada sem levantar qualquer suspeita, já que não se questionaria uma ordem do rei, se o selo de Mudinar, no documento, fosse suficientemente convincente. A única dificuldade seria o fato de que todo documento oficial deveria ser entregue por um portador oficial, responsável por levar e trazer as correspondências governamentais, geralmente, no caso, funcionário do próprio Mudinar.

Kalmark precisaria resolver esse problema também. Mas sua mente criativa já tinha imaginado uma maneira de fazê-lo.

Com o correr dos dias, tudo estava pronto para ser colocado em ação.

Terminada a licença breve que lhe fora concedida, Kaemy e Kalmark foram levados à presença de Mudinar que, como se poderia esperar, estava ansioso por obter notícias sobre o encontro dos dois principais aliados na sua saga de destruir Nekhefre.

Recebendo-os em seu gabinete, por eles foi homenageado em termos veementes, agradecidos e emocionados que estavam por terem, mãe e filho, se reencontrado graças à sua generosidade pessoal.

Kalmark, cuidadoso e sabedor da vaidade que exalava do Chefe da Guarda, procurou demonstrar que aquele encontro era mais um grande favor que lhe ficara devendo, na gratidão que lhe era muito grande pelos demais feitos que Mudinar lhe propiciara. Apenas se preocupava com o bem-estar de sua mãe, agora que iria afastar-se em regresso ao túmulo real.

– Ora, meu jovem, não se preocupe que não faltará a ela nenhum conforto na sua ausência. Se lhe aprouver, nós a manteremos na própria moradia que os abrigou nestes dias, como forma de ampararlhe os momentos em que você não estiver junto dela, ao mesmo tempo em que lhe forneceremos alimentos e recursos para cuidar de suas necessidades imediatas.

– Não tenho como agradecer, nobre benfeitor – respondeu Kalmark, desdobrando-se em mesuras tão ao tipo dos comensais do tesouro real, sempre buscando lisonjear os poderosos para usufruir sua simpatia.

Kaemy parecia também mais serena com a notícia de que não voltaria para a prisão e que, ao contrário, seria hospedada na antiga moradia do próprio filho, a qual manteria arrumada para o seu regresso em nova licença temporária, segundo os costumes daqueles tempos.

Naturalmente, Mudinar os recebera no seu escritório privado, à distância de seus subordinados, somente contando com a presença do escriba oficial que assistia a todas as suas audiências e reproduzia os documentos no ato para serem selados pela autoridade. Tal privacidade era necessária, a fim de que as notícias que ali se fizessem conhecidas não se espalhassem por outros sítios, nas fofocas tão saborosas que corriam nas bocas dos soldados, desde os mais longínquos tempos da humanidade.

Por isso, cuidou de ficar a sós com os dois beneficiários de sua generosidade, dos quais pretendia retirar alguma impressão sobre aquele reencontro.

– Pois então, meu jovem, quando sua mãe me relatou a própria desdita, no sofrimento e na procura infrutífera, depois de ter ficado viúva, um sentimento de muita compaixão tomou conta de meu interior – falou ele fingidamente. – Sabendo que a descrição dela nos apontava para você, procurei mantê-la protegida, apesar de ter usado a prisão para tanto. Todavia, dei ordens expressas para que ninguém a molestasse e que nada lhe faltasse...

– Oh! sim, nobre senhor, nada me faltou, nem o que comer nem o respeito com que me trataram todos, sem exceções.

– Isso me alegra muito, pois o que desejava era protegê-la dos riscos de estar numa cidade como esta, à mercê dos desocupados. Lá dentro, no entanto, estaria protegida de tudo, sob minha custódia pessoal.

Agora, dando novo rumo à conversa, voltou-se para Kalmark e continuou:

– Quanto a você, meu jovem, muito me doeu o coração saber das notícias sobre seu pai e o abandono a que foram relegados – comentou Mudinar, para ferir o assunto e ver a sua reação.

– Sim, meu senhor, não há sofrimento que se possa entender com exatidão senão aquele por que passamos. E descobrir o quanto meus pais sofreram, por causa da conduta egoísta de um homem mesquinho, abre uma brecha muito grande em meu coração. Estou ferido e conto somente com o trabalho para me afastar do pensamento de vingança que, na realidade, se impõe a qualquer homem honrado para vingar, no agressor, a ofensa dele recebida.

A resposta havia sido dada na exata medida do interesse de Mudinar que, a toda evidência, pretendia criar na alma de Kalmark e de Kaemy uma verdadeira aversão a Nekhefre, como ódio e rancor misturados ao desejo de prejudicá-lo.

E até certo ponto, o que Kalmark estava dizendo era aquilo que, em seu íntimo o próprio jovem sentia de verdade. Desejaria poder fazer Nekhefre sofrer.

Possuía um sentimento de repulsa tão grande contra ele que, sem dúvida alguma, tudo faria para que ele fosse punido ou prejudicado para pagar o sofrimento que fizera seus pais padecerem.

Vendo que seu plano estava indo bem, Mudinar encaminhou a

audiência para o fim, determinando que Kaemy seria escoltada até a moradia onde se haviam abrigado naqueles dias com o filho, enquanto o jovem artista seria levado de regresso ao trabalho nas câmaras funerárias, de onde deveria voltar somente quando lhe fosse endereçada nova convocatória.

Desse modo, Kalmark seria também escoltado pelo guarda para tanto designado até que chegasse ao local dos trabalhos.

Despediram-se com um abraço emocionado e cada um tomou a direção que lhes era apontada pelo próprio destino.

Tão logo se viu afastando-se do burburinho da cidade, no veículo que os transportava, Kalmark pôs seu plano em ação.

Retirou das dobras de sua roupa, cuidadosamente, o pergaminho selado que ele próprio havia produzido e, como que se tratando de uma ordem expedida pelo próprio Mudinar durante a sua audiência, entregou ao soldado, dizendo:

– Ah! meu caro Pitah, me esqueci de entregar-te antes, mas faço-o ainda em tempo. O Chefe da Guarda Real, o nobre Mudinar, depois de ditar uma ordem ao escriba e selá-la pessoalmente, entregou-me para que fizesse chegar às tuas mãos, a fim de que ela fosse apresentada por ti ao administrador da construção real. Espero que meu esquecimento não seja levado à conta de falta de apreço por tua pessoa. Foi apenas distração minha, diante das emoções da despedida de minha mãe.

Vendo o documento que, nas aparências, apresentava todas as características da oficialidade costumeira, Pitah colocou-o no recipiente de couro, próprio para o transporte de mensagens oficiais e, sem dar maior importância ao fato, sorriu e desculpou a distração do jovem como coisa sem importância.

Pelas reações do soldado, tudo ia muito bem no plano de Kalmark que, agora, somente deveria esperar a reação do responsável pela construção dos túmulos de Akhenaton.

Não demorou muito tempo para que chegassem ao local, já que não distava mais do que alguns quilômetros da cidade, sede do reino do Egito.

A oficialidade da comunicação, o selo de Mudinar, a entrega feita pelo soldado do gabinete do Chefe da Guarda, os termos formais com que fora lavrada, na linguagem específica das comunicações dessa natureza, impediram que o destinatário levantasse quaisquer suspeitas sobre a sua autenticidade, tomando-a por válida e correta.

Pitah, tão logo cumprira a determinação de reconduzir Kalmark, partira de regresso, levando consigo outros comunicados entre as autoridades envolvidas na construção.

Ao tomar conhecimento de que Kalmark deveria ser dispensado

dos trabalhos na tumba real, o empreiteiro responsável lastimou sua partida e autorizou-o a recolher seus objetos pessoais e aguardar até o dia seguinte, a fim de cumprir as determinações, esperando um meio de transporte rápido que lhe permitisse chegar a Amarna sem muito esforço ou, se preferisse, seguindo a pé pelas trilhas existentes ou no lombo de alguma mula disponível.

Dentro de seus planos, esta foi a opção que o jovem escolheu por óbvios motivos.

Desejava partir para Tebas sem levantar quaisquer suspeitas e, para isso, deveria regressar a pé ou sobre algum animal que o transportasse sozinho até conseguir embarcação na qual se acomodasse e se dirigisse para sua antiga cidade.

E, dois dias depois, encontraremos Kalmark misturado ao amontoado de mercadorias e animais que subiam lentamente o rio, na direção de sua antiga moradia, a velha capital de Amon, agora a sede de seus sonhos amorosos ainda a serem concretizados.

35

O Reencontro

Dentro dos planos de Mudinar e, ao mesmo tempo, das determinações do destino destes espíritos em uma encarnação difícil, diante das situações e escolhas, o leitor pôde observar que quase num mesmo momento os personagens foram reconduzidos ao mesmo local de onde haviam partido.

É assim que, no curto espaço de alguns dias, todos revêem a atmosfera familiar da antiga capital.

Tão logo Hatsek aportou naquela que seria o seu destino, acompanhado pelo soldado que o escoltava, tomou o rumo da casa de Nekhefre, na qual residia a sua família e os seus agregados.

Dando a conhecer a sua chegada, um clima de alegria tomou conta dos moradores que, mais do que depressa se aprontaram para recebê-lo, pois imaginavam ser ele portador de notícias do chefe da família, distante já há um bom tempo, sem enviar quaisquer notícias.

Na sala principal da confortável vivenda se posicionaram, além da esposa saudosa, Kimnut, as duas filhas, Marnahan e Hatsena, bem como o administrador dos bens do príncipe em sua ausência e que, fielmente, mantinha a família protegida enquanto este não regressava.

Conduzido ao interior da moradia, naturalmente acompanhado pelo soldado, Hatsek saudou a todos no que foi correspondido com carinho e afeto, já que todos ali tinham por ele inexcedível consideração.

A presença do soldado estranho, contudo, intimidava a expansão dos sentimentos de forma mais natural, eis que, desconhecido, a sua permanência indicava que alguma coisa não corria adequadamente.

– Agora que já estamos aqui para que possamos desempenhar as tarefas que o nobre Mudinar nos apontou, desejo conversar com todos sem a presença de pessoas estranhas e que não estejam diretamente ligadas aos fatos – disse o sacerdote, dirigindo-se ao soldado, como a lhe solicitar a retirada do ambiente.

Entendendo o que se lhe estava pedindo, o soldado procurou com o olhar alguma orientação a fim de que pudesse se afastar, sem, contudo, deixar o sacerdote livre para fugir de seus olhos vigilantes.

– Minhas tarefas são claras – respondeu o soldado – posso permanecer em qualquer local que me permita exercê-las sem constranger a ninguém. Por isso, gostaria de que me apontassem onde posso me colocar a fim de guardar a saída da residência, vigiando-a a fim de evitar qualquer fuga.

– Esteja certo, meu jovem, que não é necessário preocupar-se com fuga, eis que não deixarei de cumprir o meu dever diante da autoridade que me enviou – respondeu o sacerdote. No entanto, compreendendo os seus deveres, posso informar-lhe que um serviçal desta casa o irá levar até o local de onde seus olhos possam comprovar a afirmação que acabo de fazer.

A uma ordem de Kimnut, um serviçal destacado pela senhora acompanhou o soldado até o ponto de saída da casa, onde se postou, não sem antes avaliar todo o trajeto e procurar aguçar os ouvidos para captar o teor da conversação.

Reunidos, agora, a sós, puderam todos se sentir mais confortáveis nas exteriorizações de seus sentimentos.

– Ah! Querido Hatsek, como é bom poder revê-lo – afirmou Kimnut, entre feliz e ansiosa. – Espero que tudo esteja bem com Nekhefre e que você tenha notícias dele para nossos corações apertados.

– Sim, minhas queridas filhas do coração. Para mim também é uma alegria reencontrá-las mesmo nas condições em que este reencontro acontece. É verdade que trago notícias do nobre príncipe que, por motivos alheios aos seus desejos, não pôde estar aqui. Foi ele nomeado para um alto cargo no reino de Akhenaton e se vê envolvido nas questões do reino, ainda que nosso faraó esteja relegando todos os negócios de Estado a plano secundário, arraigado que se encontra aos problemas da religião. No entanto, tal nomeação foi uma maneira de impedir que o príncipe se afastasse de Amarna.

Suas palavras, a princípio orvalhadas de notícias alvissareiras – entre as quais, a da nomeação para o alto cargo na corte do rei, logo foram toldadas pelo véu da preocupação.

– Ah, mas que coisa boa a promoção de Nekhefre a auxiliar do faraó – exclamou Kimnut, sempre preocupada com as coisas fúteis e com as situações exteriores, o que lhe iria custar muito sofrimento também.

– Sim, querida Kimnut, pode parecer que tal nomeação lhe seja vantajosa, do ponto de vista imediato. Todavia, como já relatei, creio que não passa de uma estratégia de Mudinar para mantê-lo afastado de Tebas. E o que tenho a dizer-lhes, é algo muito importante para o qual peço a compreensão e a força de suas almas valorosas.

O tom de suas palavras apontava para algo muito difícil de ser ouvido e pedia de todas as pessoas ali reunidas o silêncio para melhor aquilatarem as conseqüências que tais notícias teriam em suas vidas.

– Sabendo da ligação do príncipe com o culto de Amon-Rá, o faraó exigiu dele que adotasse a postura clara diante de todos os presentes à audiência a fim de que renegasse a antiga fé, o que foi levado a fazer e, mais do que isso, foi levado a firmar documento oficial através do qual declarava solenemente a repulsa aos antigos deuses. Não contente com tal declaração, Mudinar, o Chefe da Guarda Real, astuto e perigoso, conseguiu que o faraó o nomeasse, como já disse, seu funcionário real, o que o prenderia em Amarna por mais de uma cheia do Nilo.

Naturalmente que essa nomeação fora concedida pelo rei como uma grande honra e uma subida homenagem ao próprio príncipe que, obviamente, não tinha como recusá-la. Mas o que é mais sério é que o Chefe da Guarda, para comemorar tão importante e pública adesão do príncipe Nekhefre, solicitou do faraó e o obteve a autorização para desposar as suas duas filhas, Marnahan e Hatsena, as quais, igualmente, passam a ser consideradas extremamente afortunadas por poderem se tornar esposa de um homem tão importante do reino.

Aquela notícia foi uma verdadeira bomba na alma de todos os que ali se achavam. Em frases curtas e rápidas, o sacerdote lhes comunicara a mudança de todo o destino e o cancelamento de todos os sonhos.

Marnahan fez-se lívida e precisou sentar-se para não cair. Hatsena começou a chorar desesperadamente, na sua incapacidade de conter as emoções de maneira controlada. Kimnut se viu confundida na sua superficialidade que não sabia aquilatar se o comprometimento das duas filhas com um homem poderoso era coisa boa ou ruim, não sabendo avaliar, a princípio, se tudo isso estaria sendo uma grande desdita ou um grande golpe de sorte na vida de todos.

– A minha função, aqui, é a de comunicar-lhes a necessidade de se prepararem para a transferência para a capital Amarna, levando todas as coisas que possuem, vendendo todos os bens a fim de que, em breve, possam as duas filhas ser levadas a conhecer o noivo que as está aguardando.

– Eu não vou me casar com nenhum camelo gordo, mesmo vestido de ouro – gritou Hatsena, sempre mais explosiva do que a irmã. – Eu não quero, não quero, não quero e não vou. Ainda não nasceu o homem que vai me obrigar a fazer isso...

– Calma, minha menina – respondeu o sacerdote. – Eu ainda não terminei.

– Pois então, querido sacerdote, fale-nos tudo – pediu Marnahan.

– Tudo isto que contei, são as aparências da verdade. Não representam toda a verdade real.

– Como assim? – perguntou Kimnut.

– O que existe por trás de tudo isto é o que é mais grave. Pelo que pude perceber, Mudinar é o terror encarnado em forma de gente. Por algum motivo que ainda não consegui descobrir, ele nutre especial e silencioso ódio contra o príncipe Nekhefre e está tentando fazer de tudo para levá-lo à desgraça pessoal.

Humilhá-lo publicamente, prendê-lo em Amarna quase sem funções verdadeiras, eis que, pelo que acabei sabendo, ele não exerce na prática nenhuma tarefa específica, tomar-lhe as duas filhas como esposas, tudo isto representa um plano medido e construído para ferir o príncipe no que ele possui de mais precioso.

Não sei, como já disse, de onde provém tal sentimento. Mas pressinto que, a partir de agora, para todos vocês, os dias do futuro haverão de ser dias amargos.

Eu mesmo, depois que presenciei todos estes fatos, fui recolhido à prisão sem qualquer outro motivo que a acusação de ser sacerdote de Amon-Rá, já que todos estamos banidos e acusados de conspirar contra a nova ordem religiosa. Se é verdade que meus companheiros de templo são irresignados diante da perda dos antigos privilégios, jamais permiti que me envolvessem em quaisquer práticas conspiratórias ou reuniões secretas, já que discordo de todas as práticas anteriores, no culto remunerado, na troca de favores com os homens.

Ainda assim, permaneci longo período na prisão, de onde fui retirado somente para estar aqui, por ordem do próprio Mudinar e, com certeza, para onde retornarei depois de cumprir as suas determinações.

A notícia de sua prisão foi uma outra agravante nas emoções de todos ali naquela sala. Por conhecerem-no como homem correto e honesto, sabiam que não haveria equilíbrio em qualquer julgamento que o prendesse. Perceberam que a justiça estava nas mãos de uma pessoa inescrupulosa, que a torcia segundo seus interesses.

Todos estavam calados diante de tais avaliações do sacerdote.

– E a própria Kaemy está presa nas mesmas dependências em que eu me encontrava. Quando saí de lá, deixei-a reclusa, sem ter qualquer explicação para a sua prisão.

A menção de Kaemy foi uma dura surpresa nos corações de todas elas, já que nutriam pela antiga serva um sentimento de carinho e sabiam, no fundo de seus corações, que ela e seu marido não haviam merecido a dureza de tratamento que lhes havia sido imposto por Nekhefre naquele triste dia do passado.

Ao pensar em Kaemy, Marnahan sentiu o peso do amor que trazia no coração. Kalmark deveria estar em Amarna. – Por que não mandava notícias, por que não fizera algo para atestar a manutenção de seus objetivos, tão sonhados por ambos? – pensava em aflição. – E agora, o que fazer, diante da sua entrega em matrimônio a um homem tão perigoso e calculista? Onde albergar o sentimento sincero que trazia por Kalmark? Como solucionar essa difícil situação?

Depois de todos terem sido informados dos detalhes e de terem dado vazão às indagações mais angustiosas, todas elas respondidas com equilíbrio e carinho pelo sacerdote, a exaustão assumiu o controle de todas as emoções, impondo que todos se recolhessem para que, no silêncio da meditação pudessem encontrar consolações e idéias que lhes permitissem solucionar tão angustioso problema.

Kimnut se assemelhava a um inseto entorpecido que não sabia o que pensar, para onde correr. Hatsena se apresentava como a adolescente rebelde e insensata e Marnahan, na flor da idade adulta, se mantinha entre a tristeza, a melancolia e o amor em vias de frustrar-se.

O que fazer? – pensavam todas elas.

Hatsek foi encaminhado também aos seus antigos aposentos na moradia de Nekhefre, onde pôde entrar em orações e se entender com o Espírito amigo de Khufu, que o conduzia seguramente pelas estradas tortuosas que os homens constroem, acreditando-se deuses na vida dos outros.

Não sabiam que, dois dias depois, outra surpresa estaria reservada para a família. Nekhefre estava a caminho, sem saber o que o esperava.

Enquanto viajava rio acima, ao sabor do balanço do Nilo e da força do vento, o príncipe imaginava uma forma de dar a notícia que mudaria o destino de todos para sempre, sem que tal gesto causasse o impacto negativo nos espíritos de suas filhas. Era, sobretudo, nelas que ele pensava muito.

Queria dizer a verdade, mas sua personalidade tíbia estava sempre tendendo a tergiversar, a fraquejar, a maquiar a verdade com o véu da fantasia. Não sabia ele que, a qualquer tentativa de dar uma ênfase diferente sobre os fatos passados, encontraria nas filhas e na esposa o espírito já notificado de outra realidade.

Ele próprio não sabia que Hatsek havia sido enviado antes para contar-lhes tudo.

E, apesar de o sacerdote ter ocultado, propositadamente, ter sido ele também publicamente renegado pelo príncipe e de que Nekhefre oferecera uma das filhas para salvar a pele da outra – informações estas que em nada ajudariam na diminuição de seus sofrimentos, – o sentimento de aversão ao casamento com Mudinar já se havia instalado no coração de todas elas.

Ao chegar em sua antiga casa, Nekhefre seria surpreendido pelas informações que se lhe haviam antecipado, exatamente como Mudinar desejava. Estaria, assim, diante dos seus entes queridos como um réu perante o tribunal. E isso, efetivamente, foi o que ocorreu.

Surpreendidos novamente pela notícia da chegada do príncipe, o alvoroço familiar se fez ainda maior do que o que se verificou com a chegada de Hatsek.

O sacerdote não se encontrava em casa, uma vez que, seguido pelo soldado e pelo espião que, à distância, acompanhava os passos de ambos, houvera se dirigido para o antigo templo, a fim de avaliar como se encontravam os seus companheiros e como é que estavam as coisas que lhe haviam pertencido.

Não fizera qualquer mistério ao soldado acerca de seu destino.

E como Mudinar lhe havia aconselhado garantir ao sacerdote uma certa liberdade de ação, o militar não se opôs a qualquer desejo de Hatsek que estava fazendo o que lhe impunha a consciência, sem temer qualquer represália.

Daí, quando da chegada de Nekhefre, Hatsek encontrar-se afastado do ambiente para onde só regressaria algumas horas mais tarde.

Novamente, na mesma sala de reuniões, a família se congregara para o extravasamento de suas emoções contidas há tanto tempo e feridas, agora, pelas notícias de Hatsek.

As lágrimas rolavam pelo rosto de Marnahan, de Hatsena e de Kimnut, abraçadas ao príncipe que lhes trazia, novamente, o sentimento de família ao seio da casa.

Colocados em seus lugares, Nekhefre tomou a palavra e lhes dirigiu vibrações de amor e saudade, como alguém que bebe a linfa pura da serenidade.

Passara tanto tempo entre a mentira e a perseguição, entre os intriguentos e perigosos disfarçados de boas pessoas que estar ali, podendo extravasar seus sentimentos sem dissimulação, era-lhe um refrigério para o espírito.

Quando tomou a palavra, as três mulheres de sua vida estavam em silêncio, contendo o vulcão que lhes oprimia o peito, a fim de escutarem, com o respeito e a consideração que os costumes da época exigiam das mulheres, tudo aquilo que Nekhefre tinha a dizer.

A relação antiga impedia que o homem fosse interrompido ou interpelado pelos que se lhe colocavam em patamar inferior. E todas as mulheres assim eram consideradas, notadamente aquelas que, além de serem mulheres, eram-lhe diretamente dependentes, fosse na condição de esposa, fosse na de filhas.

– Tenho boas notícias – falou o príncipe, tentando ocultar o sentimento de amargura no peito. – Sou funcionário do Egito, nomeado com distinção e que está ligado ao mais importante homem da Terra, o nobre faraó Akhenaton.

Diante da reação fria de suas ouvintes, que não esboçaram mais do que um leve aceno de cabeça, com exceção de Kimnut que sorrira timidamente, Nekhefre se sentiu decepcionado, pois esperava uma aclamação esfuziante.

– Mas vocês não ouviram o que eu falei? Sou funcionário do rei e não recebo nenhuma aclamação? – perguntou ele como que a permitir que as suas ouvintes se manifestassem.

E, como sempre, Hatsena foi quem falou, ao perceber que o pai nada mencionava sobre as desgraças que caíam sobre elas:

– E você conseguiu esse emprego antes ou depois de suas filhas terem sido pedidas em casamento, com o seu consentimento ou sem o seu protesto, por uma cobra venenosa sem serem consultadas?

– Hatsena, não fale assim com seu pai – advertiu Kimnut à jovem arrojada que lhe projetava na face a indignação que ele estava tentando ludibriar.

– Mas o que é isso, minha filha, não estou compreendendo – respondeu Nekhefre desejando se fazer de desentendido. Não falei nada de casamento...

– É, mas nós já sabemos que temos noivo e que o próprio rei autorizou o casamento de nós duas na sua presença...

– Como é que vocês estão sabendo disso tudo se eu não terminei de contar o que aconteceu por lá nesse tempo todo? – perguntou Nekhefre surpreso diante da acusação direta.

Marnahan, tomando a palavra com esforço para conter a serenidade que deveria apresentar diante do pai, esclareceu-lhe:

– O sacerdote Hatsekenká, há dois dias, chegou de Amarna com todas estas notícias e com a tarefa de nos informar que Mudinar está nos esperando para consorciar-se conosco.

O príncipe ficou atordoado. Hatsek ali, em sua casa...

Não sabia o que dizer. Precisava de tempo para coordenar as idéias e não podia continuar sem comprometer-se ainda mais.

A postura antes altiva e otimista, ainda que encenada, deu lugar a um príncipe alquebrado e acusado pela própria consciência. Perguntava a si mesmo, por que é que Hatsek havia sido mandado para ali antes dele mesmo? Qual a motivação de estar no mesmo ambiente daquele velho amigo injustiçado pela sua conduta ingrata e interesseira?

Tomando coragem, o príncipe perguntou sério:

– Ah! Se Hatsek já falou alguma coisa, quero saber o que foi que disse para ver até que ponto vocês estão sabendo das coisas.

Na verdade, desejava aquilatar quais as situações que o sacerdote lhes havia revelado, como modo de proteger-se de qualquer revelação incômoda ou desnecessária que demonstrasse o seu comportamento equivocado e covarde diante do faraó.

E como Hatsek houvesse omitido das três tanto o repúdio que ele, Nekhefre, votara ao sacerdote quanto ao fato de ter acabado entregando as duas filhas num gesto de desespero e insensatez, tentando impedir que Hatsena se casasse com Mudinar, a versão apresentada pelas filhas não fazia menção a tais fatos, o que aliviava a sua consciência, já que estariam desconhecidos delas o seu comportamento vil diante dos interesses e pressões mundanas que sofrera em Amarna.

Quando se entrevistasse com Hatsek, lhe pediria desculpas e tudo estaria resolvido.

Quanto às filhas, mais cedo ou mais tarde compreenderiam que ele não tinha tido qualquer culpa e que, diante da ordem superior ditada pelo próprio faraó não tivera oportunidade de opor-se às suas determinações.

Era isso, efetivamente, o que pensava naquele momento em que seu comportamento era desconhecido, em todos os detalhes, daquelas que estavam ali diante de seus olhos.

A conduta ética do sacerdote lhe havia preservado a imagem pessoal de bom homem e de chefe de família generoso.

E era isso o de que necessitava para sair daquele embrulho no qual Mudinar o havia metido, com a surpresa que preparara, revelando através de Hatsek o que, a toda evidência, poderia comprometer o seu destino junto aos seres amados.

Depois de ter sido informado desses detalhes e certificar-se de que seus deslizes tinham ficado encobertos pela personalidade discreta e generosa de Hatsek, um pouco mais aliviado, Nekhefre retomou a palavra e seguiu na trilha da inocência.

– Sim, minhas queridas, é verdade... Diante do faraó que ordenou, não tive como lhe recusar a solicitação e, com muito pesar de meu espírito, tenho que informá-las que um casamento arranjado está esperando por vocês dentro de alguns meses. Gostaria, no entanto, que soubessem que isso ocorreu sem que eu tivesse qualquer condição de impedir, já que se recusasse tal enlace, poderia estar condenando todos nós à morte por desrespeitar o próprio deus Aton, como se considera o faraó.

– Pois eu prefiro morrer a me casar com essa criatura asquerosa – respondeu Hatsena, entre a revolta e as lágrimas.

E tentando ser compreensivo para amenizar a situação interna, Nekhefre puxou-a pelo braço a fim de que se alojasse em seu colo paternal, consolando-a de modo a dar-lhe forças a fim de enfrentar um futuro que não poderia mais ser evitado.

Marnahan também se aproximou do pai e, misturando as suas lágrimas às da irmã deixou que seu coração chorasse a mágoa silenciosa de ver perder-se para sempre a possibilidade de construir uma vida com o jovem de seus sonhos.

No entanto, não ousara proferir uma só palavra acerca da dor íntima que lhe consumia o coração e que, pensava ela, somente lhe cabia conhecer como sonho quebrado, cujos cacos guardaria no relicário do coração como o tesouro precioso que, em segredo, manteria para sempre.

A esta altura dos acontecimentos, chegou a notícia de que Hatsek retornava de suas andanças e que, se não fosse incomodar, iria até a sala onde estavam todos reunidos.

O pensamento de Nekhefre agitou-se, mas para não trair a sua aparência de equilíbrio, fez saber que o sacerdote era bem-vindo, como sempre o fora.

Iria, ali, ter de olhar nos olhos do amigo de sempre que, sem parecer ter-lhe guardado rancor, produzia nele ainda mais vergonha dos atos cometidos à distância de todos.

Nekhefre começava a provar o amargor de ter de enfrentar as suas próprias fraquezas e envergonhar-se perante um ser moralmente superior a ele próprio.

E isso não seria nada, diante do que estava por vir.

Detalhe de um fragmento de papiro do Livro dos Mortos retratando o julgamento a que era submetido o morto, quando tinha o coração colocado em um dos pratos da balança e no outro a pena que representava a verdade.

36

A verdade ressurge

Ali reunidos em família, todos se encontravam preparados para receber Hatsek que, pelas suas características de equilíbrio e sabedoria, era a pessoa adequada para contornar todos aqueles problemas e infundir novo ânimo às mentes e corações abatidos pelas novas notícias.

No entanto, a chegada do sacerdote havia sido apenas parte da realidade.

Enquanto Hatsek se aproximava da vivenda de Nekhefre, cruzando as poeirentas ruas de Tebas, sentiu que suas vestes eram puxadas por alguém que desejava falar-lhe.

Ao voltar sua atenção para o que lhe estava causando tal incômodo, percebeu tratar-se de um jovem que, na penumbra do crepúsculo, se confundia com a sombra das paredes dos edifícios, nas quais se ocultava.

– Grande Hatsekenká, por quem sois, sacerdote de Amon-Rá, eu vos peço que me escuteis – falou a voz em tom baixo, como que num sussurro.

Retendo o passo e aproximando-se do seu interlocutor, Hatsek surpreendeu-se.

Era Kalmark que ali estava.

– Kalmark, que bom encontrá-lo por aqui. Espero que sua presença em Tebas tenha ocorrido depois de você ter encontrado sua mãe que o busca ansiosamente em Amarna.

– Sim, sacerdote, já tive a alegria de encontrar minha mãe. Venho até aqui para falar com Marnahan e como já faz muito tempo que saí desta casa, tive receio de bater à porta, simplesmente, e pedir para entrar. Por isso, estava por aqui imaginando um modo de conseguir penetrar na antiga moradia de meus pais quando percebi a vossa aproximação e venho solicitar a vossa ajuda para que eu possa ingressar na residência sem problemas.

– Claro, meu jovem. Não há nenhuma dificuldade nisso. Afinal, você é filho de Meldek e de Kaemy, pessoas de muito respeito e consideração neste lar e, já por essa ascendência, sua pessoa merece toda a estima da família do príncipe. Venha comigo.

– Eu gostaria, então, de pedir-vos mais uma coisa.

– Pois não, vamos lá, pode falar.

– Se possível e se me permitirem entrar, pedi ao serviçal que não anuncie meu nome, pois tenho certeza de que, por tudo o que aconteceu, a senhora Kimnut não me receberá, pois deseja me afastar de sua filha a todo preço. Afinal, vós deveis saber que, pelo simples fato de suspeitarem de meu amor por Marnahan, não tiveram compaixão de meus pais e os expulsaram daqui.

– É, meu filho, foram dias tristes aqueles – respondeu Hatsek, com um ar de tristeza. – Está bem. Farei como me pede.

Como o leitor pode recordar-se, tanto Hatsek quanto Kalmark desconheciam que Nekhefre tinha chegado e se encontrava, já há algumas horas, em conversação íntima com sua esposa e filhas, relatando os fatos à sua maneira.

Assim, quando Hatsek se fez apresentar e obteve a autorização para ingressar no ambiente, foi com espanto que se deparou com a presença de Nekhefre também ali, claramente desconcertado com a sua chegada. Kalmark ficara na entrada, oculto pela parede divisória, esperando o momento em que o próprio sacerdote iria anunciá-lo à família.

Enquanto as reverências foram trocadas, nos cumprimentos tradicionais, esforçando-se Nekhefre por parecer amistoso e, assim, ocultar dos seus os momentos amargos que fizera Hatsek passar na corte do faraó, o sacerdote correspondera-lhe à saudação com naturalidade, não deixando transparecer qualquer sentimento de rancor ou mágoa.

Isso representou um alívio imediato ao coração de Nekhefre que, como havia planejado, desejava, a todo o custo, conversar com o sacerdote reservadamente, a fim de justificar-se pela conduta anterior na audiência e, ao mesmo tempo, pedir-lhe que fosse discreto quanto a esses mesmos fatos, pois de nada sabiam aquelas que lhe compunham a família, preservando, desse modo, a sua própria imagem.

Contudo, a força das coisas o impedira de entrevistar-se a sós, primeiro, antes do encontro coletivo. Daí, ter-lhe sido fonte de alívio perceber que o sacerdote se mantinha da mesma maneira como sempre se comportara, agora que voltavam a conversar pela primeira vez depois de todos aqueles fatos tristes.

Vendo-lhe a amistosidade, Nekhefre arriscou:

– Pois que grata surpresa revê-lo nesta que é também a sua casa, Hatsek!

– Idêntico sentimento me preenche a alma, nobre príncipe, ao reencontro daqueles que me são caros ao coração. E se posso dizer isso, reafirmo ainda que minha alegria, hoje, é maior, pois não venho a esta casa sozinho. Trago comigo um coração generoso que, estou certo, será igualmente bem recebido por todos.

A palavra de Hatsek causava surpresa e expectativa nos semblantes, todos com a atenção voltada para o sacerdote que, percebendo-lhes a aprovação silenciosa, encorajou-se a convocar o misterioso visitante.

– Já que não há nenhuma objeção, posso dizer, com grata satisfação, que está nesta casa para dirigir-lhes a palavra, o jovem Kalmark, filho de Meldek e Kaemy.

Ao ouvir a referência ao seu nome, o jovem deixou o lugar onde se ocultava e cruzou a porta que dava acesso ao interior do ambiente, para admiração de todos os que ali estavam.

Marnahan, sem saber como conter seus sentimentos, foi acometida de tal emoção que perdeu a cor das faces e, a muito custo, não se permitiu um grito de alegria. Esquecendo-se da presença de seus pais, correu na direção do jovem e o enlaçou num abraço apertado e cheio de saudade.

O jovem Kalmark correspondeu-lhe ao abraço e, como naquele dia às margens do Nilo, o jovem pôde beijar as lágrimas de sua amada, secando-as de seu rosto pela força de seu sentimento.

Kimnut assistia àquela cena sem saber o que fazer, já que Nekhefre estava presente e era o chefe da família. Hatsena acompanhava a cena entre o encanto e a alegria de ver aquele jovem que conhecera e com quem brincara nas suas épocas de criança.

Hatsek permanecia em silêncio, observando o carinho sincero de ambos.

Somente Nekhefre estava absolutamente descontrolado.

Seu comportamento estava beirando a alucinação. Ele não aprovava aquele sentimento de sua filha por um rapaz de classe inferior e, num gesto de insensatez, levantou-se e ordenou a Marnahan que voltasse ao seu lugar, pois ali não se permitiam estas demonstrações inaceitáveis e desrespeitosas.

Por um momento, o egoísmo de Nekhefre foi maior do que a sua preocupação com suas aparências. Havia-se esquecido de que Kalmark presenciara toda a audiência com Akhenaton e que, agora, poderia desmascará-lo.

A cena de sua filha nos braços daquele jovem empregado de sua casa ferira-lhe o orgulho mais do que qualquer outra coisa e, vendo que Marnahan não lhe obedecia de imediato as determinações, pessoalmente dirigiu-se para o casal a fim de afastá-los à força.

Esse gesto de intolerância foi o suficiente para selar o seu próprio destino.

Começava, ali, para Nekhefre, o amargoso processo de amadurecimento.

– Muito me admira, nobre príncipe – falou Kalmark – que o senhor seja tão zeloso para com o afeto verdadeiro que sua filha e eu nutrimos, mas, ao mesmo tempo, a tenha oferecido, graciosamente, ao bandido Mudinar, na frente do faraó e de todos os que assistiam à sua audiência, inclusive eu mesmo.

A referência a esses fatos foi uma punhalada no peito de Nekhefre que, agora, se via devolvido à realidade de sua condição vulnerável.

– Como assim, oferecido? – perguntou Hatsena espantada. – Ele nos disse que se tratou de um pedido de Mudinar com o consentimento do faraó e que ele não pôde impedir.

– Foi isso mesmo – gaguejou o príncipe, abalado em seu equilíbrio.

– Nada disso. Eu estava lá, junto dos que puderam ver o triste espetáculo de um homem covarde, primeiramente repudiar o melhor amigo, aquele que somente benefícios lhe havia propiciado e que, ainda hoje, o trata com sinceridade fraternal. Eu estava lá quando este homenzinho miserável renegou Hatsek diante de toda a corte, humilhando-o sem qualquer comiseração.

As palavras de Kalmark eram proferidas com a dureza da verdade e atingiam tão fundo a todos os presentes que nenhum deles ousava interrompê-lo.

O próprio Hatsek ia impedir que o jovem continuasse quando o Espírito de Khufu surgiu diante dele e o advertiu de que não deveria intervir, já que aquele acerto era necessário até para o despertamento das personagens envolvidas naquele drama.

– Como isso é possível? Hatsek é o nosso maior amigo e protetor! – exclamou Marnahan. Você não pode ter feito isso, meu pai. É uma suprema ingratidão...

Nekhefre tinha sentado para não cair. A força da verdade o atingia e a vergonha que seria a sua herança começava a cobrar o seu preço. Não tinha forças para fazer valer sua superioridade. Afinal, ali, diante dele, estavam duas personalidades que poderiam confirmar a sua fraqueza de caráter.

Não era só o jovem Kalmark, a quem poderia fazer calar facilmente, bastando, para tanto, que se ordenasse aos seus serviçais que o expulsassem de dentro de sua casa. Ali estava também o sacerdote que, a toda evidência, não poderia expulsar.

Sem esperar qualquer reação ou resposta, Kalmark passou a relatar tudo o que aconteceu com os seus pais depois que haviam sido enxotados daquela casa.

Falou da morte de Meldek, culpando Nekhefre por sua ocorrência. Eles não sabiam desses fatos, já que Hatsek jamais havia tocado no assunto, em respeito ao silêncio que eles próprios desejavam manter sobre o acontecido.

Contou sobre a peregrinação de sua mãe, destituída de todos os recursos. Falou da ajuda que recebera de Hatsek, tanto para os derradeiros dias de vida de Meldek quanto para a sua viagem até Amarna ao encontro do filho.

Cada informação nova era uma adaga lancinante ferindo o espírito de todos ali naquela sala.

O conceito de Nekhefre ia caindo cada vez mais ao nível da realidade de seu caráter, até então oculto pelas aparências que se desfaziam como poeira.

– E, além disso tudo – continuou o jovem – no dia da audiência eu também fora levado até ali para entrevistar-me com o faraó, quando pude ouvir toda a conversa havida na qual o príncipe traía o melhor amigo para não perder sua posição. Tão logo ter repudiado tudo o que acreditava – a religião antiga, a amizade sincera – Mudinar, astuto como sempre, desejou selar essa aliança com uma união, pedindo ao rei que lhe permitisse desposar Hatsena. Instado a mediar tal solicitação, o rei, que a via com bons olhos, antes de permitir-lhe a ocorrência, julgou prudente escutar a opinião do pai da pretendida, já que se tratava de uma aliança. Depois de muito afirmar que julgava enobrecedora tal união, este homenzinho fez ver ao rei e ao seu funcionário que Hatsena era ainda muito jovem, mas que, em seu lugar, possuía uma outra filha que, por seu amadurecimento, poderia substituir a filha mais nova. Obviamente, tentava proteger Hatsena, mesmo que, para isso, entregasse a outra. Vendo-lhe o intento, Mudinar, que não é ingênuo, concordou em receber as duas como esposas, até porque não achava conveniente separar duas irmãs. Uma seria a tutora da outra e se consolariam mutuamente. Marnahan, mais velha, iria modelando Hatsena, mais nova, para servir de esposa ideal ao importante funcionário.

Sem poder opor-se ou sem querer dizer que não concordava, tal ajuste foi admitido por todos, com o beneplácito do faraó que, assim, oficializou a união.

Tudo isso ocorreu na minha presença e na do próprio sacerdote que aqui está.

Todos olhavam para Hatsek que, com os olhos abaixados, não se dignava a pronunciar qualquer palavra. Seu silêncio dizia tudo.

Marnahan escutara aquelas acusações com o coração ferido entre a decepção e a repulsa. Não poderia acreditar que seu próprio pai a havia oferecido como material de troca a um homem de tão baixo caráter, ao mesmo tempo em que desejava impedir que ela se unisse a um jovem honesto e bom, pelo simples fato de ser pobre.

Hatsena não tinha palavras de rebeldia com que expressar sua indignação. Sua vergonha era maior do que todas as suas forças. Chorava agarrada à irmã. Kimnut, sem saber como agir em momentos como esse, limitava-se a olhar para o marido, vencido e entregue ao descrédito, sem conseguir avaliar seu próprio sofrimento. Sentia vergonha por tudo aquilo, mas era muito ligada às tendências do mundo, aos modismos, aos interesses materiais, para avaliar a gravidade da afronta a princípios de honradez, amizade, afeto, etc.

Kalmark estava sendo aquele por meio do qual a verdade se restabelecia, assumindo deste modo as responsabilidades pelo sofrimento e pela humilhação que estava produzindo no espírito de Nekhefre.

Isso porque, por mais que se tenham de corrigir todas as coisas, tal correção não pode desprezar a fragilidade dos homens. Ao aproveitar-se de sua situação vantajosa, com as informações de que dispunha, dilacerando o conceito de um irmão, perante seus próprios entes amados, Kalmark assumia responsabilidades para com o sofrimento produzido.

Deveria ter buscado um meio menos chocante para fazer o que pretendia. Afinal, tinha ido a Tebas encontrar Marnahan e tentar construir seu sonho com a amada ao seu lado. Não fora investido dos poderes de juiz e carrasco ao mesmo tempo.

Todavia, na efervescência de sua idade inexperiente, o rapaz se deixou levar pela tentação de humilhar aquele que lhe havia produzido tanta dor, além de ter prejudicado pessoas inocentes como Meldek e Kaemy.

Estava agindo como alguém que vinga uma dor que supunha de responsabilidade de Nekhefre. Seu comportamento era o do vingador. Não era o do que pretende solucionar os problemas sem causar outros maiores.

Por isso, Kalmark também sofreria as conseqüências de tal ato açodado e desumano.

Lembre-se, leitor amigo, de que todos temos responsabilidades para com o nosso próximo. Estabelecer o procedimento da maledicência significa semearmos espinhos em nossos caminhos, os mesmos que irão nos ferir os pés.

Mesmo diante de problemas graves e de difícil solução, longe de nossos corações o desejo de "desmascarar" através das tintas do escárnio público, quando existam canais de entendimento privado que devem ser usados sempre para os ajustes necessários.

E ainda que tais canais se demonstrem incapazes de solucionar a questão a contento, lembremo-nos de agir com benevolência e caridade. Jamais nos arvoremos em sentenciadores e carrascos da personalidade alheia.

Lembremo-nos de que cada pessoa possui os seus motivos e que, se nos parecem motivações levianas e fúteis, dentro delas, perante a sua história pessoal, merecem consideração na avaliação de todo o ambiente onde ocorreu a falha de caráter que nos está causando incômodo.

É fácil apontar o dedo na direção do caído para publicar-lhe a falta perante os demais, principalmente se nos achamos acima de tais condutas.

Não nos surpreendamos, entretanto, que nos vejamos tentados a cair nas mesmas condutas que julgamos ilícitas, tão logo se nos apresentem as condições favoráveis ou estejam presentes em nossos corações as carências afetivas que sentimos necessidade de suprir.

Quantos que, condenando a traição afetiva dos outros, meses depois se vêem envolvidos pelas teias do amor clandestino, justificando tal comportamento com a descoberta da verdadeira alma gêmea.

Quantos que, valendo-se do preconceito social, escarneceram das jovens que se viram grávidas antes do casamento, apontando-lhes os deslizes como chaga moral irreparável, chegando até ao descalabro de justificarem a existência do abortamento como terapêutica de salvação das aparências.

E muitos desses, algum tempo depois, envolvidos por uma paixão avassaladora, com as tintas generosas da sensualidade desenfreada, se permitem os comportamentos idênticos aos daqueles que havia condenado antes, chegando mesmo a, em alguns casos, receber como resposta ao seu preconceito, a gravidez antes do casamento também.

Quantos de nós pretendemos ser como Nekhefre, zeladores das aparências e condenadores dos outros. Moralistas para os de fora e depravados intimamente.

Expor a imperfeição alheia como Kalmark estava fazendo, por ódio ou rancor, num ato de vingança, representa expor nas pessoas os defeitos que, mais cedo ou mais tarde, estarão à mostra em nós mesmos.

Daí Jesus ter aconselhado que não deveríamos ser a pedra de escândalo. Que se tivéssemos algo contra nosso semelhante, que o procurássemos em particular para conversarmos com ele, expondo-lhe os problemas. Que, se isso fosse inócuo e acabássemos levados a dar a conhecer aos demais as suas quedas, que procurássemos sempre o bem que pudesse atenuar a falta, na generosidade que sabe compreender as fraquezas e que diminui a gravidade do ato em si, preservando ao máximo aquele que caiu, por ver nele a manifestação de uma enfermidade que, por fim, contamina a todos nós.

Nekhefre ali estava, vencido e diminuído ao seu efetivo tamanho moral. Havia dado causa a tudo isso. Nenhuma das coisas que contra ele foram levantadas era inverdade. Todas representavam apenas a sua própria conduta. Se tivesse tido mais convicção da fé que nutria em sua alma, renunciando aos interesses imediatos para a manutenção de sua fidelidade; se houvesse elevado a consideração à amizade e à gratidão aos patamares da justiça; se houvesse compreendido o amor como um sentimento que não se mercancia, tudo isto teria sido evitado e, hoje, seria um homem admirado pela sua coragem moral, servindo de paradigma comparativo aos demais.

No entanto, era um farrapo de gente, levado ao mais baixo patamar da auto-estima por sua única escolha.

Nem mesmo a esposa, que comungava com ele de todas as prevenções que o levaram à queda, era capaz de compreendê-lo e estender-lhe a mão. Afinal, os que se igualam nas fraquezas costumam não se reconhecer quando um deles é flagrado nas quedas. É a maneira silenciosa de dizer, falsamente, "eu não sou como ele", "que vergonha, fazer uma coisa dessas"...

Naquele momento, somente Hatsek mantinha a sobriedade e o equilíbrio necessários para pensar com isenção e honestidade e, mesmo assim, orava em silêncio para que os envolvidos naquela situação pudessem aprender com a tragédia moral que se abatia sobre todos.

Lentamente, Marnahan deixou a sala, seguida por Hatsena e Kalmark que, sem oposição de ninguém, acompanhou-as para continuarem a conversar separadamente.

Kimnut, vendo-se sozinha, olhou para Hatsek como a perguntar em silêncio, como deveria proceder.

Vendo-lhe a confusão, o sacerdote apontou-lhe a direção dos aposentos privados, indicando-lhe que desejaria permanecer a sós com o marido, no que foi atendido prontamente, numa sensação de alívio que tomou conta da mulher, despreparada para agir no sentido de consolar ou amparar.

Ali estavam, agora, os dois homens de estatura moral muito diferente, para a conversa por meio da qual Hatsek tentaria elevar o padrão de Nekhefre e lhe propiciaria uma melhor visão das coisas.

Ao lado dele, os Espíritos capitaneados por Khufu se postavam, pois a cirurgia moral iria ter início e os amigos invisíveis contavam com a derrocada de todas as barreiras mentirosas da personalidade fantasiosa de Nekhefre para reconduzi-lo a si mesmo e à realidade da vida que o esperava como um campo aberto precisando de agricultor honesto e competente.

Até aquele dia, a gleba estivera entregue às ervas daninhas da personalidade hipócrita e iludida daquele espírito imaturo a caminho do crescimento. Agora, derrubadas todas as fronteiras artificiais que o afastavam da realidade, chegara o momento em que Nekhefre estava preparado para sentir a força do Amor Verdadeiro falar ao seu ser desnudo das convenções e conceitos dos homens, na tentativa do mundo espiritual de encaminhá-lo para o caminho da luz e da verdade.

Mais uma vez, seria através das mãos de Hatsek que a ajuda lhe chegaria. Seria o traído que haveria de erguer o traidor e o transformar para o Bem.

37

Os ensinamentos de Khufu a Nekhefre

Aproveitando-se da imobilidade vencida de Nekhefre, o Espírito de Khufu envolveu Hatsek em uma atmosfera fluídica tão intensa que poderia comandar todos os centros de energia com independência, isolando ao máximo a personalidade do próprio sacerdote de qualquer ingerência nas idéias que iria procurar transmitir ao príncipe, arrasado.

Vendo-lhe a hora de necessidade e o interior predisposto a uma mensagem de edificação que pudesse restabelecer-lhe a vontade de seguir lutando, uma grande equipe de Espíritos reunia-se ali, sob o comando do amigo espiritual de Hatsek. Uns envolviam Nekhefre em vibrações suaves a fim de que conseguisse guardar equilíbrio e uma mínima lucidez, já que em casos como o dele é muito comum que a pessoa ferida acabe se isolando internamente, cerrando todas as possibilidades de auxílio externo, aceitando um mutismo e uma condição de vítima das circunstâncias que lhe imobilizam toda a reação.

Visando impedir que Nekhefre se colocasse nessa órbita de idéias, um grupo de Espíritos se mantinha a postos, aplicando-lhe recursos calmantes, ao mesmo tempo em que defendiam seu cérebro de todos os ataques violentos de suas emoções abatidas e em reboliço, pelas decepções sofridas naqueles breves momentos.

Ao lado deles, outros amigos inspiravam as filhas e o jovem Kalmark para que não mantivessem o mesmo padrão de rancor, decepção ou sofrimento que viessem a contribuir para agravar o estado daquele homem já entregue às suas próprias incertezas.

Outro contingente de Espíritos amigos envolvia o ambiente em um cordão de isolamento magnético com o qual preservava aquela moradia do ataque de muitos outros Espíritos ignorantes, sempre predispostos a se valerem do abatimento moral ou físico dos encarnados para tornar-lhes mais amarga as provas que devem suportar.

Impedidos de ingressar livremente naquele ambiente que, antes, os recebia com facilidade, postavam-se no limite do campo energético, lançando impropérios e ridicularizando os que os impediam de passar, através de desafios e doestos os mais deprimentes, que caíam no vazio sem resposta, o que mais os irritava.

Do lado espiritual, a algazarra era muito grande, já que os antigos inquilinos invisíveis se revoltavam por não poderem retomar a vivenda que lhes parecia pertencer desde os idos em que Nekhefre ali residia.

Sem se importarem com tais procedimentos, a equipe espiritual encarregada de amparar os seres envolvidos naquele processo doloroso de resgate, tudo fazia para que estivessem protegidos para o aproveitamento de todas as lições que lhes seriam importantes no processo evolutivo.

E no centro desse vórtice bondoso de amparo e carinho, estava Khufu e Hatsek, dois amigos que partilhavam o mesmo desejo de servir à Verdade e ao Amor, através da mão estendida, com esquecimento de si mesmos.

Por esse motivo, ali estariam em verdadeiro intercâmbio mediúnico, através do qual a Verdade Divina procurava e procura encaminhar os homens pelas sendas do progresso, com os conselhos e esclarecimentos indispensáveis para a retificação de seus erros, dando-lhes o direito de aceitarem ou recusarem as orientações, sem deixar de amá-los por isso.

Desse modo, estando favorável o ambiente, livre de perturbações grosseiras, sustentado pela vibração do mundo espiritual ali presente, afastadas as possíveis ocorrências agressivas de pensamentos e sentimentos de baixo teor que fossem endereçados a Nekhefre, Khufu assenhoreou-se de Hatsek e, com voz pausada e grave, apresentou-se ao homem derrotado porque flagrado nos erros até então desconhecidos dos demais.

– Nobre filho e irmão querido – disse o Espírito de Khufu através da boca de Hatsek que, num exercício de afastamento já muito comum ao seu espírito disciplinado, deixara o caminho corporal livre à influenciação direta daquele mentor luminoso e amigo – que o abatimento não seja a tortuosa rota de fuga de sua alma, diante dos caminhos retos do refazimento de seus passos.

Ouvindo-lhe a palavra em uma voz que diferenciava muito da conhecida tonalidade de Hatsek, Nekhefre levantou a cabeça e percebeu que o sacerdote falava-lhe de olhos fechados, com uma expressão facial diversa da que lhe era comum e com expressões que não usava normalmente.

Percebendo tratar-se de algo sobrenatural ou incomum, ainda que não entendesse nada sobre as coisas do Mundo dos Espíritos, Nekhefre viu-se atraído por essa convocação e, sem dizer qualquer palavra, colocou-se atento ao que esse ser lhe dizia.

– Os caminhos dos homens são estradas que percorrem para

levá-los a um destino. E como em todas as estradas há trechos de subida, de descida, com curvas, retas, buracos ou acidentes que tornam a viagem diferente a cada instante.

Sua jornada, meu filho, está sendo marcada, agora, pela parte acidentada do caminho e, sem que isso signifique desastre, quer dizer que é preciso caminhar com mais cuidado, ir mais devagar, levar o veículo com maior zelo pelas armadilhas da jornada.

Sua alma alquebrada se vê assim porque acabou sendo surpreendida pela própria verdade. Se nada lhe tivesse acontecido em prejuízo da personalidade fulgurante de príncipe humano, agora você estaria radiante e feliz, conseguindo levar o carro das ilusões um pouco mais à frente, acreditando que seria capaz de continuar a farsa por tempo indefinido.

No entanto, a Sabedoria Superior faz soar o momento em que os que dormem necessitam acordar para uma nova fase de viver e, quando o ser humano se recusa a compreender espontaneamente a necessidade de abrir os olhos, não lhe faltam motivos e situações, criadas por ele próprio, que se movimentarão para que isso ocorra naturalmente.

Seu comportamento, até aqui, foi uma sucessão de tentativas de adiamento da própria modificação.

Convocado a ser menos apegado às coisas transitórias da vida material, em cuja transformação poderia você beneficiar todos à sua volta, a começar de sua esposa, imatura e sem profundidade, deixou-se dirigir por seu medo e por esse mesmo apego que deveria ser vencido, para agir como aceitou fazer.

Vendo-se diante da opção entre o interesse material da manutenção do prestígio e dos bens e a manutenção de seus sentimentos verdadeiros em questões de fé, preferiu abdicar do que era essencial para escolher o que era passageiro.

Colocado diante da escolha entre as vantagens imediatas da vida e a amizade que lhe poderia comprometer o desfrute de tais regalias materiais, desprezou a sinceridade e os princípios verdadeiros para aceitar apenas os interesses mesquinhos.

Vivenciando a possibilidade de compreender os sentimentos verdadeiros daqueles que estão sob a sua tutela na condição de filhas do coração, preferiu banir-lhes os anseios e os sonhos para entregá-las numa aliança mentirosa e infeliz.

Mais do que isso, pela constatação de que sua filha se deixara apaixonar pelo antigo companheiro de afeto não esquecido, que reencontrava dentro de sua própria casa, não mediu as conseqüências de seus atos e expulsou daqui aqueles inocentes seres que o serviam fielmente a troco de pagamentos tão ínfimos e injustos.

Por causa de suas próprias escolhas é que a vida o trouxe até aqui. Acreditando que você possui o poder para dirigir a tudo e a todos, não percebeu que está sendo guiado para o sorvedouro profundo da aniquilação de seu próprio personalismo.

Além disso, de igual sorte, você também possui seus próprios compromissos como espírito endividado à procura de reparação. Sim, Nekhefre, não se iluda acreditando que a visão dos deuses da morte e o ritual que nos esperam a todos depois da grande travessia são o fim de tudo. Pesados nossos sentimentos na balança da verdade, compete-nos apurar as responsabilidades para que nossos atos possam reparar os erros cometidos.

E não haveria sentido algum em um julgamento se dele não restasse a oportunidade de continuarmos a jornada, agora mais esclarecidos e dispostos a maiores sacrifícios para consertarmos o que destruímos.

Por isso, a continuidade da vida que os antigos sempre acreditaram ocorrer e que se supunha ser a preparação para a retomada do antigo corpo, para nós, que já nos colocamos diante da verdade da vida imorredoura, apresenta-se como sendo uma renovação da oportunidade de viver, não mais num corpo enrolado em faixas intermináveis, ferido pelos instrumentos que removeram vísceras e danificaram para sempre tal vestimenta carnal.

Significa viver novamente em um corpo novo, livre das amarras e feridas do velho e desgastado corpo material. E tal ocorre com você também. Na condição transitória de príncipe de hoje, num mundo em que tais designações são apenas adereços para as ilusões e o cultivo de tolas vaidades, você revive a antiga personalidade que estivera envolvida com muitas das atuais companhias que retornam a você para recolherem novos exemplos e novas esperanças.

Não lhe causa estranheza que tenha por ambas as filhas um sentimento de carinho paterno, mas que por Hatsena seu afeto se intensifique a ponto de oferecer até mesmo a outra mais velha com o intuito de impedir o seu afastamento da mais nova?

Nunca pensou nisso? Por que os traumas da gravidez de Kimnut, que não suportava a sua presença ao seu lado e que, a todo o custo buscava humilhá-lo gerando, inclusive, o desejo de livrar-se dela através do envenenamento?

Para que possa entender o futuro que o espera, olhe um pouco para o passado remoto.

Naquele período, seu "ka" (*) vagava pela Terra usando um corpo diferente e era conhecido pelo nome de Kendjer. Era um alto funcionário de um rei, casado com a mesma Kimnut de agora, cheio de influências e poderes. No entanto, apesar de possuir família, incluindo aí uma filhinha amorosa e inocente, envolveu-se com uma jovem casada de nome

---

(*) *Ka* ou duplo era um termo usado pelos sacerdotes do Egito antigo que corresponde ao corpo espiritual ou perispírito, mediador entre o Espírito e o corpo físico. Na prática o *ka* era o fantasma dos egípcios. (Nota da Editora)

Serahia, mulher voluntariosa, envolvente, mestra nas artes da sedução masculina, experiente na forma de conquistar e insinuar-se sexualmente através das fraquezas do sexo oposto.

Usando de seu poder, Kendjer enviou o esposo de Serahia, conhecido então como Medjar, para distante região, afastando-o da mulher disputada, como forma de poderem desfrutar do amor ilícito. Lá, na solidão das areias escaldantes, Medjar não resistiu ao isolamento e deliberou fugir, depois de ter contraído enfermidade que o desfigurou e que causava repulsa a todos quantos o encontrassem.

Medjar, entretanto, ajudado por mãos generosas, sobreviveu a tais provas acerbas, desfigurado como ser humano, tanto por fora quanto por dentro de si mesmo.

Já não apresentava os traços antigos que lhe permitissem ser reconhecido. Vestido de chagas, era um farrapo de gente que não era, sequer, encarado pelas pessoas, que fugiam amedrontadas. Desse modo, usando de tal escudo que o protegia, voltou à antiga cidade de onde fora banido, não sem antes ter feito correr a notícia de que havia morrido.

Chegou em tempo de presenciar o noticiário e as cerimônias suntuosas do casamento de sua verdadeira mulher, Serahia, com o odiento Kendjer. Todavia, vendo-se naquele estado desfigurado e frágil, preferiu guardar o ódio que passara a nutrir por ambos para o momento adequado em que sua vingança pudesse ser exercida.

Ficara sabendo que a união fora possível em face do desaparecimento do marido da noiva e da morte da esposa do funcionário real em misteriosas circunstâncias, muitos falando de suicídio e outros de verdadeiro homicídio, não faltando más línguas que atribuíssem o crime aos dois consortes, justamente para oficializarem a relação ilícita que já era vivida há muito tempo, quase publicamente.

Na verdade, Serahia produzira o envenenamento da primeira esposa, valendo-se da contribuição de um mago de nome Tenief, cultor de conhecimentos profundos, mas que não tinha, ainda, a visão ampla da responsabilidade plena sobre os atos, que permite ou facilita a prática do mal.

Naquelas condições, como um fantasma vestido de infelicidade e desdita, Medjar jurou vingar-se dos dois e fazer com que sua felicidade fosse apenas o preâmbulo de muitos dissabores.

O amor que Medjar sentia por Serahia era sincero e verdadeiro, mas diante das circunstâncias que passara a conhecer, tornara-se um ódio igualmente sincero e real, não se contentando em seguir-lhe os passos à distância, mas tudo fazendo para que jamais fossem felizes os dois nubentes.

No entanto, quando se preparava mais diretamente para realizar os planos de vingança, o Soberano Poder fez soar o momento de sua própria transferência para o plano invisível, já que não resistira mais à enfermidade e às privações que vinha suportando.

Morrera em míseras condições, nas quais fora projetado pela deliberada ação de Kendjer e Serahia.

Como espírito, passara a perseguir os dois durante os períodos do dia e, mais fortemente, nos períodos da noite quando, valendo-se do reencontro no Mundo dos Espíritos, se aproximava e causava inúmeros pesadelos nos quais se valia de sua aparência totalmente desfigurada para assustá-los constantemente, impedindo que tivessem sono tranqüilo.

No fundo de si mesmos, tanto Kendjer quanto Serahia sabiam das próprias responsabilidades e, por isso, através da brecha da culpa, aberta na consciência dos que agem em desrespeito às leis da Soberana Justiça, os dois assimilavam os estiletes de ódio magnético que lhes eram remetidos pelo Espírito que prejudicaram, o que lhes amargou todo o convívio.

Com o tempo, o calor da convivência foi dando lugar a um estado de mal disfarçada e difícil tolerância entre os antigos amantes. O que teria acontecido com aquele fogo apaixonado? Passados os anos, havia-lhes empalidecido o desejo, dando lugar, apenas, ao amargor da consciência do erro cometido. Buscaram apagar tal mácula através dos rituais oficiais nos diversos templos da antiga fé que viviam, mais por convencionalismos do que por sinceridade.

Tudo em vão.

Voluntariosos e superficiais como eram ambos, deixaram-se arrastar por outras aventuras que lhes pareciam mais saborosas e, numa conduta ainda mais irresponsável, trouxeram para o seu drama pessoal mais e mais pessoas inocentes, as quais feriram e iludiram no afeto sem poderem dar-lhes a esperada resposta positiva. Apenas afogavam as próprias frustrações em relacionamentos passageiros que lhes fazia aumentarem as mesmas frustrações.

Tudo isso era feito com a indução mental do Espírito de Medjar que, sabendo da fraqueza moral de ambos e, com a vantagem de ter sido colocado por eles mesmos na condição de vítima, passara a usar de tal prerrogativa que se plasmava na consciência de seus algozes para exercer aquilo que lhe surgia como um direito inalienável: o de vingar-se.

Empurrava ambos para a busca de prazeres com os quais se feriam, esquecendo-se da satisfação que nutriam no passado, quando se uniram para que vivessem apenas da paixão que os consumiria.

Antes que todos estes fatos tivessem ocorrido como ocorreram, voltemos para averiguar a conduta de ambos com relação aos outros envolvidos na trama da convivência.

Uma vez enviuvando com a morte da primeira esposa, restara-lhe a filhinha do primeiro casamento, que fora mantida no novo lar a muito custo, já que Serahia não lhe guardava simpatia, por ser oriunda da antiga união do homem amado.

Os planos desta eram o de dar à menina o mesmo destino que providenciara para a mãe. No entanto, como duas mortes misteriosas seriam consideradas muito suspeitas, dentro da mesma família, ocorrências estas que incriminariam Serahia naturalmente, fez tudo o que podia até conseguir que a menina fosse criada longe de seu ambiente íntimo, afastando-a do genitor e mantendo-a sob a convivência de empregados, com os quais pretendia confundi-la a ponto de sentir-se como mera serviçal daquela casa.

Sempre ausente e, envolvido nos primeiros anos de união pelos vapores da sedução que Serahia bem sabia produzir e manipular, Kendjer permitiu-se afastar da filha que crescia entre a amargura do isolamento e as alegrias dos que conviviam ao seu lado, modestos servos ou escravos, dentre os quais se achava um que lhe votava sincera reverência.

A filha do primeiro casamento de Kendjer, então chamada de Melyah, igualmente correspondia aos apelos afetivos e, sem muita dificuldade, apaixonou-se por Litane, escravo pertencente ao seu pai.

Sabendo que não poderia unir-se à filha de seu senhor, Litane buscava meios para conseguir alguma forma de erguer-se da condição apagada de reles propriedade, a fim de poder unir-se àquela que era desprezada como herdeira de Kendjer. Certo dia, Litane acercou-se de seu senhor para, num gesto de ousadia e ingenuidade, rogar-lhe a possibilidade de ganhar a liberdade para desposar Melyah. Tocado nas fibras mais profundas de seu orgulho e acreditando necessitar punir a insolência daquele jovem que desejava romper todas as linhas e limites de classes daquele tempo, ordenou que o mesmo fosse açoitado pela arrogância de dirigir-lhe a palavra e, ao mesmo tempo, se providenciasse a sua venda imediata para distante região, a fim de afastá-lo da tentação de manter o sentimento inconcebível que externara em relação à sua própria filha.

Não importava que ele próprio não se dedicasse a ela, em face dos estratagemas que Serahia havia criado para afastá-los. O que era importante é que ela possuía o seu sangue e, com isso, não seria jamais entregue a um indivíduo de classe inferior, notadamente um escravo sem qualquer direito.

Estes fatos foram suficientes para inspirar em Serahia a idéia de livrar-se de Melyah, induzindo-a a seguir os passos de Litane, fugindo de casa para poder unir-se ao homem que amava, estivesse ele onde estivesse.

Assim, sem conhecimento de Kendjer e desejando permitir que Melyah se afastasse para sempre de seu caminho sem precisar matá-la sorrateiramente, a madrasta providenciou-lhe recursos financeiros para que a jovem pudesse deixar a família, como uma fugitiva que desrespeitasse as ordens de seu genitor na busca da concretização de seus próprios sonhos.

Serahia fazia isso com a desenvoltura da mulher que quer parecer compreender os sonhos de amor de outra e tudo faz para auxiliá-la nessa concretização. Todavia, seu intento secreto era dar um fim na presença da filha odiada.

Melyah, jamais tendo-se considerado amada por Kendjer, que, com a morte de sua mãe, elegera Serahia como o horizonte absoluto de seus sentimentos, afastando-se de tudo o mais, não via por que motivo não seguir os passos de Litane, o único ser que a tratara com consideração e devotamento. Além do mais, dispondo de recursos que lhe foram dados pela madrasta, passara a ver nesta a benfeitora de seu destino, a mulher que, afinal, compreendera seu desejo de ser feliz, ainda que, até àquele momento tivesse conspirado secretamente para usurpar-lhe o amor e o afeto no coração do pai.

Litane foi vendido, Melyah abandonou a família para seguir-lhe os passos e, fosse porque isso acabava sendo conveniente para todos, fosse porque não houvesse informações acerca de seu paradeiro, tudo voltara à aparente normalidade de antes, com a vida retomando seu roteiro.

Usando dos recursos recebidos de Serahia e do esforço que um trabalho quase braçal lhe exigia no emprego que conseguira em abastada vivenda, nas proximidades do paradeiro de Litane, Melyah conseguiu, com muito sacrifício, o auxílio de seu novo patrão para que o objeto de seu afeto e a razão de seu viver fosse comprado e passasse a permanecer na mesma casa em que ela prestava serviços. Tudo isso foi conseguido graças ao seu caráter doce que conquistava as pessoas, pela simpatia e devotamento que não media sacrifícios nem reclamava de nada.

Enternecidas pela história daquela criatura, as filhas de seu patrão tudo fizeram até que o pai comprasse Litane por vultosa quantia e o trouxesse para a casa onde Meliah poderia, afinal, viver em sua companhia.

Tudo isso foi feito, mas à custa de muito sofrimento tanto de Melyah quanto de Litane que, agora juntos, poderiam aprofundar os laços de afeto, no serviço quase escravo que lhes consumiria a saúde e o bem-estar.

Nem parecia que aquela era a filha do poderoso Kendjer que, nestas alturas da história, já estava passando pelos dissabores e frustrações que já relatei anteriormente, na companhia de Serahia.

Por isso, caro Nekhefre, posso afirmar-lhe que sua vida de hoje está sendo quase uma verdadeira repetição dos mesmos erros e fracassos do passado, notadamente pela manutenção, em sua alma, das mesmas fraquezas de caráter que é preciso expulsar para sempre de dentro de si.

A esposa assassinada é a mesma que hoje lhe ornamenta o lar. Serahia, como pode perceber, retornou como sua filha Hatsena, rebelde, insatisfeita, arrogante ainda que pequena, extremamente ligada a você. Marnahan é a mesma Melyah, que está tentando reassumir seu afeto de maneira serena e sob a sua proteção com o mesmo Litane daquela época, hoje chamado Kalmark e que lhe devolveu, nesta sala, os açoites que você lhe mandara aplicar quando na pele do escravo arrogante aos seus conceitos estreitos.

Para onde os seus passos o estão levando, meu filho, sua conduta o comprometerá novamente nos mesmos delitos. Não aceitando o amor da filha por Kalmark, você nada fez a não ser produzir o mesmo sofrimento injusto nos corações à sua volta, proibindo a união que deveria ser consentida como uma reparação de seus erros. Se isso tivesse sido feito, hoje você contaria com um defensor ao seu lado, jovem vigoroso, amigo e não com um adversário que você açoitou novamente através do sofrimento imposto aos seus pais inocentes.

Serahia / Hatsena está se aproximando da enteada de ontem pelos laços da fraternidade real, mas você pretendia, novamente, usar sua filha Melyah / Marnahan para manter a outra somente para si.

Kimnut, a vítima de seus deslizes, ao invés de estar sendo amparada pela sua exemplificação firme e resoluta, amedrontada por se ver abandonada novamente, apega-se às contingências materiais e estagia na infantilidade de alma, graças aos traumas sofridos e que lhe competiriam consertar. Ao invés disso, está reforçando nela os apegos tolos bem como o medo e a insegurança de viver no mundo.

Por esse motivo, meu filho, é necessário que sua conduta seja modificada da maneira mais ampla e profunda, antes que seus passos o levem a uma derrocada ainda mais cruel para si mesmo.

Nekhefre escutava, atônito, a todas estas revelações que, apesar de lhe fazerem um sentido profundo e desconhecido, eram contrárias a todas as antigas crenças que corriam pelo seio do povo, mesmo entre os mais cultos e mais capacitados.

O envolvimento magnético mantinha-se firme para que ele não perdesse qualquer explicação e que todas elas ficassem gravadas em seu mais profundo entendimento.

Retomando a explanação, Khufu passou a dar-lhe as derradeiras advertências:

– Você será, doravante, meu filho, confrontado por uma série de desafios que poderão alterar toda a sua trajetória de espírito imortal. Precisará, então, revestir-se de coragem, de grandeza, de humildade sincera, de compaixão e de desprendimento para que seu caminho não seja o da descida moral.

Nos momentos de decidir o seu destino, lembre-se de que aquilo que o mundo homenageia e cultua, geralmente, é aquilo que devemos desprezar como coisa sem o mesmo valor que as verdades da alma possuem.

De que lhe adiantará manter-se como príncipe e ser recebido no reino dos mortos como um esfarrapado ser desprezível? As prerrogativas de Estado e os títulos do mundo poderão garantir-lhe a vida física para sempre? Não será necessário abandonar todas estas coisas diante do barqueiro que nos conduzirá na travessia fatal? Pense no que você está lutando tanto para preservar e quanto tempo vai ser possível manter essa ilusão dos sentidos.

Honrarias e títulos, posições e cargos são dados e retirados segundo as conveniências dos governos e o seu desejo de fazer aliados.

A verdadeira Honra, diante da Soberana Verdade, é ter estado entre os homens e voltar para o julgamento com o coração leve e a alma livre de acusações.

Lembre-se disso em todos os momentos que o defrontarão daqui para a frente. Nas horas difíceis, leve seu pensamento à Soberana Sabedoria para que ela o inspire. Ore, Nekhefre. Ore no silêncio de seu pensamento e nós estaremos ao seu lado para amparar-lhe os passos. Perdoe os que hoje lhe causaram o mal-estar merecido para que pudesse estar escutando com outros ouvidos tudo aquilo que lhe estamos dizendo.

Perdoe porque, antes de ser seus algozes, todos eles foram suas vítimas de ontem. Compreenda os desejos de felicidade que existem em todos os corações e jamais se oponha a que dois corações desejem concretizar um afeto verdadeiro. Aconselhe, auxilie, esclareça, mas não violente.

Prepare-se porque a sementeira foi livre, mas a colheita é obrigatória.

Estaremos perto de você para que seu coração sinta a nossa presença e, em momento algum pense em sair da vida pelo caminho da autodestruição.

Lembre-se: você não morre nunca e, depois de ter atentado contra a própria vida, as dores que encontrará por aqui dar-lhe-ão saudades daquelas que sentia ao contato dos problemas que o desafiavam quando no corpo físico.

Tenha coragem e confiança em si mesmo para saber escolher o que é o correto. Pense sempre nos interesses da alma e nunca mais se deixe conduzir pelos interesses imediatos e pelas vantagens da matéria.

Estes são sempre, os piores conselheiros.

Com essas palavras, Khufu abençoou o príncipe, que foi sendo tomado por uma sensação de cansaço e sonolência, produzida pela ação magnética dos Espíritos a fim de que pudesse dormir e descansar dos embates tão tormentosos daquele dia.

Caindo no torpor que ia crescendo sem que pudesse controlar, Nekhefre entregou-se ao sono na posição em que se encontrava, permitindo a Khufu retirar-se e deixar Hatsek recompor-se integralmente.

Retomando o corpo, o sacerdote presenciou o estado de prostração do amigo e, vendo-lhe a necessidade de descanso, afastou-se em silêncio demandando o interior da casa.

38

Segue a perseguição de Mudinar

Enquanto todos estes fatos ocorriam em Tebas, na cidade capital do império de Akhenaton, Mudinar se preparava para desencadear os próximos passos de seu plano de perseguição a Nekhefre, valendo-se da circunstância de ele já se encontrar afastado de suas funções há algumas semanas.

A viagem, rio acima, que fora empreendida por ele por determinação de Mudinar sem o conhecimento do próprio faraó, levava, por si só, várias semanas, pois dependia dos ventos favoráveis e tinha contra si a força do próprio Nilo, correndo em sentido inverso.

Por isso, tão logo um dos informantes secretos – que seguiram a viagem no mesmo barco, incógnitos, ao lado de Nekhefre – chegou a Tebas e constatou que o príncipe dera entrada em sua moradia, imediatamente embarcou para Amarna a fim de comunicar a Mudinar que a primeira parte da viagem tinha sido concluída com êxito.

Informado pelo seu espião, Mudinar procurou o faraó para dar início à segunda parte de seu astuto projeto.

– Grande Rei de Todo o Egito, recorro à vossa sabedoria para as decisões que serão necessárias – falou reverente e submisso o ambicioso Chefe da Guarda Real.

– Que dúvidas afligem seu espírito? – indagou-lhe o faraó.

– Ocorre, meu senhor, que o nosso novo aliado, que recebeu todas as honras do trono, incluídas nelas o cargo de fiscal do tesouro real – o príncipe Nekhefre – não sei por que motivo se ausentou da cidade sem qualquer autorização e, pelas informações que acabaram de chegar, encontra-se em sua casa, na cidade de Tebas. Com certeza, não se submeteu à fidelidade prometida e se vê seduzido pelas antigas crenças, além, é claro, de estar sentindo falta da família que eu mesmo já havia mandado ir buscar.

A palavra bem medida de Mudinar era colocada nos ouvidos do rei com o propósito deliberado de induzi-lo a sentir que a conduta de Nekhefre era grave lesão aos deveres por ele assumidos e aos votos realizados.

Por essa época, Akhenaton já estava se perdendo na condução do próprio reinado, envolvido pela fanática visão religiosa de que estava cercado de pessoas que conspiravam contra a crença monoteísta que ele instituíra no Egito. Via traidores em toda parte e buscava comprar os aliados com homenagens e jóias, abandonando quase por completo as questões de Estado, o que fazia periclitar os negócios oficiais, cair a arrecadação de tributos e dificultar a manutenção do equilíbrio interno.

Com as notícias de Mudinar, o rei se deixou sentir profundamente traído, ainda mais depois de ter recebido do príncipe tebano toda a sorte de demonstrações que pareciam verdadeiras.

– Quer dizer, então, que Nekhefre fugiu daqui, desrespeitando os deveres que lhe são impostos pelo cargo que o trono do Egito lhe concedeu? – indagou o rei, procurando dar às palavras o tom da dignidade ferida, no que foi reforçado por seu funcionário.

– É o que parece, meu faraó. Aliás, nunca acreditei na declaração daquela audiência, já que, pelo que soube de sua conduta privada, seu relacionamento com Amon-Rá sempre persistiu, apesar da imposição de todos os decretos. Enquanto esteve em Tebas, o príncipe sempre esteve estreitamente ligado ao culto proibido e não o abandonou mesmo depois de ter sido proibido.

– Mas você está certo destas coisas? Apesar de toda a sua reconhecida diligência e seu penhor de devotamento ao Egito, não pode haver engano da parte de quem lhe informou a respeito destes fatos? – falou-lhe o faraó buscando certificar-se de que tudo aquilo que ouvia era expressão da verdade.

Prevendo que seria natural que o rei lhe colocasse tal questão, em face de conhecer-lhe a personalidade, Mudinar já tinha se preparado para tal situação e respondeu-lhe:

– A Sabedoria de Aton que habita em vosso íntimo me ensina muitas coisas, nobre rei. Uma delas é, justamente, a de não acreditar sem ter provas das informações que me chegam aos ouvidos. Desse modo, tudo aquilo que vos falo, faço-o com base em provas reais e que posso apresentá-las para que essa mesma Sabedoria que vos inspira possa aquilatar.

Com um gesto de assentimento da cabeça do rei, Mudinar deu ordem para que fosse trazida à sua presença uma das pessoas que lhe serviam de base para tais acusações.

Tratava-se de Kaemy, a mãe de Kalmark, que ficara hospedada na modesta casinha do artesão, enquanto este se encontrava, como se imaginava, trabalhando nos túmulos reais.

Surpreendida com a convocação de Mudinar para comparecer

ao palácio para onde fora levada por uma escolta de soldados em determinada manhã, a senhora não tinha idéia do que lhe aconteceria, até que se avistou com o Chefe da Guarda que, muito solícito e educado, pediu-lhe que aguardasse um pouco e informou-lhe que iria ser levada perante o faraó, se se fizesse necessário o seu depoimento e que, nesse caso, deveria responder a todas as perguntas de Mudinar e do rei com a verdade.

Assustada com a situação para a qual não estava preparada, já que estar perante o rei era como enfrentar pessoalmente o próprio Deus de suas crenças, Kaemy procurou refúgio na oração, lembrando-se dos conselhos de Hatsek para as horas difíceis.

Enquanto aguardava, elevava o pensamento a Amon rogando ao antigo deus que a fortalecesse naquele momento tão delicado.

Fora tirada bruscamente dessa situação de elevação pelas mãos firmes de um soldado de Mudinar que a conduziu ao salão onde se encontravam o rei e seu funcionário.

Impressionada com o ambiente, Kaemy tremia, mas procurava controlar-se. Era a primeira vez que estava diante de um faraó em toda a sua vida.

Ao seu lado, amigos espirituais procuravam ajudá-la na manutenção de uma calma relativa que lhe garantisse, ao menos, a capacidade de escutar e responder com certo controle de idéias e emoções.

Levada pelo soldado até a presença do rei, naquele ambiente suntuoso e solene, Kaemy não fez outra coisa além de se prostrar aos pés do faraó, cuidando de não olhá-lo diretamente no rosto, eis que era costume dos plebeus não fixarem o olhar no deus que encarnara na pessoa do mais alto governante humano de suas vidas.

Percebendo-lhe a situação de constrangimento e quase pavor, Mudinar aproximou-se de Kaemy e, com delicadeza não usual, falou-lhe ao ouvido que o rei ordenara que ela se levantasse e se colocasse à vontade na sua presença.

Ouvindo tal determinação, Kaemy recompôs-se e, de pé, seguia de olhar abaixado, como forma de não ofender o rei com o seu olhar humano.

– Minha senhora – falou Mudinar – como sabe, sua presença aqui liga-se a importantes fatos que conhece e que são do interesse do rei conhecê-los também.

– Aqui sou serva do meu rei e tudo o que lhe seja da vontade conhecer e que me esteja à altura de informar, o farei sem nada esconder – disse a mãe de Kalmark.

– Pois então, responda às minhas perguntas com clareza. Já esteve em Tebas alguma vez na vida?

– Sim. Morei lá vários anos de minha existência infeliz.

– O que fazia naquela cidade? Onde trabalhava? – seguiu o interrogatório sumário.

– Era serviçal na casa do príncipe Nekhefre, onde morava com meu esposo Meldek e nosso filho Kalmark, e lá permaneci até há alguns anos quando fomos expulsos sem motivo.

– Quando de sua estada naquela casa, tinha contato com as pessoas que a freqüentavam na intimidade? Conhecia os visitantes do príncipe?

– Tínhamos que servir os convidados. Por isso, os que iam esporadicamente não sabíamos quem eram. Todavia, os que iam sempre, acabávamos sabendo de quem se tratava e tornavam-se, muitas vezes, íntimos até mesmo dos próprios servos, ainda que guardassem a distância própria das diferenças sociais.

– O sacerdote Hatsekenká se encontrava entre os esporádicos ou entre os íntimos?

– Bem, pelo que posso me recordar, o sacerdote achava-se entre os íntimos, já que, quando do fechamento do templo de Amon-Rá e da dispersão dos sacerdotes, por ser muito pobre e não ter moradia, passou a residir com o próprio príncipe que, desde longa data mantinha uma grande ligação com ele.

– Apesar de já sabermos destes fatos, você confirma que mesmo depois de ter sido banida a malfadada religião pelo nosso rei, Nekhefre mantinha em sua própria casa um sacerdote dos antigos credos? – falou Mudinar apimentando o tom de voz para causar mais indignação ao faraó.

– Todos estes fatos se deram depois que o templo de Amon foi fechado por ordem do rei – respondeu simplesmente Kaemy que, até agora, não tinha dito uma só mentira, fosse para piorar ou para melhorar a situação de quem quer que fosse.

– E antes do fechamento dos templos, determinado com sabedoria pelo nosso faraó, quando já existia a proibição do culto, mas os templos permaneciam abertos, Nekhefre costumava ir ao templo de Amon ou trazer seus sacerdotes à sua casa?

– Bem, antes de ter sido fechado o templo, todas as pessoas que acreditavam em Amon dirigiam-se até lá para fazer pedidos e oferendas. O príncipe, pelo que sei, ia semanalmente, não sei se à procura do sacerdote amigo para aconselhar-se com ele, ou para fazer oferendas. O sacerdote, entretanto, jamais deixou de freqüentar a sua casa, nem antes nem depois do fechamento do templo quando, como já disse, passou a ocupar pequenos aposentos, na condição de convidado do príncipe.

Percebendo que já tinha atingido seu objetivo inicial, Mudinar exultava internamente ao constatar o efeito que aquelas palavras causavam em Akhenaton. Escutara com os próprios ouvidos a confissão da verdade sobre a conduta do príncipe que, a toda evidência, era mais do que mentiroso. Era um traidor de sua palavra e de toda a tradição que dele fizera um príncipe.

Obtendo a certeza de seus objetivos, Mudinar agradeceu com um largo sorriso pelo testemunho de Kaemy e, com a aprovação do rei, igualmente satisfeito, ainda que fundamente contrariado, determinou que Kaemy fosse reconduzida à sua modesta vivenda.

A boa impressão que causaram as palavras de Kaemy fizeram com que Mudinar nem se preocupasse com a ausência de Kalmark, o qual havia mandado buscar no local das obras funerárias para reforçar o seu conjunto de provas contra Nekhefre. Fora informado pelo responsável pelas tumbas reais que, por uma ordem sua mesmo, ele havia sido dispensado das tarefas para ser transferido para outra obra do faraó já há alguns dias. Acabara, assim, descobrindo que Kalmark conseguira fugir de seus deveres, valendo-se de uma falsificação de seus próprios decretos. Tomaria severas providências quando se apresentasse a oportunidade.

Tão logo Kaemy deixou a presença do rei, Mudinar se pôs a esperar-lhe as primeiras palavras, como que a deixar que a indignação real brotasse do fundo de suas fibras.

– Este é um homem sem caráter e sem valor – falou Akhenaton. Traía o Egito quando, morando em Tebas, dedicava-se ao culto da religião condenada. Traía Aton quando, com conhecimento de minhas ordens, abrigava em seu lar o sacerdote de Amon. Traiu o amigo, perante meu trono, negando-lhe consideração por interesse próprio. Traiu a minha benevolência, agora, ausentando-se daqui sem qualquer autorização ou permissão e retornou ao antigo covil onde, por certo, irá continuar suas escusas atividades heréticas.

Tão graves são suas condutas que, de minha parte, aguardo as suas sugestões, Mudinar, sobre como adotar as punições mais justas, eis que, o impulso inicial de meu coração é exterminar-lhe a vida a fim de banir da superfície do Egito um ser tão desprezível.

Satisfeito com tal afirmativa, Mudinar aproveitou-se da convocatória que lhe endereçara o faraó e opinou:

– Longe de mim, meu senhor, contradizer os vossos desejos. No entanto, matar o príncipe seria perder a oportunidade de exemplificar aos outros como devem conduzir-se e o que acontece a quem não se comporta com correção e obediência ao faraó. Creio que a volta de Nekhefre ao seio da velha capital, certamente uma das mais heréticas que se conhece e que persiste na devoção ao culto de Amon, permitirá que todos os hereges possam ser alertados pelo exemplo do que ocorrer a ele e de que devem pensar melhor no que estão fazendo.

Matá-lo, seria perder tal oportunidade. Creio que, sobre ele e sua família, deverão pesar a indignação de todo o Egito, através da prisão humilhante de todos, o confisco dos seus bens e a divulgação aos habitantes de Tebas dos crimes que cometeu contra Aton e contra o Egito. Isso se tornaria um tão profundo alerta para todos que, com certeza, o trono do Egito ver-se-ia mais respeitado no culto de Aton que determinara a todos os seus súditos.

A palavra lógica e inspirada de Mudinar seduzia o pensamento do faraó que, naquele momento, via na sugestão a melhor maneira de obter uma vitória sobre os insatisfeitos.

Além do mais, com tal solução, Mudinar manteria Nekhefre longe de Amarna e evitaria que suas palavras pudessem ser conhecidas pelo faraó, no sentido de esclarecer o fato de que não havia fugido, mas tinha sido mandado a Tebas cumprindo ordens do próprio Mudinar.

E aproveitando-se do estado íntimo favorável, o Chefe da Guarda confidenciou-lhe, como se revelasse algo extremamente sigiloso, num favor especial que concederia ao soberano.

– E o que mais me preocupa, Grande Faraó, é que pelo que meus informantes me avisaram, Nekhefre está tentando vender todos os seus bens para obter dinheiro grosso. Talvez, pretenda fugir para longe de vossa Justiça...

A informação ficara no ar, sem nenhuma prova concreta. No entanto, no espírito de Akhenaton fora recebida como a confissão de um funcionário íntegro e dedicado que merecia toda a consideração e confiança.

Tais palavras foram as que faltavam para que o decreto fosse sacramentado.

Nekhefre seria preso juntamente com toda a sua família para escárnio público. Receberia punição física através de flagelação perante as pessoas a título de traidor. Teria todos os bens confiscados e nada mais lhe restaria até o fim dos dias do que amargar a condição de prisioneiro do rei.

Ao lado do confisco de suas riquezas, as mesmas que seus ancestrais recentes havia recebido do mesmo trono como gratidão para participação nas lutas de independência do Egito da dominação estrangeira, Nekhefre perderia todos os títulos honoríficos e as prerrogativas de funcionário do faraó. Aliás, tal condição de favorecido do rei apenas lhe agravaria todas as punições pois lhe imprimia a pecha de um traidor ainda mais sórdido.

Enquanto ditava os termos do decreto ao escriba real, acentuando a necessidade de ser ele divulgado em todas as esquinas de Tebas e em todas as principais cidades do Egito, Akhenaton pretendia tornar ainda mais exemplares as características de sua ordem.

– Confiscar-lhe os bens não é o bastante, Mudinar. Preciso dar a este confisco o contorno de um ato de punição, por um lado, e de premiação por outro, a fim de que os meus súditos saibam que, se sou duro e rigoroso com os que traem Aton, sou generoso e complacente com os que o defendem – falou o rei.

Desse modo, dividirei o patrimônio de Nekhefre em duas partes. A primeira delas, menor que a outra, entregarei aos seus serviçais que trabalham em sua casa até hoje e que, com isso, passarão a desfrutar dos bens que antes pertenciam ao seu senhor. Isto será uma soberana humilhação. Nesta divisão, pretendo entregar a essa mulher que aqui esteve para testemunhar a verdade dos fatos, a própria casa do príncipe em Tebas, como forma de premiar-lhe a conduta e compensar-lhe a desdita até hoje suportada.

A segunda parte, mais valiosa e expressiva, correspondente a um grande número de prédios importantes em Tebas e vastas extensões de terras ao longo do Nilo, recebidas de meus antecessores, conforme já me certifiquei, preciso deliberar o que fazer com ela. Que pensa?

Ouvindo-lhe as afirmativas, Mudinar sentira ter chegado o momento mais importante de sua cartada.

– Bem, Grande Senhor, o que um insignificante servo de vossa luminosidade poderia dizer quanto a tão sábias e oportunas definições? Muito me honra vosso poder de me consentir servir-vos assim tão de perto. Posso afirmar que mais me admiro da vossa sabedoria quando posso perceber o alcance de tais medidas no seio do povo tebano, ao ver os antigos empregados elevados à condição dos príncipes. Quanto à outra parte do patrimônio, creio que, se a sugestão que me pedis puder ser tida em conta de algum valor, que se devolvessem os bens aos antigos e verdadeiros proprietários ou seus sucessores, de quem foram confiscados para ser entregues à sua família, como forma de dar-se a eles o que lhes pertencia desde os idos tempos das velhas gerações.

Sabemos que a família de Nekhefre não pertencia à grande nobreza hereditária e que obteve tais títulos à custa dos favores do trono por fidelidade às lutas de independência.

Uma vez vitoriosa a causa, seus ancestrais foram premiados pelo faraó com o título de nobreza e com os bens que escolheram a belprazer, confiscados de seus verdadeiros donos para lhes serem entregues à conta de gratidão do trono pela aliança na luta contra os invasores.

Tais pessoas, que eram detentoras com justiça dos tratos de solo fértil, viram-se, repentinamente deles alijadas, sem quaisquer indenizações que lhes fossem compensadoras da perda e passaram a se somar ao grande número de miseráveis que enchiam as cidades.

Acredito que muitos pereceram, mas o conceito de Justiça de Aton muito ganharia se, em se buscando os antigos donos e seus descendentes, a eles se devolvessem os bens que Nekhefre desfruta sem qualquer merecimento pessoal.

O pensamento de Mudinar era valioso para a continuidade da exaltação de Aton que seria visto como um deus justo e generoso, reparando um erro que fora cometido ao tempo da velha religião de Amon devolvendo o patrimônio aos que haviam sido prejudicados com tal confisco.

Seria uma forma muito clara de demonstrar a todos a superioridade do novo deus único e, desse modo, granjear a simpatia das pessoas pela justiça de Aton, mais perfeita e confiável do que a justiça de Amon.

E, com tal sugestão, mais crescia em Akhenaton a admiração pelo seu funcionário que sempre possuía uma sugestão acertada e aparentemente sábia para a solução de problemas espinhosos.

– A sua colaboração com o trono do Egito, meu fiel servo e amigo, representa para mim um motivo de júbilo no meio de tantas confusões e desgostos. Em face de tanta fidelidade e devotamento, dividirei a segunda parcela do patrimônio de Nekhefre ao meio e entregarei uma metade aos seus antigos donos ou descendentes e a outra metade entregarei a você mesmo, como gratidão do trono do Egito pelos sábios alvitres de seu coração fiel e amigo.

Sem pronunciar qualquer palavra em face da emoção íntima que lhe dominava o peito depois de um longo período de provações, Mudinar só conseguiu prostrar-se aos pés do rei, num comportamento servil próprio dos que se humilhavam por gratidão na expressão máxima da subserviência. Praticamente deitado aos pés do faraó, deixava rolarem pela sua face grossas lágrimas de emoção que foram interpretadas pelo rei como gratidão, mas que eram lágrimas de vitoriosa conquista, alegres pela consecução de seus planos desde há muito sonhados.

– Levante-se, meu amigo, pois nada mais faço do que premiar o seu próprio valor.

– Sou apenas vosso servo, independentemente de qualquer reconhecimento ou pagamento – disse Mudinar fingidamente.

– Providencie para que o decreto esteja terminado a fim de que seja cumprido imediatamente. Ao mesmo tempo encarrego-o de providenciar a prisão de Nekhefre em Tebas e a apuração do paradeiro dos que foram alijados da terra entregue ao príncipe e que lhes será devolvida, sejam os seus originais proprietários ou os seus descendentes.

Dito isto, Akhenaton levantou-se e deixou Mudinar incumbido de levar seus planos até o final, sem suspeitas.

Seus sonhos de vingança estavam a caminho, para sua própria infelicidade.

39

Entre o dever e o querer

Envolvido pelas novas determinações do faraó, Mudinar passou a dedicar-se com absoluta prioridade ao cumprimento do decreto real.

Desejava estar à frente de todos os atos, inclusive o da própria prisão do príncipe. E como o faraó o incumbira para que suas ordens fossem integralmente obedecidas, organizou um grupamento de soldados e, o que não era usual, solicitou autorização para seguir juntamente com ele até Tebas, no encalço de Nekhefre.

A fuga de Kalmark também não lhe saía da cabeça, tendo deixado ordens expressas para que redobrassem a vigilância na vivenda de Kaemy e prendessem Kalmark imediatamente se por lá aparecesse.

Todavia, seu instinto ardiloso dizia-lhe que o rapaz não surgiria por ali. Que era mais fácil encontrá-lo em Tebas do que em Amarna.

Entregando temporariamente suas funções a outro funcionário real de nome Aye, que despontava como fiel servidor de Akhenaton, Mudinar pôde empreender a viagem desejada.

Comandando o magote de soldados rio acima, na embarcação apropriada para o transporte de um número grande de pessoas e aproveitando os ventos favoráveis, a viagem durou poucas semanas.

Enquanto isso, em Tebas, a família de Nekhefre reunia-se para deliberarem sobre os novos destinos.

Depois das difíceis emoções vividas com o relato de Kalmark, o sacerdote deliberou ficar mais alguns dias junto da família para que pudesse servir-lhe de amparo e força moral perante as necessidades emocionais de todos ali.

Retirados para o interior da moradia confortável, Marnahan, Kalmark e Hatsena deixaram-se envolver pela sensação de abatimento.

Hatsena, espírito mais rebelde e impulsivo, contaminava-se com uma revolta muda, na qual se poderia identificar todo o seu caráter de mulher acostumada a agir para mudar os rumos dos destinos humanos segundo os mesmos critérios do passado, quando vivera como Serahia.

Já Marnahan e Kalmark conversavam entre a angústia e a incerteza.

– Eu vim até aqui para que nós possamos fugir deste emaranhado de perseguições e mentiras, minha querida, – falava o jovem rapaz, trazendo entre as suas as mãos de Marnahan.

– Como eu sonhei em poder afagar suas mãos, meu amor! Como meu coração se via envolvido pela saudade de sua presença e como me é difícil ter de conciliar todas estas coisas – respondia reticente a filha mais velha de Nekhefre.

– Não temos muito tempo para pensar, Marnahan. Eu fugi do trabalho nas câmaras funerárias, falsificando um documento para que pudesse deixar o encargo sem o conhecimento dos outros justamente para poder estar aqui e cumprir minha promessa. Nós nos uniremos e vamos embora para qualquer lugar bem longe, começar nossa vida juntos.

A aflição de Kalmark era visível na sua voz trêmula e nos gestos agitados.

Marnahan ouvia-o entre emocionada e abatida. Na sua concepção mais madura para compreender as coisas, a sua situação de agora era diferente da anterior.

Sem desejar ferir o coração amado, a jovem lhe confidenciou:

– Como seria venturoso para mim, meu amor, deixar para trás as tristes condições de minha alma para seguir ao seu lado na construção de nosso futuro. No entanto, Kalmark, eu não posso fazer isso agora.

– O quê? O que é que você está dizendo? – exclamou o jovem entre surpreso e decepcionado. – Porventura seu sentimento por mim deixou de existir no coração? Depois de ter-me exposto a todo o tipo de risco para vir buscá-la conforme havia prometido há mais de dois anos, é essa a resposta que recebo?

– Não se amargure, meu querido – disse Marnahan suavemente, acariciando-lhe a face e os cabelos em desalinho. – Nossos sonhos haverão de se concretizar. No entanto, há mais de dois anos os planos que fizemos eram os de você partir para reunir recursos a fim de que nos unissemos sem obstáculos, conseguindo a autorização de meus pais para tal cometimento. Hoje, no entanto, ainda que contra a minha vontade, estou prometida a um homem que não conheço e que, pelo que pressinto, é o causador de muitos malefícios que se abatem sobre nós.

– Isso não é nada, Marnahan. Esse obstáculo não existe para os que se amam verdadeiramente. Nada que as areias do deserto não possam apagar, depois de nossa fuga. Mudinar não vai descobrir nunca para onde fomos. O Egito é muito grande...

– Sim, Kalmark, é verdade. No entanto, se fugir com você, deixo para trás meu pai, que não poderá cumprir a palavra empenhada no acordo sancionado pelo próprio faraó e, nessa condição, poderá sofrer todas as represálias por meu comportamento audacioso.

Se fujo com você agora, isso será interpretado como desrespeito a uma ordem oficial, que ensejará as punições correspondentes sobre aquele que detém a responsabilidade sobre mim, meu pai. Ele poderá ser supliciado até mesmo para dizer para onde fui ou onde me ocultei. Não posso expor meu pai a esse tipo de sofrimento sem me deixar sofrer duplamente por ser a responsável.

– Mas.... – tentava argumentar o jovem apaixonado, quase em desespero – seu pai entregou-a sem nenhuma consciência para salvar Hatsena das garras da víbora. Por que agora você tem que ficar pensando nele? Ele que sofra as conseqüências de seus atos...

– Compreendo a sua angústia – falava Marnahan, sem esconder as lágrimas que escorriam volumosas pela face pálida. – Todavia, os erros de meu pai serão de sua responsabilidade e os meus pertencerão a mim própria. Meu amor por ele não diminuiu apesar de sentir em meu próprio futuro as conseqüências de sua fraqueza. Além disso, não sou capaz de acreditar que tenha feito isso por não gostar de mim. Com certeza, desejava preservar Hatsena por ser muito criança e estar despreparada para submeter-se a um homem mais velho e perigoso.

– Não acredito no que estou ouvindo...

– Não me queira mal, Kalmark. Apenas estamos adiando a nossa união para que ela não seja construída sobre um alicerce de espinhos e lágrimas amargas, que haveriam de amargar os doces sonhos de ventura que entretecêssemos. Como ser feliz sabendo que os nossos amados se acham dilacerados por nossas condutas?

– Mas eu tenho medo de perdê-la – falou o rapaz, lacrimoso e triste.

– Nós nunca nos perderemos, Kalmark. Nem que tenha de me unir a um homem mau, nem mesmo que me veja afastada de você para sempre. Sempre estaremos unidos pelo sentimento que nunca morre e que ninguém tem o poder de matar. Quantas criaturas dizem que amam e, na primeira curva do caminho deixam-se arrastar pelas aventuras insensatas de qualquer provocação. Pois eu posso garantir-lhe que esse é um sentimento muito distante daquele que o Amor efetivamente representa. Esse apego ao qual as pessoas chamam de Amor depende de retribuição para existir. É um sentimento bonito a princípio, pois baseia-se na euforia dos sentidos que inebria as emoções.

No entanto, decorridos alguns momentos em que tais emoções se embriagam, faltando-lhes o vinho da novidade, em geral, avinagramse e transformam-se em um peso que frustra e faz a infelicidade dos que, antes, se pensavam venturosos.

Meu sentimento por você é como aquela pedra que me deu e que trago pendurada no meu pescoço até hoje.

E falando assim, puxou o cordão que lhe havia sido entregue pelo jovem artesão, à beira do Nilo, tanto tempo atrás e cujas belezas e detalhes ele próprio havia esquecido.

Lá estava a jóia que ele havia produzido, pelo talento que o caracterizava.

A pedra encontrava-se brilhante e aveludada pelo contato constante com a pele de Marnahan.

– Lembra-se, Kalmark, daquele pôr-do-sol?

– ... Sim... Marnahan ..... eu nunca me esqueci daquele dia...

– Meu sentimento por você, Kalmark é como a pedra que entalhou e me deu. Veja como ela está bonita, depois de tanto tempo. Não mudou nada.

– Ficou mais brilhante – respondeu ele.

– Está assim porque nunca a afastei de minha pele. Nutro por ela o mesmo afeto que gostaria de estar lhe entregando desde aqueles dias. E quando sinto sua falta, beijo a pedra, converso com ela, como se dentro dela você estivesse. Quando o calor se torna abrasador e meu suor a envolve, procuro secá-la limpando-a de todas as minhas próprias impurezas. E a cada gesto de carinho ela se torna mais brilhante e sedosa.

Por isso, meu amor, meu sentimento por você parece essa pedra. Nunca deixará de existir, apesar de não estar perto. Nenhum outro coração poderá estar pulsando de maneira tão irresistível e forte junto ao meu.

Daí, Kalmark, ninguém poderá destruir o que dura mais do que as pedras do mundo. Veja os grandes monumentos de nosso país, dormindo e acordando sob o mesmo Sol abrasador e suportando as frias noites do deserto, presenciam a passagem das gerações sem saírem do lugar, sem deixarem de existir. Faraós e deuses nascem e morrem e as pedras em que foram lavradas dão testemunho de sua perenidade.

E eu, com segurança e sinceridade, posso afirmar-lhe que o meu amor é maior e mais perene do que as pedras, pois estas se fracionam e quebram, tornando-se areia. Meu sentimento não!

A palavra de Marnahan soava profundamente no espírito daquele jovem impetuoso. Esse cântico de emoção e afeto que ele jamais ouvira da boca de nenhuma outra jovem representava a mais concreta confissão de afeto que ele jamais imaginara receber de alguém. Envergonhava-se diante de tal demonstração de carinho. Via-se pequeno, ainda que diante do grande amor que sentia por ela. Sentia-se como um filho apegado à mãe amada que lhe tenta explicar os mistérios do afeto, preparando-o para o amadurecimento.

Lá no íntimo, Marnahan alegava as razões verdadeiras que impediam-na, por um dever moral, de afastar-se a fim de não comprometer o próprio pai.

No entanto, seu espírito sabia que nesta vida se preparara para não se comportar como outrora, como Melyah, fugindo dos próprios deveres para seguir os passos de Litane. Sua união com o mesmo Litane de ontem, Kalmark de hoje, deveria ocorrer com a permissão e o beneplácito da compreensão dos que lhe dirigiam os destinos aqui na Terra. Não seriam mais fugitivos nem escravos.

Esse era o principal compromisso de Marnahan e de Kalmark que, infelicitado por ver-se novamente na condição social inferior à dela, tudo teria de fazer para erguer-se à dignidade necessária exigida pelos costumes da época para desposá-la sem oposição.

No entanto, uma vez se vendo defrontado pela dificuldade de concretizar seu sonho, novamente valia-se dos mesmos antigos recursos, sugerindo a fuga e o afastamento da realidade, como se pudessem construir um mundo isolado dentro do mundo real.

Marnahan tentava recolocar as coisas onde deveriam estar e fazer aquilo que se haviam comprometido a fazer, antes de renascerem.

Vendo-se sem argumentos e sem capacidade para refletir melhor, Kalmark calou-se emocionado, sem poder acreditar que todos os seus planos haviam sido frustrados por uma posição segura e firme da jovem que se declarava apaixonada, mas que, por agora, não poderia unir-se a ele, até que os meandros humanos lhes favorecessem o consórcio.

Não sabendo o que fazer, Kalmark deliberou ficar o maior tempo possível na companhia da jovem até que decidisse como agir.

Por sua vez, Nekhefre, refeito do impacto de todas as experiências, era um homem abatido e sem segurança no que deveria fazer. Aproximou-se de Kimnut em quem desejava encontrar forças para se refazer. Esta, entretanto, estava igualmente prostrada, sem saber como agir diante de tantas confusões que a envolveram. Não criticava o marido, pois sabia que ele fizera o que fizera para tentar manter as aparências que a ela eram tão valiosas. No entanto, faltava-lhe energia ou maturidade para ajudá-lo.

Hatsena, sabendo que seria esposa de um homem rude, votara-lhe um desprezo quase desumano. Evitava-lhe a presença e, quando a isso era obrigada, não lhe dirigia a palavra nem demonstrava qualquer afetividade. Sentia-se traída justamente por aquele que lhe inspirava o sentimento de maior afeição.

Pelas ordens recebidas de Mudinar, deveria providenciar a venda de todos os bens e transferir-se para a capital, a serviço do rei. No entanto, depois de tudo o que passou, não sabia se não seria melhor fugir dali também.

Um turbilhão lhe alvoroçava os pensamentos. Enquanto isso, os espiões de Mudinar rondavam-lhe a casa e os dois homens que acompanharam a sua viagem testemunhavam como seus hóspedes todos os atos daquele drama difícil na vida das personagens.

Reunindo a família para uma conversa mais direta, Nekhefre expôs o problema de forma prática, nos seguintes termos:

– As ordens que vim até aqui para cumprir obrigam-me a vender tudo o que temos em Tebas e nos transferirmos para Amarna, onde ocupo um importante cargo junto ao próprio Faraó. No entanto, a nova capital é um covil perigoso onde se amontoam inúmeras serpentes em forma de gente. Por isso, depois de tudo o que pude passar lá e aqui, não sei se não seria melhor fugirmos todos para nos protegermos de tal bando de aves de rapina. Por isso, estamos aqui.

Hatsekenká fora convidado a participar da reunião. Todavia, permanecia quieto no seu canto, já que, por ordem de Khufu, o Espírito amigo que lhe apoiava a jornada terrena, não deveria intervir nas resoluções de todos os presentes.

Cada qual deveria estar livre para escolher o que fazer, já que isso fazia parte da experiência e do amadurecimento de todos.

Kimnut, mais uma vez, não sabia como opinar, notadamente por não desejar enxergar as coisas por outro lado que não fosse o da própria segurança. Segundo seu raciocínio estreito, seria melhor voltar para a importante situação junto ao faraó do que se tornarem, todos, fugitivos e perseguidos, apesar de levarem dinheiro para uma vida razoavelmente confortável.

Hatsena, por sua vez, convocada a dizer o que pensava, apesar de sua pouca idade, foi extremamente direta nas suas opiniões.

– Não importa para mim o que se faça. Se me obrigarem a um casamento que não aceito, sairei dele morta ou viúva.

Sem darem muita importância ao seu explosivo caráter, tido à conta de rebeldia juvenil, Marnahan foi convocada a pronunciar-se:

– Meu pai, não creio que devamos nos comportar como bandidos, fugindo de nossos deveres. Se é certo que Amon nos permitiu chegar até aqui, igualmente nos ajudará a enfrentarmos todos os obstáculos que nos estão reservados. Se suas ordens são as de vender tudo e regressar, devemos cumpri-las para que não sejamos vistos como pessoas insubmissas e ingratas, autorizando, aí sim, todo o tipo de perseguição.

Vendo-a falando assim, com seriedade, Hatsena replicou.

– Mas voltarmos para lá será entrarmos no caldeirão fervente, eu e você. E seu amor por Kalmark?

– Ele continuará existindo, Hatsena, independentemente de qualquer coisa. No entanto, não estaremos dando motivo a qualquer perseguição maior do que aquela que os corações maldosos são capazes de engendrar.

A referência ao amor de Marnahan por Kalmark fez tremer o íntimo de Nekhefre, nos pruridos de indignação e nos preconceitos que continuavam a permear o seu caráter. Todavia, reconhecia-se em condição inferiorizada para fazer valer sua autoridade e, por isso, preferiu calar qualquer manifestação contrária à referência ouvida.

Convocado a falar, Hatsek asseverou tratar-se de uma opção pessoal de todo aquele grupo e que ele não deveria intervir, lembrando, apenas, que todas as vezes que o ser humano cumpre seus deveres, apesar de ferir suas conveniências, estará adotando o caminho que será menos doloroso para a própria jornada futura. Informou ainda que, em breve, talvez daí a dois dias, cumprindo os deveres que a ele haviam sido atribuídos, regressaria para Amarna e se apresentaria a Mudinar para informar que havia terminado a tarefa de notificar a família do príncipe, consoante lhe havia sido ordenado.

Como percebia Nekhefre, apesar da manifestação do sacerdote, abstendo-se de opinar, a opinião da maioria era a de voltarem para Amarna, depois de terem-se livrado de todos os liames existentes em Tebas.

Via-se, então, premido por uma necessidade de vender todos os seus bens e propriedades para que, reunidos os valores, se transferisse para próximo de Akhenaton.

Isso levaria mais tempo do que imaginava, principalmente porque não pretendia perder recursos com uma venda apressada. No entanto, tinha obtido de Mudinar a autorização para ali permanecer pelo tempo necessário ao cumprimento de todas essas determinações.

Enquanto Nekhefre dava os primeiros passos para a realização dos negócios necessários, sempre sob a vigilância dos encarniçados espiões de Mudinar; Kalmark desfrutava da companhia doce de sua amada e era por ela envolvido por uma teia de carinho; Hatsena se perdia nos meandros de seus pensamentos cavilosos para encontrar um meio de livrar-se daquela situação; Kimnut dava seguimento aos preparativos da viagem para Amarna, sonhando com as belezas da corte e, enquanto Hatsek singrava o Nilo em regresso à cidade de Akhenaton, a expedição punitiva subia o mesmo rio sob o comando pessoal de Mudinar.

40

Mudinar concretiza sua vingança

A expedição de Mudinar aportara em Tebas e se dirigira imediatamente às autoridades da cidade a fim de dar a conhecer o teor do decreto de Akhenaton e da plena autoridade de Mudinar para cumprir as ordens do rei.

Reverenciado pelo governante da antiga capital como se fosse a extensão do próprio faraó, o chefe da guarda planificou todas as medidas a fim de que a sua tarefa se concretizasse da maneira mais retumbante e chocante, não só para a família do príncipe, como igualmente para todos os que, iguais na conduta infiel, poderiam ser expostos aos mesmos riscos.

Providenciaram-se cópias do decreto para serem espalhadas por todos os cantos da cidade, fazendo referência ao motivo da prisão.

De igual sorte, ao comando de Mudinar, inúmeros funcionários se postariam nas vias públicas procedendo à leitura do documento ao longo de toda Tebas, como forma de fazer a notícia espalhar-se celeremente.

Tal divulgação, no entanto, deveria ocorrer somente após a prisão de todos, em face da necessidade de impedir que alguma coisa viesse a alertar Nekhefre de sua iminente detenção e provocasse sua fuga.

Além disso, não seria apenas uma prisão convencional. Junto com ela viriam os açoites públicos, para cujo espetáculo dantesco seriam convidados os moradores da cidade. Necessário, portanto, especificar-se o dia, o horário e o local para que a punição ocorresse à vista de todos.

Uma vez estipulados os detalhes mais ínfimos do projeto, Mudinar reuniu a quantidade de soldados necessária para que se pudesse impedir, no ato da prisão, quaisquer reações de rebeldia e, assim, dirigiu-se para a residência do príncipe.

Pretendia estar presente no momento mesmo da detenção a fim de que ela ocorresse sob seus olhos físicos e sem que nada lhe escapasse nesse momento maior de sua vitória sobre aquele a quem considerava seu inimigo, ainda que não declarado.

Chegaram à porta da casa e, sob as determinações de Mudinar, toda a vivenda foi cercada a fim de que se impedissem todas as possíveis tentativas de fuga. Ao barulho do contingente e das exclamações apavoradas dos transeuntes, muitos cidadãos, curiosos como todo o ser humano sabe ser, aproximaram-se a certa distância segura, com a finalidade de acompanharem os fatos, até então nunca observados naquela região da cidade.

A plebe desocupada, sempre à espreita de qualquer novidade que lhes ocupe o tempo vazio, deixava-se envolver pelos lances emocionantes de um grande contingente de soldados paramentados, liderados por um comandante tão importante e altivo, cujos adereços dourados brilhavam à luz do Sol egípcio causando ainda mais forte impressão.

Por esse motivo, a rua onde se localizava a casa da família, rapidamente, foi tomada por curiosos de todos os tipos que, com receio de alguma represália, guardavam distância segura para poderem observar os fatos dentro de razoável anonimato ou com suficiente espaço para fugir sem riscos.

Convocado à porta pela representação militar, o administrador da vivenda de Nekhefre atendeu ao chamamento e, percebendo a algazarra que se postava sob suas vistas, entendeu de imediato tratar-se de coisa séria.

Imediatamente foi indagado sobre a permanência do príncipe em casa, ao que respondeu afirmativamente, apontando ao interlocutor que Nekhefre ainda não se havia ausentado para os compromissos do dia que começava.

Diante de tal informação, Mudinar desceu de sua biga e dirigiu-se ao empregado da casa, arbitrário e arrogante:

– Informe seu amo que ele deve preparar-se para receber uma delegação do faraó em sua casa e convoque toda a família para que se coloquem todos juntos a fim de escutarem a mensagem do soberano.

– Sim, meu senhor – respondeu o homem, humilde e assustado.

Num relance percebeu que a casa toda estava envolvida tanto pela curiosidade pública quanto pela força militar.

Dirigindo-se ao interior a passos largos, o serviçal de Nekhefre deu-lhe a conhecer a presença dos homens do faraó que desejavam falar a toda a família.

Sem se dar conta do que estava acontecendo, imaginou a princípio que se tratava de alguma comissão oficial que viera de Amarna para apresentar algum pedido de hospedagem em sua casa, ou ainda, um grupo que lhe viera trazer alguma homenagem ou presente do faraó, eis que desde a sua conversão pública a Aton demonstrara ser-lhe um fiel colaborador, relembrando-se das homenagens de que fora objeto naquele fatídico dia da audiência, quando fora levado em passeio público a céu aberto.

Imaginando que se tratasse, pois, de alguma cerimônia que lhe exaltaria a personalidade sempre desejosa de encômios, lisonjas e elogios, sem saber que era o próprio Mudinar que se encontrava à porta de sua casa, aguardando a entrada para cumprir a ordem punitiva, determinou que todos os de sua família comparecessem à ampla sala onde costumavam se reunir.

Era um dos mais suntuosos locais da sua confortável residência e onde localizava todo o tipo de reunião social cuja finalidade principal era a de impressionar os convidados demonstrando-lhes tanto a sua importância quanto a sua riqueza. As paredes do aposento achavam-se decoradas com os baixos relevos que contavam, de maneira heróica e exagerada, como era costume do Egito, os feitos de seus recentes ancestrais. As pinturas bem elaboradas, em muitas das quais já se podia divisar o talento de Kalmark que ali exercitara muito de sua técnica que desabrochava, apontavam para o poderio e os bens acumulados por seus antepassados, de tal maneira que, além dos objetos de valor elevado que se ofereciam aos olhos dos visitantes cujo objetivo era atestar a sua condição principesca, as paredes falavam das qualidades de luta e fidelidade de todos os que lhe antecederam, graças às quais, haviam conquistado todos os seus louros e honrarias.

Tão logo toda a família se reunira ali, o que se procurou fazer com rapidez para que não se deixasse tão importante comissão aguardando desnecessariamente, Nekhefre determinou que os que a compunham pudessem entrar no recinto.

Por ser homem que não admitia ingerências estranhas à sua autoridade, não deixou que o administrador que havia mantido o primeiro contato com os que chegavam se expressasse em seus temores, fundados na observação da quantidade de pessoas armadas que ali estacionavam. Tão logo ouviu tratar-se de uma delegação vinda de Amarna para falar-lhe, logo imaginou a situação segundo os seus próprios interesses, sem desejar maiores informações ou permitir que o serviçal o alertasse sobre a realidade efetiva do que observara.

Desse modo, sem ter sido admitido à sala de reuniões, postarase Kalmark nas proximidades do salão, a fim de que pudesse, igualmente, escutar o que seria comunicado, sem ser visto pelos que visitavam a família.

Autorizado o ingresso, Mudinar e um grupo significativo de soldados deu entrada no recinto, encaminhados até o local da entrevista pelo funcionário de Nekhefre que, amedrontado, fazia as vezes de arauto.

Parado à entrada do ambiente e observando-lhe o caráter suntuoso, Mudinar viu-se ainda mais lisonjeado por ter sido ali o lugar escolhido para o seu ato final na perseguição ao príncipe.

Antecedido por soldados, Mudinar aguardava do lado de fora do salão ser anunciado, o que o obrigou a revelar ao encarregado de sua apresentação a sua condição de enviado do faraó para o cumprimento de suas ordens pessoais.

Lá dentro, ansiosos e já com uma certa ponta de orgulho a lhe surgir pelo sorriso altivo que estampara no semblante, o abatido Nekhefre havia recobrado, parcialmente, o viço e a satisfação de ser quem sempre fora. Afinal, poucos egípcios poderiam dizer-se honrados pela delegação enviada pelo próprio faraó.

Em um período em que a sua imagem havia sido enxovalhada pela descoberta de seus atos de traição e seus gestos de mesquinha subserviência, aquela visita inesperada lhe surgia como uma revivescência de seu estado de grandeza. Imaginava-se impressionando a sua família por ter recebido uma tal deferência do rei.

Colocou-se no centro do vasto salão, ladeado pelos seus entes queridos que, indiferentes e curiosos, esperavam pela entrada da delegação.

Ao mesmo tempo em que isso se dava lá dentro, Nekhefre começou a escutar um alarido fora dos muros de sua casa. Algo como uma grande ovação vinda da multidão que se aglomerava à sua porta e envolvia a sua casa.

Sem saber do que se tratava, imaginou que seria o ajuntamento de curiosos que para lá foram atraídos pela importância da visita e que estavam empolgados com o relevo de tal ocorrência.

Não sabia ele que, por ordem de Mudinar, tão logo entrassem na casa para prenderem Nekhefre, lá fora fosse o primeiro local a se publicar os motivos de tal visita. Assim, o oficial que ficara no exterior com as funções de divulgar a ordem de prisão e seus motivos, lera em altos brados o conteúdo do documento que, por óbvios motivos, não descia a detalhes, mas fazia realçar a conduta indigna do príncipe e a determinação da prisão de toda a sua família e o confisco de seus bens.

Ao ouvir as ordens lidas, a malta ali reunida, sempre ávida por emoções e novidades, exultou, jubilosa, aplaudindo e dando vivas à figura do rei que derrubava de seu pedestal de riqueza mais um daqueles que eram favorecidos pela sorte, em contraposição aos que, na rua, nada tinham para comer.

Uma das maiores alegrias do populacho, sempre esquecido pelos poderosos, é vê-los perderem os privilégios e descerem ao pó das ruas compartilhando com eles de suas necessidades cruciais e agoniantes.

Por isso, ao saberem que Nekhefre seria preso e confiscados todos os seus bens, a explosão de alegria e aplausos encheu o ar de macabra demonstração de felicidade, própria do despeito e da sanha de vingança do espírito medíocre, condição de muitos seres humanos.

Lá dentro, entretanto, tais ovações jubilosas eram interpretadas por Nekhefre como exaltação à sua pessoa, homenageada pelo faraó.

Era esse o seu estado de espírito agora, mais orgulhoso, esquecido dos ensinamentos que o espírito de Khufu lhe havia ministrado alguns dias antes, dos conselhos elevados para que guardasse confiança, serenidade e humildade em todos os lances difíceis por que iria passar.

Todavia, a sua altivez teve curta duração. Enquanto seu pensamento viajava pelos tortuosos caminhos das honrarias humanas, seus olhos viram entrar pela suntuosa sala a figura repugnante de Mudinar, acompanhado de cerca de dez soldados.

Um calafrio percorreu-lhe a espinha até a base do cérebro e, quase que imediatamente, seu corpo começou a apresentar um suor gelado.

Ninguém ali, até aquele momento, sabia quem era aquele homem que não declarara o seu nome justamente para preservar a surpresa até o fim.

Caminhando com um sorriso de desdém, seus olhos percorriam todas as paredes do aposento, como que a confirmar os informes já observados antes de ingressar no recinto, fazendo Mudinar saborear aquele momento como uma serpente apreciando os movimentos de agonia da própria presa, antes de devorá-la.

Adiantando-se a ele, pretendendo parecer amistoso e cordial, Nekhefre deu dois passos e exclamou:

– Nobre Mudinar, enviado de Akhenaton, possa ser inesquecível para esta casa a sua visita neste dia – disse profeticamente o príncipe.

– Nobre príncipe Nekhefre – respondeu o visitante – pode estar certo de que isso o será.

– Por favor, aproxime-se e partilhe conosco estas acomodações tão modestas para receberem personalidade tão importante.

Parecendo não lhe fazer caso ao convite reverente e lisonjeiro, Mudinar desanuviou o semblante em um sorriso de satisfação, dando a entender ao seu anfitrião de que aceitara tais exortações com gosto. No entanto, ao invés de se aproximar dos móveis apontados por Nekhefre, Mudinar dirigiu-se às paredes que ornamentavam aquele ambiente bem como às obras de estatuária de elevado padrão artístico que emprestavam suntuosidade ao local e afirmou:

– Poucas vezes, longe do palácio do rei, pude ver tantas belezas como estas. Estes entalhes na parede relatam, pelo que presumo, a história de sua família... – afirmou o visitante, como que perguntando.

– Sim, meu senhor. Representam a saga lutadora daqueles valorosos tebanos que ajudaram nossos reis a libertarem o Egito da dominação estrangeira, dentre os quais, meus antepassados se inseriram.

– Ah, sim, muito bem.

Observado por todos naquela sala, a sua presença pesava mais do que desejavam.

Kimnut observava curiosa, vendo aquele importante homem que era sempre mencionado pelo seu marido.

Marnahan visualizava-lhe os modos altivos e orgulhosos, percebendo em seu semblante o tanto de ironia de que se utilizava para responder às palavras de seu pai, que se esforçava por ser agradável.

Hatsena, por sua vez, tremia no mais fundo de sua alma, nos seus quase 17 anos, sem saber se odiava aquele homem que pretendia desposá-la juntamente com sua irmã, se lhe desejava a morte ou se gostaria mesmo de fugir de sua presença, amedrontada. Estava petrificada no lugar, sem reação nem coragem.

Kalmark, oculto pela situação privilegiada onde se posicionava, ouvia sem ser visto e, agora, prendia a própria respiração para não ser notado ali, por aquele que havia ludibriado e que, a esta altura, sem que o rapaz o soubesse, já se inteirara de sua fuga.

Mudinar fazia suspense, enquanto que o barulho lá fora indicava que as pessoas já estavam sendo informadas da desgraça que se abatera sobre aquela casa.

– É uma pena que tal trajetória gloriosa de seus ancestrais, nobre príncipe, venha a ser maculada pela conduta de um seu descendente, que possuía tudo para erguer-se mais do que eles próprios, mas que preferiu resvalar pelos caminhos torpes da traição – afirmou friamente o Chefe da Guarda Real, fixando o seu olhar no rosto de sua vítima.

Sem entender o que se passava e o que havia mudado tão repentinamente na conduta daquele homem, Nekhefre, estarrecido, perguntou-lhe:

– Mas como assim... não entendo tais referências insultuosas sem que eu tenha feito algo que pudesse desonrar a memória de meus ancestrais.

– Lamento informá-lo, ou melhor, informar a todos vocês que, por ordem pessoal do próprio faraó, O Grande Akhenaton, a partir desta data foram destituídos de todos os títulos e regalias pessoais por terem sido considerados culpados de alta traição.

– O quê? – explodiu Nekhefre indignado. – Perante o próprio rei me coloquei de acordo com as suas novas construções religiosas. Num mesmo dia repudiei os velhos deuses de meus pais, publicamente, ao mesmo tempo em que tive de renunciar à pessoa do sacerdote que me acompanhava. Aceitei manter-me junto ao rei, ocupando um cargo para o qual fora honrosamente nomeado, ofereci uma de minhas filhas para confirmar a aliança entre nós e me vi compelido a entregar as duas para que fossem o selo de meu devotamento e, agora, vem contra mim e contra todos nós esta acusação?

Sua voz se deixava envolver pela indignação e, por isso, tremia sem entender.

– No entanto, Nekhefre, todas estas coisas que você alega ter feito, não puderam impedir que a sua traição se estabelecesse com toda a certeza que o faraó pôde constatar. Não era aqui que residia, a seu convite, o malfadado sacerdote, quando o próprio faraó decretara o fechamento dos templos de Amon-Rá?

E mesmo antes de ter sido decretado tal fechamento, quando Aton já imperava como crença única no coração dos egípcios, não era você quem se dirigia ao templo de Amon-Rá para entender-se com o seu sacerdote, desrespeitando todas as determinações oficiais? Os ritos aos quais você e sua família se submetiam em nome da velha fé, destituída de validade e proibida pelo próprio rei não deveriam ter sido evitados por todos? No entanto, mantinham-se fiéis a Amon, ainda que, por interesse, cortejassem as vantagens que Aton lhes permitia.

As afirmativas de Mudinar eram incontestáveis. Realmente, não apenas ele tivera essa dupla conduta. Todos os egípcios se dedicavam aos velhos deuses, à sobra dos quais ofereciam suas preces, fingindo que, na luz do dia, aceitavam as imposições de fé por decreto, como o estava fazendo o novo rei.

No entanto, apesar de muitos fazerem o mesmo, isso não atenuava a sua conduta infiel, notadamente na condição importante de príncipe. Sem ter o que responder, mantinha-se Nekhefre silencioso e arrasado.

Firmara-se sobre os pés para não dar um sinal de fraqueza. Khufu e outros Espíritos amigos os amparavam naquele doloroso transe para seus destinos.

– É triste que tais coisas tenham que ser ditas diante dos seus antepassados, cuja memória acaba aviltada pela sua conduta – disse fingidamente o visitante, como que a piorar as impressões daquela hora. – No entanto, por outro lado é bom que sejam eles testemunhas de tais delitos para que possam julgá-lo por si mesmos, retirando toda a proteção que, porventura poderiam oferecer-lhe, como seu sucessor.

Daqui todos partirão para a prisão da cidade, sem exceção.

Vendo a disposição intransigente das ordens, Nekhefre tomou a palavra para proteger as filhas.

– Mas se o culpado sou eu, minha família nada tem a pagar por meus delitos. Deixe-as livres para que possam viver sem a paz que tinham antes, mas, ao menos, com a liberdade de poderem lastimar meus atos sob a luz do Sol.

– As ordens são muito claras. Além do mais, todos aqui participaram do culto proibido e, por isso, são igualmente culpados, ainda que em grau inferior ao do responsável por esta odiosa traição. Seguirão presos para o calabouço da cidade.

Kimnut estava arrasada e parecia despertar de um longo sono, caindo em si e prorrompendo em lágrimas sofridas e medrosas.

Hatsena agarrara-se à irmã, nela procurando refúgio para seus receios mais profundos acerca da incerteza do futuro.

Marnahan, em melhor sintonia com os Espíritos amigos que ali estavam, mantinha-se em estado de oração silenciosa, o que a protegia contra o desequilíbrio feroz que rondava o ambiente.

– Mas isso não é tudo – disse Mudinar, cruel. – Será aplicada ao traidor a punição física para servir de exemplo a todos os desta cidade, em local público já escolhido, para que tal comportamento jamais se repita. Apesar de terem sido todos considerados traidores e, por isso, passíveis da punição do açoitamento, a magnanimidade do Grande Akhenaton a manteve apenas para o mais reprochável dentre todos. Desse modo, o mais culpado pelas práticas heréticas, o senhor Nekhefre, será submetido a quarenta golpes de açoite.

Todos os seus bens serão confiscados, mesmo aqueles que já foram vendidos nestes dias, vendas estas que serão anuladas, eis que o decreto real é anterior a elas. Uma parte de tais bens será entregue aos seus empregados que estiverem trabalhando nesta casa, sendo certo que, pelo sofrimento experimentado graças à injustiça perpetrada contra ela por sua determinação, Nekhefre, esta casa e seus objetos passam a pertencer com exclusividade, à senhora Kaemy, servidora de sua família, viúva de Meldek, a título de compensação justa pelas dores injustas que você lhes produziu.

Cada palavra daquele libelo era uma facada em sua alma e na de todos os que ali estavam. Nekhefre não conhecera a dor amarga que Kaemy suportou nem as circunstâncias da morte de Meldek até aquele dia recente em que Kalmark lhe havia atirado na face a culpa por tais eventos.

No entanto, estava recebendo as conseqüências de seus atos na resposta direta que a lei de causa e efeito atribui aos que semeiam a desdita.

Kalmark, surpreendido, mantinha-se estático, escondido no mesmo local, sem saber como pensar tão rápido quanto às informações que recebia.

Efetivamente, sua mãe merecia aquele palácio para compensar suas dores. Todavia de que valeria estar ali com ela, sem poder ter Marnahan consigo?

Mas as revelações não tinham acabado. Nesta altura, Nekhefre já tinha-se sentado e ouvia lívido todas as palavras que representavam o aniquilamento absoluto de todo o seu mundo.

– Por ordem do rei, a outra metade de seus bens foi dividida em duas partes, sendo que uma delas me foi atribuída como gratidão do rei pela dedicação à sua causa e a outra, por expressa vontade do faraó, deverá ser devolvida aos antigos proprietários ou seus descendentes, que foram espoliados delas para que servissem de prêmio aos afortunados favorecidos do trono.

Assim, Nekhefre, todas as terras que margeiam o Nilo regressam aos seus antigos proprietários que, por direito, jamais deveriam ter sido dali banidos. Ali deixaram seus sonhos e suas lágrimas. Muitos morreram sem esperanças, entre a fome e a miséria. Agora, para que os infiéis tebanos possam ver a grandeza e a generosidade de Aton, os bens serão devolvidos aos verdadeiros titulares, ainda que na condição de seus descendentes.

Por isso, Nekhefre, toda a sua glória ancestral se acha destituída de fundamento, já que não se poderá justificar perante a verdade. O seu heroísmo e a sua fartura não foram conquistas suas. Foram herança abominável, retirada de pessoas inocentes e trabalhadoras que morreram, por esse motivo. Mas a verdade há sempre de prevalecer e, por isso, agora você retorna à condição plebéia de onde jamais deveria ter saído, já que de nada lhe valeu a nobreza de seus ancestrais para lhe ensinar a tolerância, a coragem e a fidelidade ao faraó.

E para que lhe sirva de lição, posso afirmar-lhe que hoje se cumpre sob os olhos dos deuses antigos e da nova divindade, a Justiça que devolve a cada um o que lhe pertence.

E lhe digo isto, Nekhefre, porque homenageio a memória dos ancestrais que morreram para que você e os seus tivessem fartura irresponsável e abundância sem méritos. Hoje, aqui, meu coração está repleto de inscrições luminosas como estas que você tem nas suas paredes. Inscrições que precisaram ficar ocultas até que a verdade viesse à tona e se refizessem os erros em acertos.

Reverencio e invoco, neste momento, por testemunhas minhas, os meus ancestrais, Nekhefre. Os que morreram à mingua, destituídos de esperanças e que elegeram como tradição familiar, passada de geração a geração a certeza de que um dia retomariam tudo aquilo que lhes fora tirado.

E tal jura de sangue e de honra aqui se cumpre hoje, perante todos vocês.

Eu sou o sucessor vivo de todos os que morreram para que seus ancestrais e você pudessem sonhar sobre o confortável aconchego da mentira, comprados pelos favores do tesouro do Egito e pelas terras roubadas de meus antepassados.

E, gritando estentórico, na euforia da vitória sobre todos os obstáculos, como se toda a sua vida tivesse sido um monumento erguido, lentamente, para ser culminado com a conquista daquela hora, dirigia-se a todos os seus familiares já mortos que lhe haviam transmitido as tradições íntimas de dor e sofrimento, sonhando um dia retomarem aquilo que lhes pertencia. Mudinar havia sido criado neste ambiente e, agora, prestava contas de sua vitória como se ela fosse a vitória de todos eles, marcados pelo ódio e pelo apego às coisas da vida.

Essas eram as sombras espessas que aconselhavam Mudinar em todos os atos de sua jornada, sempre ávidas pelo culto das antigas tradições às quais se apegavam e se valiam dele como instrumento de vingança contra os vivos.

Assustando a todos os presentes, quase descontrolado pela emoção daquela hora, vendo rolar sob seus pés os anseios de quase duzentos anos de expectativas, Mudinar vociferava aos quatro ventos, num procedimento próprio dos antigos magos e sacerdotes do ocultismo:

– Invoco-os, Espíritos que me seguem há tanto tempo. Rejubilem-se – gritava ele. – Esse é o dia da nossa vitória. O Nilo lhes pertence novamente. Voltem para lá e sintam-lhe a umidade da brisa, o frescor do liquido sagrado, o verdor das plantas viçosas, o valor do barro do solo fértil. Hoje é o seu dia. Eis aqui o vencido espoliador da nossa felicidade. Amaldiçoados todos os que, antes dele, levaram ao seu desespero o sorriso de escárnio e superioridade.

De braços estendidos para o alto, Mudinar se vira envolvido pelas vibrações escuras de tantos quantos se viam vinculados ao desejo de vingança que ele, nesta vida, materializava como o sucessor de direitos perdidos séculos antes.

Controlando aquele momento, os Espíritos amigos liderados por Khufu permaneciam em elevado ato de oração, suplicando ao Senhor da Vida lhes permitisse neutralizar todos os estiletes de ódio que se reuniam em um único ser, destilando o fel de gerações como se fosse a torneira por onde vertessem todos os amargos licores destilados pela ignorância. Todos tinham um acendrado sentimento de compaixão por Mudinar e por todos os Espíritos que o assessoravam e atendiam, esfuziantes, ao chamamento. Por entre as paredes da casa começaram a penetrar inúmeras entidades esquálidas, vítimas de seu estado mental totalmente desequilibrado, afigurando-se surgidas de um pântano lodoso e fétido, algumas se arrastando, outras amparando-se mutuamente, todas elas com um brilho estranho e vítreo no olhar alienado de quem passara séculos visualizando apenas a idéia fixa da retomada de seus bens materiais, jurando vingança.

Todas entravam ali e o ambiente espiritual tornou-se absolutamente irrespirável, exigindo dos Espíritos presentes um superior sentido de confiança em Deus e controle pessoal para que se mantivessem firmes e serenos, sem permitirem que o medo lhes dominasse o sentimento.

O quadro era apavorante.

Todavia, sobre todos eles e, à força da oração elevada que os amigos invisíveis endereçavam à Soberana Bondade, uma linda peça, qual uma rede, construção luminosa, composta de inúmeros fios dourados tecidos pela mais habilidosa ourivesaria que a Terra jamais conhecera, se posicionava sobre todo aquele ambiente, esperando, pacientemente, a fim de envolver todos aqueles desditosos seres que se haviam perdido há tanto tempo das linhas da razão e da compreensão das realidades da existência de Espírito.

A esta altura, quando todos os Espíritos que haviam sido invocados pelo chamamento de Mudinar haviam respondido ao seu apelo, Khufu, no plano espiritual, se fez visível a todos eles, inclusive ao próprio Mudinar que, nesta altura dos fatos, tinha dado vazão ao seu potencial mediúnico, que exercitava apenas no interior de seus aposentos mais reclusos, conforme já narrado no início da presente história.

Ao influxo de sua aparição, todos os presentes desencarnados deixaram-se quedar silenciosos, restando apenas Mudinar, arrogante e prepotente a defrontar a luminosa aparição.

No plano físico, a sala estava silenciosa e todos os presentes estáticos, desde a família ali vitimada pelo decreto injusto, quanto os próprios soldados que não ousavam sair do lugar, ainda que tremessem por dentro, diante da manifestação mística que Mudinar objetivava.

Magnetizado pelo próprio sentimento inferior, Mudinar passara a se conectar com o mundo invisível como fazia em seus aposentos privados, para compartilhar com eles a vitória de sua luta coletiva contra os usurpadores.

No entanto, sentia que a aparição de Khufu se apresentava como a lhe frustrar o desfrute pleno da almejada conquista.

Tentando evitar tal atrapalhação, Mudinar vociferou, sem ser compreendido pelos encarnados presentes que não conseguiam enxergar além do véu da matéria:

– Afasta-te daqui, luminosa intromissão, que não te fizeste presente até hoje para corrigir a injustiça. Deixa-nos entregues à alegria dos que sofreram amargamente e que, agora, podem cantar e dançar sobre os restos de seus verdugos, reconduzidos ao pó de onde vieram...

Khufu aumentava ainda mais a sua luz aos olhos de todos os Espíritos ali presentes e, sem lhe responder ao desafio, elevou sua voz serena e doce para ser ouvido por todos os espíritos desencarnados e por Mudinar, envolto pelo transe mediúnico daquele momento:

– Queridos filhos do infortúnio, benditas sejam vossas dores que encontraram consolação na Soberana Misericórdia. E não a encontrastes por terdes sido convidados ao banquete perecível dos bens que já não mais vos pertencem, uma vez deixado o corpo ao consumo dos vermes. A consolação efetiva que vos chega tem mais duração do que os séculos a que vos condenastes num desejo de vingança amargo e sem compensações.

Enquanto Khufu falava, muitos, assustados pela sua majestosa presença, tentavam voltar atrás, mas eram contidos pelo campo de força que havia sido gerado pela rede luminosa, sustentada pela prece de todas as entidades presentes naquele ambiente.

Tinham que ficar para escutarem as exortações daquela hora.

– Vede vossas expressões. Nada da beleza que vos é permitida, nada da paz que vos espera, nada da harmonia que achais merecer e que, efetivamente, vos está reservada. Sois espectro de vós próprios. E quanto isto vos custou na evolução espiritual? Séculos que foram relegados a aumentarem os vossos sofrimentos por vos afastarem das alegrias inebriantes da descoberta das maravilhas que vos esperam até hoje.

É verdade que fostes injustiçados pelos reis humanos. Mas, respondei-me, o que é feito desses mesmos reis? Onde o seu poder infalível, a sua força divina que os tenha preservado da morte e da responsabilidade?

Eu mesmo fui rei nesta Terra bendita, milênios antes e posso vos afirmar que tive de prestar contas à Justiça Soberana por cada escravo que esteve sob minhas vistas ou sob as dos meus comandados. E amarguei longos séculos de remorsos que me transformaram a alma e me obrigaram a retomar minha jornada de ascensão através do reerguimento dos que prejudiquei.

Se sofrestes injustiças é porque a Justiça Soberana cobrava as contas acumuladas pelos vossos Espíritos nos caminhos humanos. Ninguém está esquecido pela bondade, mas ninguém foge da lei que manda dar a cada um o que lhe pertença.

Perdestes a luminosa oportunidade de ser apenas vítimas dos outros. Preferistes, nestes séculos, vos transformar em agentes da vingança, como se fosseis entidades benévolas feridas. Mas, respondei, onde a benevolência naquele que pretende ferir?

A consolação que vos chega, perene e inderrogável, é a do arrependimento desta hora, para abreviar os amargos caminhos que estais construindo para vós mesmos caso persistais nestes comportamentos.

Basta de lágrimas. Permiti que o sorriso se emoldure em vossos rostos para que sob o generoso amparo da Sabedoria do Universo, todos possais seguir para adiante, sob a proteção, a compreensão e a paz para todos os séculos do porvir.

Diante de tais exortações oriundas da luminosa entidade, verdadeiro deus na concepção mística de muitos dos Espíritos presentes, uma infinidade sem conta prostrou-se ao solo, lacrimosas e arrependidas, como se não mais desejassem adiar a libertação de tantas desditas, até então alimentadas pelo hipnótico desejo de encontrar felicidade junto das coisas mundanas, perdidas no tempo.

Outros se confessavam culpados, externavam confissões de crimes ocultos de todos, mas conhecidos de seus corações, outros, envergonhados abaixavam as cabeças sem saber como procederem.

Mudinar ia-se vendo destituído de todos os companheiros que o estimulavam a seguir adiante.

Em vão esbravejava contra a atitude de todos os antigos comparsas, agora tidos como fracos e covardes.

Não percebia que todos tinham fome de afeto e compreensão, esperança e nova chance para ser feliz, o que a vingança não lhes permitia.

Lentamente, os auxiliares de Khufu, a um sinal de sua destra, começaram a retirar do recinto as entidades que se deixavam levar, prostradas pelo choque de seus próprios sentimentos negativos, longamente acumulados. Invertida a polaridade da emissão mental, trocando a raiva pela esperança, acabavam vitimadas pelo peso daquilo que já tinham produzido à sua volta, nas emanações mentais de densidade maior e mais desagradável. Daí a necessidade de amparo para que pudessem ser encaminhados, alguns quase que às portas do desmaio.

Aos poucos, o recinto se fez vazio de entidades, já que a grande maioria se deixou levar para longe e as renitentes que restaram, vendo-se em menor número, lhes foi permitido ausentarem-se do recinto, amedrontadas, para que seguissem suportando a própria desdita que um dia construíram.

Restavam apenas Mudinar e Khufu que, ali diante dele, se acercara, para amá-lo como ninguém desde há muito não o fazia.

Renitente em aceitar-lhe a presença, mas sem ter como impedi-la, Mudinar recuou como que ferido pela intensidade das vibrações generosas daquele Espírito.

– Filho Amado, atende ao chamamento desta hora e cede para que teu futuro seja menos amargo do que aquele que já está edificado pelas tuas mãos para ti mesmo. Conserta a tua trajetória, Mudinar, pois não te restarão alegrias que compensem a euforia insana desta hora de vingança. Se é verdade que sofreste as afrontas de tardio passado, lembra-te de que ninguém te elevou à condição de vingador ou justiceiro. Exerce teu cargo com grandeza e magnanimidade para que, na hora de prestar as contas, algo te seja levado em consideração pelo bem que fizeste ao sofrido povo do Egito.

Perdoa agora este homem indefeso que é vítima de sua própria fraqueza, Mudinar. Não é a Nekhefre que o teu perdão deve ser estendido. É a Kendjer que te compete perdoar para que tua nobreza se eleve acima da vergonha dos atos do passado. Se te negares a isso, meu filho, os açoites que ferirem a carne dele serão novos açoites que te alcançarão, em breve, na ordem da lei do Universo.

E não é a Mudinar que solicito o perdão desta hora. É a Medjar, o irmão banido e despojado de suas esperanças outrora, a quem me dirijo para pedir humildemente, filho amado: perdoa teu irmão, pois a ele bastará o sofrimento dos próprios equívocos.

E falando assim, confundindo Mudinar em seus pensamentos e sentimentos, Khufu desapareceu para deixar que o algoz pudesse escolher por si próprio.

Refeito do impacto da visão avassaladora, Mudinar reassumiu o controle de seu corpo físico e percebeu que estava preso ao solo, ajoelhado como um menino amedrontado.

Levantou-se rapidamente e, para não deixar a impressão de capitulação na mente de suas vítimas daquele momento, ordenou em tom forte aos soldados:

– Levem-nos todos para o calabouço, inclusive as mulheres.

E quando os soldados amarravam os pulsos dos homens condenados, uma voz se apresentou no ambiente para surpresa de Mudinar, que se preparava para sair.

– Solicito ao nobre Mudinar que me leve preso junto aos condenados.

Para espanto de todos os que ali estavam, era Kalmark que deixara o esconderijo e que, para seguir o amor que seu coração sentia por Marnahan, apresentava-se perante aquele homem despótico para que seu sentimento testemunhasse a sua grandeza no sacrifício de acompanhar a inocente criatura objeto de seu afeto para o mesmo destino.

Voltando-se para o jovem, surpreso também, Mudinar admirou-se de tal coragem e redargüiu:

– Ah! Que colheita proveitosa. No covil dos infiéis encontramos todos reunidos de uma só vez. Amarrem esse rapaz que está preso como fugitivo e falsificador.

E com muita alegria, Kalmark estendeu as mãos que foram atadas juntamente com as dos outros para que pudesse seguir ao mesmo destino de sua querida Marnahan.

41

A prisão e o castigo

A prisão da família foi algo de profundo mal-estar nos corações dos Espíritos amigos que ali se postavam, vigilantes. Isso porque Mudinar, usando de toda a sua astúcia, aproveitara ao máximo a oportunidade de humilhá-los diante de todo o povo de Tebas que, em grande quantidade, concentrava-se na porta da residência de Nekhefre.

Todos amarrados uns aos outros como se fossem pessoas criminosas, foram colocados sobre as bigas que ali estavam para levá-los até o local de sua prisão, não sem antes desfilarem lentamente para que todo o povo, que não sabia o que estava acontecendo, delirasse com a derrocada daqueles que até então tinham tido um estilo de vida que fazia inveja a muitos, menos abastados e nobres.

As agressões verbais eram atiradas a esmo sobre todos eles. O simples despeito e a euforia que se instalava no íntimo dos que ali se colocavam vendo a desdita daquela família, dava o tom dos xingamentos.

– Isso mesmo, prisão para o ladrão – gritava alguém, no que era seguido em coro pela multidão.

– Vai sentir as alegrias de estar pisando a terra quente sem sandálias, como nós temos que fazer... – explodia outrem, aplaudido por todos.

A cena era constrangedora e dava calafrios nos que eram as vítimas da arrogância de Mudinar e de sua trama urdida pela própria maldade.

Os prisioneiros uniam-se uns aos outros apertados sobre as bigas que lhes haviam sido destinadas. Kimnut abraçava-se a seu marido, Nekhefre, fechando os olhos e escondendo o rosto em seu peito para que não fosse vista e não visse o que se estava passando. Hatsena agarrava-se aos dois, trêmula e sem forças para dar vazão à sua rebeldia natural.

Marnahan e Kalmark aproximavam-se um do outro e entre eles o amor era o laço mais forte do que as amarras que impediam o rapaz de enlaçar a jovem. No entanto, esta, de braços livres, já que as mulheres não foram atadas por não representarem ameaça mais poderosa, usava de sua relativa mobilidade para apertar seu ombro frágil no peito de Kalmark, deixando escorrer lágrimas de vergonha e de medo.

Os guardas de Mudinar tudo faziam para afastar a multidão daqueles prisioneiros, com receio de que, num gesto de maior agressividade, viessem a ser esfacelados pela turba insana.

Levados com a escolta até o local da prisão, lá foram colocados num vasto aposento, totalmente fechado, onde esperariam as próximas deliberações.

A notícia da prisão de Nekhefre já havia corrido por toda a cidade, avisada pelos inúmeros estafetas oficiais que, nos diversos logradouros mais movimentados, puseram-se a ler os termos do decreto real.

Incluía, a comunicação, a divulgação do dia e hora em que o ex-príncipe seria açoitado para servir de exemplo a tantos quantos se levantassem contra as determinações oficiais da nova ordem religiosa do Egito.

Tal procedimento visava, principalmente, os antigos sacerdotes do culto de Amon-Rá, por quem Akhenaton sentia um ódio quase mortal, notadamente depois de ter sido informado que os mesmos seguiam conspirando contra as mudanças realizadas. Criaturas poderosas e acostumadas aos seus antigos luxos e regalias, eram eles os que mais combatiam na escuridão do anonimato as regras e determinações provenientes da nova capital e da nova filosofia religiosa.

Com essa punição, a manutenção desse estado de infidelidade mal escondida seria seriamente advertida e, pensavam os defensores de Aton, os cidadãos que ainda estavam indefinidos, seriam inclinados pelo temor, a se aliarem ao novo deus com maior seriedade e sinceridade de propósitos.

Convocada para assistir ao ato covarde de açoitamento, grande parte da população acorreu ao evento, pouco visto naqueles perímetros e de inusual ocorrência na tradição oficial. Além disso, o punido era pessoa de alta envergadura e esse detalhe emprestava à cerimônia um toque exótico, já que não se tratava da flagelação de um meliante, um salteador qualquer que tivesse praticado um delito.

Seria a primeira punição ideológica daquele processo de reforma religiosa.

Afinal, Nekhefre estava sendo castigado por não ter sido fiel à conversão pretendida pelas autoridades maiores do Egito. Por não ter-se conduzido conforme a nova religião impunha e não por ter praticado qualquer desvio de caráter, roubando, traficando, furtando, como já era tão comum naqueles tempos e em todos os tempos da nossa humanidade ainda carente de evolução.

O local estava pronto e, no dia imediato à prisão, tão logo o Sol se apresentasse no céu como Aton poderoso que haveria de presidir a cerimônia macabra, a punição de Nekhefre seria cumprida.

Chegando o momento da flagelação, toda a sua família, acrescida do jovem Kalmark, foi levada para testemunhar a execução e para ser escarnecida por todos os presentes.

Todas as humilhações do dia anterior se repetiram e em suas almas, o estilete amargo da vergonha, da angústia e do medo esculpia as tristes linhas em forma de feridas que seriam difíceis de cicatrizar.

As costas de Nekhefre, expostas ao Sol e à visão pública brilhavam, empapadas pelo suor produzido pelo calor e pelo medo. No entanto, o príncipe estava em silêncio. Tremiam-lhe os músculos, mas em seus pensamentos, as advertências ouvidas dias antes do espírito de Khufu passavam a fazer sentido em sua vida.

Agora havia perdido tudo o que tentara salvar. Nem todo o esforço e sacrifício que lhe pareciam capazes de proteger os interesses foram capazes de impedir que fosse relegado à condição de misérrimo escravo, destituído de seus bens e títulos, de sua honra pessoal e de toda a consideração há muito construída.

Por entre os que o apupavam e aplaudiam em cada golpe do açoite, entrevia rostos familiares e conhecidos. Aqui, o comerciante que lhe havia tomado dinheiro emprestado e que exultava em não mais precisar devolver-lhe a quantia, enaltecendo a punição com gritos e vivas. Mais além, moradores vizinhos de sua casa, que se alegravam pela possibilidade de não mais se sentirem diminuídos por sua presença rica e luminosa quando ele, Nekhefre, ostentava toda sua exuberância em trajes ornamentados e caros.

Mais adiante, as vozes conhecidas de pessoas que ele próprio, no seu conceito pessoal, acreditava ter ajudado de alguma sorte e que, agora, ingratas, gritavam a plenos pulmões para que suas costas fossem lanhadas.

Nenhum dos sacerdotes de Amon-Rá fora visto para tentar consolá-lo em tão triste e difícil transe pessoal, aqueles mesmos que antes se regozijavam com as ricas quotas de dinheiro que ele oferecia ao templo e que o tinham em alta consideração.

Ele sabia que Hatsek havia partido dias antes de tais eventos, mas esperava que algum outro dos beneficiados pela sua fortuna se apresentasse ao menos para estender-lhe um olhar de compaixão e de apoio na hora difícil de seu destino.

Estava sozinho.

Mais do que as dores das chibatadas, doía-lhe observar a inconstância das criaturas. A falta de coragem em assumir as suas posições sem receio algum, mesmo que tivessem de enfrentar o poder e submeterem-se às conseqüências de seus atos por um gesto de fidelidade.

Seu pensamento ia por esta trilha sinuosa da autocomiseração quando, tocando-lhe a fronte com suas mãos luminosas, o Espírito de Khufu que o auxiliava naquele difícil momento de sua existência, fez com que ele, Nekhefre, se lembrasse de sua própria conduta, diante de Akhenaton, tempos antes.

Quando fora convocado a repudiar os antigos deuses e crenças de seus antigos antepassados aceitara fazê-lo por interesses mesquinhos.

Quando fora defrontado com o melhor amigo que a vida lhe havia ofertado, aceitou renegar-lhe a consideração negando-se a reconhecer a sua condição de endividado moral para com o amigo renegado.

Ao influxo dessa lembrança, as primeiras impressões de revolta pela injustiça de que estava sendo vítima cederam à sensação da própria vergonha por tudo aquilo que havia feito com suas convicções.

Agora compreendia como deveria ter sido difícil ao espírito de Hatsek suportar a sua conduta egoísta e insincera. Agora, que se colocava na mesma situação que o sacerdote, podia avaliar melhor a gravidade de seu comportamento naquela audiência com o faraó. E uma grande sensação de vergonha de si mesmo fez com que as dores das chibatadas passassem a ser desconsideradas. Mais do que isso, Nekhefre reconheceu em cada uma delas a possibilidade de receber aquilo que semeara. Cada uma delas era o alerta para o despertar de seu espírito infantilizado ante as verdades do mundo.

Por que ficara tanto tempo preso às conjunções superficiais da vida? Por que não soubera valorizar as coisas que são duradouras e jamais cedem às mudanças impostas pelos poderosos? Por que deixara de crer e de ser fiel ao amigo de todas as horas para aliar-se aos que lhe poderiam manter as ilusões materiais por alguns momentos?

Todos estes pensamentos lhe permeavam o cérebro e faziam com que suas idéias mudassem de padrão.

Não via mais, nos aduladores do poder que o censuravam e acusavam agora, aqueles ingratos e oportunistas de antes. Via neles ele próprio. Fraco e imaturo, doente da alma e vítima das convenções sociais, dos interesses imediatos, da satisfação dos sentidos, do desejo de sucesso e progresso a qualquer custo.

Desculpava-os porque ele mesmo necessitava de desculpas para o que fizera.

E, enquanto o seu sangue escorria e lhe empapava as vestes, sua alma se via elevada às novas condições de compreensão da vida que até então nunca houvera entendido ou aberto os olhos para visualizar com clareza.

A última chicotada lhe tirou um suspiro do peito como se ele próprio tivesse conseguido enfrentar com correção aquilo que, num primeiro momento, lhe parecia injusto, mas que, visto por outro lado, lhe chegara como uma forma de acertar as próprias contas com as condutas por ele próprio praticadas anteriormente com outras pessoas.

E em seu íntimo, sua alma nutria as lembranças das culpas assumidas em outra vida perante aquele mesmo Mudinar que, à distância, assistia frio e satisfeito, a consecução de seus projetos.

Retirado do poste improvisado onde fora atado para ficar visível, foi devolvido à prisão na companhia de todos os seus acompanhantes que, ainda mais abatidos, nada podiam fazer além de chorar e rezar pedindo a compaixão dos deuses para salvarem-lhes o marido e pai em tão difícil momento da vida de todos.

Assim, tão logo voltaram ao novo lar, a prisão de Tebas, Mudinar deu ordens para que Hatsena fosse apartada dos demais e deixada sozinha, intocável.

Depois, dirigiu-se à cela onde Nekhefre se encontrava recuperando-se da quase inconsciência que a dor lhe causara para comunicar-lhe que, por deliberação própria e como lhe havia autorizado o próprio faraó, levaria Hatsena consigo para Amarna e, ainda que não mais a tomasse como sua esposa, já que filha de um condenado e traidor do rei, ele a trataria como sua serva e a manteria sua por todo o tempo que julgasse necessário, empregando-a nos mais difíceis serviços para que aprendesse a ser diferente do pai, orgulhoso e prepotente.

Mais dolorosa do que todas as chicotadas, aquela comunicação era um verdadeiro punhal em seu peito. Separar-se de Hatsena, jovem e despreparada para ser esposa e, ainda mais, para ser escrava, era muito pior do que apanhar novamente.

Buscou forças no mais íntimo de seu sentimento para exclamar:

– Sua deliberação é um supremo gesto de covardia. Escravizar uma criança aos seus caprichos é ter perdido toda a razão. Se lhe apraz humilhar-nos mais ainda, leve-me como seu escravo. Divirta o povo com a sua conquista, exponha-me em seus desfiles de grandeza e sucesso, como uma vitória para ser ofertada ao rei, mas deixe Hatsena livre. Deixe livres todos os que não têm culpa de meus erros. Liberte as mulheres pelo menos...

O pranto embargava-lhe a voz que não mais conseguia sair, já que o seu tom humilde, pela primeira vez fizera com que sua alma se declarasse vencida e entregue aos mais difíceis testemunhos.

Homem acostumado a tudo conduzir, a mandar e ser obedecido, a manter seus pontos de vista mesmo quando equivocados, Nekhefre, agora, aprendia a ser humilde para que a sua desdita não recaísse sobre os outros que nada deviam.

Pela primeira vez falara naquele tom, aceitando seus próprios erros e pedindo pela liberdade dos inocentes que amava.

Se muito errara pela covardia moral e pelas ilusões dos sentidos até ali, daquele momento em diante, passou a entender onde reside o valor de uma criatura. Passou a entender o que significa nobreza verdadeira. Não mais a nobreza de casta, de sangue e de tradição, sempre tão vulnerável às políticas e interesses mundanos. Entendia o que significava a força de ser correto e tentar ser justo, sacrificando-se pelos que amava. Agora entendia de onde vinha a força de Hatsek que a tudo enfrentava sem perder a serenidade. Não havia percebido que ele, Nekhefre, contruíra um mundo sem alicerces que suportassem o próprio peso. Daquele dia em diante, uma vez que todas as suas construções haviam ruído, teria de edificar, primeiro, a base sólida para que as novas conquistas morais encontrassem sustentação firme e segura.

E tal base partia da perenidade dos princípios elevados sobre todas as transitórias fantasias humanas.

Mudinar era cego para estas coisas, embriagado pelo vinho venenoso dos interesses imediatos e do poder transitório. Por isso não era capaz de ver o perigoso buraco em que estava se metendo, por extrapolar a sua tarefa ao introduzir em seus atos o fator vingança.

Ouvindo a sua rogativa lacrimosa, Mudinar riu-se daquela demonstração de sensibilidade e trovejou:

– Eis aí o valoroso príncipe de Tebas, herdeiro dos mais valorosos lutadores de nossas lendas. Um reles menino chorão. Bem mereceste as chicotadas que poderão, com o tempo, fortalecer as tuas fibras de homem.

Não fiques preocupado, Nekhefre, com o destino de tua filhinha querida, pois eu tratarei muito bem dela. Quanto a ti, não percas a esperança de rever Amarna e o nosso rei justo e bom. Pretendo levar-te para lá, para fazer justamente o que estás me pedindo, quando chegar a hora.

Por agora, ficarás aqui e, como esta prisão representa o teu túmulo em vida, terás ao teu lado a tua mulher que te servirá de servidora e companhia para a grande viagem, conforme as nossas antigas tradições que você tanto pretende preservar.

Levarei comigo a outra filha, aquela que ofereceste como mercadoria na audiência do rei, lembras-te? – falou, sarcástico, a fim de ferir ainda mais aquele homem vencido e envergonhado, na presença de sua mulher e suas filhas.

Sim, levarei esta outra aqui, mais velha e experiente, até porque pretendo que o jovem traidor, o falsificador e infiel operário do rei a acompanhe para que saiba que o seu amor não representa nada diante da vontade do faraó e de seu mais alto e fiel funcionário.

Referia-se a Kalmark, que a tudo escutava, sem qualquer movimento ou demonstração emotiva. Não estava arrependido do que fizera e, agora, mais orgulho possuía por ter escolhido aquele destino. O mesmo de sua amada.

Mudinar não sabia que nenhuma prisão ou grade, nem mesmo a morte poderia fazer com que ambos deixassem de se amar. Nenhuma ameaça ou tortura poderia fazê-lo abdicar do afeto que tinha por Marnahan e fazer com que esta aceitasse outro no íntimo de seus sentimentos.

Para tornar ainda mais amarga a vingança que passara a incorporar em seus delírios de poder e de ajuste de contas, Mudinar permitira que Kalmark e Marnahan ficassem juntos em uma mesma cela e, pelo tempo em que permaneceram em Tebas, nutrissem o seu afeto um pelo outro, o que tornaria ainda mais difícil para ambos a separação no momento em que ela viesse a ser imposta por ele.

Dando-lhes tempo para sorverem o néctar do afeto, tornaria ainda mais amargo o fel que os faria beber depois.

Era o sadismo em pessoa, perturbado por seus rancores espirituais mais íntimos e ajudado pela plêiade de entidades ignorantes que a ele se consorciavam, para aumentar-lhe a frieza e para inspirá-lo nos caminhos do erro.

Khufu nada fazia, pois tudo isto era necessário para o amadurecimento daquelas almas.

Dirigia todos os atos daquele teatro humano sem interferir nas interpretações dos atores. Fortalecia-os e amparava-os nos momentos mais difíceis.

Na hora correta, no entanto, iria agir.

Vendo a tragédia de Nekhefre, prezado leitor, lembre-se das advertências de Jesus:

"Se alguém quer vir após mim, a si mesmo se negue, dia a dia, tome a sua cruz e siga-me.

Pois quem quiser salvar a sua vida, perdê-la-á; quem perder a vida por minha causa, esse a salvará.

Que aproveita ao homem ganhar o mundo inteiro se vier a perder-se ou se causar dano a si mesmo?" (Lucas, 9, 23 a 25)

Eis aí, alguns milênios depois, a mesma advertência ao espírito de Nekhefre. De que nos valerão tantas turbulências e conflitos se perdermos a sagrada oportunidade de renascermos para melhorarmos uns ao lado dos outros?

O mundo de hoje é rico em conquistas técnicas e brilho exterior, graças aos quais, alguns benefícios melhoraram as condições de vida, o que representa sempre um louvável cometimento, digno de homenagens e respeito.

De que nos valerão, entretanto, todos os grandes feitos da tecnologia que nos granjearão sepultamentos de luxo, congelamento de cadáveres, remédios de última geração, aparelhos médicos movidos a energia nuclear, se tudo isso nos leva a perdermo-nos a nós próprios?

De que nos valerão as mais úteis e eficazes unidades de terapia intensiva se, dentro delas, em chegando a hora marcada pela Providência, os corpos perecem na frieza do abandono e sem o consolo de uma prece?

O Espírito imortal se vê embaraçado na rede de inutilidades a que o corpo se atira pelos caprichos deste mundo de superficialidades.

Todos perderemos o véu das ilusões, pelo Amor ou pela Dor. Entendamos as advertências dos Espíritos amigos que, desde sempre nos exortam a aproveitarmos o tempo com coisas úteis e duradouras PARA A ALMA.

E se nos compete reverenciar as belezas e facilidades que a matéria e os avanços da ciência propiciam aos homens no bem que fazem a muitos, lembremo-nos que ainda aí, são absolutamente impotentes para levarem consolo ao Espírito diante do futuro que o aguarda.

De que vale ao homem ganhar a vida, na matéria do mundo, se isso lhe custar a própria alma?

Todos temos um pouco de Nekhefre dentro de nós. Aprendamos algo com o seu sofrimento para que não precisemos acabar por vivê-lo em nós mesmos.

42

A força do bem

Enquanto esses fatos se desenrolavam em Tebas, o regresso de Hatsek a Amarna foi normal e sem maiores incidentes.

Ao chegar à cidade real, o sacerdote, acompanhado de sua escolta pessoal, foi encaminhado por ela até Mudinar que, para sua surpresa, tinha-se ausentado em direção à antiga capital do país, a fim de cumprir o decreto do faraó.

E, uma vez que o seu lugar havia sido ocupado, temporariamente, por um outro funcionário de nome Aye, Hatsek foi levado à sua presença, a fim de que o mesmo determinasse o seu destino.

Aye era um homem devotado à causa do rei, buscando ser-lhe fiel segundo os mais rígidos códigos de submissão. No entanto, dentro de si mesmo, sabia que aquela revolução religiosa estava condenando o Egito a regressar à balbúrdia interna, pelo abandono que o faraó permitira se apossasse dos negócios de Estado. Os países conquistados e que pagavam tributo ao Egito estavam sendo atacados por estrangeiros e, ainda que solicitassem auxílio militar ao faraó para que fossem defendidos, nada recebiam nesse sentido, ficando à mercê de outros dominadores.

Além do mais, Aye era devotado ao rei, não à sua religião. Adotava-a para ficar alinhado com os ditames vigentes, mas guardava no íntimo a certeza de que fosse a Aton, fosse a Amon ou a qualquer outro deus, o que importava era manter-se próximo do poder. Por isso, não hostilizava, como Mudinar o fazia, os que mantivessem a crença íntima na antiga religião, desde que tal não interferisse na defesa dos atuais governantes e de seu reinado, nem fosse nocivo aos interesses do Egito.

A sua esposa, fiel a tais princípios, era mulher influente junto ao faraó e à rainha, tendo recebido inúmeros títulos e honrarias, jamais entregues a outra mulher naquele período.

E, na ausência de Mudinar, Aye buscara eclipsar-lhe a importância, procurando demonstrar ao faraó todos os equívocos que o Chefe da Guarda Real cometia na condução das questões de segurança e os desmandos que a sua autoridade quase absoluta estavam produzindo.

Aye desejava afastar Mudinar da proximidade do faraó e, para tanto, buscaria valer-se da ausência dele para assumir as funções de maneira ainda mais eficiente e renovadora para que, sutilmente, o rei se visse surpreendido por tais transformações.

No entanto, tal conduta demandaria tempo e muito cuidado para que o soberano não viesse a perceber as suas manobras buscando solapar a influência de Mudinar.

Era o velho conflito pelo poder, no qual uns tentam destruir os outros para manterem-se próximos do centro do comando de onde retiram as sensações que lhes preenchem os anseios íntimos de dirigir e mandar.

Dessa forma, Hatsek foi levado à presença de Aye que, nesse dia, estava às voltas com um problema muito grave.

Acumulando as funções que já exercia com as de Mudinar, a sua assoberbada atividade se encontrava paralisada por uma questão de crucial importância, notadamente para o seu futuro junto ao faraó.

Já há alguns dias, uma das filhas do rei estava enferma e nenhum médico oficial lhe conseguira debelar o mal que seguia galopante rumo ao trágico destino que a todos aguarda.

Tal situação consternava a todos, principalmente ao rei, que nutria pelas filhas uma devoção ímpar para reis daquele período. Fizera do culto familiar uma motivação para a representação artística e, ao invés de ser retratado junto aos guerreiros vitoriosos em campanhas de conquistas, Akhenaton era retratado, várias vezes, na companhia de sua amada esposa e de suas filhas as quais se dependuravam em seu pescoço ou brincavam com os aparatos de sua roupa suntuosa de faraó.

O apego ao amor familiar era único no Egito de todos os tempos, o que demonstrava o acendrado sentimento que o rei nutria pela sua prole.

Estando diante de tal situação, todos os seus serviçais mais próximos viam-se igualmente atingidos pelo abatimento real e pelo desespero natural de perder aquele ser amado. Ao mesmo tempo, todos se desdobravam para que se encontrasse alguma solução para o caso da criança que, a olhos vistos, definhava sem cessar.

Haviam sido suspensas as cerimônias oficiais nesse período para que tanto o rei quanto a rainha estivessem integralmente dedicados ao tratamento que viesse a tentar salvar-lhes a filha.

Afinal, ele era o representante de Aton na Terra e esperava que, por força dessa representatividade sua prole pudesse receber a proteção perpétua e permanente que a livrasse de todos os dissabores.

Os sacerdotes de Aton foram convocados aos aposentos reais onde a pequena princesa se mantinha prostrada sem esperanças.

A prostração consumia-lhe as forças débeis e, por mais realizassem os rituais oficiais, na presença do próprio Akhenaton, nenhuma melhora se verificava na saúde da pequena, para desespero do rei e da rainha.

Uma sensação de impotência tomava conta do coração do faraó, como se toda a sua dedicação a Aton não estivesse sendo considerada pelo deus todo poderoso do Egito que ele defendia com sua vida e sua coragem inovadora.

Assim, Aye se incluía entre os que, ao lado do rei, deixava-se preocupar pela situação, ao mesmo tempo em que pretendia ser-lhe agradável com a solução do problema tão crucial para o coração paterno.

Ao ser apresentado ao representante do faraó, Hatsek fez breve reverência respeitosa e permaneceu em silêncio.

Aye, perdido em seus pensamentos, não sabia de quem se tratava.

Vendo aquele homem abatido em sua frente, sereno e de olhar humilde, Aye foi tomado de uma simpatia espontânea por sua figura, que o levou a perguntar:

– Soldado, quem é este homem e qual o crime que cometeu?

Surpreendido pela indagação direta, o subalterno pigarreou e tentou responder, também confundido por não encontrar o seu antigo chefe.

– Bem, meu senhor, este homem é prisioneiro de Mudinar e, segundo consta, não cometeu qualquer delito comum. Foi preso por ordem do Chefe da Guarda por ser perigoso seguidor do deus Amon, sacerdote que é da cidade de Tebas. Assim, é acusado de conspirador.

Olhando-o de alto a baixo, percebendo-lhe a estrutura física destituída de características imponentes ou arrogantes, observando-lhe a simplicidade da vestimenta e a correção dos gestos, Aye dirigiu-se ao sacerdote.

– Nobre Sacerdote, a grandeza de nosso rei não permite que pessoas sejam presas senão quando contra elas pese alguma acusação efetivamente fundada em provas seguras do delito cometido. Acusam-te de conspirador. O que tens a dizer?

Ouvindo-lhe a exortação à palavra, dirigida de forma respeitosa e direta, Hatsek deu um passo à frente e respondeu:

– Grande senhor do Egito, minha insignificância é muito grande para que possa representar ameaça à grande transformação implementada por nosso rei. Sou apenas apagado sacerdote que, por tradição dos ancestrais do faraó foi criado no culto a Amon-Rá, ainda que me distanciasse de seus antigos servidores, à medida em que eles passaram a fazer do culto um instrumento de ganho material e de exercício de poder. Quando os sacerdotes de Amon passaram a se tornar, na verdade, fazendeiros, financistas, poderosos homens de riquezas no meio das quais a elevação de sentimentos deixou de existir para dar lugar à elevação dos interesses, deixei-lhes a companhia direta e continuei a dedicar-me apenas aos sofredores que procuravam o santuário.

Ouvia-lhes a palavra agoniada, oferecia-lhes meus conselhos fraternos, apontava alguns caminhos para a solução de seus problemas, entregava-lhes o pouco de meus conhecimentos para o tratamento de suas doenças e, sem nada cobrar deles, me fazia um estranho no meio de meus próprios companheiros de sacerdócio, acostumados à suntuosidade dos rituais, com os quais retiravam ainda mais dinheiro dos incautos e crédulos.

Quando o atual rei assumiu o trono, todos tremeram ao saber do desejo do faraó em transformar o Egito numa nação de um único deus. Naturalmente, perderiam o emprego e as regalias. Preocuparam-se e, muitas vezes, buscaram meios para impedir que tal ocorresse. No entanto, Akhenaton foi persistente e intimorato no exercício de sua prerrogativa real.

Apesar de tudo isso, enquanto os cultos oficiais haviam sido proibidos e os sacerdotes de todos os templos, não apenas de Amon, buscavam tentar reverter as coisas, os pobres, desesperados, doentes, continuavam a bater à porta do templo, não em busca de novas ordens ritualísticas. Buscavam sim a mão amiga e modesta que os amparava sem qualquer desejo de recompensa.

Assim, enquanto os outros sacerdotes, acostumados a uma vida de facilidades se viam despidos de todos os antigos "direitos", minha atividade não sofreu qualquer interrupção e minha rotina passou a ser consumida pelo atendimento de tantos sofredores, agora impossibilitados de continuarem suas vidas com culto aos deuses de seus antepassados.

Tudo estava nesse pé quando, por um decreto oficial, o rei mandou fechar todos os templos, num gesto de poder absoluto que buscava dispersar os sacerdotes.

Sem ter para onde ir, já que não possuo bens materiais, aceitei a acolhida que me ofereceu um dos antigos pacientes de Tebas, um jovem que, por suas qualidades, ainda que em processo de aperfeiçoamento, me permitiu viver com as mínimas condições de que um ser humano precisa para dar continuidade ao seu caminho.

Sob o seu teto, encontrei guarida e continuei, sempre que possível a levar aos sofredores a mão estendida, ainda que vazia de bens e de possibilidades materiais, já que, agora, com o templo fechado por ordens oficiais, não mais poderia recorrer aos seus vastos tesouros para dali retirar algumas moedinhas com as quais se buscava dar esperança aos deserdados.

Nesse meio tempo, poucos meses depois de ter-me hospedado, o príncipe foi convocado pelo rei a comparecer em audiência e me pediu a companhia, talvez como seu conselheiro, talvez como seu ponto de apoio, já que a viagem é precária, perigosa e Nekhefre estava acostumado a se apoiar em alguém a fim de ter segurança nas suas atitudes.

Para cá me desloquei sem nenhuma pretensão de ser recebido ou de pleitear qualquer coisa. No entanto, por ter sido visto na companhia de Nekhefre, fui conduzido pelos guardas, acredito que por ordem do nobre Mudinar, à presença do faraó, para assistir a audiência na qual o súdito foi compelido a negar sua antiga fé publicamente. Depois de têlo feito com extrema comoção, foi convidado a renegar minha pessoa, na frente de todos os presentes.

Ouvindo-lhe as informações, Aye balançava a cabeça demonstrando que estava acompanhando-lhe o raciocínio e acrescentou:

– Sim, eu me lembro desse dia, pois também estava no salão real quando a fila dos convidados parou para que toda esta cena se desenrolasse. Só não me lembrava de que eras tu quem estava ali, diante do faraó.

– Pois naquele dia, depois de ter sido obrigado a renunciar a tudo, fomos separados sem darmos qualquer palavra um ao outro e, por ordem de Mudinar, fui conduzido à prisão, sem saber por que motivo ou por que crime. Provavelmente, por ser sacerdote de Amon, apenas.

Com este breve relato, Hatsek resumiu toda a sua trajetória até aquele dia, sem mencionar maiores detalhes por julgar serem de importância pequena.

No entanto, entre todas as coisas que havia dito, uma delas surgia na mente de Aye como uma pequena luz a ser considerada.

Daquele diálogo quase informal, Aye soube que Hatsek exercera rudimentos de medicina.

No Egito daquele tempo, ser sacerdote significava, também, possuir conhecimentos técnicos mais avançados na área da saúde humana e, fosse por motivos religiosos ou por causa dos estudos e do aprendizado dentro do templo com os sacerdotes mais antigos, o que é certo é que o povo sabia que os sacerdotes, em geral, possuíam dons ou poderes que os habilitavam a serem procurados nos momentos de dificuldade.

Tanto é certo que Akhenaton, naquele momento difícil por que passava sua vida, recorrera aos sacerdotes de Aton para que, junto dele, pudessem realizar os ritos necessários à cura da filha.

Entretanto, Hatsek era sacerdote de Amon-Rá e, por esse motivo havia sido preso. Natural que não poderia, sem cuidados especiais, levá-lo ao faraó, pois tal conduta seria tomada como imprópria para uma pessoa de sua importância, no mínimo descuidada ou desconsideradora das crenças do próprio rei.

Dirigindo-se ao sacerdote, Aye perguntou, depois de afirmar não ver em seu comportamento qualquer delito grave:

– Pois então, sacerdote, estavas afeiçoado a tratar das pessoas?

– Sim, meu senhor – foi a resposta lacônica.

– E para isso valias-te da ritualística de Amon, com seus atos místicos de reverência?

– Eu buscava sempre a aplicação dos conhecimentos que a experiência e o aprendizado da vida me iam fornecendo. Quando a pessoa se mostrava propensa a só acreditar se tudo isso fosse feito dentro dos padrões artificiais do ritual religioso ao qual estava ligada, agregava ao tratamento, para conquistar-lhe a adesão, os ditos, as rogativas, o gestual que o ritual permitia. Deves saber que, quando o doente não crê no tratamento, a cura se torna mais distante e difícil, pois encontra nele a própria e mais difícil barreira a ser vencida.

No entanto, para os que não fizessem questão, eu me comportava apenas como um modesto médico ligado ao Soberano Poder, sem recorrer necessariamente a todos os paramentos ilusórios que são úteis para auxiliar os crédulos ou os místicos a se manterem mais crédulos e mais místicos.

Assim, sabendo que determinada planta medicinal tinha efeitos úteis no tratamento daquela enfermidade, para os místicos, depois de preparar a infusão com a erva, recitava orações ininteligíveis para eles, erguia o copo aos céus como a oferecer ao deus o seu conteúdo para que dentro dele colocasse o seu poder divino e, somente depois disso, entregava ao doente o seu conteúdo para ser sorvido. Todavia, para os menos apegados a tais procedimentos, oferecia o conteúdo do recipiente tão logo ele estivesse pronto, sem qualquer ritual retumbante, limitando-me a pronunciar, junto com o doente, uma singela oração pedindo ao Soberano Poder do Universo que auxiliasse a sua recuperação.

Era assim que me comportava.

Dando-se por satisfeito em suas indagações, Aye ordenou que o sacerdote fosse conduzido à antiga prisão que o havia albergado tempos antes e ordenou ao soldado que ele fosse colocado em uma sala isolada dos demais presos comuns e tratado como um convidado e não como um prisioneiro.

Ao mesmo tempo, determinou que o chefe da prisão viesse imediatamente à sua presença, dispensando ambos os interlocutores para que pudesse voltar aos seus trabalhos.

No entanto, a imagem daquele homem simples e forte ao mesmo tempo impressionara-lhe a retina.

Não sabia Aye que, por detrás de seus pensamentos, o espírito de Khufu estava agindo sobre seu íntimo, menos atrasado do que de Mudinar, a fim de que ele, Aye, sentisse as vibrações nobres que emanavam daquele ser, dedicado a atender ao sofrimento de seus semelhantes, sem exigir qualquer coisa em troca.

Algum tempo depois, atendendo às suas determinações, o chefe da prisão chegou, solicitando a permissão para ingressar no local em que Aye despachava incansavelmente os documentos do expediente.

– Entre, soldado. Qual é o seu nome?

– Salve, grande representante de Aton – respondeu o homem, como era costume em todos os diálogos daquela época. – Sou Amenef, o chefe da prisão real ao seu dispor.

– Pois bem, Amenef, acabei de enviar-lhe um homem que aqui esteve e que, pelo que me disseram, já esteve na prisão. Trata-se de um sacerdote...

E não precisou acabar de falar para que o soldado desse mostras de saber do caso.

– Pois então – continuou Aye – gostaria de saber se durante a sua prisão anterior ele se mostrou perigoso ou violento, digno de ser encarcerado como um criminoso comum.

Procurando revestir suas palavras com uma seriedade inusual para um soldado, o chefe da prisão buscou esclarecer com honestidade e correção, dizendo:

– A esse tempo, meu senhor, eu não era o responsável pela prisão. Ali trabalhava como um soldado subalterno, sem responsabilidade de comandá-la. E por causa de meus modos rudes e maus, era dos que mais punia os encarcerados, muitas vezes sem motivo, apenas para me deleitar com o seu sofrimento e por culpá-los por estar ali, sendo soldado igualmente recluso em um cárcere. Se não houvesse criminosos, certamente eu estaria prestando serviço ao faraó em outro local.

E, muitas vezes, pelo simples prazer de ferir, sem que tivesse feito qualquer coisa de errado, apliquei castigos físicos nesse sacerdote que, nunca, em momento algum, endereçou-me qualquer olhar de ódio ou reclamou de minha violência.

Notava-o sempre ao lado dos presos mais arredios ou feridos, conversando com eles, elevando-lhes o ânimo e, por isso, aquilo me irritava ainda mais.

Essa irritação tornou-se ainda maior quando passei a perceber que os próprios colegas se deixavam iludir por sua conversa suave. Acreditava que ele era uma pessoa perigosa e que não seria bom uma intimidade entre os guardas e os prisioneiros. Isso me fazia piorar os castigos.

As coisas iam assim até que um de meus filhos caiu doente e nada podia fazer mais para salvá-lo...

E lembrando-se daquele dia em que o sacerdote fora levado até sua casa, contou a Aye tudo o que se passou em sua morada, inclusive o auxílio que ele próprio recebera na compreensão de seus erros como esposo violento e indiferente, o que o levara a refazer o lar, indo procurar a companheira ferida para recompor as bases de uma nova vida.

Deu ênfase na cura de seu filho que, quase que por um milagre, deixou a condição de moribundo para voltar à vibrante situação de garoto saudável.

Por fim, relatou que tudo isso fora presenciado por outros soldados que para lá haviam se dirigido e que, num gesto de gratidão e respeito à nobreza daquele homem, recusaram-se a levá-lo de volta à prisão, depois que a cura havia sido consolidada.

Todos haviam saído antes para deixá-lo livre para fugir. E para espanto de todos, Hatsek voltou sozinho, na calada da noite, à prisão de onde havia sido retirado, retomando a sua posição humílima de prisioneiro, quando poderia ter fugido para sempre.

Calara-se o soldado, emocionado ao se lembrar de todas essas coisas.

Aye também estava impressionado. Seus olhos estavam umedecidos por tal relato evocatório de fatos tão ímpares e elevados.

Um preso que vai à casa de seu agressor e lhe cura o filho. Que lhe permite refazer a felicidade familiar, que é deixado livre para fugir, mas que, com suas próprias pernas, regressa ao cárcere...

Esse homem não poderia ser um conspirador.

Aye agradeceu o relato e informou que, a partir daquele dia Amenef teria o sacerdote aos seus cuidados pessoais e que deveria ser tratado como um convidado, permitindo-lhe fazer o que quisesse. Que não o molestassem em momento algum e que ficava, daquele momento em diante, responsável pessoalmente pelos destinos de Hatsek.

Se alguma coisa de mal lhe acontecesse, Amenef responderia pessoalmente por isso.

Vendo a disposição de Aye na proteção de seu benfeitor, o soldado lhe respondeu:

– As vossas determinações, meu senhor, muito me agradam, uma vez que, ainda que elas não existissem, seria assim mesmo que eu me dedicaria a esse homem, ainda que pagasse o preço de minha própria vida. Sou-lhe grato pela eternidade e, mesmo que me fosse ordenado puni-lo com o chicote, solicitaria receber, eu mesmo, a punição em seu lugar.

Impressionado com as declarações de um simples soldado, Aye deu por encerrada a entrevista e dispensou-o com um sorriso de gratidão.

Dali pensou no rei e em sua filha doente. Não teriam sido os deuses que lhe haviam enviado Hatsek naquela hora?

Deixou o ambiente e buscou notícias da enferma junto ao palácio real.

Nada havia melhorado. O próprio Akhenaton estava extenuado, pelas vigílias noturnas que fazia junto da filha agonizante. Os médicos do rei e os sacerdotes da corte religiosa haviam entregado ao faraó todos os esforços que redundaram inúteis na cura da criança.

Aye buscou aproximar-se do rei, mas não conseguiu.

Valendo-se, então, de sua esposa, sempre muito próxima da rainha, Aye relatou-lhe o que havia descoberto, sem dizer, contudo, que o homem poderoso que curava crianças era sacerdote de Amon.

A sua esposa levou a notícia rapidamente até Nefertite que, ouvindo-a como mulher e mãe desesperada, vislumbrou um raio de luz na noite de sua alma, como uma esperança de salvação.

Não se fez esperar e, ato contínuo, levou a alvissareira notícia aos ouvidos de Akhenaton que, quase em absoluta derrocada, mandou chamar Aye ao seu gabinete pessoal.

– A rainha falou-me de ti e de que sabes de algo importante para diminuir nossas dores – falou amargurado o rei.

– Grande Senhor de todos nós, o que vos vou dizer não significa solução, mas, talvez, possa significar esperança. Conheci, pessoalmente, pessoas que foram beneficiadas com a cura de seus filhos, pela ação generosa de um súdito de vosso trono e que não pede nada em troca de seus préstimos. Parece ter conhecimentos médicos diferentes daqueles que os nossos médicos possuem e os emprega segundo as necessidades do enfermo. Conhece plantas medicinais e as aplica com grande sucesso. Daí, sensibilizado pela dor de vossos sofrimentos, imaginei que, ao menos essa notícia, eu deveria fazer chegar aos vossos ouvidos para que deliberasse da maneira mais sábia, como só o representante de Aton sabe fazer em nosso meio.

Um brilho diferente tomou conta do olhar do rei que, interessado, levantou-se da cadeira onde seu corpo estranho e diferente se deixara ficar, sem esperanças.

– Mas será seguro entregar a princesa nas mãos desse desconhecido? – perguntou titubeante o faraó.

Respondendo-lhe à pergunta sagaz e perigosa para sua pessoa, Aye afirmou:

– Grande rei, trago-vos a informação e o testemunho pessoal por ter ouvido os que foram beneficiados por esse homem acerca das maravilhas que ele logrou realizar em favor de muitos que sofriam. Quanto ao mais, deixo em vossas mãos tudo o que eu próprio possuía para que seja vossa a deliberação.

Vendo-se responsável por tal decisão, o rei foi interrompido em seus pensamentos por uma outra afirmação que completava as notícias de Aye.

– No entanto, meu rei, há algo que precisais saber antes que delibereis sobre o que fazer. Por imperativo de devotamento e de submissão, preciso informar-vos de que esse homem pertence à escola do templo de Amon, tendo sido aprisionado por Mudinar na prisão real por parecer potencialmente nocivo aos cultos de Aton.

Essa informação pareceu esfriar as esperanças de Akhenaton.

Todavia, Nefertite, que a tudo escutava em silêncio, não se deixou abater por tal notícia.

Tomando a palavra e sabendo da grande influência que exercia sobre o marido e, sobretudo da premência do momento por que passavam, a mãe, aflita, afirmou:

– Não me preocupa ser ele sacerdote de Amon. Todos nós sabemos que os sacerdotes guardam grandes conhecimentos médicos que são capazes de beneficiar aos que sofrem. O que importa é saber se é um homem perigoso para ser aqui introduzido. Afinal de contas, todos nós, antes de prestarmos culto ao deus único, fomos muitas vezes tratados por homens como ele, devotados aos deuses antigos e detentores de muitos conhecimentos úteis.

A palavra de Nefertite estabelecia um conflito íntimo muito grande no rei. Dentro dele estava a impotência de Aton para solucionar aquela situação, na ilusão de seu fanatismo de que Aton deveria atendê-lo com exclusividade e rapidez. Por outro lado, a criatura que morria era sua filha amada e nenhum outro recurso havia disponível para tentar trazê-la à vida.

Além disso, percebia pelas palavras da mulher que ela, quase em desespero, colocava a saúde da filha acima das convenções religiosas tão caras ao faraó, a ponto de permitir que a doente fosse tratada por um sacerdote adversário de sua reforma religiosa e que, certamente, muito sofrera pelas perseguições que ele próprio instalara. Quem garantiria que, aproveitando-se de tal possibilidade, o referido sacerdote não mataria a criança?

Todas estas dúvidas perturbavam ainda mais a mente do faraó que, num gesto de desespero, colocara a cabeça entre as mãos, sentando-se novamente para tentar organizar as idéias.

– Mas e se esse homem, sacerdote de Amon, como me dizem ser, se valer desse momento para prejudicar a saúde de nossa filha, como vingança? – perguntou em voz alta Akhenaton.

Tomando a palavra, Aye realçou ao rei a conduta de Hatsek na prisão, a cura do pequeno, a possibilidade de fugir e a sua conduta correta de voltar para a prisão caminhando sozinho.

Tudo isso teve um peso extremo na tendência do faraó.

Não era comum existir um homem com tais comportamentos de grandeza e simplicidade e, se o existisse, deveria ser dotado de grandes poderes.

Pediu para ser deixado a sós com a mulher e que, tão logo decidissem, comunicaria o que desejavam fazer.

Aye e sua mulher deixaram o recinto e se postaram em salas próximas.

Akhenaton e Nefertite, premidos entre os deveres oficiais e os deveres paternais, entre a complexidade do problema e a simplicidade do tempo que corria e poderia levar-lhe a filha para sempre, entreolharam-se e seus olhos tudo diziam.

– Aceito a presença desse homem estranho junto de nossa filha – disse o rei – desde que seja para cá trazido em sigilo e que estejamos presentes acompanhando tudo o que ele for fazer. E se algo de mal acontecer à nossa querida, sacrificaremos o impostor como culpado por sua morte. Se nossa filha, efetivamente, for curada por qualquer sortilégio ou poder especial deste homem, dar-lhe-ei a liberdade e qualquer coisa que ele desejar, desde que parta daqui a fim de que não saibam que Amon foi mais poderoso do que Aton.

Ali estava falando um homem capitulando diante das próprias escolhas. Parecia que o rei, agora, era o mesmo Nekhefre do dia da audiência, a renegar a tudo e a todos por suas próprias conveniências. Naquele momento de dores onde a escolha se impunha à sua vontade, o próprio rei se conduzia da mesma maneira. Não pretendia ter a grandeza de reconhecer que Aton não curara a filha e que ela fora beneficiada por um homem desconhecido. Preferiria que ele fosse banido para longe, a fim de que toda a sua convicção não fosse ridicularizada pela população.

Ouvindo-lhe as afirmações dolorosas, Nefertite compreendeu que não poderia conseguir de seu marido concessão mais ampla do que aquela que, para seus conceitos pessoais já estava sendo extremamente dolorosa de ser obtida.

O próprio rei iria permitir que um sacerdote do odioso culto de Amon viesse ao leito de sua filha para tentar salvá-la.

Olhando-o emocionada por ver-lhe a dor que lhe causava a renúncia aos seus próprios e rígidos princípios, abeirou-se dele, tomou-lhe as mãos amigas e beijou-as entre lágrimas de gratidão e afirmou:

– Concordo e agradeço-te a renúncia a tudo por amor à nossa filha – disse a esposa emocionada.

Aye foi chamado à porta por um serviçal e comunicado que o sacerdote deveria ser trazido imediatamente, em sigilo absoluto e com todos os cuidados indispensáveis para que nada ficasse divulgado ao público.

Mais do que depressa, dirigiu-se ao exterior para ir buscar aquele que o Espírito de Khufu estava apontando à intuição de todos como sendo o melhor caminho para a esperança de melhora da princesa do Egito.

E pelas mãos de Forças mais poderosas do que quaisquer deuses de pedra, um prisioneiro foi convocado a estar diante do próprio faraó vencido.

A Soberana Bondade estava ali, mais uma vez ensinando aos poderosos que o seu poder mundano valia bem pouco diante das determinações superiores e que, o mais simples e humilde dos homens poderia ser aquele que Deus usaria como seu mensageiro.

Hatsek seria conduzido ao palácio o mais rápido possível.

43

O amparo do mundo invisível e o arrependimento

Mal havia sido reconduzido à prisão, um enviado de Aye leva a Amenef a determinação imediata para que Hatsek fosse reapresentado ao mesmo gabinete onde o encontrara horas antes, sem qualquer demora.

Sem entender o porquê dessa ordem, o chefe da prisão comunicou ao seu hóspede a necessidade de regressarem à presença de Aye imediatamente, o que foi feito na presteza solicitada.

Diante do funcionário real, Amenef foi dispensado para que pudesse retomar suas funções deixando Hatsek sob a responsabilidade pessoal de Aye.

Imediatamente, este fez saber ao sacerdote o motivo pelo qual o reconvocara, a delicada situação que estava sendo enfrentada pelo rei, seu sofrimento pessoal e o desespero tão grande de seu coração que, em comum acordo com a rainha, convenceram-no a recorrer aos poderes de Amon para tentar salvar a filha da morte.

Surpreendido pela notícia, o sacerdote pôde avaliar o grau de dor que o faraó deveria estar suportando para permitir que um sacerdote odiado por pertencer ao culto de um deus tradicional fosse convocado para tratar da princesa real.

Aye, contudo, precisava que Hatsek aceitasse as condições impostas pelo rei, de que presenciaria todo o atendimento e que, se a filha sucumbisse, ele seria considerado o responsável. Além do mais, em caso de sucesso, nada poderia ser divulgado, pois o faraó não desejava se comprometer com a divindade banida na boca do povo, mantendo para sempre, segundo o seu desejo, o culto a Aton, sem nenhum retrocesso ao passado.

Sereno e confiante, Hatsek viu-se novamente confrontado pelo destino de ter de atender aos seus algozes, notadamente agora que já fora informado da ordem real acerca de Nekhefre e sua família, hostilizados por terem sido acusados de terem lhe dado guarida e por se vincularem aos cultos de Amon, mesmo depois das reformas religiosas impostas pelo rei.

Imaginava o desespero de seus amigos queridos, das filhas do casal, de Kimnut, a esposa despreparada para realidades tão graves, as humilhações jamais experimentadas. Como deveria estar sendo dura a prova por que todos estavam passando, ainda mais na companhia pessoal do próprio Mudinar.

Sem fazer qualquer menção a tais cogitações, Hatsek acenou com a cabeça, reverente, e informou:

– Meu senhor, quando me dispus a seguir este caminho, fecharam-se-me os olhos para que meu coração se abrisse. Por isso, não vejo a quem atendo, apenas atendo fazendo o melhor que meus sentimentos determinam. Não temo as conseqüências de qualquer gesto de amparo que pratique, pois me submeto à Soberana Sabedoria que tem os recursos para fazer aquilo que minha insignificância não permite seja feito. Nem mesmo se me for imputada a morte da jovem princesa, isso me impedirá de acercar-me dela, se é o desejo de nosso rei, para tentar ajudá-la no que for possível.

Admirando a conduta daquele indivíduo ímpar, Aye indicou-lhe a urgência do estado da criança e dispôs-se a levá-lo ao palácio naquele mesmo instante, no que não encontrou nenhum obstáculo por parte do sacerdote.

Tomando do veículo de transporte rápido, em alguns minutos Aye penetrava os recintos privados do palácio, levando Hatsek, que caminhava pouco atrás, em atitude de reverência e respeito à dor alheia.

Seus pensamentos estavam voltados para aquele Deus Universal que ele sabia existir e dirigir as criaturas. Nem Amon, nem Aton, nem nenhuma outra ilusão particularista lhe toldava a compreensão. Nenhuma criação humana seria mais potente do que aquele Criador de tudo e de todos, ainda quando os humanos pigmeus desejassem impor aos céus as suas divindades ou concepções estreitas, como sendo deuses construídos no barro da Terra e atirados para as alturas do firmamento imaginário para sagrarem-se divindades poderosas.

Hatsek ligava-se, nesse momento, à corrente do Amor Universal que em todos os lugares vê e age independentemente das contingências e dos caprichos dos homens.

Junto dele, seu amigo e instrutor espiritual seguia seus passos para tão importante entrevista.

Anunciados e encaminhados ao interior do aposento da jovem enferma, lá se encontravam apenas o rei, a rainha, Aye, sua esposa e o sacerdote que, sem qualquer postura artificial, reverenciou a todos com respeito e consideração.

Akhenaton estava desfigurado com a proximidade dos sofrimentos de sua amada filha. Deixara todos os paramentos reais que, agora, lhe eram sumamente pesados para serem ostentados com o orgulho próprio dos reis de todos os tempos. Vestia-se modestamente para a sua importante posição e se preocupava, exclusivamente, com a saúde da filha.

Sem tocar em outros assuntos absolutamente irrelevantes para aquele momento, o faraó dirigiu-se ao sacerdote diante do silêncio de todos os presentes:

– Sacerdote de Amon, pela tua presença neste ambiente, podes imaginar o desespero que se apossa dos corações dos que amam esta pequena criança. Fui informado dos poderes misteriosos que possuis e que já trouxeste à saúde de outras pessoas. Todas as nossas preces e oferendas a Aton não redundaram eficazes. A fim de não me condenar por não ter buscado tudo o que um pai amoroso deve tentar para salvar a filha amada, desci da posição de rei e de defensor dos princípios de Estado para, apenas na condição de homem, oferecer esperança àquela que é o motivo de nossas alegrias. Por isso estás aqui. Não diante do rei, mas diante de um pai vencido pela angústia.

Calou-se Akhenaton para que não fosse calado pelas próprias lágrimas. Havia assumido uma posição extremamente humilde e franca perante os presentes, o que os emocionava profundamente.

Hatsek aproximou-se do rei sem ferir-lhe os pudores e as convenções tradicionais e lhe disse:

– Grande Rei dos Egípcios, teus nobres sentimentos desta hora tornam-te ainda maior aos nossos olhos. Confiemos na grandeza do Deus Único e em seu Soberano Poder para que, em nossas vibrações de fé e aceitação, as Suas deliberações ecoem em favor da pequena.

E demonstrando a urgência de acercar-se da enferma, pediu permissão para iniciar o estudo do caso, no que foi imediatamente autorizado.

No entanto, não passou despercebido de Akhenaton, aquela referência ao Deus Único, ainda que não o houvesse denominado de Aton. Isso o tranqüilizou por alguns instantes.

Ao aproximar-se da enferma, Hatsek pôde constatar o seu estado de gravidade acentuada. As faces estavam descoloridas, a respiração era extremamente difícil e o coração lutava para que o organismo sobrevivesse mais algum tempo. O suor abundante impunha constantes trocas de roupa e a quase inconsciência impedia que se conseguisse escutar da própria doente qualquer informação que elucidasse a questão.

Ao se aproximar da pequena, Hatsek foi ainda mais envolvido por Khufu que, com sua visão dilatada pela condição de Espírito, iria auxiliar o sacerdote naquilo que lhe fosse permitido. Todavia, apesar de sua presença, Hatsek se postou em elevação mental, rogando àquele Deus Único e Soberano de todos os Soberanos da Terra que o ajudasse a fazer o melhor por aquela irmã adoentada, não porque fosse filha do faraó iludido pelos cânticos de poder do mundo, mas porque era tão jovem e com tantas coisas a aprender pela frente.

Sua vibração íntima foi sendo invadida por um poder de penetração ainda mais potente do que a intuição clara que já o acompanhava. Amparado por Khufu que, junto dele, parecia constituir-se um segundo cérebro justaposto ao cérebro físico de Hatsek, suas condições pessoais de compreensão e de apreensão dos menores detalhes do problema que tinha pela frente se ampliaram como nunca.

Tão logo terminou a oração, imediatamente sua visão foi tomada por uma cena muito chocante. Seus olhos viam o interior da enferma. Seus vasos sanguíneos, seus órgãos comprometidos pela luta interior para que a vida fosse preservada. Tudo estava apontando para o fim. De forma a aclarar os motivos ou as causas de tais circunstâncias, Khufu apontou a Hatsek duas manchas na epiderme da jovem, quase imperceptíveis aos olhares menos experimentados.

Observando a região apontada, o que o obrigou a erguer um pedaço da roupa da jovem, Hatsek pôde entender que as manchas arroxeadas indicavam o avanço da doença e que algo deveria ser feito imediatamente, sob pena de não mais ser possível qualquer modificação da trajetória que levava à destruição daquela vida.

– O estado da pequena é muito grave e não sei dizer se, com todos os nossos recursos poderemos conseguir que não morra – falou o sacerdote a todos os que escutavam ao redor, em silêncio. – Posso agir com a liberdade necessária para buscar ajudá-la a tentar vencer este triste transe?

Esperava a autorização dos pais para iniciar o tratamento.

– Sim – foi a resposta do rei, seca e breve.

Sabendo da importância da transferência dos fluidos de um corpo para outro, Hatsek solicitou a Aye que se posicionasse à cabeceira da doentinha e ao faraó que se aproximasse de seus pés, ambos com as mãos impostas e dirigidas para o corpo da pequena inconsciente.

Pediu-lhes que orassem e que imaginassem que de seus corpos, o fluido da vida estava saindo para serem emprestados à pequena para a sua recuperação. Que não tivessem nenhum pensamento de tristeza, de apego ou de medo. Que confiassem cegamente nas forças superiores da vida. Que se imaginassem como dois sóis que ali estivessem aquecendo aquela pequena semente de vida, para que não morresse.

Isso foi imediatamente providenciado.

Enquanto isso, no Mundo Espiritual, uma grande equipe de trabalhadores liderados por Khufu se desdobrava para fazer com que a pequena viesse a se sentir melhor. Enquanto seu corpo estava prostrado, retiraram dele o seu Espírito confundido pela situação inesperada de seu destino e o levaram para a beira do rio sagrado. Em lugar de beleza e placidez, ali ficou a pequena criança, agora em Espírito, aspirando o oxigênio e a vitalidade da natureza generosa, vendo-se acompanhada por amigos invisíveis que lhe inspiravam paz e confiança.

Enquanto isso, em seu pequeno leito, Hatsek podia perceber que seu corpo físico necessitava de um remédio que o ajudasse a combater a enfermidade que, galopante, já lhe intoxicava até os tecidos mais nobres do corpo.

Khufu lhe inspirava igualmente a buscar um remédio que viesse a ser introduzido no organismo para que fosse um agente bactericida. Hatsek possuía essa planta em Tebas, mas a viagem seria muito demorada para conseguir salvar a princesa.

Quebrando o silêncio, Hatsek perguntou a Aye:

– Preciso de uma planta medicinal para preparar um remédio para a menina. Essa planta existe em meus pertences em Tebas e, acredito que posso encontrá-la em qualquer templo de Amon.

– Impossível – foi a resposta direta. – Foram todos os templos fechados e não há nenhum por perto a que possamos recorrer – respondeu Aye.

– Quem sabe, algum sacerdote ou mago possa tê-la em seus depósitos, já que é planta rara e que, por aqui, não é encontrada. Provém da Núbia ao sul, e é usada em muitos rituais de magia tão ao gosto do povo ignorante.

– Aqui em Amarna não há um só mago, pelo temor de ser perseguido. Se os há, está também muito bem escondido longe daqui.

– Mas sem esse recurso, a morte é apenas questão de horas.

A angústia diante daquela informação era mais cortante e cruel no coração de todos.

– Tudo farei para encontrar tal planta em tempo de salvar minha filha – disse a rainha, tomando a palavra com o assentimento silencioso do marido.

Nesse instante, Khufu interferiu na sensibilidade de Hatsek como que a tomar-lhe o controle da fala e dirigiu as seguintes afirmações aos presentes:

– Sei que seu amor é verdadeiro e que um sentimento de nobreza invade seus corações na hora deste transe doloroso. Por deliberação do Deus Único e de sua Soberana Bondade, posso afirmar que essa planta existe e está dentro dos limites desta cidade, guardada em local muito próximo.

Vendo a quase inconsciência do sacerdote que, igualmente falava quase sem controlar os próprios pensamentos e sem entender o que

Khufu pretendia, os ouvintes se viram tomados de maior reverência pela seriedade daquela hora. A própria voz do sacerdote ganhara um tom diverso daquela que lhe era normal.

Vendo raiar a esperança novamente, o rei indagou:

– Por quem és, afirma onde está e imediatamente a terás para o que for necessário.

E a resposta não se fez esperar:

– Está guardada nos aposentos de Mudinar, em um nicho bem oculto na parede onde se prendem as luminárias de azeite. Levem Hatsek para que possa identificar a planta e trazê-la até aqui. Enquanto isso, preparem um recipiente com água fervente.

Voltara ao normal o sacerdote, sem compreender com clareza as informações que haviam sido passadas por seu intermédio.

Olhando para os que o cercavam, perguntou o que havia acontecido.

Espantados pela sua inconsciência, Aye afirmou:

– Você acabou de dizer-nos onde está a planta de que necessitamos. Como é que não sabe o que aconteceu?

E para encurtar a conversa, o próprio Akhenaton interferiu, dizendo:

– Ora, Aye, Hatsek é sacerdote e conhece coisas que nós próprios não sabemos como acontecem. Felizmente, temos uma informação positiva. Partamos para encontrar o que é necessário.

Sem saber ainda, com exatidão, o que acontecera, Hatsek foi levado pelos dois na direção apontada pela manifestação mediúnica ocorrida por intermédio dele próprio.

Tomaram de uma biga rápida e deslocaram-se até os aposentos de Mudinar, que não distavam muito dos aposentos reais. Sua casa, na verdade, era uma das dependências de um dos palácios de Akhenaton, que lhe cedera para ali residir em face de suas importantes atribuições junto ao reino.

Todavia, apesar de estar ansioso para obter a planta necessária ao tratamento da filha, Akhenaton não deixou de estranhar a informação de que tal planta, usada por magos e adivinhos, encontrava-se no quarto de um de seus mais fiéis funcionários.

Isso, contudo, não chegou a causar qualquer suspeita no espírito do faraó que, a estas alturas tinha apenas o desejo de recolher a substância e de regressar ao quarto da filha.

Naturalmente, o palácio estava guarnecido com os soldados que protegiam as passagens de estranhos, mas que, à vista do próprio rei, prestavam reverência e nada indagavam sobre o seu destino. Junto dele, Aye e Hatsek caminhavam apressados até que chegaram ao interior dos aposentos de Mudinar.

A ausência do seu ocupante tornava aquela presença desautorizada um gesto que incomodava a todos. Por isso, o próprio rei determinou que o guarda que estava postado na antecâmara os acompanhasse para testemunhar o motivo de tal invasão à privacidade do funcionário real.

Assim, entraram os quatro no ambiente onde só Mudinar costumava ter acesso. Ali estavam os seus segredos e as suas coisas pessoais.

Numa primeira visão, à luz baça da lâmpada de óleo, nenhuma irregularidade. Todavia, precisando de mais luz para que se pudesse encontrar o que se buscava, para a surpresa de todos, um panorama diferente estampou-se diante de seus olhos.

Iluminado o recinto com fortes tochas embebidas em betume incandescente, pôde-se perceber que Mudinar, apesar de aparentar ser um fiel seguidor do rei, mantinha seu culto particular e as imagens de inúmeros deuses aos quais prestava reverência constante, em face da quantidade de cinzas que se encontravam aos pés das mesmas.

Tal altar, parecido com o de inúmeros templos de outros deuses egípcios, localizava-se em um desvão do ambiente, oculto da visão imediata dos que entrassem ao acaso no recinto. No entanto, aos que vasculhassem seus detalhes arquitetônicos, não seria difícil perceber que ali se encontravam diante de um santuário dos mais tradicionais. Ali estava a imagem de Amon, reverenciada pelas cinzas que atestavam o culto de Mudinar ao deus antigo, as imagens de deuses menores, os objetos de cultos mágicos e os indicadores de que o próprio residente daquelas paredes era iniciado em práticas ocultas, visando a realização de atos condenáveis.

Estupefação seria pouco qualificativo para a sensação íntima dos que ali estavam.

Olhando para os que o acompanhavam, sem desejar acreditar no que estava vendo, Akhenaton não sabia o que dizer de tudo aquilo. Seu homem de confiança, aparentemente defensor de todos os seus princípios, na verdade era um indivíduo inescrupuloso, que estava fazendo tudo aquilo por simples teatro e para manter os próprios privilégios.

Aye, por sua vez, exultava por dentro, já que aquela seria a maior oportunidade de afastar de seu caminho aquele indivíduo pegajoso e falso, ardiloso e mau que não perdia a oportunidade de levantar acusações, fazer intrigas, fomentar suspeitas. Ali estava a própria condenação perante os olhos do rei em pessoa. Não seriam necessárias testemunhas ou provas circunstanciais.

Hatsek, por sua vez, seguia tateando as paredes, conforme lhe havia sido relatado por seus acompanhantes durante o trajeto, atrás da planta necessária ao tratamento. Não muito longe, no exato local onde Khufu havia apontado, próximo à lâmpada de azeite, uma pedra mal colocada na parede dava a idéia de ser um local especial que poderia bem ocultar o que buscava.

Forçou a região que, sem muita demora, cedeu e franqueou a visão de seu interior.

Ali estavam pequenos pacotes de substâncias variadas, algumas das quais muito venenosas para ficarem expostas sobre o altar privado. Além disso, se acomodavam inúmeras jóias de alto valor, inclusive uma cópia em tamanho pequeno dos próprios símbolos do poder real, feitos em ouro, como se apontassem diretamente para o intento de seu possuidor, a saber, conquistar o poder e ocupar o trono do Egito.

Mas nada disso interessava a Hatsek que, sem se deter nos detalhes, ia retirando dali tudo o que se encontrava depositado, até que, pelo olfato, conseguiu identificar a planta que procurava com avidez.

De posse do precioso conteúdo, voltou-se para os seus acompanhantes e lhes informou que estava pronto para voltar à cabeceira da jovem.

Tomados de susto com o que haviam encontrado, foi com dificuldade que Akhenaton concatenou as idéias e, meio atabalhoadamente, ordenou ao soldado que testemunhara todas aquelas descobertas que ficasse ali, sem permitir que ninguém tocasse em nada daquele ambiente até segunda ordem.

Ao sair dali, mandou que Aye providenciasse um levantamento rigoroso de todo o material que encontrara e que acompanhasse tal inventário pessoalmente.

Sua decepção só era vencida pela preocupação com o bem-estar da filha amada, o que o obrigou a voltar o mais rápido possível à sua cabeceira.

Tão logo chegaram ao local, Hatsek preparou a infusão e, depois de esfriá-la o suficiente, verteu-a no interior da garganta da pequena que, a muito custo, ingeriu o conteúdo amargo a fim de que em seu interior, o remédio pudesse ajudar a salvar-lhe a vida.

Feito isso, Hatsek solicitou autorização para que permanecesse no ambiente até que a pequena apresentasse as primeiras reações ao remédio, alertando que tais reações poderiam assustar inicialmente pelas contorções que indicariam a luta interior contra a enfermidade, mas que se a jovem se apresentasse com vontade de viver, regressaria à consciência depois de, pelo menos, quarenta e oito horas.

Nesse período, se lhe fosse permitido, permaneceria deitado ao lado de seu leito, a fim de servir-lhe de doador de forças numa verdadeira transfusão de fluidos que pudessem ser aproveitados no tratamento vibratório.

Nada lhe foi negado.

Providenciaram um leito modesto, mas confortável, para que ali permanecesse acompanhando a recuperação e orando para que o melhor ocorresse à princesa.

Por desejar presenciar todos os momentos de agonia da filha, outra cama foi providenciada para o faraó que, da mesma forma, permaneceria no local, aguardando o desenrolar dos acontecimentos.

Aye e sua esposa, acompanhados pela rainha, deixaram o recinto a fim de darem curso às obrigações imperiosas daquela hora. O funcionário real assumira a condição de condutor daquele levantamento determinado pelo rei, acompanhado por pessoas de sua confiança, entre as quais fizera comparecer o próprio Amenef, o chefe da prisão.

Nefertite, a rainha, e a esposa de Aye ocupavam-se das outras princesas reais, igualmente necessitadas de atenção enquanto que Hatsek e Akhenaton permaneciam no quarto, num silêncio mortal e na expectativa da melhora ou da morte.

Algumas horas depois, as convulsões tiveram início e a jovem precisou ser amarrada ao leito para que não se projetasse para fora ou para que não se machucasse com os golpes que desferia contra si própria.

Akhenaton se angustiava. Hatsek seguia sereno e confiante.

Pelo esforço constante de doação, ia se prostrando e permitindo que os Espíritos dele se utilizassem para que sua vitalidade fosse transferida em parte para aquele corpinho frágil.

Gemidos de dor surgiam da garganta da princesa, como que a reclamarem de sua condição de vítima.

Hatsek determinara que a menina deveria receber um pouco de água a cada período de tempo, o que obrigava o faraó a introduzir-lhe o líquido na boca da criança e esperar que a mesma fosse ingerindo lentamente o conteúdo.

Enquanto isso, o próprio sacerdote permanecia em semiconsciência, entregue ao trabalho de autodesgaste para que uma jovem e promissora criatura tivesse preservada a vida que lhe permitiria algum aprendizado no futuro.

E, fosse pela dedicação de Hatsek, pelo empenho dos Espíritos amigos, pela ação diligente do faraó, pelas orações de todos os que desejavam salvar aquela vida e, acima de tudo, pela permissão do Deus Único, muito superior a Amon e a Aton, impotentes para realizar a magia que ali se estava verificando, após as quarenta e oito horas previstas por Hatsek, a jovem abriu os olhos e pôde mencionar o nome do pai que, de joelhos caiu-lhe à cabeceira, em prantos de gratidão e júbilo.

A menina estava salva.

Ao seu lado, Hatsek estava desfigurado e abatido, sem se alimentar por todo esse período e extenuado.

A notícia da salvação da princesa correu pelos corredores do palácio e, logo, todos os mais íntimos se encontravam à sua volta, sorrindo e chorando ao mesmo tempo. Por ordem do rei, Hatsek havia sido levado para um quarto ao lado para que descansasse e fosse atendido em tudo o que desejasse.

Agora que o principal problema se resolvera segundo os seus melhores desejos, restavam outros sérios problemas a serem equacionados pelo faraó.

A filha fora salva pela ação de um sacerdote de Amon, contrário a todas as suas convicções e compromissos.

Não obstante, o sacerdote fizera menção a um Deus Único tão logo se apresentara para atender à pequena. Seria esse deus o mesmo Aton que se mostrara indiferente para com a sorte de sua filha?

Como é que a um sacerdote tão insignificante as forças da cura haviam atendido tão submissas se ao próprio faraó haviam se negado a escutar-lhe as rogativas?

Ao mesmo tempo, o que significavam todas aquelas descobertas no aposento de Mudinar? Aquelas estátuas de deuses proibidos, os rituais claramente exercitados por ele no recôndito de sua intimidade. As substâncias perigosamente venenosas ali encontradas junto aos símbolos do poder do Egito, reproduzidos em detalhes e em ouro maciço?

Quem eram as pessoas que o circundavam? Em quem confiar? Os que lhe votavam fidelidade canina, traíam-no por detrás. O que lhe parecia inimigo oficial, curava-lhe a filha.

Como equacionar todas estas questões sem enlouquecer?

Que força teria a crença daquele homem simples? Que fenômeno ocorrera diante de seus olhos quando o sacerdote revelara o paradeiro da tão importante planta medicinal? Deixara de ser ele próprio? Que Deus assumira seu corpo para tão crucial revelação?

O que fazer com esse homem que agora se tornara tão bom e, ao mesmo tempo, tão perigoso aos seus projetos de guiar o Egito por terrenos novos em matéria de fé?

Deveria reverenciá-lo como um benfeitor e se submeter ao escárnio público que lhe cobraria coerência formal e o acusaria de traidor de si próprio e de suas convicções? Ou deveria fazê-lo desaparecer como se nada houvesse acontecido, matando-o ou banindo-o de maneira ingrata e desrespeitosa?

O que fazer agora?

Essa era a pergunta que lhe consumia o espírito. Teria de escolher como se conduzir com aquele que se levantara como seu benfeitor e que nada pedira para fazê-lo.

Como se deixaria conduzir na hora de suas opções?

Se sua filha estava salva, Akhenaton tinha a idéia de estar se perdendo. E o Egito, sob sua condução fanatizada, igualmente ia-se perdendo num caos sem direção.

Hatsek estava dormindo sem saber que seu gesto de amor poderia ter complicado muito mais o seu destino.

Enquanto isso, em Tebas, Mudinar se deixava levar pela euforia daquela vitória, desconsiderando todos os alertas ouvidos de Khufu, durante o seu estado de exaltação naquele dia da prisão de Nekhefre.

O príncipe, depois de ter sido açoitado cruelmente, estava entregue aos entes queridos que, na prisão, junto dele, tudo tentavam para que as feridas se fechassem, em vão.

O estado infecto das condições em que se achavam, a ausência de higiene adequada, o despreparo físico do príncipe pouco afeito aos rigores físicos, impunham ao seu organismo um estado de abatimento que o encaminharia para o desenlace alguns dias depois, apesar de todos os esforços de sua esposa e sua filha Marnahan.

Nekhefre não resistiria aos ferimentos que infeccionaram e conduziram-no à morte.

No entanto, antes que sua vida física fosse ceifada e, ao tempo das últimas despedidas, orvalhado pelas lágrimas emocionadas dos que o rodeavam, reverentes, Nekhefre buscou desculpar-se com os que o pranteavam, pelos equívocos de sua vida e da maneira como procedera.

Chamara Kalmark e, com os olhos lacrimosos, pedira desculpas pela sua conduta intransigente e violenta, dizendo-lhe que, apesar de isso não ter mais nenhuma valia naquele momento, abençoava a sua união com sua filha e lhe pedia tudo fizesse para fazê-la mais feliz do que ele, Nekhefre a fizera durante a vida.

Vendo no que se transformara aquele príncipe arrogante a quem odiara, o jovem chorava emocionado e, num gesto de arrependimento sincero, beijou-lhe a testa suarenta e prometeu-lhe tudo fazer para proteger não só a filha amada, mas toda a família que, agora, ficaria sem o chefe e sem os bens. Trabalharia de sol a sol para lhes garantir, pelo menos, o pão de cada dia.

Segurou as mãos de Kimnut e lhe agradeceu a tolerância e a compreensão de sempre, dizendo-lhe de seu imenso carinho pela companheira que lhe dera as duas coisas mais importantes da vida, as filhas amadas. Rogou que entregassem seu beijo a Hatsena com as bênçãos do pai que nunca a esqueceria.

Olhou para Marnahan e seus olhos se encheram de lágrimas.

Lembrou-se de sua conduta egoísta, na tentativa de salvar a filha mais nova e envergonhou-se de si mesmo.

– Desculpa teu pai fraco e amedrontado, minha filha querida – falou com dificuldades, dirigindo-se à mais velha que lhe umedecia a face com o próprio pranto. – Nunca deixei de te amar, apesar de não ter sabido valorizar o teu amor. Errei muito ao pretender desconsiderar teus sentimentos para manter as aparências. Perdoa teu pai que não soube ser digno da filha amada... – e começou a soluçar.

Marnahan também chorava muito e, emocionada, beijou-lhe o coração por sobre as vestes ensangüentadas. Aquele gesto de amor filial desfazia todas as faixas de escuridão que poderiam estar envolvendo o coração paterno nas vibrações de arrependimento e vergonha.

Vendo-se amado acima de todas as coisas erradas que fizera, sentiu-se leve e pronto para dar início à longa trajetória de sua alma a caminho do aperfeiçoamento.

Visualizando o Espírito de Khufu, que agora podia ser percebido em face de sua maior liberdade de espírito com relação ao corpo fraco, lembrou-se de uma das coisas mais importantes que deveria fazer:

– Marnahan, minha filha amada.... – disse com esforço. – Não posso morrer sem te incumbir de... algo muito.... importante...

As palavras eram difíceis de saírem de sua garganta. No entanto, num esforço sobre-humano, continuou antes de dar-se por vencido e voltar ao seio do mundo invisível:

– Procura... Hatsek ....

– Sim, pai, procurarei – falou a filha.

– Agra..de...ce..-lhe.... por tudo... e.

– Sim, pai, farei isso...

– E, ... pede a ... ele ... que me ... perdoe!

Emocionados todos, viram pender sua cabeça e prorromperam em um pranto silencioso e dolorido.

44

O Deus único ensina seu caminho

Em Amarna, por mais de um dia inteiro o sacerdote permaneceu acamado, recuperando suas energias, combalidas pelo esforço de doar-se para que a jovem enferma encontrasse recursos para a própria reestruturação de sua saúde.

Durante esse processo, os Espíritos amigos que o cercavam, dele retiravam os eflúvios magnéticos indispensáveis ao tratamento dos centros de energia enfraquecidos da princesa real o que produziu um natural entorpecimento de seu próprio tônus energético e, por isso, a fraqueza orgânica que demandava repouso, alimentação e hidratação para recuperar-se.

Atendido com cuidado pelos serviçais do palácio, Hatsek recebia todas as atenções de que necessitava e bastava-lhe solicitar a mais simples alimentação e lhe era fornecido em abundância todo um universo de frutas, sementes, líquidos e pães.

Aliviados por tudo o que havia acontecido, Akhenaton e Nefertite viam-se invadidos por uma onda de felicidade e suavidade desde há muito tempo não sentida. Ambos seguiam muito gratos a Aye que, com sua intervenção propiciara o tratamento misterioso e eficaz à pequena amada de seus corações.

Com essa gratidão, Aye e sua esposa passaram a se ligar ao casal real de forma ainda mais decisiva para o futuro deles e do próprio Egito. No entanto, ainda restava o problema de como reagir diante do sacerdote.

Nefertite, a rainha, passara a defender Hatsek em todos os sentidos, sem desrespeitar os pendores religiosos do marido. Dizia ela que a vida de sua filha estava perdida e, graças ao sacerdote, ela fora salva quando mesmo Aton não lhes garantira a melhora. Os sacerdotes do novo culto também haviam sido chamados, feito orações e rituais e a condição da filha só vinha piorando. Com a presença de Hatsek e seu processo curativo tudo retrocedera e, a toda evidência, o sacerdote era uma alma enobrecida que merecia todo o respeito e consideração não apenas do rei e da rainha, mas de dois pais agradecidos pelo salvamento da própria filha.

Akhenaton sabia do pensamento de sua esposa com o qual concordava, mas tinha o conflito interior de ter-se submetido a uma força diferente daquela em que acreditava, o que poderia colocar em dúvida a própria fé que vinha impondo sobre todos os súditos.

Não poderia correr esse risco depois de tudo o que já havia feito.

Ouvindo-lhe as ponderações, Aye, que era um homem prático como costumam ser todos os homens de governo, agindo segundo as necessidades e interesses imediatos, pensou em sugerir a eliminação do sacerdote adotando alguns dos venenos encontrados no quarto de Mudinar, como forma de silenciar o próprio benfeitor para sempre, preservando as aparências de que a filha real fora curada por força do próprio Aton.

Todavia, sem tocar direto no assunto, procurou sondar as tendências dos soberanos sobre a idéia, falando:

– Nobres Senhores do Egito, muitas vezes todas as soluções se tornam simples quando a fonte dos problemas desaparece do cenário...

Conhecendo as artimanhas e as sugestões mesquinhas próprias do poder que pensa ser capaz de deliberar sobre a vida e a morte das pessoas, Nefertite de um relance apreendeu toda a gama de conseqüências que poderiam advir daquele comentário.

Antes que o próprio marido falasse algo, tomou a palavra e respondeu firme:

– Creio, Aye, que nenhuma fidelidade ao trono comporta uma conduta de desumanidade e de ingratidão. No trono de Aton não há marcas de sangue e não as haverá como pagamento do bem recebido. Somos devedores desse homem, ainda que ele fosse um dos piores magos que se conhecesse. Não poderia aceitar a hipótese de vê-lo sucumbir pelo bem que nos fez. O Egito tem mil meios de ser generoso. Não poderá escolher o único e mais sórdido recurso para demonstrar-se mesquinho e amedrontado.

Ouvindo-lhe as palavras destemidas, Akhenaton afastou de sua mente a possibilidade que Aye levantava como uma solução menos amarga. Imaginava também a circunstância de fazer o sacerdote perecer ali mesmo para não comprometer a sua reforma religiosa. Todavia, a postura da rainha causara-lhe um impacto na visão frágil do homem do mundo.

Dirigindo-se ao funcionário querido, a quem atribuía também o sucesso do tratamento, respondeu-lhe:

– Querido amigo do Egito, tuas preocupações são compreensíveis e teu desejo de servir ao trono é reconhecido pelos gestos de nobreza de tua alma. Todavia, concordo com as palavras da rainha. Teremos outros meios de agir com grandeza para com o homem que só nos trouxe grandeza com a sua postura de humildade e devotamento.

Matar Hatsek produziria mais mal ao culto de Aton do que tornar pública a notícia de que um sacerdote de Amon curara a filha do rei. Tornaria Aton o mais amesquinhado dentre todos os antigos deuses banidos.

Conversaremos com o sacerdote e escutaremos os seus pedidos. Procurarei recompensá-lo pelo bem que nos fez e solicitarei dele a discrição necessária para a manutenção da ordem em nosso país.

Dar-lhe-ei todos os bens que necessite para viver em paz e, se possível, longe daqui, sem que isso signifique banimento. Permitirei mesmo que, por onde caminhar, possa exercer a cura das pessoas, desde que não se refira aos deuses do passado.

Isso não é tudo o que mereceria receber, mas é o máximo que posso fazer, diante da nossa condição comprometida com a reforma dos costumes e das crenças.

Nefertite, aliviada, admirava ainda mais o marido que ela sabia conduzir segundo os seus critérios de nobreza feminina. Sentia que Akhenaton possuía nela uma das pilastras de seus ideais e esse respeito e consideração do marido os mantinham sempre mais juntos um do outro.

Aproximou-se do rei e, reverente e respeitosa, perante os mais íntimos, ajoelhou-se diante dele e depositou um beijo na barra de sua túnica real, como a lhe bendizer a sabedoria que deveria sempre governar o Egito com bondade e tolerância, ainda que o próprio Akhenaton se estivesse perdendo nos comportamentos fanáticos que já vinha adotando, distante dos olhares da esposa.

Emocionado, levantou a mulher e a abraçou com carinho e orgulho, sentindo-se ainda mais feliz por poder contar com uma companheira assim tão devotada e amiga ao seu lado.

Procurando mudar o assunto e dar nova direção aos planos, falou a Aye:

– Precisamos deliberar sobre Mudinar. Espero que o inventário que mandei fazer já esteja sendo realizado.

– Sim, meu senhor, devo tê-lo terminado em breve e penso trazê-lo à sua presença tão logo chegue às minhas mãos. Independentemente disso, creio que podemos tratar do assunto do traidor e das condutas a serem adotadas... – respondeu Aye, jubiloso por poder tratar da punição para o homem que, até então, havia sido o centro dos processos de perseguição e espionagem de todos os que se acercassem do rei, inclusive o próprio Aye, que fora objeto de inúmeras espionagens e ameaças veladas para que se mantivesse distante do centro do poder real.

– O que pude ver com meus olhos dispensa qualquer processo acusatório e é, por si só, elemento de condenação. Todavia, não desejo que Mudinar suspeite de que caiu em desgraça antes que chegue a Amarna. Penso que deverá ser convidado a regressar até aqui para reassumir suas funções, trazendo os prisioneiros que fora justiçar em Tebas.

E o que é mais interessante é que o príncipe Nekhefre foi apenado por se desconfiar de sua conduta, por ter dado guarida em sua casa ao sacerdote que aqui está e por ter ido algumas vezes ao templo de Amon, continuando o culto aos seus antigos deuses.

Ao passo que Mudinar, ao mesmo tempo em que pedia punições contra pessoas que apontava serem infiéis ou hereges, ele próprio mantinha seus cultos heréticos no interior de seus aposentos, realizando oferendas e realizando rituais condenados por nossas leis. A sua conduta é ainda muito pior do que a de Nekhefre. Por isso, a sua punição precisa ser exemplar para que todos os que vivem no Egito possam perceber que o culto de Aton deve ser adotado não apenas pelos mais simples mas, antes de tudo, por todos.

Assim, Aye, determine a uma comissão que faça chegar a Mudinar uma ordem oficial para que regresse a Amarna a fim de receber o que lhe é destinado por merecimento pessoal e que traga os prisioneiros que fez em Tebas, de forma que ele não imagine que o que receberá é a punição para seu grave delito.

Ouvindo-lhe a determinação, Aye, reverente, considerou:

– Creio que Mudinar é homem perigoso, meu rei, e que, por ter sido sempre muito ligado aos próprios soldados da guarda real, conseguirá sempre comparsas para se evadir de qualquer local onde seja encarcerado. De onde estiver, procurará sempre conspirar contra o trono e invocará as forças ocultas que está sempre manipulando para atiçá-las contra a família real. Não me espantaria se essa enfermidade misteriosa da princesa já não fosse conseqüência de seus sortilégios proibidos...

Ouvindo-lhe a palavra verdadeira, o faraó tranqüilizou-o:

– Depois da punição, Aye, não sobrará muita coisa de Mudinar para fazer uso dos sortilégios malditos.

Um calafrio percorreu a espinha dos que ouviam a voz determinada de Akhenaton. Ninguém, no entanto, ousou perguntar-lhe o que pretendia fazer com Mudinar.

No dia seguinte, Hatsek já estava mais recuperado e deixou o leito para dar os primeiros passos depois da grande e desgastante operação magnética feita na princesa. Percebendo-se mais refeito, imaginou que naquele mesmo dia poderia apresentar-se ao funcionário do rei, Aye, para informar que estava pronto para regressar à prisão de onde tinha sido retirado.

Através de um dos servos do palácio, solicitou que Aye fosse informado do seu desejo de lhe falar, no que foi atendido prontamente.

Algum tempo depois, o mencionado alto funcionário penetrou no recinto onde Hatsek se achava e, sorridente, dirigiu-lhe as palavras de saudação:

– Bendito do Egito, pois que de há muito nosso rei não sorria como agora. Que Aton te preserve o dom da cura.

Ouvindo tão entusiásticas expressões, Hatsek se manteve de cabeça abaixada, como a não recebê-las para si mesmo. Buscando mudar o rumo da conversa, falou com simplicidade, depois de cumprimentar o recém-chegado:

– Pedi que o chamassem para informar que já estou refeito e pronto para regressar à prisão. Não pretendo permanecer mais tempo aqui para que nosso rei não se veja constrangido pela minha presença.

Que alma diferente era aquela – pensava Aye admirando-se de sua conduta. Como pensara em sugerir a sua morte naquela conversa com o rei?

E se sua sugestão houvesse sido adotada por todos como a solução para as dificuldades e as conveniências do trono? Como poderia desculpar-se depois perante a própria consciência?

Voltando a si de tais divagações, Aye fitou Hatsek e respondeu:

– Antes de voltar à prisão, sacerdote, o rei pretende falar contigo. Se estás pronto, vamos à sua presença.

Acenando com a cabeça, afirmativamente, Hatsek deixou-se conduzir por Aye até a presença do faraó que, informado previamente de sua recuperação, encontrava-se nos seus aposentos mais íntimos, distante de todas as vistas de serviçais e funcionários do cerimonial real, acompanhado de Nefertite, da princesa recuperada e de Aye e sua esposa.

Percebendo a chegada de Hatsek, Akhenaton tomou a filha pela mão e dirigiu-se até a sua presença, como a levar-lhe o fruto reverdecido de seu esforço e dedicação.

– Nobre sacerdote, eis a filha amada que regressou da grande noite para manter a nossa alegria de viver. Graças a ti e ao teu poder, ei-la aqui para saudar-te.

E apontando para a filha, indicou que a mesma deveria reverenciar àquele homem desconhecido como sendo o benfeitor de sua saúde.

Entendendo as ordens do pai, a jovem prostrou-se diante de Hatsek como se ele fosse o próprio faraó do Egito. Desconcertado por essa conduta espontânea, Hatsek abaixou-se e com seus braços buscou reerguer a jovem afirmando-lhe, com sinceridade:

– Minha filhinha querida, sou apenas um homem falho e destituído de qualquer poder que não seja de propriedade do Deus Único. Guarda tua reverência para essa Divindade Maravilhosa que te salvou e para o nosso rei que tanto te ama.

Ergueu-a diante de si mesmo e depositou-lhe um beijo na testa, devolvendo-a ao faraó que a tudo acompanhava com infinita comoção interior.

Novamente ouvira o sacerdote referir-se ao Deus Único.

Por que motivo não o chamava de Aton? Seria por considerar que o Deus Único não fosse outro que não Amon a quem se submetia como sacerdote?

Vendo-se envolvido nestas cogitações, convidou o sacerdote a sentar-se diante de si para que pudessem conversar sobre essas questões.

– Sacerdote, tenho observado que te referes a um Deus Único sem lhe proferir o nome. Que Deus é esse? Seria nosso grande Aton? Se não é esse o teu pensamento, pode expor tuas idéias sem medo para que eu possa compreender melhor teu ponto de vista e nada te acontecerá.

Diante de tal convite para expor as idéias, Hatsek foi invadido por uma onda de bem-estar e tranqüilidade, como se, naquele momento, as forças do mais alto descessem para conversar com o homem mais poderoso da Terra, naquele período. Utilizando-se da faculdade mediúnica, Khufu se fazia portador das notícias que iriam chegar aos ouvidos de Akhenaton.

– Grande Rei, nas longas e claras noites do deserto, nosso céu permite o brilho de milhões de pontos luminosos, todos eles fiéis e silenciosos, nos mesmos lugares. Poder-se-ia pensar que se tratam dos olhos dos deuses a nos observarem a conduta durante a noite.

No entanto, tais pequeninas janelas são um mistério que nossos deuses antigos ou novos jamais nos explicaram. Nunca se presenciou a nenhum dos deuses do Egito fabricar a mais singela porção de areia, nem uma só das gotas que enchem o Nilo durante todo o ano.

Cada cidade invoca um deus em particular e, entre si mesmos, nossos deuses disputam primazia uns sobre os outros, ora um erguendo-se na preferência ora perdendo popularidade e caindo para plano secundário.

Já tivemos deuses de Menfis, deuses de Tebas, deuses de muitas cidades e, agora, temos o deus de Amarna.

Como os homens que os cultuam, respeitosamente, todos eles passarão um dia. Todavia, aquele que acendeu as estrelas da noite e que fez nosso Rá brilhar para sempre, este continua a mantê-los brilhante.

Nossos antepassados nos ensinaram coisas em que acreditavam, mas que, muitas vezes, estavam distantes da realidade.

O culto imposto em vosso reinado se aproxima mais da realidade em que acredito, ou seja, a de que existe um único Deus no Universo. Todavia, ele não está representado no Sol, na água, no vento, nem necessita dos rituais a que nos acostumamos como se isso fosse da necessidade intrínseca de sua existência.

Mesmo o culto a Aton tem sido revestido de um paramento que, apesar de respeitável e importante para seduzir o imaginário do povo, é dispensável já que, em se tratando de deus soberano, não se deixa seduzir pelos nossos cultos pequeninos. Imaginemos que todos os escaravelhos do Egito se unissem sob vossos pés para realizar um ritual no qual agitassem as asas em homenagem à vossa grandeza.

Isso teria alguma importância para o grande faraó Akhenaton? Talvez nem lhe fosse compreensível o motivo de tanta agitação no reino dos besouros. Assim, todas as nossas condutas que busquem meios exteriores para adoração, são despidas de respeito à grandeza das forças que dizem reverenciar.

São quase exercícios de ingenuidade e só não são tidos como repugnantes por apontarem para a tola credulidade dos que o praticam.

O Deus Único a que me refiro, não é nem Amon, nem Rá, nem Osíris. É um Deus sem nome, superior a todos os outros e que não depende de nenhum culto para existir e para agir em favor dos que sofrem.

Não depende de oferendas, de agrados, por estar acima disso tudo, do mesmo modo que o faraó do Egito está acima dos escaravelhos rastejantes.

Dele derivam todas as forças mais poderosas que existem e que são capazes de tudo reconduzir ao estado de equilíbrio.

Foi a esta força soberana que recorri em minhas orações e que pude sentir fluindo para o corpo de vossa filha.

Nada dei que me pertença. Tudo pertence a essa força maior que a maioria dos sacerdotes de todos os cultos desconhece.

Em vossa tentativa de melhorar o nível de crença do Egito, elegendo um único deus para todos, vejo uma grande iniciativa para a compreensão de tais verdades. No entanto, está-se tentando reproduzir os mesmos padrões que se adotavam nos antigos cultos, com a diferença de que, neste, a centralização da divindade única na pessoa do rei impede maiores desmandos por parte de sacerdotes iníquos, interesseiros e venais. Todavia, tal coincidência entre rei e deus pode gerar como já tem gerado inúmeros dissabores, seja ao faraó, seja a Aton.

É um grande passo, mas segundo me parece, Aton ainda não é a força soberana que a todos dirige. É um deus que depende de oferendas, que se torna exclusivo de uma só pessoa, que beneficia os que o adotam e pune os que não o aceitam.

O Deus Único entende os limites da crença de cada um e, compreendendo isso, sabe esperar que cada um amadureça por si próprio, até que venha a aceitá-lo por si mesmo. Não violenta, não agride, não impõe.

Não entenda isso, grande Rei, como referência à vossa pessoa. Estou apenas apontando como entendo o Deus Único que um dia será compreendido por todos e não se manterá atrelado a um trono apenas no mundo.

Calara-se o sacerdote diante de um Akhenaton silencioso e pensativo.

Ali estava muita coisa para pensar. Era verdade que o faraó havia reunido sob um só deus todos os antigos focos de fé. Todavia, mantinha o novo deus atrelado aos mesmos padrões de antigamente. Rituais, oferendas, intercessões exclusivistas, compra de favores, negócios com o além, tudo isso seguia existindo de outra maneira.

E a confirmar as afirmativas de Hatsek estava o fato de que por força de seus rituais, nenhum dos sacerdotes de Aton, nem mesmo o próprio faraó conseguiram modificar o estado de desequilíbrio orgânico da jovem princesa.

Ao passo que um só homem, adotando a simples e despojada oração, conseguira recursos para modificar todo o cosmo orgânico sem uma explicação mais profunda ou complicada.

Vendo-lhe a disposição pensativa e envolvido pelo Espírito amigo que o inspirava, Hatsek retomou a palavra, afirmando, sereno:

– Grande Rei, vosso reinado será visto como uma ameaça por todo o Egito. Vosso nome, depois de vossa morte, será banido para sempre dos monumentos. Esta cidade será inteiramente destruída pelos que vos sucederem, com receio de que vossa crença regresse um dia para impor-se aos homens novamente. Mas um dia, todos estarão devotados a um Deus Único e, então, perceberão que o vosso esforço foi o primeiro a tentar levar o homem na Terra à compreensão de que só um Deus basta. Ainda que os homens de agora não vos compreendam e venham a reconstituir toda a antiga tradição da qual não estão preparados para se apartarem, chegará o dia em que todos eles se colocarão cultuando um só e único Deus. Não terá o nome de Aton, mas representará a justiça, a bondade, a igualdade que o Deus Único representa para todos.

E vossa memória, que os homens tentaram apagar rompendo as pedras que vos levavam as referências pessoais, será erguida à conta daquele que, visionário, levantou a primeira bandeira da verdade no meio da escuridão dos que estavam perdidos.

Por isso, grande Rei, que vosso esforço nobilitante permaneça, mas que sejais sempre tolerante para que a grandeza de Aton se aproxime da grandeza do Deus Único. E ainda que não seja possível agora adotar uma outra direção para o culto de Aton, que, ao menos, ele seja caracterizado pela bondade, pela justiça e pela igualdade.

Tudo isso será muito difícil de equilibrar em uma só pessoa que tenha de conciliar esses princípios com os princípios do governo de uma Nação. No entanto, fazei o que for melhor por todos nós e, com isso, esta experiência inovadora será a base de outras que se edificarão sobre os alicerces que estais lançando hoje na Terra.

Silenciou novamente o sacerdote.

Todos estavam extáticos com aquelas palavras que eram mais do que simples explicações. Eram uma verdadeira profecia.

Voltando-se para Hatsek, interrompendo o longo silêncio, Akhenaton afirmou:

– Tuas palavras contêm muito de sabedoria e de revelação. Precisarei meditar sobre elas por longas horas. Contudo, tua presença não pode mais ser exigida entre nós, diante das tarefas que te aguardam.

Pelo bem que nos fizeste, ordenei que qualquer pedido teu fosse atendido regiamente. Não importa o que seja. Pede que te será concedido. Bens, riquezas, posição.

A única condição é a de que permaneças silente sobre o que ocorreu neste palácio para que a confusão não se estabeleça no espírito da massa ignorante. Não pretendo que se vejam aturdidas pela invocação de Amon em confrontação com Aton nesta altura de nossa caminhada.

Teu espírito generoso conquistou a liberdade para tua nova vida. Nada mais te aprisionará neste reino, se seguires a jornada por este caminho de bondade e de dedicação aos que sofrem, pelo que estás autorizado a praticar teus conhecimentos, desde que enalteças a esse Deus Único, sem mencionar qualquer nome antigo para engrandecê-lo pelos feitos que conseguiste. Na mente do povo, esse Deus Único a que te referes será interpretado como sendo Aton a quem defendo. E assim, não teremos problemas.

Por isso, sacerdote, aqui estamos para ouvir-te o desejo.

Percebendo que o rei, acostumado a presentear com coisas, mantinha-se no mesmo procedimento de negociar com as benesses recebidas de mais alto, Hatsek dirigiu-lhe a palavra, amistosamente:

– Muito me enaltece, meu Senhor, essa consideração que não mereço por uma coisa que eu próprio não realizei. Sigo sendo o súdito apagado de vosso reino, a servir-vos em silêncio como me pedis e muito grato já me sinto por poder me dedicar à única coisa que tem me valido a pena a existência. Evitarei em tudo criar conflitos de crença no coração das pessoas. Que elas pensem tratar-se de Aton quando estiver me referindo ao Deus Único já representará uma grande mudança no espírito dos homens presos a inúmeros deuses confusos e vingativos.

Agora, com relação a desejos e a bens que me autorizais a pedir, posso afirmar-vos que o que me dais já representa muito mais do que me seria lícito esperar receber.

Mas se alguma coisa me permitis solicitar, não por mim, mas por todos os que vivem no Egito e que poderá tocar-lhes o coração pelo exemplo de grandeza de vossa alma, vos peço que afastai-vos de toda a injustiça, seja por motivos políticos, seja por motivos de crença. Que Aton se erga na consciência de todos como o mais generoso e sábio dos deuses que um dia já existiram no Egito, para que a era de Akhenaton nunca mais seja esquecida e seja marcada como a mais luminosa na aurora da humanidade.

Daí, meu Grande Senhor, o único pedido que faço, invocando a generosidade de Aton a espelhar a generosidade do Grande Deus Único, é pela liberdade de Nekhefre e sua família inocente. Não vos peço que lhes restituais as coisas materiais. Apenas que lhes permitais voltar à liberdade, pois nunca fizeram nada que conspurcasse o trono do Egito ou a crença em Aton. E se o seu crime foi o de ter-me oferecido o teto para me abrigar no desamparo em que me encontrava, peço-vos que me mantenhais recluso aqui para sempre, mas que liberte a eles que são, em última hipótese, vítimas da insensatez e do ódio de um serviçal deste reino.

Observando-lhe a sinceridade do pedido, Akhenaton retrucou:

– Mas não foi Nekhefre que te repudiou na frente de todos nós? Pedes por esse falso amigo?

Com um brilho nos olhos, o sacerdote respondeu:

– Peço por um irmão em crescimento. Um ser humano tão falho quanto qualquer de nós que não soube ter a coragem necessária para afirmar seus próprios pontos de vista, pagando o preço que pagaria por isso. Peço por um pai que pretendia defender sua família, com medo de ser dela despojado. Peço por alguém que não sabia o que estava fazendo e que, ao fazê-lo, estou certo, arrependeu-se e sofreu muito. Não peço pelo pecador frágil que Nekhefre pode parecer, mas que também existe em cada um de nós. Peço pelo espírito virtuoso e nobre que está oculto por detrás de cada um e que se revelará um dia.

Emocionados por tal gesto, todos naquela sala se elevavam nos conceitos nobres que Hatsek difundia com a sua conduta despojada e desinteressada.

Poderia pedir tudo para si, mas pedia apenas para a família de seu irmão e amigo, o mesmo que o traíra e o prejudicara.

Curvando a cabeça real em um gesto de inesquecível homenagem, Akhenaton lhe respondeu:

– Nobre Alma luminosa e boa, teu pedido está aceito. Todos serão libertados no momentc adequado. Serão trazidos para Amarna como já ordenei e, aqui, num gesto de justiça e grandeza de Aton – ou do Deus Único, como afirmas – eles serão recolocados em liberdade para seguirem suas vidas. É a vontade do faraó, é a vontade do Egito.

Quanto a ti, estás livre para partir quando quiseres. Com a gratidão não apenas do rei e da rainha do Egito. Com a gratidão de dois pais que jamais te olvidarão.

Reverentes, Aye e Hatsek deixaram o recinto para dar seguimento às suas vidas.

A caminho de Tebas a comissão do faraó já se encontrava para levar a Mudinar a notícia de que o esperavam em Amarna para as "justas homenagens".

Nesta pequena estatueta inacabada, uma das obras mais expressivas da arte amarniana, encontrada no Museu do Cairo, Akhenaton abraça carinhosamente uma de suas filhas.

45

Mudinar, outro rochedo em ruínas

Com a morte de Nekhefre, um abatimento tomou conta dos seus entes queridos que com ele compartilhavam a prisão injusta.

Somente Marnahan se mantinha mais disposta e firme para poder dar forças à sua mãe que, por todas razões já explicadas, estava absolutamente despreparada para enfrentar situações desse tipo.

Kalmark tentava ajudar no que podia, mas, igualmente confundido pela condição de recluso, sem poder fazer nada para alterar isso imediatamente, deixava-se levar pela impotência, sobretudo por saber que cometera um delito grave ao falsificar as ordens de Mudinar a fim de fugir das obras funerárias do rei.

Sabia que, mais cedo ou mais tarde seria levado a julgamento e, como sabia das práticas da época, mantido encarcerado.

Hatsena, que não participara do drama da morte do pai por encontrar-se afastada do grupo por ordens do representante do faraó, tomara conhecimento do ocorrido pela informação do próprio Mudinar que, com sua crueldade e cinismo, desejava fazê-la sofrer ainda mais, fustigando-lhe a personalidade ainda em formação para dobrá-la aos seus caprichos masculinos.

No mais fundo de si mesmo, sentia uma atração estranha por aquela jovem e, como seus pensamentos secretos lhe indicavam, tomá-la-ia senão por esposa, ao menos como serviçal de seus caprichos mais íntimos.

A jovem, entretanto, abatida pela perda do pai deixara-se arrastar para um estado de prostração e de abandono que nada seria capaz de alterar.

Sem a presença do genitor, sentia-se quase sem motivo para viver entre os homens, já que Nekhefre se apresentava como o seu protótipo de homem protetor e generoso. Para Hatsena, o pai era alguém cujos defeitos e fraquezas não eram relevantes, eis que conhecera também os gestos de carinho e doçura com os quais sempre a mimara. Era o pai amigo e tolerante para com os seus desejos de criança e que, acima de tudo, representava o porto seguro para as suas incertezas.

Por tais motivos, Hatsena não pretendia envolver-se com nenhum indivíduo que não tivesse muitas das virtudes que seu pai soubera cultivar e que lhe faziam tão bem.

Não sabia ela que tal afinidade entre eles era decorrência da convivência em vida anterior, quando envolvidos por um amor vigoroso e cáustico, que corroeu outras vidas e levou sofrimento a muita gente.

Também Mudinar não se lembrava de sua união com Hatsena em outra existência. Tinha, entretanto, a atração inexplicada e, ao mesmo tempo, um desejo de feri-la constantemente. Não lhe suportava a aparência de superioridade e o espírito arrogante que não se dobrava nem mesmo diante de sua autoridade. Sentia uma mistura de amor e ódio.

A morte do príncipe em nada abalou os desejos de Mudinar de interferir para sempre no seio de sua família, já que seus próprios ancestrais muito haviam sofrido em suas sucessivas gerações por causa dos ancestrais de Nekhefre.

Seguiria prejudicando os seus descendentes e os manteria como encarcerados do rei, a fim de que não apresentassem maior perigo. Uma vez encaminhadas as coisas para tal situação, Mudinar via-se inclinado a regressar a Amarna para poder dar continuidade aos seus ofícios tão ligados a Akhenaton.

Sabia ele também que outras pessoas próximas ao rei se mantinham à espreita e tudo fariam para prejudicá-lo, valendo-se de sua ausência para influírem no ânimo de Akhenaton em detrimento de sua pessoa.

Assim, não foi de todo inesperado o encontro com a comissão oficial enviada pelo faraó, solicitando em termos amáveis o seu regresso à capital para que recebesse as justas e merecidas homenagens.

Mais do que isso, tal convocação nestes termos propiciou ao seu espírito vaidoso e inclinado para as demonstrações de poder uma sensação de euforia íntima que só fazia com que suas reações se tornassem ainda mais altivas.

Ostentando a mensagem do faraó aos olhos das autoridades de Tebas, informou-as de que estava sendo convocado a Amarna para receber ainda maiores homenagens do rei e que, tão logo quanto lhe fosse possível, regressaria à velha capital para dar continuidade aos processos punitivos de tantos quanto estivessem praticando os antigos rituais.

Na verdade, a comunicação de sua partida correspondeu a um significativo alívio para todos os que em Tebas exerciam alguma autoridade administrativa, já que sua presença era extremamente desagradável pelas maneiras arrogantes que ostentava.

Mandou preparar os presos que restavam para seguirem com ele, já que os iria entregar ao rei, pessoalmente, lastimando-se, porém, de não poder apresentar o próprio e principal acusado, o príncipe falecido.

Em poucas horas, tudo estava pronto e a viagem de regresso a Amarna foi realizada rio abaixo, o que consistia em uma economia de tempo significativa, já que navegavam a favor da correnteza.

Hatsena continuou separada dos demais, detida próxima das vistas de Mudinar, enquanto que os outros seguiam amarrados uns aos outros.

A presença de todos em situação tão precária desde longos dias, já era clara no abatimento orgânico que ia se apossando deles. Não acostumados aos rigores do cárcere, aos poucos recursos alimentares de péssima qualidade e à ausência de conforto mínimo, todos os pertencentes à família de Nekhefre iam se sentindo enfraquecidos e desanimados.

O pensamento de morrer não era estranho à mente de Kimnut, sempre fraca para estar perante a vida como quem enfrenta as dificuldades. No entanto, amarrada e sem forças, não sabia o que fazer para buscar a morte, o que seria delito pior do que todos os que já cometera na vida, juntos.

Kalmark, mais jovem e acostumado aos rigores de uma vida de dificuldades, mantinha-se mais firme diante dos tormentos pessoais, procurando infundir um pouco de ânimo em Kimnut e apoiar a disposição de sua amada Marnahan que vinha se demonstrando uma verdadeira heroína.

Sem maiores incidentes, a embarcação tocou o porto de Amarna logo ao amanhecer, depois de quase uma semana de viagem sem paradas, eis que Mudinar tinha pressa em chegar para receber as justas homenagens as quais ia antecipando em sua imaginação febricitante.

Emoldurava os quadros galantes dos rituais oficiais com as molduras da sua criatividade fértil e invigilante, vendo-se elevado no conceito de todo o Egito pelas grandes ações já desenvolvidas a serviço do faraó.

Sem levantar qualquer outra possibilidade que não fosse a de ser o objeto da lisonja real, Mudinar tomou o rumo de sua residência, determinando, antes, que os presos fossem atendidos nas suas necessidades mínimas de higiene para que comparecessem perante o rei em condições de asseio ao menos aceitáveis para a ocasião.

Estavam todos em péssimo estado.

Foram encaminhados para a higienização preconizada por Mudinar, enquanto este buscava o interior de seus aposentos pessoais para que se preparasse a fim de se apresentar ao rei no melhor de seu estado.

Como estava com pressa para levar ao faraó o fruto de sua tarefa em Tebas, agiu rápido, sem se aperceber de qualquer mudança no interior de sua moradia suntuosa, eis que por ordem de Aye, foram preservadas todas as coisas nas disposições em que estavam antes.

Nenhum indício estranho chamara a atenção de Mudinar, que seguia se paramentando com o melhor e mais belo que possuía para aquele que seria o grande dia do Egito em sua vida.

No menor tempo possível, já estava preparado para poder seguir ao palácio a fim de apresentar-se ao rei no horário da cerimônia oficial e pública, aquela mesma que ocorria em homenagem ao deus Aton, na qual o povo era convidado a presenciar a suntuosidade de seu reinado e reverenciar o único deus do Egito, representado por Akhenaton em pessoa.

A mesma cerimônia na qual Nekhefre havia sido ovacionado pela malta entusiasmada e estimulada pelo astuto Mudinar, antes de exigir-lhe o preço da própria dignidade na audiência com o faraó logo depois.

As mesmas pompas lá estavam a esperar por ele, Mudinar, e pelos seus conduzidos, esquálidos e indefesos.

A cena dos presos era de dar dó. Seguiam atados entre si, num carro tosco, enquanto que o Chefe da Guarda, empavonado com todos os galardões, braceletes e insígnias ia adiante, em luxuoso veículo, como a romper o ar, vitorioso e altaneiro.

O local da cerimônia, onde se localizava a Janela das Aparições na qual o faraó e sua esposa recebiam homenagens do povo e atiravam presentes para os que ali se apresentavam, estava repleto.

Sabendo da chegada dos viajantes por um emissário especial de Mudinar que se antecipara ao palácio para comunicar a presença do mesmo em Amarna, Akhenaton fizera chegar ao seu funcionário o desejo de que ele participasse da cerimônia naquele mesmo dia, ao meio-dia, o que obrigou Mudinar a acelerar todos os preparativos, feitos apressadamente para que a vontade do rei fosse observada com rigor.

Ao mesmo tempo, Akhenaton mandou fincar um poste na vasta arena onde se localizavam os rituais da aparição, bem adiante da referida Janela, destinada a receber um prisioneiro que se iria punir à vista de todos.

A cerimônia ia se desenvolvendo quando, como já vimos, ingressou pelo vasto ambiente a caravana encabeçada por Mudinar que, à luz do Sol brilhava quase tanto quanto o faraó.

Seus berloques e adereços dourados rutilavam na luminosidade do deserto, causando inveja e ofuscando a vista de muitos que fixavam o olhar para melhor medir suas riquezas pessoais ali ostentadas.

O carroção dos presos vinha logo atrás, sem a presença de Hatsena, que não fora levada para a cerimônia para que não fosse desviada do destino que pretendia Mudinar lhe oferecer.

Os integrantes da comissão antecipavam-lhe a caravana, como a constituírem o cortejo de abre-alas até o local das reverências oficiais.

À entrada suntuosa de tal conjunto, os gritos dos presentes foram entoados em um só coro de vozes a gritarem o nome do Chefe da Guarda, para sua maior euforia e enaltecimento de sua vaidade.

Dirigidos por pessoas adredemente orientadas a fazê-lo, as vozes faziam-se ouvir em uníssono:

– Mudinar... Mudinar... Mudinar...

Ecoavam pelo vale onde Amarna se localizava, entre o rio e a cadeia de montanhas na qual se esculpia, pouco mais adiante, o túmulo do rei.

A cena era de arrepiar. Da Janela das Aparições o faraó mantinha um sorriso metálico no rosto, como se estivesse a admirar e aprovar tudo aquilo.

O cortejo seguiu na direção do rei e, tão logo a comissão que antecedia a caravana atingiu o local adequado, interrompeu o passo e, cheio das cerimônias convencionais, um de seus representantes dirigiu ao faraó as saudações de praxe, gritadas para que fossem ouvidas pelo maior número dos presentes que se acotovelavam para assistir à cerimônia nem sempre tão repleta de pompa.

Ao lado de Akhenaton, a rainha se postava e, mais ao lado, podia-se ver a figura de Aye que, agora, fazia o que Mudinar costumava fazer.

O chefe da comissão informou ao rei a chegada dos convidados e mencionou oficialmente o nome de Mudinar que vinha logo depois.

Com um gesto da cabeça coroada com a dupla coroa do Egito, o rei demonstrou a autorização para que o mencionado funcionário se aproximasse de sua tribuna real, o que foi feito sem detença.

Levado pela sua biga até o lugar onde se podia falar e escutar, Mudinar aproximou-se e saudou em altos brados a figura do representante vivo de Aton na Terra.

– Grande Rei de todo o Mundo, prostro-me diante de vossa majestosa presença. Em cumprimento de vosso decreto, regresso ao centro do Mundo para informar-vos da fidelidade no cumprimento de vossas ordens. A heresia de Tebas foi combatida e serviu de exemplo a todos quanto ousavam desafiar as determinações do Rei do Egito.

Mantendo-se com a palavra e percebendo que o poste dos castigos estava ali esperando certamente por Nekhefre a fim de que fosse punido à frente de todos como exemplo de mau comportamento a merecer corrigenda, Mudinar viu-se forçado a revelar que o principal prisioneiro não estava presente, pois havia sido levado da vida por força da vontade de Aton, antes que pudesse chegar em Amarna.

– Apesar de não mais estar vivo o principal culpado, que não suportou a punição que lhe fora destinada em Tebas, aqui estão os que lhe compõem a família que, igualmente participavam de todos os atos de heresia e traição, junto ao culto de Amon, proibido em todo o Egito.

Apontou então para o carroção tosco que era preenchido pelas mulheres, Kimnut e Marnahan, e por Kalmark.

Observando aquela cena desumana na qual Mudinar se apresentava vitorioso sobre duas mulheres e um jovem, todos em frangalhos físicos, ainda que razoavelmente vestidos para ocultar os maus tratos que haviam recebido, Akhenaton dirigiu-se a Aye e determinou que ele desse prosseguimento às homenagens preparadas.

A um sinal do funcionário real, um grupamento de soldados leais ao rei cercou todo o cortejo de Mudinar, como que a proteger os seus integrantes da presença do povo ao redor.

Ao observar aquilo, Mudinar sentiu-se ainda mais lisonjeado com tal demonstração de cuidado e proteção.

Perfilados e armados com lanças pontudas e instrumentos contundentes, os soldados se mantinham firmes na posição, enquanto Aye dirigia a palavra a todos os ouvintes.

– Nobre Mudinar, a vontade do Rei é a vontade de Aton e a vontade do Egito. A sua chegada a Amarna é acolhida como a vitória da verdade sobre a mentira, da fidelidade sobre a traição. O poste do castigo está de pé e nele não se poderá deixar de punir alguém já que todo o povo aqui presente se encontra para assistir ao flagelo do traidor.

Até aqui, as palavras de Aye nada diziam de diferente ao coração de Mudinar que, acreditava, referirem-se ao príncipe. A afirmação de que alguém seria punido no lugar para a satisfação do povo ali presente, igualmente, era algo normal, já que outros prisioneiros ali estavam que poderiam, igualmente, suportar o látego firme. Naturalmente, se poupariam as mulheres de tão pesada punição. Restava Kalmark a se candidatar como o provável destinatário da chibata.

No entanto, este cenário começou a mudar depois que Aye, com um outro gesto, determinou que outros soldados ingressassem no recinto transportando vastas mesas repletas de objetos do culto proibido pelo faraó e que haviam sido encontrados em seus aposentos íntimos.

Sem entender o que se passava ali, Mudinar continuou a observar a aproximação dos soldados e carregadores até que os mesmos ingressaram no círculo feito pelos guardas que os haviam antecedido e posicionaram as mesas diante da biga de Mudinar.

O silêncio do povo dava mostras da perplexidade no ambiente.

Todos conheciam aqueles símbolos e sabiam tratar-se dos instrumentos do ritual dos antigos deuses, além de outros destinados a cultos macabros e a magia oculta, próprios dos iniciados nos mistérios do mal, como eram conhecidos tais procedimentos naquele tempo.

Da mesma maneira, Mudinar começou a reconhecer aqueles objetos como muito parecidos com os que ele próprio estava acostumado a manipular em segredo, nas dependências íntimas de sua residência oficial.

Todavia, mantendo-se firme, seguiu em silêncio até que Aye tomou a palavra.

– Certamente, nobre Mudinar, na falta do príncipe Nekhefre, acreditas que lhe tomarão o lugar alguns dos prisioneiros que vieram contigo. A pele suave de duas mulheres ou as costas de um rapaz que nem pertence à família consangüínea podem, perfeitamente, ser entregues como maneira de saciar a vontade de sangue do povo insano. Todavia, aquele poste é para os verdadeiros traidores da verdade. Reconheces esses objetos postos bem diante de teus olhos?

A pergunta incisiva fora gritada a todo pulmão por Aye, que dirigia a cerimônia, a pedido do próprio faraó e que ia surpreender Mudinar para sempre.

Observando que o tom das homenagens estava se alterando gradualmente para um tom de julgamento, Mudinar começou a suar frio, em pleno calor causticante do Egito. Mantinha-se em silêncio, entretanto.

– Cala-te diante do que vês? – gritou Aye, dando um efeito teatral a suas palavras. – Pois eu revelo a todos os presentes que o próprio rei encontrou nos teus aposentos essa cornucópia de insultos à sua pessoa, esse conjunto de deuses incensados e homenageados, esses apetrechos odiosos que são o mais claro e decisivo libelo contra alguém.

Não foram fruto de insidiosa acusação, sempre muito comum nos momentos em que se pretende desvirtuar a conduta de alguém, como, aliás, sempre fora prática do Chefe da Guarda Rel. Foram, para dor e decepção do faraó, encontrados no quarto de seu até então fiel e confiável funcionário, o mesmo que seguia para Tebas a fim de punir os hereges que elegera como suas vítimas.

E como o acusador que se sente acima das próprias leis que deveria acatar, eis que o mesmo funcionário, fiel executor das punições, cometia crimes ainda mais graves contra o trono.

Por isso, Mudinar, todo o povo de Amarna foi convocado nesta manhã para que, ao meio-dia, testemunhasse a punição do maior infiel do Egito: a tua punição.

E dizendo isso, gesticulou para que Mudinar fosse retirado do veículo e levado para o poste do castigo, onde foi atado, destituído de suas insígnias, que foram atiradas ao povo presente e colocado de dorso nu para receber a punição inicial que marcava o começo de suas dores.

Sua alma estava em pior estado do que o corpo dos prisioneiros que trazia na carroça logo atrás. Jamais imaginara que seria surpreendido com tal conduta do rei. Um misto de ódio mortal e impotência tomava conta de sua alma.

Realmente, aqueles eram os seus próprios objetos e a sua conduta, efetivamente, se valia de recursos que não eram condizentes com as regras formais da nova religião do Egito.

Mas como é que isso tudo foi descoberto? Até então sempre fora um fiel funcionário sem qualquer mácula direta perante os olhos do faraó.

Os pensamentos fervilhavam-lhe quando começou a sentir cair-lhe sobre o rosto os impropérios do mesmo povo que o exaltava momentos antes, em forma de cusparadas que lhe eram desferidas em plena face.

De mãos atadas, mal podia desviar o rosto. A malta ali presente aproveitava-se daquele momento em que o poderoso senhor descia do pedestal de seu despótico poder a fim de devolver-lhe o que ele próprio semeara.

Era o momento de mostrar ao Chefe da Guarda, altivo e arrogante, que ele não era mais o superior e nobre funcionário poderoso.

Assim, Mudinar viu-se humilhado diante do faraó que sempre servira, mas que o condenara pelas provas que ele próprio fornecera.

O carrasco postara-se para o início da flagelação e, se não fossem os soldados presentes a circundarem o poste, o próprio povo esfacelaria o seu corpo, num gesto de suprema vingança.

Tudo isto fora semeado pelo próprio Mudinar, afastando-se do dever de ser justo e correto e deixando-se levar pelas ilusões do poder e do mando, além do desejo de tudo fazer para vingar-se de Nekhefre.

Antes, porém, que a punição física se iniciasse, Aye exigiu silêncio da multidão e seguiu anunciando:

– A benevolência de Aton, no entanto, é bem conhecida. Por isso, pela vergonha que o maldito Mudinar derramou sobre o trono ao trazer até aqui, como prisioneiros, duas mulheres e um menino, todos inocentes das culpas do príncipe Nekhefre, que já pagou pelos seus crimes com a própria vida, o Grande Rei determina sejam eles postos em liberdade para que possam seguir seus caminhos.

Os bens de Mudinar estão todos confiscados para o tesouro do Egito e ele perde todos os títulos que possuía até os dias de hoje.

Será preso para sempre e banido para terras distantes, já que não é digno de pisar o solo sagrado da cidade que conspurcou com sua conduta infiel e mentirosa.

A cada nova notícia de Aye, o povo exultava e gritava em apoio à conduta do Trono para com aquele traidor da causa de Akhenaton.

– Receberá oitenta chicotadas e permanecerá no Sol, sob o olhar de Aton, até que o deus luminoso se oculte no horizonte e as sombras da noite cheguem para todos.

Aquele número de chicotadas era muito maior do que o normal e, pela sua quantidade, era quase certo que ele não sobreviveria ao castigo e, se sobrevivesse às chibatadas, sangraria tanto ao Sol que acabaria morrendo um pouco mais tarde.

Mas tudo isso era do agrado do povo que se via vingado daquele homem altivo e arrogante que nunca soubera cativar ninguém.

No entanto, no meio da multidão estava alguém que tinha gratidão por um gesto que recebera daquele homem. Era Kaemy, a mãe de Kalmark, que soubera da convocação do rei para o povo de Amarna comparecer à cerimônia especial daquele dia e onde já havia sido surpreendida pela visão de seu filho preso ao lado de Kimnut e Marnahan.

Tentara se aproximar do filho, mas fora impedida pelos soldados.

Agora, mantida à menor distância que lhe era possível, vislumbrava a figura desfigurada de Mudinar, semidespido e fragilizado pela perda de todas as prerrogativas que, antes, lhe conferiam o *status* de semideus. Lembrava-se de que, graças a ele, conseguira encontrar o filho perdido e, num gesto de elevação de alma, dirigia ao deus de sua fé uma oração em favor daquele homem que tanto mal fizera a muitos, mas que tanto bem lhe trouxera ao coração.

Era a única criatura que, ali, se mantinha em preces em favor do algoz reduzido a escombros humanos.

Não, havia outra também.

Perdido no meio da turba, Hatsek mantinha-se compungido diante de tão dantesco espetáculo.

Conseguira que dessem a liberdade aos familiares de Nekhefre, mas ficara perplexo com a notícia de que o mesmo não mais se contava no número dos encarnados. Falara da justiça e da bondade do Deus Único ao próprio faraó e, mesmo assim, presenciava a crueldade contra um ser humano igualmente cruel, como se uma maldade pudesse ensinar outra maldade a ser boa.

Começava o castigo físico de Mudinar e as mãos experientes do carrasco sabiam extrair o melhor de cada chicotada. O Sol do meio-dia havia dado o sinal para o início da flagelação, acompanhada com gritos eufóricos a cada golpe.

O sangue tingiu o local e, ao final do castigo, Mudinar era um amontoado de carnes retalhadas preso a um poste avermelhado.

Esse era o objetivo de Aye. Retirar do seu caminho, para sempre, aquele ser abjeto e perigoso para os seus anseios de crescimento ao lado do rei. Fora ele mesmo quem sugerira a quantidade de golpes a um rei que não fazia idéia muito clara do que representava cada chicotada.

Com o início da cerimônia punitiva e a declaração de Aye,

Akhenaton retirou-se para o interior de seu palácio deixando ao povo a mensagem de que Aton era o único deus, mas que sabia ser, igualmente como os homens, duro e vingativo a quem quer que ousasse desafiá-lo.

Enquanto a punição prosseguia, os prisioneiros, segundo as ordens do rei, foram retirados do carroção para serem postos em liberdade.

Na medida em que tal movimentação ocorria junto ao veículo que os retinha, tanto Hatsek quanto Kaemy para ele se dirigiam rompendo o cerco da multidão, preocupada tão somente com o espetáculo da derrocada de Mudinar.

Quase que ao mesmo tempo ambos chegaram ao local onde os três prisioneiros eram desamarrados e deixados livres. Entreolharam-se todos e abraçaram-se numa explosão de felicidade e de afinidades que tanto lhes fizera falta no último período de suas vidas.

Kimnut não conseguia mais se manter em pé e, assim que se vira amparada entre braços amigos, desfalecera. Marnahan chorava de emoção e alegria, agradecida a Deus por aquela bênção de ganhar a liberdade e, ao mesmo tempo, reencontrar pessoas tão queridas em uma cidade estranha.

Kalmark beijava a mãe e era por ela beijado sem cessar.

Nenhum deles observava mais o que se passava à sua volta. Os gritos, os impropérios do povo, a crueldade das pessoas, tudo deixara de existir pela força daquele reencontro tão emocionante e inspirador.

– Vamos embora daqui, disse Kaemy. Minha casinha está aberta para recebê-los. Tratarei de todos vocês com o melhor de minha alma. Deixemos que este ambiente seja apenas dos abutres que se satisfazem com carne e sangue.

Acompanhada por todos eles, tomaram o rumo de sua vivenda onde iniciariam os planos para nova jornada de suas vidas.

Hatsek, contudo, não permaneceria ali por muito tempo. Deixaria os amigos por algum tempo a fim de cuidar de um assunto muito grave que lhe competia tratar. Sob protesto de todos, jurou regressar em poucas horas, a fim de não mais se separarem.

O Espírito de Khufu tinha mais uma tarefa a esperar pelo discípulo obediente e fiel.

46

Os Rochedos são de Areia

Deixando os amigos em companhia de Kaemy e inspirado diretamente por Khufu, o sacerdote tomou a direção do palácio de Akhenaton de onde acabara de vir e em cujo pátio se encontrava o poste dos castigos no qual seguia amarrado o corpo flagelado de Mudinar.

Guardado por soldados leais a Aye, o antigo e todo-poderoso chefe da guarda ali permanecia exposto ao Sol inclemente do deserto para servir de exemplo a todos os que desrespeitassem os ditames do rei.

A malta ignorante, a mesma que sempre se comporta segundo as conveniências e o impulso coletivo dominante, ali tentava se aproximar para despedaçar o que lhe restava do corpo retalhado ou mesmo para desferir-lhe impropérios, revidando diante daquele ser humano impotente todos os ultrajes já suportados e originados da arrogância e altivez, quando exercia o importante posto do qual fora alijado.

Sem mais nada a lhe garantir a força e tendo semeado em seu caminho apenas a infelicidade e a dor nas vidas alheias, Mudinar recebia agora as conseqüências de seu comportamento irrefletido, a demonstrar-lhe que não soubera exercer a autoridade para beneficiar as pessoas.

Ainda que muito enfraquecido, a perder sangue pelos ferimentos abertos como flores alongadas, seu espírito era envolvido por reflexões que jamais lhe visitaram os pensamentos quando vivia uma vida irresponsável e tranqüila. Doía-lhe a perda de tudo em tão breve espaço de tempo. Jamais imaginara que aquela era a homenagem que receberia do mundo a que tão devotadamente servira, atendendo a todas as prescrições do poder real com fidelidade servil.

Mais do que isso, percebia que na sua absoluta fragilidade seguia sendo hostilizado e, se não fossem os soldados, já haveria deixado a vida. Ainda assim, era atingido aqui e ali por pedaços de pedras que voavam de longe ou por agressoras cusparadas carregadas de ódio e indignação.

Ninguém se apresentava para nenhum gesto de compaixão.

Aos poucos, sob o causticante calor e avançando o dia, o sangue que se empoçava aos seus pés dava notícia da extrema fraqueza de Mudinar, ao mesmo tempo em que os insetos voejavam sobre as feridas, tornando ainda mais crítico o seu estado, atraídos pelo odor que dele evolava.

O calor forte da tarde propiciou-lhe um pouco de paz, uma vez que os transeuntes buscaram o refúgio de suas casas deixando-o sozinho em pleno ambiente do pátio, apenas contando com a escolta ali presente, não para defendê-lo, mas para garantir o cumprimento integral de sua punição.

No fundo de sua alma altiva e arrogante, Mudinar guardava ódio por todos os que se aproveitaram de sua ausência para persegui-lo e levá-lo ao ponto mais baixo que já chegara em toda a sua vida.

Esse sentimento era o que estava acostumado a exercitar em silêncio, nos tempos em que arquitetava a vingança contra Nekhefre, instigado pelo rancor de seus antepassados e pelo desejo de destruí-lo.

Fixado na idéia de vingança, fria e serenamente orquestrada pelos seus pensamentos e atitudes, Mudinar viciara a afetividade em um sentimento inferiorizado e indigno da grandeza de Deus, o que o impedia de reagir de outra maneira e o que tornava ainda mais cruel ao seu espírito abatido aquele momento de derrota sangrenta que o direcionava para a morte.

Sim, morreria – pensava ele – mas morreria odiando o faraó, odiando Aye, odiando Nekhefre, odiando Amarna, odiando Aton, odiando o Egito e o mundo inteiro.

Em sua volta, sombrias entidades agarravam-se a ele, algumas chorosas, lamentando a perda de um aliado, instigando-lhe ainda mais ódio ao pensamento. Outras, sarcásticas, gritavam-lhe impropérios aos ouvidos espirituais como os homens o haviam feito até pouco tempo, já que eram as vítimas de seus atos infelizes no exercício da função poderosa de Chefe da Guarda Real.

Além delas, um outro grupo de entidades desencarnadas atirava-se à poça sanguinolenta para sugar-lhe os princípios vitais, como se lambessem a areia do chão em busca do líquido salvador.

Isso emprestava ao quadro, já tão deprimente pelo seu aspecto exterior e visível, uma repugnância sem paralelo, eis que se existiam aves de rapina prontas a devorarem-lhe os restos, mas que eram afastadas pela ação dos soldados, tais entidades se afiguravam verdadeiros abutres que não se tinha como afastar.

Diante de seu estado que periclitava a olhos vistos, Mudinar ia perdendo a facilidade de raciocínio e, na pouca lucidez que lhe restava, almejava morrer o mais rápido possível, deixar aquele mundo ingrato, confundir-se com a areia que tinha aos seus pés como se se ocultasse por entre os grãozinhos para confundir-se com eles e ganhar um pouco de paz íntima.

Misturado ao suor que lhe escorria gélido da face, lágrimas de dor, de ódio, de medo, de tristeza desciam-lhe dos olhos, de forma a compungir o coração de qualquer que pudesse entender-lhe o drama evolutivo.

No entanto, enquanto se sentia desamparado e sem arrimo, não percebia uma presença que se aproximava em pleno calor escaldante.

No ambiente do pátio vazio, nimbado por uma luz mais ofuscante do que o Sol, luz essa que Mudinar começaria a perceber em face de sua fraqueza orgânica, Hatsek dirigia-se para o poste do castigo.

Que pretenderia agora? Já não lhe bastavam todas as humilhações e a própria morte? Será que aquele homem que ele mesmo injustiçara com a prisão e a humilhação não poderia escolher hora mais propícia para exercer sua vingança pessoal?

Tais pensamentos vieram-lhe desordenados à mente, sempre embasados na sua compreensão odienta da vida e das pessoas, assim que percebeu a presença de Hatsek.

Em realidade, o sacerdote não viera falar com ele. Viera apenas conversar com os soldados que lhe guardavam o corpo, o que fez rapidamente para logo se afastar, deixando o ambiente silencioso entregue ao seu próprio drama infeliz.

Ausentara-se o sacerdote em direção ao palácio principal.

Ali chegando, solicitou uma entrevista pessoal com Aye que dava seguimento à rotina administrativa, envolvido pelo bom humor dos que conseguem afastar do caminho o pior dos adversários, o mais ameaçador dos contendores.

Recebendo a notícia da solicitação de Hatsek, Aye autorizou-lhe a entrada em seus gabinetes pessoais, ainda envolvido pela onda de admiração que lhe invadia o espírito desde a cura da princesa real.

– Salve grande sacerdote do bem – exclamou o agora principal funcionário do Egito.

Ouvindo a exortação gratulatória, Hatsek curvou reverente a cabeça e redargüiu:

– O menor homem do Egito pede desculpa pela insolência de voltar a incomodá-lo e assegura que a bondade pertence ao Deus Único, a fonte de todas as virtudes, nobre Aye.

– Não imagine que incomoda já que só a gratidão do rei é maior do que a que tenho por sua pessoa, Hatsek. Sente-se aqui e diga o que deseja.

– Na verdade, não tomarei muito o seu tempo, já tão escasso para coisas tão importantes. Venho apenas solicitar os seus préstimos para falar ao faraó por alguns minutos.

Tomado de surpresa por aquela solicitação direta, Aye não se fez de rogado e, usando de sua possibilidade de dirigir-se ao rei a qualquer momento, não lhe seria difícil levar o sacerdote até o faraó.

– Sei que não é usual uma solicitação de tal natureza, mas só o faço não por me sentir credor de qualquer consideração especial, mas pela premência, pela urgência da situação e só o próprio rei pode resolver a questão.

– Posso saber do que se trata, com antecedência? – perguntou Aye, desejando maiores detalhes.

– Como não poderia, se é o benfeitor que, devotado, acompanhará a solicitação pessoalmente? Irei solicitar ao faraó a autorização para que Kaemy e os familiares do príncipe Nekhefre possam retornar para Tebas, ao mesmo tempo em que pedirei a dispensa de Kalmark dos serviços artísticos da tumba.

– Pois bem, trata-se de algo que só o próprio rei pode autorizar, realmente.

Demonstrando boa vontade em atender aquele homem digno e respeitável por todos os motivos conhecidos, Aye pediu-lhe que o acompanhasse e esperasse na sala pequena que antecedia o local onde o faraó se encontrava.

Depois de alguns minutos na companhia do rei, Aye regressou e, abrindo a porta da sala real, deu passagem a Hatsek que, humilde, aceitou ser conduzido com simplicidade e sem qualquer indício de intimidade com aquele mesmo pai cuja filha havia sido salva pela intervenção de Deus através de sua pessoa.

Vendo-lhe a chegada, Akhenaton adiantou-se e, já que estava na presença da rainha e das filhas queridas, falou:

– Grande sacerdote, sinta o regozijo do coração paterno diante da alegria da filha salva por suas mãos – disse ele apontando para a pequena jovem ali presente.

Reverente e humilde, Hatsek sorriu-lhe e respondeu:

– A vossa grandeza e generosidade impedem-vos de lembrar que somente pela força e bondade do Deus Único é que o bem prolifera através das mãos pobres de qualquer criatura de boa vontade.

Lembrando-se da conversa que tivera sobre o Deus Único, Akhenaton sorriu-lhe em resposta e disse:

– Sigo pensando muito naquilo que conversamos sobre o Deus Único e estou ainda buscando entender-Lhe o modo de agir. Espero podermos falar mais vezes sobre isso um dia.

– Estarei sempre pronto para obedecer-vos o desejo real, meu faraó.

– Mas Aye disse-me que você desejava falar-me – continuou Akhenaton, agora rodeado pelas filhas e pela esposa, numa cena de rara beleza e simplicidade, pela autenticidade daquele afeto compartilhado na intimidade de seus aposentos reais.

– Sim, meu senhor. Ouso vir à vossa presença para uma solicitação urgente pela delicadeza do momento.

– Pois não perca mais tempo. Fale o que deseja.

– Bem, meu senhor, quando da punição do príncipe Nekhefre, o mesmo decreto que lhe confiscara os bens dividira o patrimônio entre seus servos, além de impor-lhe a punição física da qual, pelas complicações posteriores, redundou a sua morte. Feitos prisioneiros, todos os seus familiares estão à mercê da miséria. Graças à magnanimidade de vosso coração, as três mulheres foram postas em liberdade, depois de terem aqui chegado prisioneiras, juntamente com um jovem enamorado da filha mais velha do príncipe falecido, serviçal da tumba funerária em construção segundo o vosso desejo. Assim, o pedido que faço é no sentido de receberem eles a autorização para que regressem a Tebas onde possam retomar suas vidas ao mesmo tempo em que pergunto se a questão da divisão do patrimônio entre os empregados do príncipe Nekhefre continua válida já que ainda não cumprida.

Tendo em vista que Kaemy recebeu pelo decreto a propriedade da casa do príncipe em Tebas, na condição de antiga serviçal dali banida injustamente e para que não lhe seja usurpada por algum aventureiro que se julgue no direito de lhe tomar a única coisa que possui, venho solicitar-vos a confirmação oficial de que, efetivamente, apesar de sua condição humilde, esteja garantida na referida moradia, contra todos os interesses conflitantes, mesmo da família remanescente.

Ouvindo-lhe as explicações sensatas, Akhenaton balançava a cabeça positivamente, demonstrando que suas determinações anteriores estavam válidas e seguiam exigíveis.

– Compreendo-lhe as inquietações, sacerdote, e dou-lhes razão, notadamente por se tratar de mulher, serva sem poderes, sem ninguém que a auxilie a se manter por si mesma contra outros mais agressivos e ambiciosos. Assim, autorizo que seja expedido documento oficial outorgando-lhe a propriedade daquilo que já lhe pertencia por força do decreto anterior.

Vendo-se atendido na sua primeira exposição, Hatsek seguiu acrescentando, tão logo Akhenaton lhe deu assentimento para continuar o diálogo.

– Essa preocupação para com a fragilidade de Kaemy, Grande Rei, também eu a possuía até que me lembrei de um fato que poderia, em grande parte, solucionar tal questão.

– Exponha-o sem medo, Hatsek – disse o rei.

– Todos sabemos que Kaemy possui um único filho que é jovem e vigoroso e que muito poderia auxiliá-la a preservar-se do mundo cruel e indiferente diante de uma viúva indefesa. O jovem Kalmark, entretanto, está empregado como funcionário da necrópole real, na obra de acabamento do túmulo como artesão talentoso que é. Necessitaria da dispensa legal do próprio faraó para que pudesse regressar com sua mãe a Tebas e ali permanecer como o único ombro masculino que poderia salvaguardá-la. Além disso, o jovem pretende unir-se à filha primogênita de Nekhefre, igualmente jovem, sem o arrimo paterno e sem quaisquer recursos já que o pai morreu destituído de bens. Assim, Kalmark se ergueria como o ombro forte para amparar com seu trabalho modesto não só a mãe, mas também as filhas inocentes de Nekhefre e a sua própria esposa, Kimnut, totalmente perdida e sem forças para sair por si mesma da confusão onde se viu lançada.

– Essa, realmente, é uma solução muito adequada para que o furor de Aton se abrande contra as disposições anteriores, aventadas por Mudinar, o mesmo que providenciou todos os instrumentos de punição ao príncipe – falou o faraó. – Dispenso Kalmark dos reais serviços até que se veja livre dos compromissos familiares e deseje retornar a Amarna para reassumir as funções que lhe ficam reservadas. Vejo nesse seu alvitre a sagrada oportunidade de consertar alguns exageros que permiti fossem realizados quando da punição de Nekhefre por insistência de Mudinar que, com a desculpa de corrigir um infiel, parecia zeloso cumpridor dos ditames de Aton, mas que, no recolhimento de sua intimidade traía o Egito descaradamente, fazendo coisas piores do que o próprio príncipe era suspeito de fazer. Espero que, desse modo, esteja entendendo algo do que o Grande Deus Único pretende que façamos para reparar o mal e o erro praticados.

Vendo a referência ao grande Deus Verdadeiro, Hatsek curvou a cabeça, mas ousou dizer:

– Sim, meu senhor, essa atitude está dentro dos padrões da grandeza da Soberana Justiça, mas ainda me incumbe afirmar que o Soberano Amor impõe alvitres que ainda não foram adotados e que, por fim, venho solicitar algo como oportunidade de entendermos, para sempre, a maneira como Ele nos educa.

Ouvindo a referência direta quanto a lições ainda não compreendidas, Akhenaton sentou-se e apontou uma cadeira para que o sacerdote se sentasse diante dele e falasse sobre o assunto.

Envolvidos pelo Espírito de Khufu que sobre ambos lançava suas energias balsâmicas a preparar-lhes o espírito para aquele entendimento, Hatsek seguiu falando, humilde:

– Ensina-nos a Soberana Justiça que devemos restabelecer todas as coisas ao seu estado de correção se, por nossa conduta ou por nosso descuido, acabaram feridas, o que representa gesto de sabedoria. No entanto, acima da Justiça paira uma força mais poderosa que ela e que é a única capaz de modificar para sempre todas as coisas. Se observarmos as poderosas montanhas rochosas que parecem portentos inexplicáveis, veremos que a seus pés amontoam-se milhões de pequeninos grãozinhos arenosos. Ainda que o rochedo desafie nossa vista impondo-se a ela e aos nossos músculos dizendo-se intransponível e indestrutível, o trabalho amoroso e calmo do vento, a força silenciosa do Sol e a placidez da noite vão revelando a sua estrutura íntima, esculpindo-lhe a fachada e diminuindo-lhe a altura, desfazendo-lhe as aparências para revelarem, apenas, a sua essência.

Isso porque, grande rei, os próprios rochedos não são mais do que pequenos grãos de areia.

Assim, a Soberana Sabedoria pede mais do que consertarmos o erro. Pede que amemos os que o cometem, única maneira de revelar-lhes a essência que vai além das aparências.

Por isso, meu faraó, em nome do Deus Único e de sua Soberana Sabedoria, venho pedir-vos que me autorizeis a retirar o que resta de Mudinar do poste do castigo já que está às portas da morte e não sobreviverá mais do que algumas horas, se tanto.

Eu mesmo me certifiquei de que está no fim de suas forças e, se o peço, não desejo intervir no cumprimento das ordens que precisam, muitas vezes, educar os outros. Não vos solicito que rompais as deliberações. Apenas peço que lhe seja declarada por antecipação a morte, para não parecer arrependimento ou tergiversação, e que o corpo que lá está ainda vivo possa ser preparado para entrar no reino dos mortos e aprender com tal experiência as lições, entregando-me tal possibilidade para que Mudinar aproveite estes momentos de dor e se compreenda perante os erros cometidos.

Para todos será noticiada a morte do traidor.

Para ele, no entanto, se abrirá, talvez, a única oportunidade de compreender os erros em que incorreu e, ao invés de morrer entre os sentimentos de ódio parta na grande viagem algo modificado.

Ao fazê-lo, vossa divina compreensão estará entendendo o que significa o poder do Deus Único, a solicitar sempre que auxiliemos a todos, sem qualquer exceção.

Aproveitando-se das palavras que Hatsek dizia, inspirado pela sua presença, o Espírito de Khufu, através dos canais da intuição, influenciou o espírito da jovem princesa real que havia sido tratada há poucas semanas, para que viesse à presença do pai e lhe buscasse o carinhoso abraço.

Aproximando-se a pequena, de um leve salto, sentou-se ao colo do faraó que acabara de escutar de Hatsek que só quando amamos a todos e ajudamos sem medo, o poder do Deus Único se revela e conquista para sempre.

Ali estava o exemplo mais claro de tudo isso.

O próprio rei aceitara o concurso de um sacerdote do odiado culto de Amon-Rá e, graças a tal auxílio direto, a filha amada ali se encontrava sorridente em seu colo. E ao mesmo tempo lhe conquistara o coração abrandando-lhe a perseguição e dando liberdade de seguir curando em nome desse Deus Único.

Sim, tudo parecia começar a lhe fazer um sentido diferente. Perdoar Mudinar não estava em seus planos, já que seu delito atingia a ordem religiosa e merecia severa punição. No entanto, condenado por si mesmo à morte, um gesto de compreensão na hora extrema poderia ajudá-lo a entender seus erros e a entrar no reino dos mortos talvez arrependido do que fizera.

Tudo ainda era muito novo para ser entendido com clareza por Akhenaton. Todavia, Hatsek lhe falava com tal serenidade e esperança que o contagiava com a possibilidade de resgatar mais uma alma para a verdade. Afinal, com todos os seus defeitos, Mudinar lhe havia sido funcionário competente e zeloso em todos os demais setores, segundo os seus interesses oficiais.

Tomando a palavra e, inspirado pela presença da filha no seu colo e pelo olhar confiante de Nefertite que acompanhava a conversa em silêncio e pensativa, respondeu o faraó:

– Seu pedido me é difícil de entender se olhar apenas para o homem ingrato e mesquinho. Mas vendo minha filha em meu colo, salva e saudável, tenho comigo que pensava a mesma coisa de você antes de conhecê-lo melhor, sacerdote. Odiava a todos os sacerdotes de Amon-Rá pelos descalabros que cometeram e pela conduta conspiradora contra os novos padrões religiosos.E, assim, odiava-o também, sem conhecê-lo e entender coisas que me escapavam.

Mas seus atos, mais do que as palavras, converteram em mim o ódio mudo em admiração. E ela só cresce quando percebo as lições desse Deus Único que você me aponta, de grandeza e magnanimidade que transformam as montanhas altivas em montes de areia indefesa que o vento transporta.

Recordo-me do desespero que me atingiu naquele dia. O mais poderoso homem do Egito transformado em um frágil pai amedrontado por muito amar a filha que estava prestes a partir. Que era eu senão amontoado de pó, apesar de ser o faraó do maior reino da Terra? Apesar de ser a Montanha altaneira, que era eu em minha essência, senão, apenas, areia?

E para a minha, ou melhor, nossa felicidade – disse olhando a mulher que amava – as orações que fazíamos foram ouvidas pelo ouvido daquele que me parecia ser o mais odiento dos seres – um sacerdote de Amon-Rá – que salvou a nossa filha!

Começo a compreender esse Deus Único que me pede coragem

para combater o erro, mas compaixão para auxiliar o errado a consertar-se.

E com grande solenidade, diante de Aye que admirava a conversa sem intrometer-se, o faraó declarou qual era a sua vontade:

– É vontade do faraó e, por isso, vontade do Egito, que seja entregue ao sacerdote Hatsek o corpo de Mudinar no estado em que se encontra, declarando-se-o morto ao público, a fim de que lhe seja dado o destino adequado sob o compromisso de jamais ser revelado o fato de ter sido retirado ainda com vida do poste do castigo. E que, em caso de morte, o próprio sacerdote se incumba das providências fúnebres, para as quais destino recursos suficientes do tesouro do reino a fim de que não falte ao morto as homenagens que o possam seguir no reino da noite e transformar seus sentimentos conforme a vontade do Deus Único.

Ouvindo-lhe as determinações, Aye saiu a providenciar o cumprimento de todas as ordens, incluindo aí os documentos que autorizariam Kaemy a assumir a propriedade de Nekhefre com a proteção do próprio rei.

Emocionado com a compreensão do faraó, o sacerdote ajoelhou-se diante do rei, que estava sentado, e elevou ao Criador a oração de sua alma agradecida:

– Senhor, bendizei o gesto do coração que abranda o ódio que a mente acoberta. Bendizei a alma que vos compreende e que, por isso, compreende o seu semelhante. Bendizei o rei e o homem que percebe que a finalidade da vida é servir com devotamento à Vossa causa. Bendizei esta família que se encontra entre os sorrisos e as alegrias de agora para que jamais se percam tais sentimentos. Bendizei o Sol do Amor para que jamais deixe de nos aquecer a alma ainda quando Rá tiver deixado de existir no alto dos céus. Bendizei o filho fracassado no mal cometido e que se prepara para a experiência de voltar ao Vosso seio carregado pelas sombras de seus atos.

Emocionado, Hatsek não mais conseguiu continuar.

Seu gesto de humildade comovia até as entranhas a todos ali presentes que, igualmente, não conseguiam reter as lágrimas.

Erguido pelas mãos de Akhenaton, Hatsek osculou-as, agradecido e, respeitoso, depois de saudar a rainha que chorava comovida também, deixou o ambiente impregnado de vibrações luminosas de esperança e de confiança no Deus Único de todos os tempos.

Logo a seguir, Aye o esperava em seu gabinete, dando curso aos preparativos para tudo aquilo que fora deliberado, para sua surpresa.

– Nobre sacerdote, já ordenei trouxessem Mudinar até aqui para lhe ser entregue. Que mais deseja que se faça? – perguntou respeitoso e solene.

– Se me é permitido pedir, gostaria que me auxiliasse a levar Mudinar até a moradia de Kalmark onde todos nos encontramos e onde pretendo orar para que seu Espírito parta com o amparo do afeto de alguém.

Assim escutando, ordenou de imediato já que as condições do homem eram muito graves.

Um veículo leve e rápido, para transporte de mercadorias, foi adequadamente preparado para o transporte secreto de Mudinar.

Retirado do poste e enrolado em panos para ocultar-lhe a personalidade, alguns minutos depois saía do palácio em direção à casinha de Kalmark.

No meio da tarde, o pequeno e sigiloso cortejo chegava incógnito no destino final e, para surpresa dos ocupantes da pequena habitação, Hatsek vinha à frente de três fortes soldados que traziam consigo um objeto enrolado como se fosse um tapete volumoso ou algo parecido.

Todos se regozijaram pela volta do sacerdote e abriram espaço para que pudessem descarregar a carga na pequenina sala da casa.

Afastados os carregadores, Hatsek pediu que fechassem as portas e trouxessem água e panos.

– Mas o que é isso, Hatsek, um presente que você conseguiu usando seus poderes mágicos – brincou Kalmark.

– Não, meu querido amigo. Este é um presente que o faraó nos mandou para que nós desenvolvêssemos nossos poderes mais sagrados a ponto de fazermos milagres que outros ficariam abismados. Venham todos ao redor para que possamos reverenciar a Deus a oportunidade desta hora.

Aproximando-se dele, os outros ocupantes da casinha, Kalmark, Kaemy, Kimnut e Marnahan assustaram-se quando aquele grande embrulho foi desenrolado e deu mostras de seu conteúdo.

Todos se afastaram aterrados e quase que ao mesmo tempo, não por causa de algum ressentimento, mas pela cena dolorosa que viam.

– Sim, meus filhos, aqui está o que restou de Mudinar. Mas ele ainda está vivo. Dêm-me um pouco de água para molhar sua boca.

Valendo-se de um recipiente modesto, Hatsek fez com que lhe chegasse à garganta o frescor de um gole de água, o que lhe propiciou um alívio e uma aparente recuperação dos sentidos que se haviam entorpecido pela fraqueza.

Abrindo os olhos, Mudinar esperava encontrar homens rudes e as mesmas imprecações agressivas, mas, para sua surpresa, encontrou o olhar sereno de Hatsek que lhe sorria em paz.

– Acalme-se, meu irmão, você está entre criaturas que te querem bem e que oram ao Deus Único pela sua alma – falou Hatsek com carinho.

Os demais, refeitos do susto, adotavam postura incerta diante daquele fato.

Hatsek era muito admirado por eles para ser desrespeitado com suas discordâncias. No entanto, uma mistura de medo, rancor, compaixão se misturava no coração de todos.

Kimnut via em Mudinar o assassino do marido e o algoz de sua vida. Tinha um sentimento de ódio na alma por causa de seu estado caprichoso e imaturo. Kalmark possuía um sentimento de medo e mágoa por conta da postura que infelicitara a sua vida e a de Nekhefre, mas lhe guardava certa gratidão pelo apoio que recebera quando chegara em Amarna. Kaemy, de espírito mais generoso, orava a Deus por aquele homem vitimado pela desgraça, ainda que compreendesse sua maldade crônica. Marnahan buscava isolar a figura de Mudinar da cena da morte do pai querido, desejando que seu sentimento estivesse o mais limpo possível no que se referia ao bem que deveria dedicar àquele ser ali, agora arrasado.

Hatsek era invadido por uma onda de verdadeira compaixão, vendo em Mudinar apenas o irmão enfermo que acabava vítima de seus próprios bacilos íntimos mas que, uma vez tratado com os medicamentos corretos, haveria de se tornar, um dia, uma radiosa estrela na constelação da humanidade.

Assim, tomou-lhe as mãos e lhe disse:

– Sua alma se prepara para ingressar na vida verdadeira, meu irmão. Lembre-se de que todos nós aqui lhe oferecemos nossas preces e lhe desejamos o melhor de nossas almas, não é, meus filhos? – dirigindo-se aos demais que se encontravam algo distante das vistas do moribundo.

Sendo assim convocados a se manifestarem, todos foram constrangidos pelas circunstâncias a se aproximarem e encarar os olhos de Mudinar pela primeira vez.

Ao reconhecê-los, o flagelado prorrompeu em um pranto comovente de dor moral e só pôde dizer:

– Eu prejudiquei todos vocês.... Eu matei seu marido,... seu pai,.... atirei-os na miséria.... Persegui sua família..... e... agora... vocês estão aqui... certamente para exercer a justiça contra mim....

Ouvindo-lhe as referências desesperadas, Marnahan dirigiu-lhe a palavra, emocionada:

– Ninguém aqui está para repetir o erro e fazer o mal, meu irmão. Como disse Hatsek, aqui estamos por desejarmos dividir com você as dores que carrega.

Estimulado pela postura da amada companheira, Kalmark se aproximou e acrescentou:

– Sou agradecido a você pela ajuda que me deu, pela proteção que recebi de suas mãos e não desejo que sofra. Orarei com meu sentimento por sua alma, sempre.

Marnahan lhe apertou as mãos como a lhe dizer de seu orgulho pelo seu gesto de generosidade.

Na medida em que assim procedia com aquele pedaço de carne desfigurada, Kalmark sentia um alívio penetrar-lhe o coração. Pela primeira vez na sua vida, sentiu a força da bondade a invadir-lhe a alma, como se ali estivesse a chave da própria felicidade. Simplesmente ser bom, nada mais. Começou a chorar por tudo isso que sentia.

Kaemy também tomou as mãos para enfatizar a gratidão por sua proteção e amparo e que era ali, na mesma casinha que Mudinar lhe destinara como refúgio que ele era acolhido também na hora da necessidade.

Kimnut se aproximara, mas estava muda, com olhos que brilhavam de ódio e de medo daquele homem.

Vendo-lhe o silêncio e sem se lembrar de outra coisa, Mudinar mirou-a e, com dificuldade, balbuciou:

– Perdoe-me... senhora... o ... mal... que.... lhe causei! Não posso ... corrigir... o ... que ...fiz,... mas posso... tentar....conseguir ...a sua compaixão.

E vendo que todos estavam em silêncio para que sua voz fraca fosse audível, acrescentou:

– Sua filha, Hatsena, ... está.... presa.... em ... meu quarto,...mas ... deve... estar... bem!

Ao escutar sua referência à filha desaparecida depois da chegada a Amarna, seu coração deu mostras de vida e de esperança a ponto de criar coragem e afastar o cabelo pastoso de sua testa num gesto de carinho.

Ali, naquela sala, todos encontraram forças para despir as suas mágoas e dar um alento a um ser que era vítima de si mesmo.

E, ao fazê-lo, todos se sentiam mais felizes por dentro, mais nobres e leves, deixando para trás um cortejo de desditas e dores morais que se ia apagando pelo influxo do perdão.

Mudinar não estava mais em condições de suportar as dores e a fraqueza. Olhando para Hatsek como a lhe pedir mudas desculpas, dele recebeu a exortação para seguir pelo caminho do bem em todas as horas de sua vida e a certeza de que um Espírito amigo o iria receber no pórtico da verdadeira vida.

De fato, na vida espiritual que convivia com as personagens naquele ambiente humilde, uma grande caravana de almas que se envolveram no cuidado daqueles seres, achava-se pronta para aquele fim de doloroso drama, a beneficiar a alma que deixava a vida material e regressava ao mundo da verdade.

Luzes serenas imantavam o ambiente e inúmeros trabalhadores da vida invisível postavam-se ali para proteger o ambiente do assédio das trevas que desejavam recuperar para si o homem que até então haviam dominado com os sentimentos de ódio e rancor.

Lento torpor invadiu-lhe o ser como se apontasse o momento da transição. Uma lágrima escorria-lhe do canto dos olhos ao mesmo tempo em que Hatsek erguia uma prece a Deus em favor do irmão que partia, no que era acompanhado por todos.

Do outro lado da vida, erguia-se do cadáver desfigurado um Espírito trôpego e escuro, igualmente deformado pela manutenção de idéias de vingança por longo período, mas que, pelas disposições sinceras daqueles momentos de agonia e de dor que haviam amolecido as fibras do coração, acrescidas dos gestos de carinho de suas próprias vítimas, começava a se apegar a outras forças até então desconhecidas de suas preocupações.

Recebido por trabalhadores invisíveis do grupo de Khufu, o Espírito de Mudinar foi encaminhado até o local onde o mentor de todos se encontrava para ampará-lo amorosamente.

Vendo-o nimbado de luzes, as mesmas que entrevira horas antes quando da aproximação de Hatsek do poste de castigos, Mudinar ajoelhou-se fraco e humilhado, dizendo:

– Por quem sois, deus de luz, não mereço vossa compaixão.

– Por quem tu és, Mudinar, o Deus Único te recebe como filho amado e te pede que aceites as mãos que se estendem para ti, neste momento.

Sem entender o que se passava, confuso por tudo aquilo que recebia, sua cabeça não conseguia pensar em outra coisa senão na dor que causara a Nekhefre.

– Deixai-me na escuridão onde posso pagar meus erros de assassino e perseguidor, meu senhor. Guardai as vossas mãos luminosas para almas nobres que não tenham matado seu semelhante como eu matei Nekhefre, o que confesso neste instante de arrependimento.

Ouvindo-lhe a palavra sincera, uma portentosa e aveludada voz se projetou em sua acústica íntima e ecoou por todo o ambiente:

– NEKHEFRE NÃO MORREU....!

E, ato contínuo, destacou-se do volume luminoso que Khufu emitia, um par de mãos estendidas, as mãos do príncipe Nekhefre que vinha receber Mudinar para a reentrada na jornada luminosa da vida da alma que se arrepende.

Mudinar não acreditava no que seus olhos viam. Nekhefre, orvalhado de pequeninos raios luminosos a lhe sorrir ternamente, com compaixão e afeto o recolhia nos braços e lhe dizia ao coração:

– Sou eu, meu irmão Medjar, o mesmo Kendjer que te feriu no passado que se humilha diante de ti e te pede perdão pelo mal que te fez. Afinal, também não morreste. Vivamos juntos para sempre, em paz.

Em lágrimas, abraçaram-se ambos e foram conduzidos por Khufu ao plano espiritual que lhes competia para darem seguimento às suas experiências.

Providenciado o funeral de forma simplificada diante do estado desfigurado que impediria qualquer preparativo mais demorado ou mesmo processo de mumificação que Hatsek sabia ser inútil, e recuperada Hatsena para o seio familiar conforme as indicações de Mudinar arrependido nos seus estertores finais, encontraremos a família, anos depois, novamente reunida sob o mesmo teto na cidade de Tebas, sendo que, agora, por força da Soberana Justiça, a antiga serva Kaemy era a proprietária. Seu filho, unido à filha de Nekhefre pelos laços do matrimônio, administrava a propriedade com seu modo prudente e seu espírito empreendedor e talentoso. Hatsena tornara-se mais madura por força das dores suportadas e da presença de Marnahan e Kaemy, enquanto que Kimnut seguia um tanto atordoada por não poder mais mandar dentro daquela moradia que, outrora, lhe pertencera e onde exercera seu domínio absoluto.

Agora ela mesma não era mais dona de nada.

Hatsek encontrava-se por perto, mas nunca deixara passar a oportunidade de seguir fazendo o que lhe autorizara o próprio faraó: curando em nome do Deus Único.

E, agora, ao lado de Khufu, seus olhos espirituais se acostumaram a encontrar o vulto agradecido de Nekhefre, que dele recebera todos os demonstrativos de amizade verdadeira que haviam transformado sua vida e a de seus entes queridos.

Percebia, no entanto, que lhe faltava divisar a figura de Mudinar que, desde o desencarne em Amarna, afastara-se de todos e não mais fora visto por ele, nas visões mediúnicas a que estava acostumado.

Perguntando a seu mentor espiritual onde se encontrava o Espírito do antigo perseguidor, Khufu e Nekhefre sorriram para ele com ternura e responderam quase que juntos:

– Acalma teu coração, meu irmão. Em breve terás notícias dele.

Obediente como sempre, Hatsek seguia suas rotinas normais quando em certo dia foi chamado à casa de Kaemy com urgência. Segundo relato apreensivo de Kalmark, Marnahan estava muito enferma. Há dias estava aflita, não comia, não dormia, não conseguia descansar e isso muito o preocupava. Assim, recorria aos conhecimentos de Hatsek para que lhe tratasse a mulher amada.

Assim que chegou diante da jovem, convertida pela força dos tempos em adorável senhora de beleza jovial, identificou-lhe o estado abatido e, ao seu lado, a presença de Khufu e Nekhefre, ao mesmo tempo em que se observava uma forma pouco luminosa, quase opaca presa à organização física de Marnahan.

Imaginando tratar-se de algum Espírito perseguidor que lhe consumia as forças, Hatsek se preparava para agir com o magnetismo a fim de aliviar tal vampirização, no que foi impedido por Khufu, que lhe disse:

– Acalme-se meu filho, não se trata de doença, mas de vida. Marnahan está grávida e o filho lhe acompanha o esforço orgânico de construção do novo corpo.

Emocionado com a notícia, Hatsek recompôs-se para propiciar o tratamento, agora, de forma diferente.

Interessado pela novel mãezinha, endereçou a Khufu a indagação mental sobre a figura do reencarnante que se prendia à organização materna, ocasião em que ouviu dele:

– Observe bem, Hatsek, a força do Amor Sublime e mate as saudades de Mudinar, que regressa à família humana.

Emocionado, o sacerdote forçou a visão e pôde divisar nos contornos da forma que se amoldava ao colo materno a figura espiritual do irmão de sofrimentos que mergulhava no rio da vida para recomeçar o aprendizado e reaprender a perdoar.

Levantou-se diante do olhar ansioso de Kalmark e abraçou-o, dizendo:

– Parabéns, meu filho. Esta casa vai ver surgir mais um descendente de Meldek e de Nekhefre, para a felicidade de todos. Sua esposa será mãe.

Era a vida que reabria suas portas para que novas lutas trouxessem esperanças de recomeço para todos.

Assim, leitor querido, que nestas linhas que descrevem os dramas vividos há tantos séculos, você possa encontrar a convicção de que os problemas humanos seguem sendo os mesmos e, para eles, seguem sendo válidas e únicas as mesmas soluções.

Lembre-se de que as rochas podem parecer duras ou altas, fortes e altaneiras, imponentes e eternas. Todavia, são apenas grãozinhos de areia unidos pela força, esperando voltar à condição original.

Assim são os homens. Altivos, rudes, poderosos, grandes, mantidos nisso tudo por seu poder transitório que julgam definitivo, por seu dinheiro que acham infinito, por sua beleza que crêem eterna, por sua classe social que acreditam exclusiva, pela percepção mediúnica que julgam lhes pertencer para sempre, até que forças mais sábias, ainda que silenciosas os desbastem e os reduzam à própria realidade:

Simples punhados de areia, resultado dos rochedos que ruíram pela força da necessidade de evolução e da perda das ilusões.

Que a mensagem de Jesus, que tão bem demonstra a simplicidade necessária para a compreensão de todas as coisas e de nossa função real na vida, nos auxilie a não nos esquecermos de que somos apenas isso.

E que, ainda que sejamos apenas grãos de areia, lembremo-nos da lição ministrada por uma alma generosa que a ditou a um pequeno aluno, ainda no curso primário, para espanto de seus colegas: (*)

"Meus filhos, ninguém escarneça da criação. O grão de areia é quase nada, MAS PARECE UMA ESTRELA PEQUENINA REFLETINDO O SOL DE DEUS!"

Por isso a mensagem do Mestre :

BEM-AVENTURADOS OS POBRES DE ESPÍRITO, PORQUE DELES É O REINO DOS CÉUS!

Brilhe vossa Luz

Muita paz!

Lucius – 04/04/02

(*) O pequeno aluno aqui referido é o médium Francisco Cândido Xavier quando estudava no Grupo Escolar São José, em Pedro Leopoldo, MG. Este caso está descrito na obra *Chico Xavier – Uma Vida de Amor,* Ubiratan Machado, IDE, p. 22. (Nota da Editora)